정치경제학
강의노트

Lecture Notes in Political Economy

정치경제학
강의노트
Lecture Notes in Political Economy

지은이 류동민
발행일 1판1쇄 2022년 1월 20일 1판3쇄 2024년 2월 20일 발행인 이진숙
펴낸곳 충남대학교출판문화원 주소 대전광역시 유성구 대학로 99
전화 042-821-6045 홈페이지 http://www.cnupress.co.kr E-mail cnupress@cnu.ac.kr

ISBN 979-11-6503-145-9 93320
정가 18,000원

정치경제학 강의노트

Lecture Notes in Political Economy

류동민

충남대학교출판문화원

머리말

이 책은 필자가 이십여 년 넘게 대학에서 정치경제학이라는 이름의 교과목을 강의한 경험으로부터 얻어진 결과물이다. 매년 봄 학기, 어떤 해에는 가을 학기에도 연이어 강의를 개설하면서 때로는 영어 원서를, 때로는 국내의 여러 저자들이 쓴 입문서를 교재로 사용하였으나 늘 불만족스러운 느낌을 지울 수가 없었다. 내용이 부실해서가 아니라 필자가 다루고자 하는 주제들이 한 권에 집약되어 있지 않기 때문이었다. 대학원 석사과정에 입학하면서부터 줄곧 정치경제학 전공자라는 정체성을 지니며 살아왔고, 오래전 시간강사로 처음 대학 강단에 섰을 때 담당한 과목도 정치경제학이었다. 그럼에도 제대로 된 강의노트조차 준비하지 못한 채 그때그때 임기응변으로 수업을 진행하면서 어쭙잖은 연구 탓으로 핑계를 삼았던 지난 세월의 게으름을 생각하면 부끄럽기 짝이 없다. 실은 충남대학교에 정치경제학 담당 교수로 부임하면서 급조한 짧은 분량의 교과서가 있었으나, 마음속으로는 개정판을 내야 한다는 주문을 외면서도 막상 해야 할 일의 우선순위에서는 늘 밀어내다가 어느새 이십 년이 훌쩍 지나버렸다. 외부기관에서의 파견근무를 마치고 이 년여 만에 다시 대학으로 돌아온 2020학년도 봄 학기, 마침 정치경제학을 개설하게 되어 강의노트를 보완하는 작업이라도 해야겠다고 결심하였다. 그러나 코로나바이러스 사태로 말미암아 온라인 강의 녹화로 한 학기를 보낼 수밖에 없었다. 오히려 그 계기로 마음을 가다듬고 오랫동안 실행에 옮기지 못했던 교과서 집필을 시작하게 되었다.

기존의 정치경제학 교과서에서 개인적으로 가장 아쉬웠던 점은 대부분 마르크스의 『자본론』 체계를 그대로 따르고 있다는 것이었다. 물론 그 체계는 마르크스 자신이 어디에선가 예술적 총체라고 불렀을 만큼 오랜 세월을 견뎌낸 고전으로서의 미덕을 지니고 있다. 그렇지만 현대 경제학의 서술 및 교육 방식에 익숙한 학생들에게는 다소 현학적이고 고루한 인상을 준다는 점을 부인하기 어렵다. 물론 필자가 매우 혁신적인 대안을 준비하고 있는 것은 아니며, 결과적으로 그 체계에서 크게 벗어날 수도 없었다. 다만 이 책을 쓰는 내내 경제학과의 전공과목 교재라는 형식에 좀 더 적합한 서술방식을 선택하고자 고심하였다. 솔직한 속마음을 털어놓자면, 미시경제학이나 거시경제학의 지식을 전승하는 표준적인 방식과 똑같이 가르치고 배울 수 있는 정치경제학 교과서를 쓰고 싶었다. 그래서 마르크스의 원전을 훈고학적으로 인용하는 것이나 마르크스 경제학 내부의 복잡한 논쟁에 관한 소개 등은 가급적 배제하였다. 마르크스라는 권위를 빌리지 않으면서 마르크스처럼 말하는 것이 필자가 오래전부터 머릿속에 그려온 정치경제학 교과서의 이미지였다. 반드시 그 때문만은 아니지만 마르크스 경제학뿐만 아니라 넓은 의미의 정치경제학, 즉 다양한 비주류경제학의 이론도 제한적으로나마 다루고자 하였다.

이 책은 실제로는 입문서를 넘어 이른바 고급에 가까운 내용도 포함하고 있다. 필자의 전문적 연구 분야인 노동가치론의 수리적 해석과 관련된 부분이 특히 그러하다. 그러나 처음 정치경제학을 접하는 독자들도 별도의 참고문헌 없이 끝까지 읽을 수 있는 자기완결적인 책이 되도록 최대한 노력하였다. 현대 자본주의 경제를 이해하는데 금융의 역할은 점점 더 중요해지고 있다. 정치경제학 교과서에서 반드시 다루어야 하는 기초 개념들은 빠짐없이 설명하고자 하였지만, 필자의 능력 부족 탓에 더욱 입체적이고 현실감 있게 서술할 수 없었던 점은 매우 아쉽다. 젠더 문제와 기후위기의 정치경제학은 점점 그 현실적 중요성이 증가하고 있지만 이 책에서는 끝내 본격적으로 다루지 못했다. 어설프게 논의하기보다는 별도의 과제로 미루고자 한 선택이 잘한 것인지는 지금 이 순간에도 자신이 없다. 지배적인 이데올로기와 상식에 대한 끊임없는 비판 정신이 그 본령인 정치경제학에서 답이 하나로 정해진 연습문제를 배치하는 것은 자기모순이라는 비판의 소지가 있음을 잘 알고 있다. 그러나 문제 풀이 또한 생소한 개념들과 그 응용을 학습자가 체화하는 전통적으로 검증된 방법 중의 하나라는 관점에서 다소 무리해 보이는 선택을 마다하지 않았다. "강의노트"라는 다소 이례적인 제목을 붙인 까닭은 무엇보다도 이 책 그 자체가 미완이라는 것, 그러므로 이를 발판으로 누군가가 도약해주기를 바라는 마음을 나타내기 위해서이다. 한편으로는 외국의 경우 "lecture notes"라는 제목으로 간행되는 책들이 입문서 수준을 넘는 고급의 주제들을 다루는 경우가 많다는 점도 염두에 두었다.

책을 쓸 때마다 아는 것만큼 쓰기도 참으로 쉽지 않다는 것을 느끼곤 한다. 그런데 이번에 책을 쓰는 과정에서 그 까닭이 다름 아니라 스스로 알고 있다고 생각하는 것만큼 실상은 알고 있지 못하기 때문임을 깨닫게 되었다. 더구나 필자의 진짜 전공분야에 관한 교과서를 쓰는 일이었으므로 스스로에게 변명할 여지조차 없었다. 그러한 자괴감을 조금이나마 덜어낼 수 있는 방법은 여러 분들의 직간접적인 도움을 구하는 것이었다. 오랜 이론과 교육의 전통을 지닌 서구와 일본의 학계에서 최근까지도 꾸준히 출간되고 있는 다양한 정치경제학 교과서들로부터 직접적인 참조뿐만 아니라, 형식적인 인용 표시만으로는 제대로 드러나지 않았을 것임에 틀림없는 간접적인 영감을 많이 얻을 수 있었다. 경북대학교 경제통상학부의 김영용 교수는 초고를 꼼꼼하게 읽고 다양한 비판과 조언, 때로는 격려를 통해 지루한 작업을 끝까지 밀고 나갈 수 있도록 도와주었다. 미국 데니슨 대학교(Denison University) 경제학과의 박현웅 교수 또한 예의 성실함으로 초고를 읽고 나서 여러 가지 유용한 조언을 해주었다. 물론 남아 있을 오류는 전적으로 필자의 책임이다.

이 책을 마무리 지을 수 있었던 물질적 기초에 관해서도 언급해야 할 것이다. 무엇보다 충남대학교 출판문화원의 우수도서지원사업에 선정됨으로써 주어진 외적 강제 덕에 중도 포기하고 싶은 유혹을 이겨낼 수 있었다. 아울러 제4장과 제7장의 가치생산성에 관한 부분은 2020년 대한민국 교육부와 한국연구재단의 인문사회분야 중견연구자지원사업의 지원을 받아 수행된 연구(NRF-2020S1A5A2A01041412)임을 밝혀둔다.

대학 신입생 시절 선친으로부터 선물 받았던 책은 일본인 학자가 쓴『경제학원론』이었는데, 그 심상한 제목과는 달리 마르크스 경제학의 원리를 꽤 깊이 있게 다루는 내용이었다. 경제학과에 진학한 것도 다름 아닌 선친의 권유 때문이었다. 이 책을 출간함으로써 그 선물과 권유에 대해 필자 나름의 방식으로 응답한 것은 아닐까라는 희망을 품어 본다.

2021년 가을

류동민

목 차

제1장. 정치경제학과 자본주의

제2장. 가치와 노동

제3장. 이윤과 착취

그림 목차

표 목차

❙ 기호

$A=(a_{ij})$	투입계수행렬$(n\times n)$
a_{ij}	상품j 한 단위 생산에 필요한 상품i의 양
$A^* \equiv A+bl$	확장된 투입계수행렬$(n\times n)$
α_i	산업(부문)i의 축적률
$b=(b_1,b_2,...,b_n)^T$	임금재벡터$(n\times 1)$
b_i	노동력 한 단위 재생산에 필요한 임금재i의 양
C_i	산업(부문)i의 불변자본
e	착취율(잉여가치율)
e_i	산업i의 착취율(잉여가치율)
g	성장률
g_N	자연성장률
K	자본스톡
$l=(l_1,l_2,...,l_n)$	노동투입벡터$(1\times n)$
l_i	상품i 한 단위 생산에 필요한 노동투입량
m	노동시간의 화폐표현
P	이윤총액
$p=(p_1,p_2,\cdots,p_n)$	가격벡터$(1\times n)$
p_i	상품i 한 단위의 가격
$\pi=(\pi_1,\pi_2,\cdots,\pi_n)$	이윤벡터$(1\times n)$
π_i	산업(부문)i의 이윤
R	노동력 한 단위 당 실질임금(열벡터)
r	이윤율
r_i	산업i의 이윤율

s_c	자본가의 저축성향
S_i	산업(부문)i의 잉여가치
V_i	산업(부문)i의 가변자본
$\boldsymbol{v} = (v_1, v_2, ..., v_n)$	가치벡터$(1 \times n)$
v_i	상품i 한 단위의 가치
W	임금총액
w	노동력 한 단위 당 임금
$\boldsymbol{x} = (x_1, x_2, ..., x_n)^T$	총산출벡터$(n \times 1)$
x_i	산업i의 총산출량
Y	국민소득
Y_f	완전고용 국민소득
$\boldsymbol{y} = (y_1, y_2, ..., y_n)^T$	순산출벡터$(n \times 1)$
y_i	산업i의 순산출량

1

정치경제학과 자본주의

정치경제학은 "노동생산성-계급 간 소득분배-이윤율의 기술적 및 사회적 연관에 초점을 맞추는 경제학적인 흐름"이라 정의할 수 있다. 주류경제학과는 달리 시장경제의 불완전성과 자본주의의 역사성을 강조하는 정치경제학의 가장 핵심적인 구성요소는 마르크스 경제학이다. 마르크스 경제학은 변증법적 유물론과 역사유물론을 철학적 기반으로 삼고 있으며, 메타경제학의 관점에서 모든 경제이론이 물질적 이해관계를 반영하는 이데올로기적 성격을 가진다는 점을 해명한다. 마르크스 경제학의 분석대상인 자본주의 생산양식은 시장경제가 고도로 발달하여 노동력이 상품화된 경제체제를 가리킨다.

주요 개념: 정치경제학. 마르크스 경제학. 변증법적 유물론. 역사유물론. 메타경제학. 이데올로기. 자본주의.

경제학이란 정착된 표현이 있음에도 굳이 정치경제학이라는 용어를 사용하는 까닭은 무엇일까? 본격적인 논의를 시작하기 전에 먼저 이 물음에 답하여야 할 것이다. 정치경제학이라는 용어는 상황에 따라 서로 다른 여러 가지 의미로 사용된다. 그러므로 이 책에서 말하는 정치경제학은 무엇인지 정의할 필요가 있다. 넓은 의미의 정치경제학은 무엇보다도 시장경제의 불완전성과 자본주의의 역사적 성격을 강조한다는 특징을 갖고 있다. 즉, 시장이 이따금 실패할 수는 있으나 기본적으로 자원의 효율적 배분을 달성하는 자기조정적 메커니즘이 아니라, 본질적으로 불완전한 결과를 가져올 수밖에 없는 불안정한 조직이라는 것, 또한 자본주의는 결코 고정불변이 아닌 항상 가변적인 시스템이며, 새로운 체제로 옮아갈 가능성을 안고 있는 시스템이라는 것이다. 그것은 현재 경제학의 지배적인 담론(discourse), 즉 주류경제학(mainstream economics)이나 정통파(orthodoxy)와는 다른 내용을 주장한다는 의미에서 비주류경제학 혹은 이단적 경제학(heterodox economics)이라 할 수 있다. 특히 그 중심에는 독일의 경제학자 칼 마르크스(Karl Heinrich Marx, 1818-1883)의 경제이론이 있다. 이 장에서는 먼저 정치경제학과 마르크스 경제학의 관계를 간략히 설명한 다음, 마르크스 경제학의 방법론적 특징을 요약한다. 주류경제학과는 달리 정치경제학, 특히 마르크스 경제학은 경제학의 분석대상이 초역사적인 인간의 경제생활이 아니라 자본주의 경제임을 강조한다. 그러므로 자본주의가 무엇인가에 관해서도 명확하게 규정해 둘 필요가 있을 것이다.

1.1. 정치경제학과 마르크스 경제학

1.1.1. 역사적 맥락

경제학은 economics의 번역어이며, 애초 그리스어로는 "가정의 관리법"이라는 어원을 갖고 있다고 한다. 정치경제학은 political economy를 번역한 것으로서 상황에 따라 여러 가지 다른 의미를 갖지만, 어쨌거나 경제학의 한 분야 내지는 특정한 흐름을 가리키는 용어로 사용되고 있다.

이 책에서 사용되는 정치경제학의 의미를 밝히기 전에 먼저 용어와 관련된 역사적 맥락을 살펴보도록 하자. 〈그림 1.1〉은 2012년 현재 업데이트된 800만 권의 영문 도서를 대상으로 구글 엔그램뷰어[1]로 분석한 economics와 political economy의 1800년부터 2019년까지의 사용빈도를 나타내고 있다.

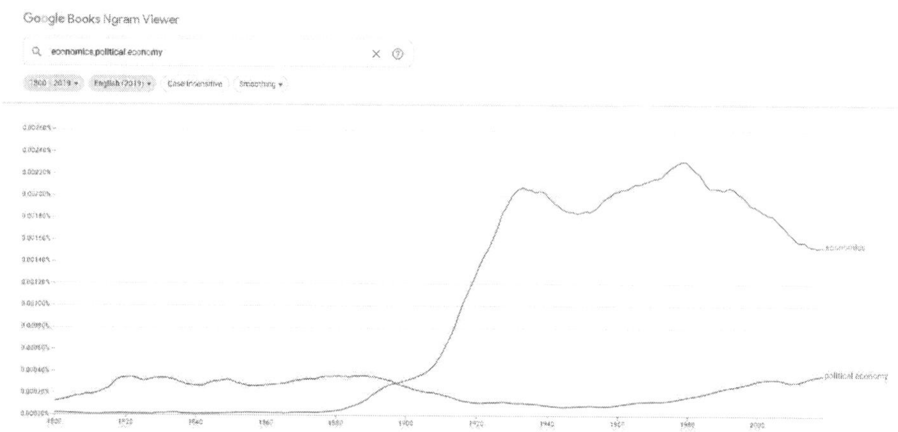

〈그림 1.1〉 political economy vs. economics

출처: Google Books Ngram Viewer (2021년 5월 31일 접속)

---

[1] 구글 엔그램뷰어의 활용과 빅데이터 인문학에 관한 소개로는 에이든 · 미셸(2015)을 참조하라.

그림으로부터 쉽게 알 수 있듯이, 1870년대까지 거의 사용되지 않았던 economics는 20세기에 들어와 사용빈도가 급격하게 증가하였다. 반면 political economy는 상대적으로 변화가 없는 빈도로 사용되었다. 1870년대는 경제학의 역사에서 신고전학파 경제학(Neoclassical School)이 등장한 시기로 기록된다. 어떤 인과관계가 숨어 있는지는 알 수 없지만, 신고전학파의 등장과 용어사용의 변화 사이에는 분명한 상관관계가 있어 보인다.[2] 1870년대에 신고전학파의 탄생을 이끌었던 왈라스(Léon Walras, 1834-1910)나 제본스(William Stanley Jevons, 1835-1882)조차도 주요 저서의 제목에 political economy(왈라스의 경우 이에 해당하는 프랑스어 Économie politique)를 사용하고 있다. 그러나 1890년에 출간된 알프레드 마샬(Alfred Marshall, 1842-1924)의 저서는 Principles of Economics였고, 그것은 이후 출간되는 교과서들의 제목으로 정착되었다. 일본이나 한국의 대학에서 오랫동안 교과목 이름으로 사용된 "경제원론"은 이에 기인하는 것이다. 그렇다면 적어도 1870년대 이전까지 political economy는 지금 우리가 사용하는 economics를 의미하는 것이었던 셈이다. 그리고 20세기 이후에는 사용하는 이의 의도에 따라 다르기는 하겠지만, political economy는 economics와는 다른 대상을 가리키는 것으로 이해할 수 있다.

한편 일본에서는 2000년대 이후, 기존에 사용하던 마르크스 경제학이나 정치경제학 대신에 사회경제학이라는 명칭을 책이나 대학의 교과목 이름으로 사용하는 경우가 많아졌다. 마르크스 경제학이라는 용어의 사용 빈도가 줄어든 것은 마르크스 경제학의 영향력이 쇠퇴한 것과 관계가 있다. 그러나 사회경제학이라는 새로운 용어에 관해서는 설명이 필요할 것이다. 한가지 설명에 따르면, political economy에서 "political"은 가정의 범위를 넘

---

2) Political economy 대신에 economics가 사용된 것을 1870년대에 등장한 신고전학파 경제학의 방법론적 특징 때문이라 설명하는 논의로는 Lunghini(1998)를 참조하라. 신고전학파 체계의 어떤 특성이 굳이 economics를 선호하게 만들었는지는 매우 흥미로운 연구주제이다. 통속적인 설명처럼 정치적 요인을 연구대상에서 제외해야 한다는 생각이 작용한 것일 수도 있다. 그러나 이 책에서는 이 문제를 더 이상 깊게 파고들지 않으려 한다.

어서는 정치적 단위에서 인간의 욕구충족을 위한 활동을 대상으로 삼는다는 의미를 담고 있다. 마치 아리스토텔레스가 인간은 "정치적 동물"(Zoon politikon)이라 규정했을 때 좁은 의미의 정치가 아니라 사회적 활동을 가리키는 것이었던 것과도 비슷하다. 그러한 의미에서 정치경제학보다는 사회경제학이라는 번역어가 적절하다는 것이다(八木, 2006: 2). 이 경우 원어는 political economy 그대로임에도 일본을 거쳐 번역을 확립했던 한국 특유의 "번안된 근대"(백욱인, 2018)라는 역사적 맥락도 겹쳐지게 된다. 원본을 번역한 곳(일본)에서는 이미 번역어를 바꾸었으나, 그것을 받아들인 이른바 "이중으로 번역된 근대"를 경험한 사회(한국)에서는 시차가 존재하거나 혹은 나름대로의 변화가 발생하고 있는 셈이다. 어쨌거나 정치경제학(혹은 사회경제학)이라는 용어를 고집하는 것은 현재의 주류경제학이 경제문제를 희소한 자원들 사이의 합리적 선택이라는 문제로 지나치게 좁게 해석하는 것에 대한 반감 때문이기도 하다. 즉, 경제문제는 사회의 다른 문제들, 예를 들어 법률이나 제도, 문화 등과 밀접하게 얽혀 있고 그 영향권에 놓여 있다는 점을 강조하는 의미에서 굳이 경제학이라는 용어 대신 정치경제학을 사용하는 경향이 있는 것이다.

한국사회에서 중요한 의미를 지니는 또 하나의 역사적 맥락도 있다. 한국전쟁과 분단을 거치면서 레드 콤플렉스(Red Complex)가 지배했던 한반도 남쪽에서 정치경제학은 마르크스 경제학의 위장된 명칭이기도 했던 것이다. 1987년의 이른바 민주화 이후 한국의 여러 대학에 앞다투어 개설되었던 정치경제학이라는 이름의 교과목은 대부분 마르크스 경제학을 의미하였다. 물론 서구에서도 여전히 political economy나 political economics가 모종의 비주류경제학을 의미하는 용어로 사용되고 있다. 그러나 한국 사회에서 정치경제학이라는 단어가 주는 뉘앙스는 확실히 강한 것이어서 급진적 정치경제학(radical political economics)에 가까워 보인다. 상대적으로 사상의 자유를 누렸던 일본에서 사회경제학이라는 명칭을 쓰기 전에도 정치경제학보다는 마르크스 경제학, 심지어는 경제원론이라는 용어가 통용되었던 것과 비교해보아도 그러하다.

정치경제학이 마르크스 경제학을 가리키게 된 것은 아마도 마르크스의 대표적 저서인 『자본론』(*Das Kapital*)[3)4)]의 부제가 정치경제학비판(*Kritik der politischen Ökonomie*)이었기 때문일 것이다. 그런데 〈그림 1.1〉의 역사적 맥락에서 보자면, 이 부제는 오늘날의 의미로는 "경제학비판"에 해당한다. 이때 마르크스가 겨냥한 정치경제학이란 다름 아니라 애덤 스미스(Adam Smith, 1723-1790)로부터 데이비드 리카도(David Ricardo, 1772-1823)를 거쳐 존 스튜어트 밀(John Stuart Mill, 1806-1873)로 이어지는 고전학파(Classical School) 경제학을 가리킨다. 대부분의 마르크스주의자들은 마르크스가 당대의 고전학파를 근본적으로 비판하면서 인식론적으로 단절했다고 본다. 그러므로 마르크스 경

---

3) *Das Kapital*은 원래 네 권으로 계획되었으나, 마르크스 생전에는 1867년에 제1권만 출간되었다. 마르크스가 방대한 원고 뭉치만 남겨놓고 죽은 뒤, 친구인 엥겔스(Friedrich Engels, 1820-1895)가 오랜 기간의 편집과정을 거쳐 각각 1885년과 1894년에 제2권과 제3권을 출간하였다. 경제학설사를 다룰 예정이었던 제4권의 원고는 다시 독일의 사회주의자인 카우츠키(Karl Kautsky, 1854-1938)에 의해 20세기에 와서야 『잉여가치학설사』(*Theorien über den Mehrwert*)라는 제목의 세 권짜리 별도의 시리즈로 편집되었다. Das는 독일어의 정관사이므로, 아마 "자본에 관한 책" 정도의 뜻일 것이다. 한국에서는 일본을 거치면서 "자본론"이라는 번역어가 널리 쓰이게 되었지만, "자본"이라 옮기는 번역본들도 출간되고 있다(각주 4를 참조). 이 책에서는 특별한 가치판단 없이 관용적으로 자본론이라 부르기로 한다.

4) 한국에 『자본론』이 처음으로 소개된 것은 식민지 시대 일본을 통해서였다. 일본에서는 이미 1924년에 『자본론』이 완역되었기 때문에, 식민지 조선의 지식인들은 일본어판으로 읽을 수 있었을 것이다. 최초의 한국어 번역은 해방 직후인 1946~1948년 당시 경성경제대학 교수였던 전석담 등에 의해 제2권까지 출간되었으나, 이후 번역자들이 월북하면서, 더구나 남한의 정치적 상황으로 말미암아 완역될 수는 없었다. 1987년 민주화 이후 출판사 〈이론과 실천〉에서 『자본』 제1권이 번역 · 출간되었다. 출판사 대표가 국가보안법 위반 혐의로 구속되어 재판을 받는 해프닝 속에서도 1991년 〈이론과 실천〉에서 최초의 완역본이 간행된다. 곧이어 같은 해에 비봉출판사 판도 완간된다. 특히 비봉출판사 번역본은 영어판을 중역하였다는 한계가 있음에도 1989년 서울대학교 경제학과 최초의 마르크스 경제학 교수로 부임한 김수행의 번역이라는 점에서 주목받았다. 『자본론』은 이즈음부터 비로소 합법적 출판물로 간주되기 시작하였다. 〈이론과 실천〉의 번역본은 전문적 학자가 아닐 것으로 추정되는 익명의 다수가 나누어 번역한 부실한 것이었지만, 1980년대 후반의 지적 욕구와 현실적 필요에 부응한다는 역사적 의미를 지닌 것이었다(류동민, 2016a). 이후 번역과정에 참여했던 강신준이 전면 개역하여 『자본』(길 출판사, 2008)으로 재출간하였다. 한편 김수행의 번역본은 여러 차례 개정되다가 최종적으로 2015년도에 개역판이 나왔으며, 출간 당시부터 제목으로 『자본론』을 고수하였다.

제학을 그저 정치경제학이라고 부르는 것은 엄밀하게 따지자면 잘못된 어법이다. 굳이 말하자면 정치경제학 비판 혹은 비판적 정치경제학이라는 용어가 맞을 것이다. 그러나 이미 economics라는 용어가 political economy를 완전히 대체하고 있다는 점, 아울러 언어 자체가 사회성과 역사성을 지닌다는 점을 감안할 때, 관용적으로 정치경제학을 마르크스 경제학의 의미로 사용해도 무방할 것이다.

한편, 20세기의 역사적 맥락을 갖는 마르크스주의 정치경제학(Marxist political economy)이라는 용어도 있다. 이 용어는 1917년 러시아혁명을 통해 성립되어 1990년대 초까지 존속했던 소련에서 과학으로서의 지위를 부여받았던 마르크스-레닌주의 체계에 속하는 경제학을 가리키는 말이다. 여러 가지 문제점이나 비판에도 불구하고, 소련은 실제로 지구상에 존재하는 사회주의 강대국으로서 무시할 수 없는 정치적 권위를 가지고 있었다. 최초로 사회주의 혁명을 성공시킨 레닌(Vladimir Lenin, 1870-1924) 자신이 철학자이자 경제학자이기도 했다는 점에서, 그의 마르크스 해석은 대단한 권위를 부여받게 된다. 레닌이 죽은 뒤에 소련의 통치 이데올로기로서 마르크스주의 철학이나 경제학은 매우 중요한 의미를 지니는 것이었으며, 오랜 시간에 걸쳐 국가주의적으로 집필되고 개정된 경제학교과서는 정통적 지위를 유지하였다. 이렇게 성립된 소련 중심의 정통적 해석을 마르크스주의 정치경제학이라 불렀다. 마르크스주의가 과연 철학에서 경제학에 이르는 다양한 분야를 꿰뚫는 단일한 체계인지는 의문의 여지가 있을 수 있다.[5] 마르크스는 이미 생전에 "확실한 것은 나는 마르크스주의자가 아니라는 사실이다."(무스토, 2018:146)라고 말한 적이 있다. 사실 어떤 텍스트도 이미 지은이 혼자만의 것은 아니고, 독자들이 어떻게 읽는가에 따라 여러 가지로 해석될 운명에 놓

[5] 마르크스주의 정치경제학에 대해 매우 비판적인 태도를 견지하는 하인리히(2016: 36)는 그것을 "마르크스주의 세계관"이라 부른다. 사실 모든 사회과학은 어느 정도는 가치관의 차이에 기초하고 있다. 그러나 세계관의 수준으로까지 격상되는 이론체계라면 아무래도 자유로운 비판에 대해 열려 있는 학문체계가 되기는 어려울 것이다.

인 생명체 같은 것이다. 그러므로 마르크스주의 정치경제학이 절대적으로 옳은 해석이라 볼 근거도 없지만, 21세기에 와서 보니 모조리 틀린 해석이었다고 몰아붙이는 것도 적절하지는 않을 것이다. 다만 마르크스주의 정치경제학이라는 용어에 담긴 역사적 맥락만은 분명하다. 한편, 이에 비해 Marxian economics라는 용어는 상대적으로 가치판단의 의미가 약하다고 할 수 있다.

1.1.2. 정치경제학의 정의

이 책은 주류경제학의 가장 강력한 대항담론이 마르크스 경제학이라는 관점에 서 있다. 물론 포스트 케인즈주의(Post Keynesian) 경제학이나 조절학파(Regulation School) 심지어는 토마 피케티(Thomas Piketty)의 최근 작업도 소개할 것이지만, 그것은 어디까지나 마르크스 경제학의 외연을 확장한다는 의미에서임을 미리 밝혀 둔다,

먼저 확장된 의미에서 정치경제학은 "노동생산성-계급 간 소득분배-이윤율의 기술적 및 사회적 연관에 초점을 맞추는 경제학적인 흐름"(류동민, 2013: 271)이라고 다소 느슨하게 정의하고자 한다. 그런데 이 정의는 마치 "정치경제학은 정치경제학이 하는 것"(Political economy is as political economy does)과 같은 실용적인 방식의 정의임에 주의하여야 한다. 이 정의는 몇 개의 키워드 이외에는 정치경제학의 대상과 방법을 규범적으로 설정하지 않는다. 즉, 정치경제학이라 부르기 위해서는 마땅히 충족해야 할 핵심적 특징들을 선험적으로 규정하지 않는 것이다. 이는 정치경제학이 사실상 "주류경제학이 다루지 않는 것"을 다루는 경제학이라는 의미에서, 말하자면 부정적인 형태로 정의됨을 의미한다. 이러한 정의방식은 주류경제학이 지배 이데올로기의 역할을 수행하는 현재 상황에서 어느 정도는 불가피하다고 할 수 있다.[6]

[6] 마르크스가 정치경제학 비판을 수행한 방식 또한 어느 정도는 이러한 정의를 가능하게 만드는 요인이기도 하다. 마르크스는 고전학파 경제학을 비판할 때 그것을 대체하는 완전히 새로운 담

이 정의에서 가장 두드러지는 키워드는 계급(class)이다. 개인이 아니라 계급을 기본적인 분석단위로 삼는다는 뜻이다. 이것은 방법론적 개체주의(methodological individualism)에 입각하여 대표적 소비자나 생산자와 같은 개별 경제주체의 행동으로부터 출발하여 경제현상을 설명하려는 현대 경제학의 지배적인 연구방법과는 다른 것이다. 계급은 생산수단의 소유/비소유를 기준으로 같은 처지에 놓인 사람들의 집단이다. 생산수단을 소유한 사람은 재화와 서비스의 생산과정에서 주도권을 쥘 뿐만 아니라, 만들어진 생산물을 어떻게 처분할 것인가를 결정할 수 있다. 생산수단을 소유하지 않은 사람은 어떻게든 생산수단 소유자와 관계를 맺지 않고서는 삶을 유지할 수 없다. 물론 계급만으로 인간의 행동을 남김없이 설명할 수 있는 것은 아니다. 인종이나 젠더, 출신 지역 등의 다양한 요인들이 계급에 기초한 행동을 변형시킬 수 있다. 그럼에도 정치경제학에서는 계급 간의 관계에 대한 분석을 가장 중요한 실마리로 삼는다.

계급을 강조하는 것은 앞의 정의에서 또 하나의 키워드인 사회적 연관과도 밀접하게 연결되어 있다. 경제활동을 단지 주체인 인간과 객체인 생산물 혹은 생산요소 사이의 기술적인 관계로만 파악하는 것이 아니라, 사회구성원들 간의 계급적 관계라는 프리즘을 통한 사회적 연관으로 이해한다는 것이기 때문이다. 따라서 또 다른 키워드인 이윤율도 계급관계의 산물로서 이해된다. 노동생산성이라는 키워드 역시 이러한 맥락에서 이해해야 한다. 정치경제학은 단지 경제성장을 위해 노동이 중요하다는 정도의 상식적 의

론체계를 사용하지는 않았다. 오히려 기존의 개념들을 활용하면서 그 한계를 밝혀내고 때로는 모순을 드러낸 뒤, 그것을 해결하기 위한 새로운 개념을 제시하려 하였다. 요컨대 현대의 미시경제학이나 거시경제학 교과서와 마르크스 경제학의 서술순서나 개념이 완전히 다른 것과는 달리, 마르크스는 고전학파 경제학 체계 안에서 비판하는 형식을 택했던 것이다. 역설적으로 폴 새뮤얼슨(Paul Samuelson, 1915-2009)이 마르크스를 리카도의 아류(a minor post-Ricardian)에 지나지 않는다고 혹평한 까닭도 이 때문이다. 한편, 비주류경제학이라는 용어의 한계에 관해서도 지적해둘 필요가 있다. 예를 들면, 극단적인 자유시장주의를 옹호하는 오스트리아학파(Austrian School)는 분명히 비주류경제학이지만 이념적으로나 이론적으로 정치경제학의 정반대 편에 서 있다.

미를 넘어서 노동과정 안에서의 계급대립이 생산성에 어떤 영향을 미치는지, 그리고 그것은 계급 간의 소득분배로 어떻게 귀결되는지에 관심을 갖는다. 정치경제학의 이러한 측면 역시 개별 경제주체의 합리적 선택과 교환이라는 관점에서 구축되는 현대 경제학의 지배적인 이론과는 다르다.

이와 같은 정치경제학의 정의에 가장 잘 어울리는 것은 물론 마르크스의 경제학이다.[7] 그런데 마르크스가 비판하고자 하였던 고전학파 경제학도 이러한 특성들을 대체로 갖추고 있었다. 실제로 마르크스는 고전학파 경제학과 속류경제학(vulgar economics)을 대비하면서 전자는 "부르주아적 생산관계의 내적 관련을 연구하고 있다"며 긍정적으로 평가한 바 있다(마르크스, 2015, I(상): 105). 여기에서 부르주아적 생산관계라는 말은 일단 자본주의 경제에서 생산을 둘러싼 인간들의 사회적 관계 정도로 이해해두기로 하자. 이러한 평가를 뒤집어보면, 속류경제학은 생산관계의 내적 관련을 연구하지 않고 그 표층에만 머물고 있다는 뜻이 된다. 마르크스가 보기에 교환 및 유통영역에만 초점을 맞추는 경제학은 "속류"가 되는 것이다.

주류경제학이 때로는 개인이 여러 가지 제한 때문에 교과서에서 설명하는 것처럼 합리적으로 행동하지 않는다는 것을 인정하듯이, 정치경제학도 개별 경제주체의 합리적 선택이 중요하지 않다고만 주장하는 것은 아니다. 예를 들어 마르크스는 자본가가 매우 치밀한 계산을 통해 이윤을 추구한다는 점을 강조하였다. 말하자면 자본가는 그 정의상 합리적 선택을 할 수밖에 없는 존재인 것이다. 학부 수준의 교과서에서와는 달리, 전문적인 경제학자들은 몇 가지 단순한 개념만으로 현실을 설명하려는 모험을 하지는 않는다. 그럼에도 지금까지 설명한 특징들은 정치경제학이라 부를 수 있는 경제학의 흐름에서는 대체적으로 타당한 것들이라 할 수 있다.

---

7) 이 책은 당연히 주류경제학의 가장 강력한 대항 담론이 마르크스 경제학이라는 관점에 서 있기 때문이다. 그러므로 이러한 정의는 마르크스 경제학을 중심에 두고 그 외연을 넓히려는 의도의 산물이므로 일종의 도구적 성격도 갖는다. 당연히 모종의 다른 경제학을 중심에 두려는 입장에서는 이 책의 주장에 동의하지 않을 것이다.

〈표 1.1〉은 신고전학파 경제학에 대비되는 정치경제학의 특징을 정리한 것이다. 모든 이분법이 그러하듯이 이 표는 현실을 지나치게 단순화하고 있다는 점에 주의해야 한다.[8] 그러나 넓은 의미의 정치경제학이 주류경제학의 핵심인 신고전학파 경제학과 방법론적으로 어떠한 차이를 갖는지 파악하는데 도움이 될 것이다.

먼저 이론과 현실의 관계와 관련하여 신고전학파 경제학은 유명한 밀튼 프리드먼(Milton Friedman, 1912-2006)의 당구선수의 예화에서 알 수 있듯이 가정의 현실성 여부보다는 모형을 통한 예측결과의 타당성을 중시한다. 극단적으로 말하자면 당구선수가 공을 제대로 맞히는 것이 중요할 뿐 그렇게 공을 치도록 만든 머릿속의 가정이 실상은 물리학적 법칙에 어긋나는 것이더라도 상관없다는 것이다. 흔히 경제학 교과서나 논문에서 마주치곤 하는 거부감이 들 정도로 비현실적인 가정들은 이와 같은 방법론의 산물이다.

---

8) 예를 들어 학부 수준의 교과서에서는 경제주체가 완전한 실체적 합리성을 갖춘 것으로 가정하는 경우가 대부분이지만 실제로 전문적인 경제학자들의 연구에서는 여러 가지 상황적 조건에 따라 또한 인간의 인식능력 그 자체의 한계 때문에 경제주체가 제한적 합리성밖에 갖지 못한다는 점이 강조되기도 한다. 행동경제학(behavioral economics)의 연구들은 대부분이 그러한 것들이다. 주류경제학이 단순하게 개인의 합계가 사회라는 입장을 채택하는 것도 아니다. 개인적 차원의 합리적 선택이 거시적으로는 비합리적인 결과를 낳는다는 점도 인식되고 있다. 그러나 아래의 1.2.3에서 살펴볼 것처럼 현실의 이데올로기 투쟁의 차원이 되면 복잡한 현실이 단순하게 처리되면서 도식화한 이론의 대립으로 귀착되는 경우가 많다. 그러한 차원에서는 〈표 1.1〉이 묘사하는 특징들이 선명하게 드러날 것이다.

〈표 1.1〉 정치경제학 vs. 신고전학파 경제학

	정치경제학	신고전학파 경제학
이론과 현실의 관계	이론의 가정도 현실성이 있어야 함(실재론)	이론의 가정은 비현실적이라도 무방함(도구주의)
개인과 사회의 관계	개인과 사회는 상호의존적이며 분리 불가능함	개인으로부터 출발하여 사회를 설명 가능함(방법론적 개체주의)
합리성의 의미	절차적 합리성	실체적 합리성
분석의 초점	생산 및 분배	교환
분석의 과제	사회경제시스템의 재생산	희소한 자원의 효율적 배분

출처: 라부아(2016: 38) 및 宇仁외(2004: 6)에 기초하여 재구성.

또한 신고전학파 경제학은 방법론적 개체주의에 입각하여 개별 경제주체의 행동을 설명하는 것으로부터 출발하여 사회 전체의 변화를 설명하고자 한다. 이러한 방법론 또한 극단적으로는 개인의 합계가 곧 사회라는 인식에 근거한 것이다. 신고전학파 경제학에서 경제주체는 수단과 목표 사이의 인과관계에 대한 명확한 정보와 인식에 기초하여 실제로 합리적인 의사결정을 하는 것으로 상정된다. 반면 정치경제학에서의 경제주체는 정보가 불충분한 상황에서 사회적 규범이나 관례 등에 의거하여 대체로 만족스러운 결과를 얻는 데에 그친다. 그러한 규범 등에 계급적 요인이 영향을 미칠 것임은 두말할 나위도 없다. 표준적인 미시경제학 교과서의 배열순서에서 알 수 있는 바와 같이 신고전학파 경제학에서 분석의 초점은 교환에 놓여 있다. 즉 미시경제이론의 출발점은 소비자 선택이며 생산이론도 수학적으로는 소비자 이론과 동일한 구조를 갖는다. 분배이론도 기본적으로 생산요소시장에서 요소가격이 어떻게 결정되는가에 관한 이론일 뿐이다. 희소성은 1930년대에 로빈스(Lionel Robbins, 1898-1984)에 의해 도입된 이후 현재까지도 경제문제와 경제학을 정의하는 개념으로 사용되고 있다. 반면 정치경제학에서는 사회경제 시스템이 어떻게 유지되며 재생산(reproduction)되는가에 초점을 맞춘다. 제2장 제1절에서 보게 되는 바와 같이, 사회 전체의 노동배분이라는 관점에서 경제문제를 고찰하는 것이다.

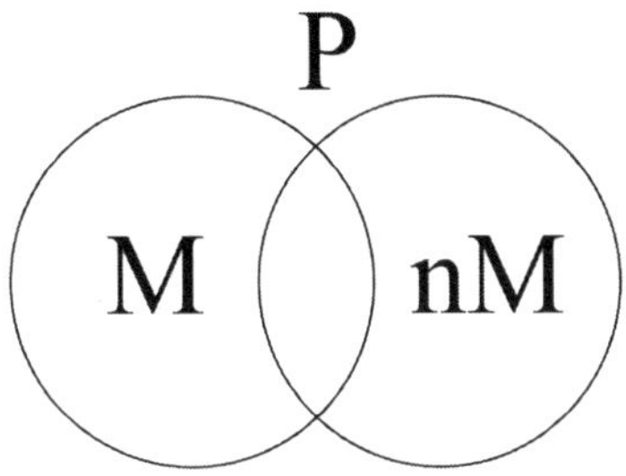

〈그림 1.2〉 마르크스 경제학 vs. 정치경제학

한편, 넓은 의미의 정치경제학에 속하는 흐름이 마르크스 경제학의 핵심적 이론을 모두 받아들이는 것은 아님에 주의하여야 한다. 이 책에서 중요한 주제로 다룰 노동가치론이 대표적인 예이다. 벤 다이어그램을 이용하여 표현하자면, 마르크스 경제학과 정치경제학의 관계는 〈그림 1.2〉와 같을 것이다. 즉, 마르크스 경제학(M)과 비마르크스 경제학적 정치경제학(nM)은 공유하는 부분도 있지만 그렇지 않은 부분도 있다. 그럼에도 전체로서는 정치경제학(P)을 형성하고 있다. 즉, 수학 기호로 표시하자면 $M \cup nM = P$이다.

문제 1.1. 경제주체가 사회적으로 어떤 계급에 속하는가에 따라 소비패턴이 달라진다고 하자. 이 경우 소비자 선택이론에는 어떤 변화가 일어날지 생각해 보자.

1.2. 마르크스 경제학의 특징

이 절에서는 마르크스 경제학의 방법론적 특징을 좀 더 구체적으로 살펴보고자 한다. 마르크스는 학문적 경력을 철학으로부터 시작하였으며, 자신의 경제학비판을 집대성하는 『자본론』을 집필함에 있어서도 철학적 체계를 갖추기 위해 많은 노력을 기울였다. 현대 경제학의 논리 전개에 익숙한 독자들의 눈에는 마르크스의 철학적 개념 및 장치가 지나치게 형이상학적으로 읽히는 것도 사실이다. 마르크스주의자들이 논리가 궁색할 때 방법론적 논의를 통해 벗어나는 경우도 종종 있었다는 점 때문에 그러한 인상은 더욱 강화된다. 그럼에도 철학적 방법론을 건너뛴 채 마르크스 경제학의 특징을 이해하는 것은 불가능하다. 아래에서는 간략하게나마 유물론이라는 마르크스의 철학적 기초를 살펴본다. 그것은 마르크스 경제학이 지닌 메타경제학으로서의 특징을 규정하는 중요한 근거이기도 하다.

1.2.1. 변증법적 유물론

마르크스는 베를린 대학에서 철학을 공부하였으며 1841년에 고대 그리스 철학에 관한 연구로 예나대학에서 박사학위를 받았다. 당시 마르크스에게 영향을 끼친 것은 청년 헤겔주의자(Young Hegelians)라 불리는 철학자들이었다. 헤겔(Georg Wilhelm Friedrich Hegel, 1770-1831)은 독일의 대철학자였으나 역사를 절대이성의 실현이라 보고 그 현실의 구현을 프로이센의 정치체제에서 찾는 등 매우 관념적이고 보수적인 성향을 드러내었다. 이로부터 철학의 급진화를 시도한 것이 청년 헤겔주의자들이었는데, 특히 포이에르바하(Ludwig von Feuerbach, 1804-1872)의 『기독교의 본질』(*Das Wesen des Christentums*)은 마르크스에게 결정적인 영향을 미쳤다.

포이에르바하는 종교를 인간의 내적 본성이 투영된 것이라 규정하였다. 인간은 매우 미약한 존재로서 천재지변이나 맹수의 공격에 무기력한 것은 물론이거니와 사랑이나 우정 등의 인간관계도 언제든지 변할 수 있는 허망한 것이다. 무엇보다 결국에는 죽음을 맞이해야 하는 슬픈 존재이다. 그래서 인간들은 이 모든 것을 극복할 수 있는 긍정적인 속성들을 가지고 있는 존재를 열망하게 된다. 외부의 충격에 흔들리지 않는 영원한 사랑과 생명을 가진 존재, 그것이 바로 신이다. 그러므로 알고 보면 신이란 불완전한 존재인 인간이 스스로의 속성과 열망을 쏟아부어 만들어낸 것에 지나지 않는다. 19세기 중반 유럽이라는 시대적 배경을 감안하면, 포이에르바하의 이와 같은 주장이 얼마나 급진적이고 반체제적이었을지 상상하기는 어렵지 않을 것이다.

그런데 마르크스는 포이에르바하의 종교비판을 사회 현상 전반으로 확장해서 적용하였다. 종교비판에 등장하는 물신성(Fetischismus; fetishism)이라는 개념은 『자본론』에서도 매우 중요한 역할을 수행하였다. 물신은 글자 그대로는 종교에서 신의 형상으로 여겨지는 다양한 물적 상징을 가리킨다. 인간은 신이라는 개념을 생각해낸 다음, 그 개념을 눈에 보이는 것으로 만들어 숭배하기 시작하였는데, 그것이 바로 물신(Fetisch; fetish)이다. 물신은 분명히 인간이 만들었음에도 이제는 거부할 수 없는 힘을 지니고 인간의 행동과 사고방식을 지배하게 된다. 그 물신의 힘은 인간들이 부여한 것에 다름 아니다. 마르크스는 이러한 물신 개념을 이데올로기 비판은 물론 상품·화폐관계, 즉 자본주의 경제를 비판하는 핵심 개념으로 삼았다. 주어져 있는 물질적 삶의 구조를 숙명으로 받아들임으로써 결과적으로는 지배체제를 단단하게 만드는 역할을 하는 것, 그것이 물신성이라고 볼 수 있는 것이다.

마르크스는 특히 인간이 종교에 투영하는 자신의 본질이 추상적으로 정의될 수 있는 것이 아니라 실제로 발을 딛고 살아가는 현실, 그리고 그 현실 속에서 여러 사람들과 맺는 사회관계에 의해 영향을 받아 결정되는 것임을 강조하였다. 마르크스가 20대 중반이던 시절에 쓴 「포이에르바하에 관한 테제」(Thesen über Feuerbach) 중의 하나는 다음과 같다.

> 포이에르바하는 종교의 본질을 인간의 본질로 해소시킨다. 그러나 인간적 본질은 각각의 개인들에 내재하는 추상이 아니다. 그것은 현실적으로 사회적 관계들의 총체(emsemble)이다.[9)]

요컨대 인간은 그가 맺고 있는 다양한 사회적 관계의 영향을 받는다. 그의 생각이나 행동양식 등은 사회적 영향으로부터 자유로울 수 없는 것이다. 이와 같은 주장이 반드시 방법론적 개체주의를 배제하는 것은 아닐 수도 있다. 그렇지만 출발점에 놓인 개인이 이미 사회구조의 영향을 받고 있다는 점에서 개인보다는 구조, 방법론적 개체주의보다는 모종의 방법론적 전체주의(methodolgical holism)와 훨씬 더 잘 어울릴 것임은 분명하다. "종교는 인민의 아편"이라는, 종종 곡해되어왔던 마르크스의 유명한 명제 또한 인민대중이 현실에서 겪는 어려움을 잊기 위한 진통제의 역할을 종교가 수행하며, 정말로 중요한 것은 종교 그 자체가 아니라 종교를 필요로 하는 현실을 개선하는 것이라는 점을 주장하고 있다.

한편 마르크스의 유물론은 헤겔의 변증법과 결합된 변증법적 유물론(dialectical materialism)이라는 철학적 체계를 이룬 것으로 이해되어왔다. 실제로 마르크스는 경제학 저서인 『자본론』을 집필하면서 직접적으로 변증법을 논의하지는 않았지만, 서술 체계 등에서 변증법적 철학에 고유한 논리를 자주 구사하고 있다. 마르크스주의 정치경제학에서는 다소 도식적인 방법으로 변증법적 유물론을 정리한 바 있다. 즉, 대립물의 통일과 투쟁, 양질전화, 부정의 부정을 이른바 변증법의 3대 법칙이라 정리하는 방식이다. 자본

---

9) 지금까지 출간된 마르크스의 저작의 상당 부분은 웹사이트 Marxists Internet Archive (www.marxists.org)에서 찾아볼 수 있다. 『자본론』이외의 마르크스의 저작을 인용하는 경우, 이 웹사이트에서 찾은 영어 원문을 다양한 국역본을 참조하여 필자가 적절하게 번역한 것으로서 별도의 출처 표시를 하지 않는다.

주의 경제에는 자본과 노동 사이의 모순이 존재하고 그 투쟁을 통해, 일정한 양적 수준의 축적에 이르면 질적 변화가 발생하며, 마침내 자본주의 사회를 대체하는 새로운 사회(사회주의 혹은 공산주의)가 등장할 수밖에 없는데, 이때 공산주의는 자본주의 이전에 존재했던 원시공산주의 사회를 부정한 것(즉 자본주의)을 다시 한번 부정함으로써 모순을 지양한 단계라는 식의 정리가 마르크스주의 정치경제학에서 교리처럼 받아들여졌던 것이다.

지나치게 도식화하고 정치적으로 오염된 논의는 제외한다면, 변증법적 유물론이 마르크스 경제학에 부여하는 특징으로는 대표적으로 다음의 두 가지를 들 수 있을 것이다.

첫째, 모든 사물은 그 안에 존재하는 모순, 즉 내재적 모순(internal contradiction)의 대립으로 말미암아 끊임없이 변화한다는 입장이다. 그러므로 경제학의 분석대상도 고정불변인 채로 늘 그 자리에 있는 것이 아니라 항상 변화하는 실체가 된다. 예를 들어 희소성이라든지 인간의 본성이라든지 하는 초역사적인(transhistorical)[10] 개념은 진지한 분석대상일 수 없는 것으로 간주되는 것이다.

둘째, 경제적 범주들 사이의 인과관계는 동시적 결정(simultaneous determination)이 아니라 계기적 결정(successive determination)이라는 형태를 갖게 된다. 즉 어떤 결과에 영향을 미치는 모든 요인들이 동등한 권리를 갖는 것이 아니라, 근본적이고 내재적인 요인과 그보다 부차적인 다른 요인들 사이의 계기적 작용으로 파악되는 것이다. 마르크스 경제학자들이 전통적으로 회귀분석 같은 계량경제학적 기법을 그다지 신뢰하지 않는 까닭도 여기에 있다.

---

10) 초역사적이라는 것은 해당 개념이나 범주가 역사를 관통하여 어느 시대에나 성립한다는 것을 의미한다. 예를 들어 인간은 먹어야 산다는 명제는 초역사적으로 성립한다. 그렇지만 구체적으로 무엇을 어떻게 먹음으로써 식욕을 충족하는가는 어느 시대이냐에 따라 다를 수 있기 때문에, 이미 역사적 성격을 갖는 범주가 되는 것이다.

문제 1.2. "종교는 인민의 아편이다"라는 문장으로 마르크스가 말하고자 하는 바는?

① 종교는 물신성의 나쁜 형태이다
② 종교의 자유 못지않게 종교비판의 자유가 허용되어야 한다
③ 자본주의 경제에서 화폐는 종교와도 같은 역할을 수행한다
④ 종교를 필요하게 만드는 비참한 현실을 개혁해야 한다

문제 1.3. 다음의 주장을 마르크스의 물신성 개념과 관련지어 해석해보라.

> 사람들은 "불공정은 언제나 이 땅에 군림해 왔고, 부자와 빈자는 언제나 있었다" 라며 체념한다. 이와 같은 체념의 철학은 종교적 기원을 갖는다. 그러므로 모든 철학은 대부분 "종교의 딸들"이었다. (알튀세르. 2020)

1.2.2. 역사유물론

유물론을 사회발전에 적용한 것이 바로 역사유물론(historical materialism)이다. 사회의 통시적 변화, 즉 시간의 흐름에 따라 사회가 변화해가는 모습이 바로 역사이기 때문이다. 마르크스가 역사발전에 관한 자신의 생각을 가장 명료한 형태로 서술한 것은 1859년에 출간된 『정치경제학비판을 위하여』(*Zur Kritik der Politischen Ökonomie*)의 서문에서였다. 약간 길지만 인용해보도록 하자.

> 내 연구의 실마리가 된 일반적 결론은 간단히 다음과 같이 공식화할 수 있다. 인간은 자신들의 생활을 사회적으로 생산하는 가운데 자신들의 의지로부터 독립되어 있는 일정한 필연적 관계들, 즉 자신들의 물질적 **생산력**들의 일정한 발전단계에 대응하는 **생산관계**들에 들어선다. 이러한 생산관계들의 총체가 사회의 경제적 기구를 만들고 이것이 현실의 토대가 되어 그 위에 법률적, 정치적 **상부구조**가 세워지며, 또 일정한 사회적 의식형태들은 이런 현실의 **토대**에 대응하고 있다. 물질적 생활의 **생산양식**은 사회적, 정치적, 정신적 생활과정들 일반을 제약한다. 인간

> 의 의식이 그들의 존재를 규정하는 것이 아니라, 역으로 인간의 사회적 존재가 그들의 의식을 규정한다. 사회의 물질적 생산력들은 어떤 발전단계에 이르면, 지금까지 그것들이 그 내부에서 운동해왔던 기존의 생산관계들 혹은 이 생산관계들의 법률적 표현일 뿐인 **소유관계**들과 모순에 빠진다. 이러한 관계들은 이러한 생산력들의 발전형태들로부터 그것들의 질곡으로 전환된다. 그때에 사회혁명의 시기가 도래한다. 경제적 기초의 변화와 더불어 거대한 상부구조 전체가 서서히 혹은 급격히 뒤집힌다. (강조는 인용자)

위의 인용문에서 강조된 단어들이 마르크스 역사이론의 핵심을 이루는 개념들이다. 여기에서 마르크스는 건축의 은유(metaphor)를 사용하고 있다. 이러한 은유를 〈그림 1.3〉과 같이 나타낼 수 있다. 즉, 사회를 2층짜리 건축물에 비유하자면, 1층은 경제적 기초 혹은 토대(Basis; base)로 이루어져 있다. 토대는 생산력(Produktivkräfte; productive forces)과 생산관계(Produktionsverhältnisse; relations of production)의 대응으로 구성된다. 생산력은 인간의 노동이 생산수단을 활용하여 노동대상을 변형할 수 있는 능력을 가리킨다. 그림에서 생산력을 왼쪽에서 오른쪽으로 꿰뚫고 지나가는 화살표는 과학기술의 발전에 따라 생산력이 끊임없이 발전함을 나타낸다. 생산관계는 생산을 둘러싼 사람들 사이의 사회관계를 의미하는데, 소유관계는 생산관계를 법률적 측면에서 표현하고 있다. 생산력과 생산관계는 일대일 대응관계는 아니지만, 어떤 수준의 생산력은 그에 걸맞은 생산관계의 일정한 범위를 지정한다고 볼 수 있다.[11)]

생산력 발전이 어느 단계를 넘어서면 기존의 생산관계로는 감당하기 어려운 상태가 되고 결국에는 생산관계가 변화하게 된다. 토대가 흔들리면 그 위에 놓인 2층, 즉 상부구조(Überbau; superstructure)는 따라서 흔들릴 수밖에 없다. 상부구조는 법률이나 제도, 문화, 예술, 이데올로기, 심지어는 사람들의 상식이나 행동패턴 등으로 이루어져 있다. 전근대의 신분제 사회에서는 신

---

11) 예를 들어 노예제적 생산관계는 노예 한 명이 일해서 적어도 자신이 먹고사는데 필요한 만큼을 초과하는 생산물을 만들 수 있음을 전제로 한다. 만약 생산력의 수준이 너무 낮아서 노예가 겨우 자신의 생계를 유지할 정도밖에 생산하지 못한다면, 노예주가 노예를 소유할 경제적 유인이 없을 것이기 때문이다.

분의 차이를 정당화하는 이데올로기가 필요하다. 자본주의적 생산관계가 성립한 사회에서는 사유재산을 강력하게 보호하는 법률이나 제도, 나아가 재산의 축적을 정당화하는 이데올로기 등이 갖춰지게 된다. 사회구성원의 절대 다수가 자신들이 살고 있는 사회가 정의롭지 못한 시스템이라고 생각하면 그 사회는 정상적으로 유지되기 힘들 것이다. 그러므로 어떤 사회건 그 사회가 적어도 참을 만한 한도 안에서는 정의로운 것임을 설득하는 이데올로기를 갖춰야 한다. 그것이 바로 지배이데올로기 혹은 지배계급의 이데올로기가 된다. 예를 들어 자본주의 시장경제에서는 시장메커니즘을 통해 이루어지는 재화와 서비스의 배분, 그리고 그에 따른 소득이나 자산의 분배가 결국에는 각 시장참가자들의 능력에 따른 것이라는 능력주의(meritocracy)가 받아들여져야 한다. 이때 능력주의는 현실이 그러하다는 의미에서의 실증적인 것이기도 하지만, 사회구성원들이 그렇게 되어야 마땅하다고 받아들인다는 의미에서 규범적인 것이기도 하다. 현실에서 능력주의가 상당한 정도로 작동하고 있음에도 사회구성원 대다수가 그렇지 못하다고 믿는다면, 해당 사회는 원활하게 유지되기 어려울 것이다. 반대로 능력주의 원칙이 전혀 작동하지 않는 상황이라 하더라도 사회구성원, 특히 피지배계급이 현실을 받아들이도록 만드는 이데올로기로서 작동하여야 한다.

매우 기계적으로 생각한다면, 생산력이 생산관계를 결정하고 그에 따라 형성된 경제적 토대가 다시 상부구조를 결정한다. 즉, 그림에서 아래로부터 위로 향하는 굵은 화살표들이 이를 보여준다. 그러나 그 반대 방향으로의 작용 또한 무시할 수는 없다. 그림에서 위로부터 아래로 향하는 얇은 화살표들은 상부구조로부터 토대로, 생산관계로부터 생산력으로의 반작용 혹은 상부구조 및 생산관계의 상대적 자율성(relative autonomy)이 존재함을 의미한다.

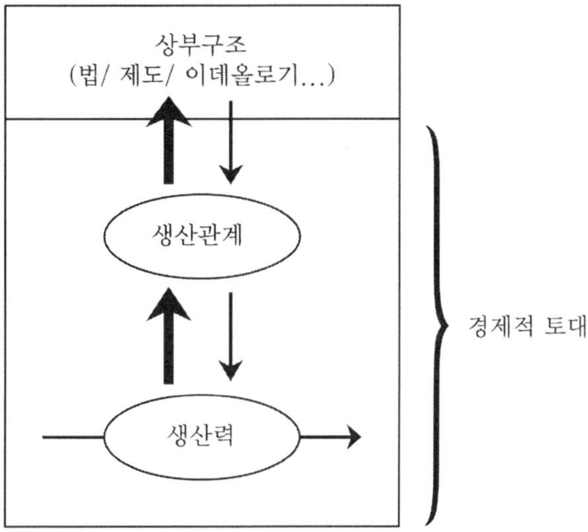

〈그림 1.3〉 마르크스 역사이론의 기본구조

한편, 생산력과 생산관계가 결합된 하나의 세트를 생산양식(Produktionsweise; mode of production)이라 부르기도 한다. 생산양식은 글자 그대로는 생산의 방식, 요컨대 생산과정에서 어떤 생산수단이 노동자와 어떻게 결합되는가를 의미하지만, 훨씬 더 넓게 사실상 사회와 같은 의미로 사용되기도 한다. 예를 들어 자본주의 생산양식이라 하면 일단은 자본주의 사회와 거의 같은 뜻이라 생각해도 될 것이다.[12] 앞의 인용문에서처럼 물질적 생활의 생산양식, 즉 경제적 삶을 어떻게 영위하는가가 해당 사회의 총체적 특징을 제약하기 때문이다. 물론 사회 속에는 물질적 생활만으로는 설명할 수 없는 영역도 분명히 존재하므로 자본주의 사회에도 자본주의 생산양식이라는 개념만으로는 포괄할 수 없는 부분이 존재할 것이다. 즉, 자본주의 생산양식은 자본주의 사회를 이해하기 위한 하나의 이론적 모형이라 생각할 수 있

---

12) 물론 우리가 살고 있는 사회는 매우 다면적이고 구체적인 실체이기 때문에, 자본주의라는 개념만으로 남김없이 설명될 수 있는 것은 아니다. 자본주의 생산양식이라고 할 때는 복잡한 현실을 어느 정도 단순화시켜 자본주의적 관계만으로 설명하는 것을 암묵적으로 전제하고 있다.

다. 생산양식은 항상성을 지닌 것이어야 한다. 적어도 상당 기간 동안은 어느 정도의 외적 충격이 있더라도 안정적으로 유지되는 시스템이라는 뜻이다. 그러나 생산양식 자체가 지닌 내적 모순이 격화하면 어느 단계에서 새로운 생산양식으로 이행할 것이다. 사실 생산력과 생산관계는 꽤 추상적인 개념이므로, 어떠한 역사적 이행도 지난 뒤에 돌이켜 보면 생산력과 생산관계의 모순 때문이라고 설명할 수도 있다. 역사유물론이 자칫 공허한 동어반복이나 사후적 합리화에 빠지기 쉬운 까닭이기도 하다. 그 때문에라도 경제학적 분석을 통해 생산력과 생산관계의 상호작용을 구체적인 수준에서 밝히는 것이 필요하다.

이제 문제는 이와 같은 설명방식이 역사발전의 법칙으로까지 승격될 수 있는가라는 것이다. 실제로 과거 마르크스주의 정치경제학에서는 이른바 역사발전 5단계설[13]을 통해 세계사의 보편적 발전법칙을 주장한 바 있다. 그러나 경제사 연구의 진전에 따라 많은 사회에서 5단계설이 기계적으로 적용될 수 없다는 것이 밝혀졌다. 무엇보다도 그것은 역사유물론을 보편적 법칙으로 받아들임으로써 역사발전, 즉 사회변화의 방향을 예측가능하다거나 선험적으로 결정된 상태를 향해 나아간다는 목적론(teleology)적 사고라는 비판을 벗어나기 쉽지 않다. 막상 마르크스 자신은 만년에 "내가 역사의 일반이론을 만들었다고 주장하는 것은 내게 최대의 영광이자 최대의 치욕"이라고 언급한 바 있다. 이것은 러시아의 젊은 혁명가들이 당시 농업 위주의 후진국이었던 러시아가 자본주의 단계를 건너뛰고 곧바로 사회주의로 이행할 수 있는가를 둘러싸고 논쟁하는 과정에서 마르크스에게 조언을 구한 편지에 대한 답신에서 한 말이다.[14]

더구나 마르크스는 사회변화의 동력을 계급투쟁에서 찾았다. 1848년에

---

13) 인류역사는 원시공산주의→노예제→봉건제→자본주의→사회주의(공산주의)의 다섯 단계를 거쳐 발전한다는 이론이다.

14) 러시아 혁명가들과 만년의 마르크스의 서신 교환 내용에 관해서는 무스토(2018)의 제2장을 참조하라.

엥겔스와 함께 쓴 『공산당선언』(*The Communist Manifesto*) 앞머리에 나오는 "지금까지 존재한 모든 사회의 역사는 계급투쟁의 역사이다."라는 명제는 유명하다. 더구나 다음과 같은 구절에 이르면, 마르크스의 역사관은 〈그림 1.3〉이 묘사하는 것과는 확실히 다른 것처럼 보이기까지 한다.

> 역사가 무슨 일을 하는 것은 아니다. 그것은 거대한 부를 가진 것도 아니고, 싸우지도 않는다. 그것을 행하는 것은 인간, 즉 현실의 살아 있는 인간인 것이다. '역사'는 독립된 존재처럼 인간과 대치하지만, 인간을 그 목적의 수단으로 사용하지는 않는다. 이 목표를 추구하는 것은 인간의 활동 이외의 아무 것도 아니다.

물론 이러한 인용문들이 공교롭게도 모두 마르크스가 젊었을 때[15)]의 것이기는 하다. 그러나 마르크스가 강조해 마지않았던 계급투쟁을 〈그림 1.3〉에 대입하면, 역사유물론이 지극히 기계적인 경제결정론(economic determinism)이라는 이미지는 크게 바뀌게 될 것이다. 요컨대 건축물의 은유가 주는 기계적이고 자동적인 물리적 변화라는 이미지는 살아 있는 인간들이 주체가 되는 역사를 설명하기에는 부족한 것이다.

문제 1.4. 역사유물론에 관한 다음 설명 중에서 잘못된 것은?

① 생산력과 생산관계의 결합방식을 생산양식이라고 한다
② 헌법은 상부구조에 속한다
③ 과학기술이 발전하면 토대에 변화가 생겨난다
④ 하나의 사회 안에는 하나의 생산관계만 존재한다

15) 앞의 인용문은 1844년에 마르크스가 엥겔스와 함께 썼던 『신성가족』(*Die heilige Familie*)이라는 책으로부터 나온 것이다. 마르크스 연구에서는 이 시기를 "청년 마르크스"(Young Marx)라 부른다. 대표적으로 『자본론』을 썼던 성숙한 시기의 마르크스에 비해 철학적이고 낭만주의적인 경향을 지닌 것으로 평가된다.

1.2.3. 메타경제학

흔히 경제학 교과서에서는 실증경제학과 규범경제학을 구분한다. 실증경제학(positive economics)은 가치판단을 배제한 채 경제 현상의 논리정합적 설명에만 주력하는 경제학이다. 반면 규범경제학(normative economics)은 명시적으로 가치판단을 도입하는 경제학이다. 주류경제학에서는 경제 현상에 대해 가치판단을 배제하는 것이 바람직하며 스스로 그렇게 되고 있다고 주장한다. 사실 이러한 주장은 대중의 상식과도 부합하는 측면이 있다. 과학은 모름지기 객관적이고 가치중립적이어야 할 것이라 생각되기 때문이다.

그러나 마르크스 경제학에서는 경제정책은 물론이거니와 직접적으로 가치판단을 요구하지 않는 것처럼 보이는 순수이론의 영역에서도 어떤 식으로건 연구자의 이해관계나 가치판단이 작용한다고 본다. 사실 모든 사회과학이론은 어떤 의미에서건 사회를 구성하는 계급(또는 같은 계급 내부의 분파)의 물질적 이해관계와 얽혀 있고 그것을 대표한다고 볼 수 있다. 경제학을 포함하는 사회과학은 인간사회의 일정한 이해방식에 대한 일종의 약속이라고 볼 수도 있다. 이 약속은 단지 사고실험으로만 그치는 것이 아니라, 필연적으로 다양한 사회구성원들의 정치 · 경제 · 사회 · 문화적 지위와 역할, 그 변화 방향에 대한 규정을 의미하게 된다. 이것이 이른바 당파성(partiality)의 문제이며, 모든 이론은 출발점에서부터 당파성을 갖는다는 것이 마르크스 경제학의 인식이다. 그런데 모든 이론이 당파적이라면, 과연 어떤 이론으로 독립적이고 객관적인 진리를 인식할 수 있는가라는 문제가 제기된다. 즉 당파성과 과학성 사이의 긴장이 존재하는 것이다. 과거의 마르크스주의 정치경제학에서는 명시적으로 노동자계급의 당파성을 갖는 것이 과학성을 보장한다고 주장하기도 하였다. 이러한 주장은 마르크스 경제학만이 과학이고 나머지 모든 이론은 이데올로기라는 확신으로 이어지면서 스스로 억압적이고 배제적인 이데올로기로 전락할 위험에 처한다.

이 책에서는 마르크스주의 정치경제학과는 달리, 모든 이론은 이데올로기일 수밖에 없다는 입장을 취한다. 물질적 삶을 직접적인 대상 영역으로 삼는 만큼 경제학은 사회과학 중에서도 체제 유지와 가장 긴밀하게 관련되는 분과학문이다. 그러므로 경제학적 지식의 생산과 유통, 심지어 경제학이 어떤 지식을 생산할 것인지에 관한 선택마저 자본의 논리에 의해 좌우된다. 이와 같이 경제학의 이데올로기적 성격을 명확하게 인식하는 일종의 메타(meta)적 관점을 갖게 해주는 것이 마르크스 경제학의 독창적 기여이자 강점이라 할 수 있다. 물론 메타적 관점은 스스로에게도 적용되므로, 마르크스 경제학의 주장은 이미 출발점에서부터 일정한 당파성을 지니고 있음을 드러내야 하며 주장의 자기한계 또한 인정하여야 한다.

〈그림 1.4〉는 메타경제학의 관점을 나타내고 있다. 사회를 구성하는 각 계급, 예컨대 계급A와 계급B는 물질적 이해관계가 서로 대립하고 있다. 각 계급은 자신의 이해관계를 대변하는 이데올로기를 갖고 있다. 그 결과 계급A를 대변하는 이데올로기A와 계급B를 대변하는 이데올로기B 사이에도 대립이 존재한다. 그림에서 각 계급, 그리고 각 이데올로기 사이의 굵은 화살표는 이러한 대립관계를 나타낸다. 물론 이데올로기가 일방적으로 계급에 의해 결정되는 것은 아니다. 이데올로기가 계급 자체를 만들어내지는 못하더라도 계급의식을 형성하도록 도울 수 있다. 따라서 그림에서는 이데올로기와 계급 사이에 양방향으로 화살표가 존재하는 것이다. 각 계급으로부터 각 이데올로기로 향하는 화살표는 이데올로기가 계급을 재현하는 것을 나타내지만, 이 재현이 완벽하게 이루어진다는 보장도 사실은 없다. 물질적 현실의 이론적 재현은 근본적으로 불완전한 측면이 있기 때문이다. 어떤 계급의 물질적 이익을 보호하려는 의도에서 만들어진 이데올로기가 거꾸로 그것을 위협하는 역사적 사례도 얼마든지 찾아볼 수 있다. 좀 더 일반적으로 표현하자면, 이데올로기 생산자의 의도가 의도하지 않은 결과를 낳을 수도 있는 것이다. 또한 의도가 실현되기 위해서는 기득권 세력의 저항이나

행정조직의 효과적인 통제의 어려움 등 다양한 장애물을 뛰어넘어야 하는데, 그 과정이 반드시 성공적이리라는 보장도 없다. 오히려 실행과정에서 당초 의도의 변형과 왜곡이 발생할 가능성도 큰 것이다. 한편 지배계급의 이데올로기, 체제 유지를 위한 이데올로기는 가치 중립적인 외양을 띰으로써 때로 피지배계급의 생각을 지배하기도 한다. 계급 지위와 계급의식의 괴리, 이른바 계급 배반이 일어나는 것도 그 때문이다. 결국 메타경제학의 관점은 〈그림 1.4〉에 나타난 복합적인 구조를 충분히 이해하고 받아들인다는 것을 의미한다.

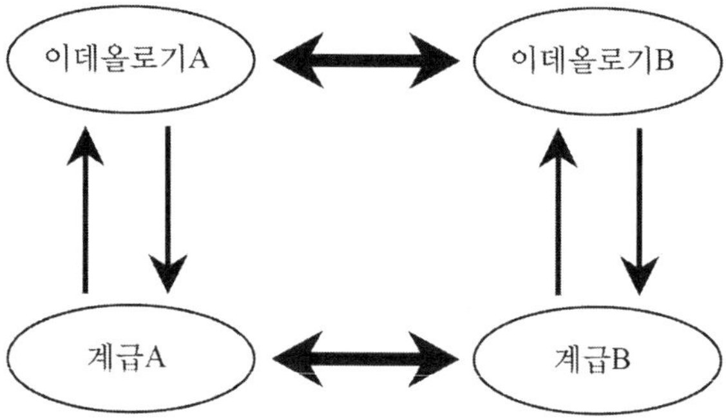

〈그림 1.4〉 메타경제학의 관점[16]

역사유물론의 기본 개념을 원용하여 지식생산양식(mode of knowledge production)이라는 관점에서 메타경제학의 분석틀을 구성해 볼 수 있다. 경제학적 지식은 주로 아카데미즘 내부에서 생산된다. 지식의 생산력이 발전한다는 것은 과학기술의 발전을 통해 인간이 갖는 지식이 양적 · 질적으로 확충된다는 것을 의미한다. 그런데 지식의 확장은 단지 개인의 타고난 재능이나 후천적 노력만으로 이루어지지는 않는다. 그것은 다양한 공식적 · 비공식적 교육과정을 거치면서 학생들의 경제적 능력의 차이, 계급적 관점의 차이 등이

16) 이것은 大西(2020: 35)의 그림을 수정하여 해석한 것이다.

작동하는 복합적인 과정이다. 지식의 생산관계는 생산력의 발전에 의해 영향을 받지만, 반대로 생산력 발전의 방향에 영향을 미치기도 한다. 예를 들어 많은 돈을 필요로 하는 지식의 생산에 있어서 누가 연구비를 지원하는가는 매우 핵심적인 요소이다. 연구과제의 설정과 진행, 그리고 그 결과의 공표 등에 이르기까지 지식생산을 위한 자금의 지원자는 가장 큰 결정권을 갖는다. 특히 문제의 설정 방식 자체가 생산되는 지식의 내용마저 좌우할 수 있는 사회과학에서는 그 중요성을 아무리 강조해도 지나치지 않을 것이다.[17] 분과학문으로서의 경제학이 고도로 발전한 결과, 대부분의 연구는 전문가집단끼리만 이해할 수 있는 일종의 은어를 매개로 말해지고 전달된다. 그 은어는 기본적으로 언어 위계의 높은 단계에 속해 있는 것으로서, 일상적으로는 학술저널에의 논문 투고와 심사 및 게재 등의 모든 과정에 걸쳐 권위를 가진 것으로 상정되는 전문가집단 안에서 이루어진다. 따라서 개별 연구자가 지식생산양식 혹은 그 생산관계를 벗어나기는 쉽지 않다. 더욱 중요한 것은 그렇게 생산된 경제학적 지식이 언론 등을 통해 해석되고 대중적으로 확산되는 과정에서 다시금 지배적 생산관계의 영향권을 벗어나지 못한다는 사실이다. 어느 사회에서나 어느 정도는 생산되기 마련인 대안적 지식은 자본이 장악한 언론, 체제 유지를 위해 노력하는 지배엘리트들에 의해 그 확산이 봉쇄됨으로써 힘을 잃고 만다. 물론 이러한 과정이 기계적이고 자동적으로 이루어지면서 지배체제의 명시적 · 암묵적 의도가 일방적으로 관철되는 것은 아니다. 학문적 논리의 상대적 자율성은 분명히 존재하기 때문이다. 그러므로 지배적 담론의 생산과 확산, 그에 맞서는 대항 담론의 생산, 그들 담론 사이의 이론적 · 물질적 대립과 투쟁의 과정을 분석하는 것이 메타경제학의 분석 내용이 된다.

---

17) 예를 들어 각종 공공사업을 추진할 때 이루어지는 비용편익분석에서 할인율이나 예상수익 및 비용을 어떻게 잡는가에 따라 상반된 결과가 나오는 경우를 흔히 볼 수 있다. 분석의 기술적 어려움 못지않게 분석가의 정치적 의도가 작용할 가능성이 큰 것이다.

1.3. 자본주의란 무엇인가?

우리는 자본주의(capitalism) 사회에 살고 있다. 그럼에도 일상적으로 자본주의라는 말을 쓰는 경우는 많지 않다. 자본주의라는 용어는 특히 한국 사회에서는 대체로 자본주의에 비판적인 생각을 지닌 이들이 주로 사용한다. 체제수호적인 보수적 사고를 지닌 이들은 자본주의라는 용어를 거의 입에 올리지 않는다. 사실 경제학은 물론 모든 사회과학이 어떤 의미에서는 이름붙이기 게임이라고도 할 수 있을 것인데, 대상에 어떤 이름을 부여하는가가 많은 경우 그 대상과 관련된 물질적 이해관계를 반영하기 때문이다.

문제 1.5. 다음 중 경제적 측면에서 언어의 계급적 · 이데올로기적 성격을 보여주는 사례가 아닌 것은?
① 구조조정 ② 양적 완화 ③ 사용자 ④ 노동의 유연성

그렇다면 자본주의란 무엇일까? 먼저 자본주의는 "○○○이 아니다"라는 부정적인 방식으로 정의해 보는 것이 유용할지도 모른다. 흔히 오해되는 것과는 달리, 자본주의는 그 자체가 민주주의는 아니다. 자본주의는 경제체제의 특성을 가리키는 것이므로 정치적 의미로 이해되는 민주주의와는 당연히 다른 것이다. 민주주의를 넓게 해석하여 경제적 측면, 일상생활의 측면까지 확장하더라도 자본주의와는 다른 개념일 뿐만 아니라 어떤 영역에서는 배치되기도 한다. 또한 자본주의는 시장의 존재 그 자체만을 의미하지는 않는다. 조선 시대에도 시장은 있었지만, 대부분의 역사학자들은 조선 시대를 자본주의 사회였다고 말하지는 않는 것이다. 한편 합리적인 계산에 기초한 기업가정신이나 모험정신을 자본주의로 지칭하는 학자들도 있으며, 한

걸음 더 나아가 인간의 경쟁 심리나 이기적 본능 자체를 자본주의라 간주하는 이들도 있다. 그러나 마르크스 경제학의 유물론적 관점에 따르면, 현실의 물질적 삶 자체가 변하지 않은 상태에서 갑자기 인간의 정신만이 변화하는 것은 상상하기 어려우며, 더구나 초역사적인 인간의 본성을 상정하는 것도 받아들일 수 없다. 굳이 마르크스 경제학이 아니더라도 최소한의 역사성을 고려하는 경제학이라면 그러한 견해는 극단적이라 간주할 것이다.

자본주의가 무엇보다도 고도로 발달한 상품생산체제 혹은 철저한 시장경제사회라는 데에는 아마도 대부분의 경제학자들이 동의할 것이다. 요컨대 생활에 필요한 재화 및 서비스를 대부분 시장에서 구입하는 것, 즉 생산과 소비가 사회적 규모에서 전면적으로 상품거래를 통해 시장에서 이루어지는 체제인 것이다. 달리 표현하자면, 자본주의에서의 생산은 본질적으로 "타인을 위한 생산"일 수밖에 없다. 그런데 이를 위해서는 사회적 분업(social division of labor)이 충분하게 진행되어 있어야 한다. 물론 사회적 분업은 어느 시대에나 존재하였다. 그러나 전면적이라고 말할 수 있을 정도의 사회적 분업이 이루어지기 위해서는 무엇보다도 인격의 자유를 지닌 평등한 사회구성원의 존재가 필요하다.[18] 그래야 노동이동, 즉 직업선택의 자유가 생길 것이고, 비로소 신분의 한계를 뛰어넘어 자신의 적성에 맞는 일에 종사함으로써 사회 전체의 생산력도 커질 것이기 때문이다. 아울러 생산의 결과물을 자신의 것으로 확보할 수 있으며 타인의 생산물과 교환할 수 있기 위해서는 사유재산권이 보장되어야 한다.

이상으로부터 자본주의를 정의하는 핵심적 요건인 노동력의 상품화가 등장한다. 바로 노동력이 상품인 사회, 그 상품화의 정도가 매우 높아서 전면적이라 말할 수 있을 수준으로까지 도달한 사회가 자본주의 사회인 것이다. 인간의 일할 수 있는 육체적 · 정신적 능력인 노동력(labor power)이 시장에

18) 이를 흔히 형식적 평등이라고 부르기도 한다. 자본주의 사회에서도 경제적 능력의 격차로 말미암은 실질적 불평등은 굳건하게 존재하기 때문이다. 물론 "실질적"에 비해 "형식적"이 부정적 뉘앙스를 지닌다고 해서 형식적 평등 확립의 의의를 과소평가해서는 안 될 것이다.

서 상품으로 거래되기 위해서는 그 노동력의 소유자가 이른바 두 가지 의미에서의 자유를 지니고 있어야 한다. 즉, 인격의 자유와 생산수단으로부터의 자유이다. 인격의 자유는 노동력 판매자가 고용계약의 주체가 될 수 있는 시민적 권리를 가지고 있을 것을 의미한다. 생산수단으로부터의 자유는 적극적이고 긍정적인 의미에서의 자유가 아니라 결핍이자 분리를 의미함에 주의해야 한다. 만약 충분한 생산수단(현실적으로는 그것을 구매할 수 있는 돈)을 가지고 있는 이라면, 노동력을 판매할 필요 없이 타인을 고용할 수 있을 것이기 때문이다.

정리하자면, 마르크스 경제학에서 파악하는 자본주의는 하나의 생산양식으로 정의된다. 즉, 일정 수준 이상의 생산력 발전에 따라 노동력의 상품화를 핵심으로 하는 자본주의적 생산관계가 형성되며, 다시금 그것을 뒷받침하기 위한 법률이나 제도, 이데올로기 등의 상부구조가 구축되는 것이다. 사유재산권을 보장해주는 법적 체계는 물론 시장경쟁을 촉진하고 정당화하는 이데올로기조차도 자본주의 생산양식에 걸맞은 것으로 될 때 비로소 자본주의 사회는 원활하게 유지될 수 있다. 자본주의를 하나의 생산양식으로 정의한다는 것은 그 가변성을 사고한다는 것을 의미한다. 시장경제가 이미 자본주의라 불리는 시대 이전부터 오랫동안 존재해왔다는 역사적 사실을 감안하면, 마르크스 경제학의 특징은 단지 시장경제와는 구별되는 자본주의 경제 나름대로의 특성에 주목하여 그것을 분석의 대상으로 삼는다는 데에 있다.

자본주의 경제의 특성에 관해서는 앞으로 이 책 전체에 걸쳐 분석할 것이다. 일단 매우 중요한 특징 하나를 지적하자면, 자본주의는 인간의 삶에 필요하고 쓸모 있는 재화나 서비스를 끊임없이 상품화한다는 것이다. 흔히 재화가 희소하기 때문에 상품이 된다고 설명하지만, 많은 경우 자본은 희소성 그 자체를 인위적으로 창출한다. 인간의 욕망을 끊임없이 개발하고 자극하여 사회 전체의 부(wealth)가 될 수 있는 자원도 시장에서 돈을 지불해야 살 수 있는 상품으로 만들어내는 것이다.

1980년대 이후 성립한 자본주의의 한 단계 혹은 국면으로서의 신자유주의(neo-liberalism)에 관해 생각해 보자. 노동력도 다른 모든 상품들과 마찬가지로 쉽게 사고팔 수 있어야 한다는 것, 현실적으로는 해고가 자유로울 것을 주장하는 노동시장의 유연성, 사회복지제도의 축소, 정부개입 배제, 공기업 민영화 등을 구체적인 정책패키지로 삼은 신자유주의는 시장의 효율적 작동에 대한 높은 신뢰, 철학적으로는 경제적 성과에 대해 철저하게 자기 책임을 묻는 능력주의적 믿음에 기초하고 있다. 즉, 생산력과 생산관계, 그리고 각종 제도적 뒷받침은 물론 이데올로기에 이르는 하나의 총체적인 시스템으로서 작동하는 셈이다.

신자유주의는 자본주의적 시장경제가 일단 확립되고 나면 끊임없이 만물을 상품화하는 경향을 가진다는 것으로부터 귀결되었다고 할 수 있다. 물론 만물의 상품화 경향은 그에 대한 반작용도 초래한다. 인류학자인 칼 폴라니(Karl Polanyi, 1886-1964)는 『거대한 전환』(*The Great Transformation*)이라는 저서에서 시장사회는 상품화와 그에 대한 저항이라는 이중 운동(double movement)으로 특징지어진다고 주장한 바 있다. 폴라니는 노동과 토지, 그리고 화폐를 허구적 상품(fictitious commodity)이라 불렀다. 원래 상품으로 될 수 없는 것을 시장경제를 유지하기 위해 상품으로 만든다는 의미인 것이다. 허구적 상품의 상품화를 위해서는 법률이나 제도는 물론 사회구성원의 의식이나 이데올로기까지 마련되어야 하는데, 그 과정은 결코 자동적으로 순조롭게 이루어지지는 않는다. 그와 관련된 물질적 이해관계의 대립, 그것을 반영하면서 다시 반작용하기도 하는 이데올로기의 형성과 확산 · 대립 등의 과정을 수반하는 것이다. 자본주의 국가의 가장 중요한 경제적 기능 중의 하나가 바로 노동력 상품의 관리와 유지에 있는 것도 그 때문이다.

2

가치와 노동

어떤 사회이건 원활하게 재생산되기 위해서는 재화 및 서비스가 필요하며, 그 생산을 위해 노동을 적절하게 배분하여야 한다. 자본주의 경제에서 노동의 사회적 배분을 가치라는 개념으로 분석하는 것이 노동가치론이다. 상품의 가치는 그것을 생산하는데 사회적으로 필요한 노동의 양으로 정의된다. 가치는 추상적인 개념이 아니라 상품들 간의 투입-산출 관련을 통해 명확하게 표현할 수 있는 개념이다. 자본주의 시장경제에서 상품의 교환관계는 인간 간의 사회적 관계를 반영하는 것이지만, 현실에서는 물과 물의 관계로만 드러난다. 이와 같은 상품의 물신성은 화폐의 물신성으로 발전하는데, 가치형태의 전개를 통해 화폐의 성립을 논리적으로 설명할 수 있다.

주요 개념: 사회적 노동의 배분. 노동가치. 추상노동. 사회적 필요노동. 상품의 물신성. 가치형태. 화폐.

2.1. 사회적 노동의 배분

한 사회가 원활하게 재생산되기 위해서는 사회구성원들이 필요로 하는 재화를 충분히 만들어낼 수 있어야 한다. 재화를 생산하기 위해서는 궁극적으로 사회구성원들 중에서 누군가가 노동을 해야 한다. 그런데 재화는 한 가지만 있는 것이 아니므로, 여러 종류의 재화 생산에 사회 전체의 노동 총량을 적절하게 배분하여야 할 것이다. 어떤 사회의 생산력이 충분히 발전하였음에도 만약 생산재만 지나치게 많이 생산하고 소비재는 부족하다면, 그 사회구성원들은 먹고사는 데 필요한 재화를 충분히 얻을 수 없을 것이다. 자본주의 경제에서 이와 같은 사회적 노동의 배분은 가격 메커니즘을 통해 이루어진다. 누가 강제하지 않더라도 높은 가격, 따라서 많은 이윤을 얻을 것으로 예상되는 상품에는 많은 기업들이 몰려들어 생산을 하려할 것이다. 그러므로 수요공급의 논리에 따른 가격의 결정 및 변화는 자본주의 시장경제를 분석하는 기초가 된다. 그런데 가격 메커니즘을 도입하기 전에, 혹은 가격 결정의 논리와는 별도로 상품생산을 사회적 노동의 배분이라는 관점에서 파악해보기로 하자. 일정 기간 동안에 어느 사회에서 생산되는 상품의 총량을 한편에 두고, 그 상품의 생산을 위해 투하되는 노동의 총량을 다른 한편에 둔다면, 양자는 같은 사물의 두 측면을 나타낸다. 물론 상품량은 다종다양한 이질적 상품들의 꾸러미이고 노동량은 시간으로 측정될 것이므로, 양자의 크기를 직접 비교하는 것은 불가능하다. 그러나 노동량이 산업들 간에 어떻게 배분되는가에 따라 상품 종류별 생산량은 달라질 것이다. 먼저 다음과 같은 간단한 사례를 이용하여 이를 살펴보도록 하자.

■ 사례 2.1

네버랜드(Neverland)라는 나라에서는 밀과 베이글 두 종류의 상품만 생산한다. 밀은 생산재이고 베이글은 소비재라 가정하자. 밀 부문에서는 매년 20,000kg의 밀과 16,000명의 노동자를 투입하여 100,000kg의 밀을 생산한다. 베이글 부문에서는 밀 40,000kg과 4,000명의 노동자를 투입하여 베이글 120,000상자를 생산한다. 노동자 1인당 연간 노동시간은 1,000시간이다. 단, 노동자는 특별한 교육이나 훈련을 받지 않더라도 밀이나 베이글을 만드는 일에 쉽게 적응할 수 있다고 가정한다. ■

이 사회의 연간 총생산 혹은 총생산물(gross product)은 (밀 100,000kg, 베이글 120,000상자)라는 벡터로 표시된다. 한편 사회 전체의 총노동량은 총 20,000명의 노동자가 1인당 1,000시간씩 일하므로 20,000,000시간이다. 그 중에서 16,000,000시간은 밀 생산, 4,000,000시간은 베이글 생산에 배분되는 것이다. 〈그림 2.1〉은 이 사회의 상품 총량과 사회적 노동의 배분 사이에 존재하는 대응 관계를 나타낸다. 만약 어떤 이유로 사회적 노동의 부문간 배분이 변화한다면, 그림에서 왼쪽 사각형의 분할이 바뀔 것이고 그에 대응하여 오른쪽 그림에서 밀과 베이글의 생산량을 나타내는 타원과 원의 크기가 변화할 것이다. 참고로 밀과 베이글을 똑같은 원이나 타원으로 그리지 않은 것은 서로 다른 상품의 양을 직접적으로 비교하는 것은 불가능함을 나타내기 위함이다. 반면 사회적 총노동의 양은 하나의 사각형으로 표시되어 있다. 이는 이 경제 전체의 노동은 모두 동질적이라는 뜻이다. 앞의 사례에 관한 설명의 마지막 문장은 이와 관련이 있다. 이제 두 산업 사이에 노동이 어떻게 배분되는가에 따라 하나의 사각형을 둘로 나누는 가운데 선분의 위치만 달라진다.

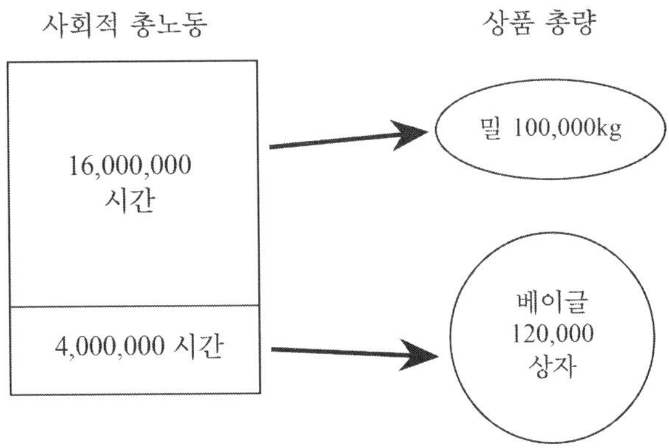

〈그림 2.1〉 사회적 노동의 배분

밀이나 베이글이 시장에서 팔리기 위해서는 그 구매자에게 무엇인가 쓸모 있는 특성을 지녀야 한다. 이렇게 인간에게 유용한 특성을 사용가치(use value)라고 한다. 효용(utility)은 소비자가 재화를 소비함으로써 얻는 주관적이고 심리적인 만족을 가리킨다. 반면 사용가치는 상품이라는 객체가 지닌 객관적 특성을 지시하는 개념이다. 사용가치가 있는 물건이라고 해서 모두 상품이 되는 것은 아니지만, 상품이라면 반드시 사용가치를 지닌다. 구매자에게 쓸모가 없다면 전혀 팔리지 않을 것이기 때문이다.

이제 이 사회가 총생산을 위해 무엇을 얼마나 필요로 하는지 생각해 보자. 밀은 밀 자신 및 베이글을 생산하는데 필요한 투입 혹은 투입물(input)이다. 즉, 밀 부문에서 20,000kg, 베이글 부문에서 40,000kg의 밀이 매년 필요한 것이다. 반면 베이글은 베이글 자신이나 밀의 생산을 위한 투입이 아니다. 따라서 사회 전체적으로 일 년 동안 필요한 투입은 (밀 60,000kg, 베이글 0상자)라는 벡터로 표시할 수 있다. 그러므로 이 사회의 순생산 혹은 순생산물(net product)은 총생산물 (밀 100,000kg, 베이글 120,000상자)에서 투입 (밀 60,000kg, 베이글 0상자)를 뺀 (밀 40,000kg, 베이글 120,000상자)가 된다.[1)] 이와 같은 밀과 베이글 사이의 투입-산출(input-output) 관계를 행렬 형태로 나타내면 〈표 2.1〉과 같다. 행(row)과 열(column)에는 각각 두 개의 부문이 배열되므로, 이 투입-산출관계는 2×2 행렬로 표시된다. 제1행 제1열의 원소는 제1행, 즉 밀 부문에서 제1열, 즉 밀 부문으로의 투입을 나타낸다. 투입과 산출이 똑같은 밀이므로 투입량/산출량을 계산하여 0.2라는 숫자로 표현할 수 있다. 이는 밀 한 단위를 생산하기 위해서는 밀 0.2단위가 필요하다는 뜻이다. 한편 제1행 제2열의 원소는 베이글을 생산하기 위한 밀의 투입량을 나타내는데, 이 경우에는 두 상품이 이질적이기 때문에 나눗셈을 통해 하나의 숫자로 표현하려면 측정단위를 밝혀 주어야 한다. 이 경우에는 kg/상자가 그것이다. 제1행 제1열의 경우, 분모와 분자가 같은 밀이므로 kg이라는 측정단위는 지워진다. 제2행의 두 원소가 모두 0인 것은 베이글은 어느 상품의 생산에도 투입으로 이용되지 않기 때문임에 주의하자. 물론 이 경우에도 제2행 제1열의 측정단위는 상자/kg이고, 제2행 제2열의 경우에는 숫자가 된다. 이와 같이 어떤 상품 한 단위를 생산하기 위해 필요한 다른 상품(혹은 자기 자신)의 양을 투입계수(input coefficient)라고 하며, 〈표 2.1〉과 같은 형태를 투입계수행렬이라 부른다.[2)]

〈표 2.1〉 투입계수행렬의 예

	밀	베이글
밀	20,000kg/100,000kg=0.2	40,000kg/120,000상자
베이글	0	0

---

1) 벡터의 덧셈 및 뺄셈은 같은 위치에 있는 원소끼리 더하거나 빼주면 된다. 즉, 본문에서 밀과 베이글의 단위를 생략하고 표시하면, (100,000, 120,000) - (60,000, 0) = (100,000 − 60,000, 120,000 − 0) = (40,000, 120,000)이다.

2) 만약 규모수익불변(CRS; constant returns to scale)을 가정하면, 밀과 베이글의 생산량이 k(〉0)배 변화하는 경우에도 투입계수는 그대로 유지될 것이다. 그러나, 〈표 2.1〉의 투입계수행렬을 네버랜드의 경제를 생산물의 투입과 산출이라는 관점에서 사후적으로(ex post) 묘사한 것이라 이해한다면, 굳이 CRS 등의 가정에 얽매일 필요는 없다.

그런데 이 사회가 자본주의 사회라면, 순생산물은 자본가와 노동자의 두 계급 사이에 분배될 것이다. 여기에서는 먼저 노동자들은 1인당 연간 2상자의 베이글을 실질임금으로 받아야 먹고 살 수 있다고 가정하자. 노동자는 1인당 연간 1,000시간을 일하므로 시간당 실질임금은 베이글 0.002상자인 셈이다. 그런데 사회 전체의 총노동시간이 20,000,000시간이므로 노동자 계급 전체에게는 40,000상자의 베이글이 지급된다. 순생산물 (밀 40,000kg, 베이글 120,000상자)에서 노동자 계급 전체의 실질임금을 뺀 나머지 (밀 40,000kg, 베이글 80,000상자)를 잉여생산물(surplus product)이라 부른다.

이제 밀과 베이글 생산에 배분된 사회적 노동량이 얼마인지를 확인해 보자. 밀을 만드는 데는 노동이 필요하지만, 투입요소로서의 밀도 필요하다. 그런데 그 밀도 결국은 인간의 노동에 의해 생산된다. 즉, 밀을 만드는 데는 직접노동(direct labor)뿐만 아니라 간접노동(indirect labor)도 필요한 것이다. 베이글의 경우도 마찬가지다. 마르크스는 직접노동과 간접노동을 각각 산 노동(living labor) 및 죽은 노동(dead labor)이라 불렀다. 죽은 노동은 지금 당장의 생산과정에서 작용하는 노동이 아니라 과거에 이미 활동하여 투입물을 만들어낸 노동이다. 이때 "과거"라 표현했다고 해서 그것이 실제로도 반드시 일 년 전이나 한 달 전에 일어났음을 의미하는 것은 아니다. 그보다는 현재의 산출물을 만들기 위해서는 논리적으로 먼저 투입물이 완성되어 있어야 한다는 뜻이다. 기령 지금부터 베이글을 만들기 시작하는 경우, 그에 앞서 밀부터 생산되어야 한다는 것이다. 이때의 시간은 역사적 시간(historical time)이 아니라 논리적 시간(logical time)이라 할 수 있다.

이제 직접노동과 산 노동을 감안하여 투입-산출관계를 써보면 다음과 같다. 단, 화살표의 방향은 오른쪽에서 왼쪽, 즉 오른쪽이 투입이고 왼쪽이 산출이도록 나타내었다.

밀 ← 노동 + 밀

← 노동 + (노동 + 밀) ← 노동 + {노동 + (노동 + 밀)}

← …… ← 노동

베이글 ← 노동 + 밀

← 노동 + (노동 + 밀) ← 노동 + {노동 + (노동 + 밀)}

← …… = 노동

즉 밀이나 베이글 모두 궁극적으로는 노동의 양으로 환원할 수 있다. 생산의 첫 단계에서 필요한 노동은 직접노동이며, 그 이전, 그리고 또 이전 단계 등에서 필요한 노동은 모두 간접노동이다. 이제 밀 한 단위, 즉 1kg 생산에 필요한 직접노동과 간접노동의 합이 얼마인지 계산해 보자.

밀 1kg = 노동 160시간 + 밀 0.2kg

= 노동 160시간 + 0.2×(노동 160시간 +밀 0.2kg) = ……

= 노동 160시간×(1 + 0.2 + 0.2×0.2 + …)

= 노동 160시간×1/(1-0.2) = 노동 200시간

밀의 밀에 대한 투입계수는 0.2로 1보다 작기 때문에, 밀을 계속 이전 단계의 노동으로 소급하여 만든 무한등비급수는 일정한 값으로 수렴하게 된다. 따라서 밀 1kg에는 직접노동 160시간과 여러 단계에 걸친 간접노동 40시간, 즉 합계 200시간의 노동이 필요하다. 이와 같이 어떤 상품의 생산에 들어간 노동을 투하노동(embodied labor)이라 부른다. 이때 투하노동은 실제로 밀 1kg을 만드는데 투하된 노동이라는 뉘앙스를 주지만, 엄밀하게는 지금 이 순간부터 밀을 다시 생산할 때 필요한 노동량을 의미함에 주의해야 한다. 그러므로 이때의 생산은 사실은 재생산(reproduction)이다. 재생산이 불가능한 상품에 대해서는 가치 개념을 적용할 수 없다. 대표적인 예로 토지처럼 인간의 노동이 전혀 투하되지 않은 천연자원, 그리고 피카소의 그림처럼 새로 만들 수 없는 골동품을 들 수 있다. 이러한 상품들의 가격이 어떻게 결

정되는지를 설명하기 위해서는 제8장에서 다룰 지대이론이 필요하다.

이처럼 어떤 상품을 생산하는데 사회적으로 필요한 노동량을 가치(value)라 부른다. 자본주의 사회에서 모든 상품은 가격을 갖는데, 그것은 다름 아닌 그 상품의 교환가치(exchange value)를 나타낸다. 그런데 교환가치는 가치가 드러나는 형태라고 할 수 있다. 요컨대 상품의 두 가지 속성은 사용가치와 가치이며, 가치는 교환가치라는 현상 형태를 갖는 것이다. 따라서 가격은 가치가 드러나는 형태라 할 수 있다. 상품의 가치를 모종의 노동에서 찾는 이론을 노동가치론(labor theory of value)이라고 한다. 변증법적 유물론의 개념에 따르자면, 사용가치와 가치는 단지 상품의 두 가지 속성을 넘어 상품에 내재하는 모순이라 할 수 있다. 자본주의 경제에서 재화는 시장에서 내부화함으로써만 교환가치를 가질 수 있기 때문에, 사용가치를 위한 생산과 교환가치(즉, 가치)를 위한 생산 간에는 부조화 혹은 긴장관계가 생겨날 수 있다. 사회적으로 매우 중요한 의미를 갖는 재화나 서비스가 교환가치를 갖지 못하기 때문에 무시되거나, 반대로 교환가치를 인위적으로 창출함으로써 해당 재화의 사용가치가 과장되어 받아들여지는 경우가 있을 수 있다.

한편 밀의 가치가 결정되면, 베이글의 가치는 쉽게 계산할 수 있다. 베이글 한 상자를 생산하기 위해서는 밀 40,000/120,000=1/3kg과 노동 4,000,000/120,000≃33.3시간이 필요한데, 이미 밀 1kg의 가치가 200시간임을 알고 있기 때문에 간접노동의 양은 1/3×200≃66.7시간으로 계산된다. 결국 베이글 한 상자의 가치는 33.3+66.7=100시간이 되는 것이다.

2.2. 노동가치

2.2.1. 2부문 모형

먼저 사례 2.1을 이용하여 노동가치론의 기본구조를 설명해 보자. 여기에서는 투입과 산출 사이의 관계가 선형, 즉 1차 함수로 표현되는 선형생산모형(linear production model)을 이용하기로 한다. 선형생산모형은 우리의 직관과 일치하는 장점이 있지만, 생산기술의 모든 경우를 포괄하지는 못함에 주의해야 한다. 그러나 이 책에서는 줄곧 선형생산모형을 이용할 것이다. 마르크스 경제이론의 일반적 특징을 보이는 데는 그것으로도 충분하기 때문이다. 아울러 선형생산모형이 완전한 일반성을 갖춘 것은 아니라 하더라도 현실적인 경제모형이 되는 근거를 찾을 수도 있다. 경제 관계가 주어진 상태에서 급격하게 변화하지 않는다면, 즉 문제가 되는 상태의 근방에서는 여전히 선형관계가 유의미한 근사(approximation)라 볼 수 있는 것이다(Bródy, 1970: 57).

먼저 밀이 상품1, 베이글이 상품2라고 가정한 다음, 일반적인 기호로 각 산업의 투입-산출구조를 나타내면 다음과 같다. 앞에서와는 달리 일반적인 표시방식에 따라 화살표의 왼쪽은 투입, 오른쪽은 산출을 나타낸다.

생산재 a_{11}단위 + 노동 l_1단위 → 상품1 한 단위

생산재 a_{12}단위 + 노동 l_2단위 → 상품2 한 단위

즉, 상품1 한 단위를 생산하기 위해서는 a_{11}단위의 상품1과 l_1만큼의 노동이 필요하며, 상품2 한 단위를 생산하기 위해서는 a_{12}단위의 상품1과 l_2만큼의 노동이 필요하다. 이때 투입계수 a에 붙은 아래 첨자는 앞의 숫자가 나타내는 산업으로부터 뒤의 숫자가 나타내는 산업으로 투입이 이루어진

다는 것을 의미한다. 즉, a_{12}는 산업1로부터 산업2로의 투입계수를 의미하는 것이다. 엄밀하게는 상품2 한 단위를 생산하기 위해 필요한 상품1의 양을 나타낸다.[3] 즉, 상품2의 생산량을 x_2, x_2를 생산하기 위해 필요한 상품1의 양을 x_{12}라 하면 $a_{12}=x_{12}/x_2$이다. 사례 2.1에서 x_2는 베이글 120,000상자, x_{12}는 밀 40,000kg이었다. 상품2는 소비재이므로 어떤 상품을 생산하는데도 필요하지 않다는 점에 주의하자. 아울러 두 산업에 고용되는 노동은 완전히 동질적인 노동이라고 가정한다. 즉, 산업1에 고용되는 노동은 언제든지 산업2에서 생산에 투입되어도 아무런 문제 없이 일할 수 있으며 그 반대 경우도 마찬가지다.

이상과 같은 투입-산출구조를 그림으로 나타내면 〈그림 2.2〉와 같다. 그림에서 화살표의 방향은 투입으로부터 산출로 가는 것이다. 예를 들어 a_{11}은 산업1로부터 자기 자신으로의 투입이 발생함을 나타낸다, 소비재로부터 생산재로 향하는 화살표가 없는 것은 $a_{21}=0$, 즉 상품1의 생산에 상품2는 필요하지 않기 때문이다. 마찬가지로 $a_{22}=0$이므로 소비재에서 소비재로 향하는 화살표도 존재하지 않는다.

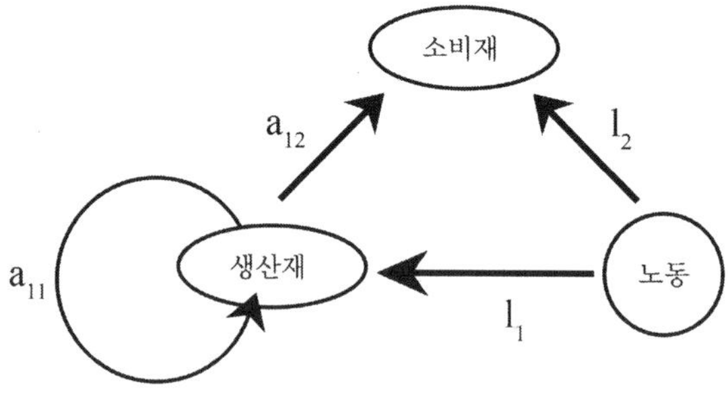

〈그림 2.2〉 투입산출구조의 예

[3] 여기에서는 분석의 편의를 위해 각 산업에서는 하나의 상품만 생산한다고 가정한다. 예를 들어 아래 첨자 1은 산업1이면서 동시에 상품1을 의미한다. 현실적으로는 하나의 산업에서 복수의 상품이 생산될 수 있다. 그러나 이론상 충분한 데이터가 있다면, 하나의 상품을 하나의 산업으로 분류함으로써 본문에서와 같이 나타낼 수 있다.

이제 이 2부문 모형에서 각 상품의 가치결정식은 다음과 같다. 여기에서 v_1과 v_2는 각각 상품1과 상품2 한 단위의 가치를 나타낸다.

$$v_1 = a_{11}v_1 + l_1 \tag{2.1}$$

$$v_2 = a_{12}v_1 + l_2 \tag{2.2}$$

(2.1)식에서 l_1은 직접노동, $a_{11}v_1$은 간접노동을 나타낸다. 즉, 상품1의 가치는 그 생산에 필요한 직접노동과 간접노동을 합한 것이다. 간접노동이 $a_{11}v_1$인 것은 상품1 한 단위를 만들기 위해서는 a_{11}만큼의 상품1이 필요한데 그것의 가치만큼을 합산하기 위해 v_1을 곱해 주었기 때문이다. (2.2)식은 마찬가지 방식으로 상품2의 가치를 나타낸 것이다. 이제 (2.1)식과 (2.2)식은 간단한 이원일차연립방정식이므로 다음과 같이 풀어낼 수 있다.

$$v_1 = \frac{l_1}{1 - a_{11}}, \quad v_2 = \frac{a_{12}l_1}{1 - a_{11}} + l_2 \tag{2.3}$$

그런데 (2.3)의 해에서 분모에 $1 - a_{11}$이 있음에 주목하자. 만약 이 값이 마이너스라면, v_1은 당연히 마이너스가 되고 v_2도 투입계수 a_{12}, l_1 및 l_2의 크기에 따라서는 마이너스가 될 가능성이 있다. 그런데 정의상 가치가 마이너스일 수는 없다. 어떤 상품 한 단위를 생산하기 위해 마이너스의 노동시간이 필요하다는 것은 경제적으로는 무의미하기 때문이다. 따라서 (2.3)식의 해가 경제적으로 유의미하기 위해서는 다음 조건이 충족되어야 한다.

$$a_{11} < 1 \tag{2.4}$$

이제 (2.4)식의 의미를 생각해보자. 만약 a_{11}이 1보다 크거나 같다면, 그것은 상품1 한 단위를 만드는데 상품1의 양이 한 단위 이상 필요하다는 뜻이다. 그런데 예를 들어 밀 1kg을 생산하기 위해 적어도 1kg의 밀이 필요하다면, 그것은 이미 소비이지 생산은 아니다. 따라서 정상적인 생산에서는 (2.4)식이 항상 성립할 것이다. 이를 순생산가능조건이라 부른다. 즉, 산업1의 총생산물은 상품1 한 단위이고 그 생산에 필요한 a_{11}단위의 상품1을 뺀 나머지가 순생산물이 된다. 순생산가능조건은 바로 가치가 플러스이기 위해 필요한 조건이기도 한 것이다.

한편 순생산가능조건을 이용하면, 무한등비급수의 수렴조건으로부터 상품1의 가치는 다음과 같이 풀어쓸 수 있다.

$$v_1 = \frac{l_1}{1-a_{11}} = l_1(1+a_{11}+a_{11}^2+\ldots) \tag{2.5}$$

(2.5)식의 두 번째 등호는 순생산가능조건이 충족될 때 a_{11}을 공비(common ratio)라 생각하고 풀어쓰면 성립한다. l_1은 상품1 한 단위 생산에 필요한 직접노동량이므로, l_1a_{11}은 상품1을 a_{11}단위 생산할 때 필요한 직접노동량이 된다. 그렇다면 $l_1a_{11}^2$은 상품1 a_{11}^2단위를 생산하는데 필요한 직접노동량이다. 그런데 $a_{11}^2 = a_{11} \times a_{11}$이므로, a_{11}^2은 상품1을 a_{11}단위 생산하기 위해 필요한 상품1의 양이 된다. 이와 같은 식으로 무한히 소급해 들어간 직접노동의 양을 전부 합한 것이 (2.5)식의 괄호 안이다. 즉, 철을 생산하는데 철이 필요하다면, 그 투입인 철을 생산하기 위해서도 철이 필요할 것이고, 다시 또 그 철을 생산하기 위해서도 철이 필요할 것이다. 이러한 환원을 무한히 수행하면서 각 단계에서 필요한 직접노동의 양을 모두 합한 것이 (2.5)식이다. 이제 (2.5)식을 약간 변형하여 정리하면 다음을 얻는데, 이 식은 바로 상품1의 가치가 직접노동(l_1)과 간접노동($l_1a_{11}+l_1a_{11}^2+\ldots$)의 합계임을 보여주고 있다.

$$v_1 = l_1 + (l_1 a_{11} + l_1 a_{11}^2 + \dots) \tag{2.6}$$

한편, 노동가치 개념을 사회 전체의 순생산물을 생산하기 위해 필요한 노동량으로 해석할 수도 있다. 먼저 순생산물이 상품1 한 단위이기 위해 필요한 총생산물은 $1/(1-a_{11})$단위의 상품1일 것이다. 상품1을 만들기 위해 상품2는 전혀 필요하지 않기 때문이다. 경제 전체의 총생산물 벡터를 $\boldsymbol{x} = (x_1, 0)^T$ 이라 하자.[4] 즉, 상품2는 하나도 생산하지 않고 상품1만 x_1 만큼 생산한다고 하자. x_1을 생산하기 위해 필요한 투입물의 양은 $a_{11}x_1$이다. 따라서 순생산물벡터 $\boldsymbol{y} = (x_1 - a_{11}x_1, 0)$이다. 그런데 순생산물이 상품1 한 단위뿐이므로 $x_1 - a_{11}x_1 = 1$이어야 하고, 따라서 $x_1 = 1/(1-a_{11})$이다. 결국 사회 전체적으로 이 만큼의 총생산물을 만들기 위해 필요한 직접노동량은 다음과 같다.

$$l_1 \times \frac{1}{1-a_{11}} + l_2 \times 0 = \frac{l_1}{1-a_{11}} \tag{2.7}$$

이는 (2.3)식에서 구한 상품1 한 단위의 가치와 같다. 또한 다른 각도에서 보면, 상품1 한 단위 순생산이 불러오는 사회 전체의 고용규모, 즉 고용승수(employment multiplier)를 나타낸다(모리시마. 2010[1973]: 42). 마찬가지 방식으로 사회 전체의 순생산물이 상품2 한 단위인 경우 그 투입물로 필요한 상품1의 양은 a_{12}단위이며, 그것을 위해서는 상품1의 총생산량이 $\frac{a_{12}}{1-a_{11}}$단위여야

---

4) 이 책에서는 행렬 및 벡터를 굵은 활자로 표시하는 수학적 관례를 따르도록 한다. 위 첨자 T는 전치(transpose)를 가리킨다. 즉, $\boldsymbol{x} = (x_1, x_2)^T$는 1×2 행벡터 $\boldsymbol{x} = (x_1, x_2)$의 행과 열을 바꾼 것이므로 2×1 열벡터가 되는 것이다.

한다. 즉, $\frac{a_{11}}{1-a_{11}}a_{12}$단위의 상품1을 투입하여 상품1을 $\frac{a_{12}}{1-a_{11}}$단위 생산한 다음, 그 차이인 $\frac{a_{12}}{1-a_{11}}-\frac{a_{11}a_{12}}{1-a_{11}}=a_{12}$단위를 상품2의 생산에 투입하면 되는 것이다. 이만큼의 총생산물, 즉 $\boldsymbol{x}=(\frac{a_{12}}{1-a_{11}},1)^T$를 만들기 위해 필요한 직접노동량을 구하면 (2.3)식의 상품2 한 단위의 가치와 같아짐을 확인할 수 있다. 따라서 경제 전체적으로 필요한 직접노동량은 $\frac{a_{12}l_1}{1-a_{11}}+l_2$이다.[5)]

문제 2.1. 2종류의 재화만 존재하는 경제를 가정하자. 상품1은 생산재, 상품2는 소비재이다. 생산재 한 단위를 생산하기 위해서는 생산재 0.5단위와 노동력 10단위를 투입해야 하며, 소비재 한 단위를 생산하기 위해서는 생산재 0.75단위와 노동력 30단위가 필요하다고 하자. 이때 상품1과 상품2의 단위 당 가치를 구하라.

---

5) 벡터 계산으로 나타내면 다음과 같다. $\boldsymbol{lx}^T=(l_1,l_2)(\frac{a_{12}}{1-a_{11}},1)^T=\frac{a_{12}}{1-a_{11}}l_1+l_2$. 모리시마(2010[1973]: 제1장)는 이와 같은 정의와 (2.1)식 및 (2.2)식으로 정의하는 방식을 노동가치의 두 가지 정의라 하고 결국에는 같은 것임을 보였다. (2.1)-(2.2)의 정의가 상품의 생산에 투하된 노동량이라는 점을 강조하는 것이라면, 여기에서의 정의는 어떤 상품의 가치가 결국 그 상품과 투입산출 관련을 맺고 있는 상품 세계 전체의 공동작업의 결과라는 점을 보여주는 효과가 있다. 만약 투입산출 관련이 예외적으로 특수한 구조를 갖는다면 이러한 특성은 사라진다. 아래의 문제 2.3을 참조하라.

문제 2.2. 다음은 2부문 경제의 투입산출표이다. 이때 상품1과 상품2의 단위 당 가치를 구하라.

	상품1	상품2
상품1	a_{11}	a_{12}
상품2	a_{21}	a_{22}
노동	l_1	l_2

(1) 상품1과 상품2의 단위 당 가치를 계산해 보라.

(2) 경제 전체의 순생산물이 상품i (i=1,2) 한 단위가 되도록 하기 위해 필요한 고용량을 계산해 보라.

(3) (2)에서 계산한 노동량과 (1)에서 계산한 단위 당 가치를 비교해 보고, 그 경제적 의미를 해석해 보자.

문제 2.3. 어느 2부문 경제의 투입산출표가 다음과 같다고 하자.

	상품1	상품2
상품1	a_{11}	0
상품2	0	a_{22}
노동	l_1	l_2

(1) 상품1과 상품2의 단위 당 가치를 계산해 보라.

(2) 문제 2.2의 경우와 비교할 때, 이 경제가 지닌 고유의 특징은 무엇인지 생각해 보자.

2.2.2. 일반화: n부문 모형

이상의 분석은 n부문 모형으로 일반화할 수 있다. 아울러 앞에서처럼 어떤 상품이 항상 생산재이거나 소비재이기만 하다는 가정도 완화하도록 하자. 즉, 투입계수 a_{ij}를 상품j 한 단위 생산을 위해 필요한 상품i의 양이라 하면 정의상 $a_{ij} \geqq 0$이다. 이제 n부문 모형에서의 투입-산출구조는 다음과 같다.

a_{11}만큼의 상품1 + a_{21}만큼의 상품2 + ...+ a_{n1}만큼의 상품n + 노동 l_1 → 상품1 한 단위

a_{12}만큼의 상품1 + a_{22}만큼의 상품2 + ...+ a_{n2}만큼의 상품n + 노동 l_2 → 상품2 한 단위

....

a_{1n}만큼의 상품1 + a_{2n}만큼의 상품2 + ...+ a_{nn}만큼의 상품n + 노동 l_n → 상품n 한 단위

이로부터 가치결정식은 다음과 같다.

$$a_{11}v_1 + a_{21}v_2 + \ldots + a_{n1}v_n + l_1 = v_1$$
$$a_{12}v_1 + a_{22}v_2 + \ldots + a_{n2}v_n + l_2 = v_2$$
$$\ldots\ldots$$
$$a_{1n}v_1 + a_{2n}v_2 + \ldots + a_{nn}v_n + l_n = v_n$$

이제 n가지 상품의 가치를 나타내는 행벡터를 $\boldsymbol{v} = (v_1, v_{2,} \ldots, v_n)$, 투입계수행렬 $\boldsymbol{A} = (a_{ij}) = \begin{pmatrix} a_{11} & a_{12} & \cdots & a_{1n} \\ a_{21} & a_{22} & \cdots & a_{2n} \\ \cdots & \cdots & \cdots & \cdots \\ a_{n1} & a_{n2} & \cdots & a_{nn} \end{pmatrix}$, 노동투입을 나타내는 행벡터를

$l = (l_1, l_2, \cdots l_n)$이라 하면, 가치결정식은 다음과 같이 나타낼 수 있다.

$$v = vA + l \tag{2.8}$$

(2.8)식을 정리하면 다음과 같다. 여기에서 I는 단위행렬이다.

$$v = l(I - A)^{-1} \tag{2.9}$$

노동투입벡터 l에는 n개의 산업에서 투입되는 노동량이 원소로 들어가 있다. 앞의 2부문 모형에서와 마찬가지로 여기에서도 $l_1, l_2, \cdots l_n$이 모두 동질적이라 가정한다. 그런데 모든 부문의 노동이 동질적이기 위해서는 일정한 사회적 · 역사적 조건이 필요하다.

먼저 이때의 노동은 모든 인간 노동이 지닌 공통적인 속성을 추려 개념화한 추상적 인간노동(abstract human labor) 혹은 추상노동(abstract labor)이다. 인간의 노동은 항상 노동대상에 능동적인 작용을 가함으로써 그 대상을 더욱 쓸모있는 것으로 만드는 행위이다. 어떤 노동대상에 대해, 무엇을 하기 위한 것인가에 따라, 노동의 구체적인 형태는 달라진다. 노동의 이러한 측면을 구체적 유용노동(concrete useful labor) 혹은 간단하게 구체노동(concrete labor)이라고 한다. 육체노동자가 생산라인에서 일하는 모습, 혹은 사무직 노동자가 컴퓨터 앞에 앉아 일하는 모습을 그 자체로 파악한 것이 구체노동이다. 서로 다른 구체노동을 시계로 측정하여 양적으로 비교하더라도 질적으로 동일하지 않은 양이므로 무의미하다. 반면 추상적 인간노동 혹은 추상노동은 육체노동자이건 사무직 노동자이건 그 노동의 구체적 형태가 아니라 사회적 분업에 따라 다양한 분야에 배분되는 인간의 노동이라는 관점에서 파악되는 것이다. 추상노동 개념이 성립할 때 비로소 양적 비교가 가능해진다. 추상노동이라는 개념이 성립할 수 있는 것은 자본주의 사회에서는 이론적으로 노동의 이동이 자유롭기 때문이다. 만약 신분제 등으로 말미암아 특정 노동은 특정 계층의 사람만이 수행할 수 있는 것이라면, 추상노동이라는 개념은 성립할 수 없다. 앞에서 다룬 바와 같이, 사회적 분업이 충분하게 발전하기 위한 조건, 즉 인격의 자유를 갖춘 형식적으로 평등한 사회구성원의 존재가 전제되어야 하는 것이다. 이는 이데올로기 등의 상부구조가 궁극적으로는 경제적 토대의 영향을 받는다는 역사유물론의 기본 명제를 상기시킨다. 사회구성원들의 의식, 혹은 상식으로 여겨지는 생각은 그 사회의 생산양식으로부터 자유로울 수 없다. 의식이 존재를 규정하는 것이 아니라 사회적 존재가 의식을 규정한다는 마르크스의 명제는 바로 이러한 점을 지적하고 있다. 모든 인간의 노동이 동질적인 것일 수 있다는 생각은 상품교환이 일반화하는 자본주의 사회에서야 비로소 가능해지는 것이다.

다음으로 이때의 노동은 사회적 노동(social labor)이다. 먼저 사적 노동(private labor)은 개인이 수행하는 노동 그 자체를 의미한다. 그러므로 구체노동과 유사한 것처럼 보일지도 모르나, 이 경우에는 사회적 노동과 짝을 이룬다. 사회적 노동은 개인의 사적 노동이 사회 전체의 관점에서 승인, 즉 사회적 인정(social validation)을 거칠 때 비로소 성립한다. 마치 개인이 사용하는 언어가 사회적으로 인정받지 못하면 원활한 의사소통이라는 본연의 기능을 잃게 되는 것과도 비슷하다. 자본주의 경제에서 사회적 인정은 결국 시장에서의 판매를 통해 이루어진다.[6] 증여나 선물교환의 경우 사회적 인정을 필요로 하지도 않지만 획득할 수도 없다는 점을 생각해보면 알기 쉽다. 마르크스가 "목숨을 건 도약"(salto mortale)이라 묘사했던 과정을 통해 판매에 성공한 상품은 그 생산에 투하한 사적 노동이 헛된 것이 아니었음을 인정받는 것이다. 이를 다른 각도에서 보면, 상품의 가치가 실현(realization)되는 과정이기도 하

---

6) 추상노동이라는 개념은 자본주의 사회에서만 성립하지만, 사회적 노동이라는 개념은 사회적 분업이 이루어진 사회라면 어디에서나 유효하다. 만약 국가의 계획에 의해 재화의 생산과 배분의 기본구조가 결정되는 사회가 존재한다면, 사회적 인정은 정치적 과정에 의해 결정될 것이다. 사회구성원들의 직업이 타고난 신분에 따라 고정되는 전근대사회에서도 마찬가지다.

다. 사적 노동이 항상 사회적 노동으로 인정받는다는 보장은 없다. 즉, 상품 생산에 투하된 노동량이 얼마만큼의 가치로 결정되는가는 사회적 인정의 과정을 거쳐야 비로소 확정된다. 예를 들어 숙련도가 떨어지는 노동은 그렇지 않은 노동에 비해 똑같은 시간을 들이더라도 더 적은 양의 가치 밖에 인정받지 못할 것이다. 가치를 "사회적으로 필요한 노동"(socially necessary labor)의 양이라 정의한 것도 이러한 사회화의 과정을 감안하였기 때문이다. 이와 같이 사회적 인정이라는 문제를 고려하면, 노동가치론에 대한 흔한 비판, 즉 수요를 무시하고 오직 공급측 요인으로만 가격을 설명하려 한다는 주장은 오해임이 밝혀진다. 시장교환과 독립적으로, 그 이전에 생산과정에서 실재하는 것은 인간이 노동을 한다는 사실 뿐이다. 인간의 노동은 자본주의에만 존재하는 것이 아니라는 의미에서 초역사적인 실재이다. 이 초역사적 실재는 어디까지나 구체적인 노동이다. 석기시대 원시인이 돌도끼로 무엇인가를 빻는 행위나 21세기의 사무직 노동자가 컴퓨터 앞에 앉아 자판을 두드리는 행위는 모두 구체적이고 실제로 존재하는 것이다. 이러한 초역사적 실재가 자본주의적 상품교환을 거칠 때 비로소 추상노동이 될 수 있다.

한편 (2.9)식이 성립하기 위해서는 $I-A$의 역행렬[7]이 존재해야 한다. 즉, $I-A$의 행렬식(determinant)이 0이 아니어야 한다. 또한 벡터 v의 모든 원소는 플러스 값을 가져야 한다. 상품의 가치가 0이거나 마이너스라는 것은 경제적으로 무의미하기 때문이다.[8] 이를 위해서는 호킨스-사이먼 조건(Hawkins-Simon condition)이라 불리는 다음 조건이 성립해야 한다.

---

[7] 이를 레온티에프 역행렬(Leontief inverse matrix)이라 부른다. 따라서 $I-A$는 레온티에프 행렬이라고 한다.

[8] 상품의 생산에 사회적으로 필요한 노동량이 가치이므로 당연히 플러스 값을 가져야 할 것 같지만, 부문 간 투입산출구조가 일정한 조건을 충족하지 않는 한 반드시 그렇게 된다는 보장은 없다. 아래의 문제 2.6을 참조하라.

$$|1-a_{11}|>0,\ \begin{vmatrix}1-a_{11} & -a_{12}\\ -a_{21} & 1-a_{22}\end{vmatrix}>0,\cdots,\ \begin{vmatrix}1-a_{11} & \cdots & -a_{1n}\\ \cdots & \cdots & \cdots\\ -a_{n1} & \cdots & 1-a_{nn}\end{vmatrix}>0 \tag{2.10}$$

즉, 행렬 $I-A$의 모든 주소행렬식(principal minor)이 플러스라는 것이다. 가장 첫 번째 조건인 $|1-a_{11}|>0$은 앞의 2부문 예에서의 순생산가능조건이다. 나머지도 본질적으로 같은 의미를 지니는데, 여기에서는 n=2일 때에 국한하여 두 번째 조건의 경제적 의미만 해석해 보기로 한다(Chiang & Wainwright, 2010:121, 번역자 주). (2.10)의 두 번째 행렬식을 풀면, 다음과 같다.

$$(1-a_{11})(1-a_{22})-a_{12}a_{21}>0 \tag{2.11}$$

(2.11)식의 양변을 $1-a_{11}$으로 나눈 뒤 $a_{11}<1$임을 이용하여 정리하면 다음을 얻는다.

$$1>a_{22}+\frac{a_{12}a_{21}}{1-a_{11}}=a_{22}+a_{12}a_{21}(1+a_{11}+a_{11}^2+\cdots)=$$
$$a_{22}+a_{21}a_{12}+a_{21}a_{11}a_{12}+a_{21}a_{11}^2a_{12}+\ldots \tag{2.12}$$

(2.12)식의 우변은 상품2 한 단위 생산에 직간접적으로 필요한 상품2의 양이라 해석할 수 있다. 먼저 a_{22}는 상품2 한 단위 생산에 직접적으로 필요한 상품2의 양이다. $a_{21}a_{12}$는 상품2 한 단위를 만드는데 필요한 상품1, 즉 a_{12}를 만들기 위해 필요한 상품2의 양을 나타낸다. 투입계수들의 아래 첨자만 따로 떼어 써보면 2→1→1→2, 즉 2→1→2가 되기 때문에, 상품2에서 상품1, 다시 그 상품1에서 상품2로 가는 투입산출구조의 연쇄임을 확인할 수 있는 것이다. 그러므로 우변은 이와 같은 방식으로 1차, 2차, 3차...에 걸쳐

간접적으로 필요한 상품2의 양을 모두 합친 것이다. 이제 (2.12)식의 좌변을 상품2의 양이라 해석하면, (2.12)식은 상품2의 순생산가능조건을 의미한다. 즉 상품2 한 단위를 생산하기 위해 직간접적으로 필요한 상품2의 양은 1보다 적어야 한다는 것이다.

한편 (2.5)식 및 (2.6)식에서와 유사한 과정은 n부문 경제에서도 확인할 수 있다. 즉, 행렬 A의 최대특성근이 1보다 작다는 조건 하에서 다음과 같은 관계가 성립한다.[9)]

$$v = l(I-A)^{-1} = l(I+A+A^2+\dots) = l+lA+lA^2+\dots \qquad (2.13)$$

즉, 벡터 l은 직접노동, 벡터 $(lA+lA^2+\dots)$는 간접노동을 나타낸다. 여기에서 lA는 현재 생산에 투입되는 상품들을 생산하는데 필요한 직접노동량을 나타내며, lA^2은 A^2, 즉 현재의 투입을 생산하기 위해 투입되는 이전 단계의 상품들을 생산하는데 필요한 직접노동량을 나타낸다. 결국 조금 복잡해지기는 했지만, 2부문 모형에서 직관적으로 이해되던 결과가 일반적인 n부문 경제에서도 그대로 성립함을 알 수 있다. 이는 선형대수학의 페론-프로베니우스 정리(Perron-Frobenius theorem)에 의한 것인데, 행렬 A의 최대특성근을 프로베니우스근이라고도 부른다.[10)]

---

9) 참고로 (2.13)식에서 $(\boldsymbol{I}-\boldsymbol{A})^{-1} = \boldsymbol{I}+\boldsymbol{A}+\boldsymbol{A}^2+\dots$이 성립한다는 것은 양변의 왼쪽에 $\boldsymbol{I}-\boldsymbol{A}$를 곱함으로써 확인할 수 있다(山崎, 2019: 35) 이때 좌변은 $(\boldsymbol{I}-\boldsymbol{A})(\boldsymbol{I}-\boldsymbol{A})^{-1} = \boldsymbol{I}$가 되므로 우변만 전개하여 계산해보면 된다. 즉, 다음과 같다.

$$(\boldsymbol{I}-\boldsymbol{A})(\boldsymbol{I}+\boldsymbol{A}+\boldsymbol{A}^2+\dots) = (\boldsymbol{I}+\boldsymbol{A}+\boldsymbol{A}^2+\dots)-(\boldsymbol{A}+\boldsymbol{A}^2+\dots) = \boldsymbol{I}$$

10) 페론-프로베니우스 정리는 비음행렬(non-negative matrix), 즉 모든 원소가 비음의 실수로 이루어진 행렬의 성질과 관련된 것이다. 가장 기본적인 형태는 비음행렬 $\boldsymbol{A}$의 특성방정식 $|\boldsymbol{A}-\lambda\boldsymbol{I}|=0$의 최대 실근 $\lambda(\boldsymbol{A})$에 관해 다음이 성립한다는 것이다(二階堂, 1960: 120).

(i) $\boldsymbol{A}$는 비음의 실수인 특성근을 갖는다.

(ii) 어떤 벡터 $\boldsymbol{x} \geqq \boldsymbol{0}$에 대해 $\boldsymbol{Ax} \geqq \mu\boldsymbol{x}$가 성립하는 실수 μ는 부등식 $\mu \leqq \lambda(\boldsymbol{A})$를 만족한다. 특히 $\boldsymbol{A}$의 임의의 특성근 ω에 대해 $|\omega| \leqq \lambda(\boldsymbol{A})$가 성립한다. 단, $|\omega|$는 복소수 ω의 절댓값이다.

(iii) $\lambda(\boldsymbol{A})$는 $\boldsymbol{A}$의 단조증가함수이다. 즉, $\boldsymbol{A}_1 \geqq \boldsymbol{A}_2 \geqq \boldsymbol{0}$이면, $\lambda(\boldsymbol{A}_1) \geqq \lambda(\boldsymbol{A}_2)$이다.

■ 사례 2.2

문제 2.1에서 각 상품의 한 단위 당 가치를 행렬벡터를 이용하여 풀어보자.

투입계수행렬 $A = \begin{pmatrix} 0.50 & 0.75 \\ 0 & 0 \end{pmatrix}$이고 $l = (10,30)$이다.

따라서, $I - A = \begin{pmatrix} 0.50 & -0.75 \\ 0 & 1 \end{pmatrix}$이고, 이의 역행렬은 $\begin{pmatrix} 2 & 1.5 \\ 0 & 1.0 \end{pmatrix}$가 된다.

즉, $v = l(I - A)^{-1} = (10,30)\begin{pmatrix} 2 & 1.5 \\ 0 & 1.0 \end{pmatrix} = (20,45)$이다. ■

투입산출분석은 러시아 출신의 미국 경제학자 레온티에프(Wassily Leontief, 1906-1999)에 의해 발전되었으며, 현재 대부분의 국가에서는 산업연관표를 정기적으로 조사·발표하고 있다. 참고로 〈표 2.2〉는 한국은행 경제통계시스템(ecos.bok.or.kr)에서 2018년도 산업연관표의 일부를 가져온 것이다. 여기에서는 통합대분류 39개 산업의 생산자가격 기준 투입산출표를 소개한다.

〈표 2.2〉 한국의 투입산출표 (2018년. 단위: 백만 원)

	농림수산품	광산품	음식료품	총산출
농림수산품	3,484,423	5,443	36,160,552	62,829,781
광산품	1,135	3,066	31,348	4,519,229
음식료품	9,031,278	9,404	24,372,387	132,822,086

〈표 2.2〉는 〈표 2.1〉을 읽는 방식에 따라 쉽게 해석할 수 있다. 즉, 제1행 제1열의 3,484,423(백만 원)라는 숫자는 농림수산품의 생산에 투입된 농림수산품의 총가격을 나타낸다. 산업연관표 데이터에는 아래 〈표 2.3〉과 같이 총투입계수도 계산되어 있다. 예를 들어 제1행 제1열의 숫자는 바로

(iv) ρ를 실수, $\boldsymbol{I}$를 n차원 단위행렬이라 할 때, $\rho\boldsymbol{I} - \boldsymbol{A}$가 비음의 역행렬 $(\rho\boldsymbol{I} - \boldsymbol{A})^{-1}$을 갖기 위한 필요충분조건은 $\rho > \lambda(\boldsymbol{A})$이다.

(v) $\lambda(\boldsymbol{A}) = \lambda(\boldsymbol{A}^T)$

3,484,423을 농림수산품의 총산출인 62,829,781로 나눈 값이다. 주대각원(main diagonal element) 이외의 원소는 독자들의 연습을 위해 비워둔다(문제 2.7 참조).

〈표 2.3〉 한국의 총투입계수 (2018년)

	농림수산품	광산품	음식료품
농림수산품	0.055	…	…
광산품	…	0.001	…
음식료품	…	…	0.183

그런데 산업연관표에 나오는 투입계수는 앞서 노동가치론의 기본구조를 설명할 때의 투입계수와는 다름에 주의해야 한다. 즉, 산업연관표의 기본구조를 2부문 모형으로 축약하여 나타내면 〈표 2.4〉와 같다. 〈표 2.4〉에서 x_i는 산업i의 총생산량, x_{ij}는 산업j에 투입되는 산업i의 생산물의 양을 나타낸다. 예를 들어 투입계수 a_{ij}는 x_{ij}/x_j와 같다. 즉 물량 간의 비율이다. 그런데 각 항목에 가격 p_i가 곱해져 있는 것으로부터 알 수 있듯이, 산업연관표에서는 산업간 투입-산출연관을 가격 단위로 표시하고 있다. 따라서 산업연관표가 곧바로 투입계수행렬 $A=(a_{ij})$와 같은 것은 아니다. 물론 마르크스 경제학의 실증연구에서는 일정한 가정 하에서 산업연관표를 활용하고 있다.[11)]

11) 〈표 2.4〉에서 산업2로부터 산업1로의 투입계수를 생각해 보자. 제2행 제1열의 원소를 산업1의 총생산으로 나누어주면 $\frac{p_2 x_{21}}{p_1 x_1}=\frac{p_2}{p_1}a_{21}$이 된다. 즉, 이 값은 상대가격($\frac{p_2}{p_1}$)의 영향을 받게 된다. 그런데 산업1의 생산물을 측정하는 단위는 예를 들어 kg이건 톤이건 임의로 변경해도 아무런 문제가 없다. 따라서 $p_1 x_1$ 을 원 어치의 단위(won's worth unit)로 측정할 수 있다(二階堂. 1960: 22-23). 〈표 2.2〉로 설명하자면, 백만 원 어치에 해당하는 양을 한 단위로 간주함으로써 농림수산품의 생산량은 62,829,781단위가 되는 것이다. 마찬가지로 광산품의 경우도 백만 원 어치를 한 단위라 놓으면 4,519,229단위가 된다. 이렇게 함으로써 〈표 2.4〉로부터 그에 대응되는 투입계수행렬을 구할 수 있다.

〈표 2.4〉 산업연관표의 구조

	산업1	산업2	순생산	총생산
산업1	p_1x_{11}	p_1x_{12}	$p_1x_1-(p_1x_{11}+p_1x_{12})$	p_1x_1
산업2	p_2x_{21}	p_2x_{22}	$p_2x_2-(p_2x_{21}+p_2x_{22})$	p_2x_2
노동투입	wl_1	wl_2		

문제 2.4. "상품의 가치는 그 생산에 필요한 노동에 의해 결정된다"고 말할 때, 이 노동의 범주에 속하지 않는 것은?

① 사회적 노동 ② 추상노동 ③ 단순노동 ④ 필요노동

문제 2.5. 가치의 실체=노동이라는 명제와 경제적 범주의 역사적·사회적 특수성이라는 명제 사이의 관계를 설명하라.

문제 2.6. [모리시마. 2010[1973]:45] A와 B 두 상품을 생산하는 경제를 생각해 보자. 10단위의 A를 생산하기 위해서는 5단위의 A와 6단위의 B, 그리고 노동 한 단위가 필요하다. 반면 10단위의 B를 생산하기 위해서는 4단위의 A와 7단위의 B, 그리고 노동 한 단위가 필요하다.

(1) 상품A와 상품B의 가치를 구하고, 그 경제적 의미를 해석해 보라.

(2) (1)과 같은 결과가 나온 이유를 호킨스-사이먼 조건을 이용하여 설명해 보라.

문제 2.7. 본문의 〈표 2.2〉를 참조하여 〈표 2.3〉의 빈칸을 채워 보라.

■ 사례 2.3

한국은행 경제통계시스템(ecos.bok.or.kr)에서 구할 수 있는 2018년도 산업연관표(생산자가격기준, 통합대분류)로부터 다음과 같이 산업을 1차, 2차, 3차 산업으로 통합하였다. 예를 들어, 총33부문 중에서 농림수산품과 광산품은 1차 산업이다. 따라서 농림수산품과 광산품을 하나의 부문(1차 산업)으로 통합하고, 이 부문으로부터 경제 내의 모든 부문으로 투입되는 금액을 계산하면 되는 것이다. 이렇게 계산한 것이 〈표 2.5〉이다.

〈표 2.5〉 한국의 3부문 통합 산업연관표 (2018년. 단위: 백만 원)

	1차 산업	2차 산업	3차 산업	총산출
1차 산업	3,494,067	197,738,508	12,373,961	67,349,010
2차 산업	19,625,240	1,054,431,014	310,735,624	2,261,986,867
3차 산업	8,993,874	300,170,493	491,880,484	2,007,228,200

〈표 2.5〉로부터 산업별 투입계수를 구한 것이 〈표 2.6〉이다. 예를 들어 제1행 제2열은 1차 산업의 생산물 중에서 2차 산업에 투입물로 들어가는 몫이 2차 산업의 생산물 총액에서 차지하는 비중을 나타낸다. 즉, 〈표 2.5〉의 제1행 제2열의 197,738,508을 2차 산업의 총산출 2,261,986,867로 나누면 약 0.0874를 얻는다.

〈표 2.6〉 산업별 투입계수

	1차 산업	2차 산업	3차 산업
1차 산업	0.0519	0.0874	0.0062
2차 산업	0.2914	0.4662	0.1548
3차 산업	0.1335	0.1327	0.2451

그런데 〈표 2.6〉은 투입계수행렬 $\boldsymbol{A}$ 에 해당한다. 엄밀하게는 부문별로 고정자본 소모분도 계산해서 더해 주어야 하지만, 여기에서는 편의상 생략하기로 한다.[12]

따라서 레온티에프 행렬은 다음과 같다.

$$I-A=\begin{pmatrix}1 & 0 & 0\\ 0 & 1 & 0\\ 0 & 0 & 1\end{pmatrix}-\begin{pmatrix}0.0519 & 0.0874 & 0.0062\\ 0.2914 & 0.4662 & 0.1548\\ 0.1335 & 0.1327 & 0.2451\end{pmatrix}=\begin{pmatrix}0.9481 & -0.0874 & -0.0062\\ -0.2914 & 0.5338 & -0.1548\\ -0.1335 & -0.1327 & 0.7549\end{pmatrix}$$

이로부터 역행렬은 다음과 같다.

$$(I-A)^{-1}=\begin{pmatrix}1.1219 & 0.1960 & 0.0493\\ 0.7059 & 2.0971 & 0.4358\\ 0.3225 & 0.4033 & 1.4099\end{pmatrix}$$

한편, 산업연관표의 고용표로부터 산업별 취업자수와 총실제근로시간을 확인할 수 있다.[13] 이를 3부문으로 통합하면, 부문별 총실제근로시간은 〈표 2.7〉과 같다.

〈표 2.7〉 산업별 총실제근로시간 (단위: 백만 시간)

1차산업	2차산업	3차산업
2,371.742064	12,277.266	37,771.18932

먼저 1차 산업 전체의 총실제근로시간은 약 2,372(백만)시간이다. 이를 〈표 2.5〉에 나와 있는 1차 산업의 총산출 67,349,010(백만 원)으로 나누면, 약 35.2157시간을 얻는다. 즉, 1차 산업의 생산물 백만 원 어치를 생산하기 위해서는 평균적으로 35시간 정도의 노동이 필요하다는 뜻이다. 이러한 방식으로 산업별 노동투입계수를 구하면 〈표 2.8〉과 같다.

---

12) 〈표 2.6〉이 나타내는 투입계수는 해당 연도에 투입물로 소진된 생산물을 의미한다. 반면 여러 연도에 걸쳐 고정자본으로 존재하는 생산물은 매년 일정 부분씩만 투입되는 것으로 간주된다. 고정자본과 유동자본에 대한 제5장 제1절의 구분을 참조하라.

13) 고용표에는 산업별 취업자수와 피용자수가 나와 있다. 후자는 임금노동자만 의미하며, 전자는 자영업자와 무급가족종사자까지 합친 것이다.

〈표 2.8〉 산업별 노동투입계수 (단위: 시간/백만 원)

1차산업	2차산업	3차산업
35.2157	5.4276	18.8176

이제 〈표 2.8〉의 행벡터와 앞에서 구한 레온티에프 역행렬을 곱하면, 다음을 얻는다.

$$l(I-A)^{-1} = (35.2157\ 5.4276\ 18.8176)\begin{pmatrix}1.1219 & 0.1960 & 0.0493\\ 0.7059 & 2.0971 & 0.4358\\ 0.3225 & 0.4033 & 1.4099\end{pmatrix} \simeq (49.4093\ 25.8729\ 30.6347)$$

위의 행벡터에서 첫 번째 원소 49.4093은 1차 산업의 생산물 백만 원어치를 만들기 위해 필요한 투하노동량이 약 49시간임을 나타낸다. 거꾸로 말하면, 1차 산업의 노동 한 시간은 약 이만 원 정도의 생산물을 만들어낸다는 뜻이기도 하다. 이때 노동시간은 〈표 2.7〉이 나타내는 직접노동뿐만 아니라 간접노동까지 포함하여 계산된 것임에 주의하여야 한다. 아울러 모든 산업의 노동은 동질적이라 가정하고 있음도 기억해둘 필요가 있다. 이와 같이 산업연관표를 이용하면 일정한 가정하에서 실제로 투하노동량을 계산할 수 있다. ■

2.3. 물신성과 화폐

2.3.1. 상품의 물신성

그렇다면 왜 하필이면 가치의 원천을 노동에서 찾는가라는 근본적인 물음에 답해보기로 하자. 마르크스는 상품가격의 근본적인 결정요인을 노동에서 찾는 이론, 즉 노동가치론이 지배적인 시대의 경제학자였기 때문에, 굳이 노동이 가치실체라는 점을 논증하려는 노력을 기울이지는 않았다(하인리히, 2016: 61). 그러나 마르크스 이후 경제학의 역사에서는 효용도 가치의 중요한 대안적 실체로 제시된 바 있으며, 궁극적으로는 가치 개념 자체가 불필요하므로 폐기해야 한다는 것이 주류경제학의 입장으로 굳어졌다. 마르크스 경제학에서 상품 가치의 실체를 노동으로 간주하는 것은 일종의 공리(axiom)라고 볼 수 있다. 공리는 그 자체로서는 증명될 수도 반증될 수도 없는 것이다. 공리로서의 노동가치론은 자본주의적 가격결정 및 변화를 사회 안에서 노동이 어떻게 배분되는가에 초점을 맞추어 분석하려는 목표로부터 설정된다. 이때 사회적 노동의 배분은 상품생산자들이 시장에서 상품거래를 통해 맺는 사회적 관계의 본질을 이루는 것이다. 이를 〈그림 2.3〉과 같이 나타낼 수 있다.

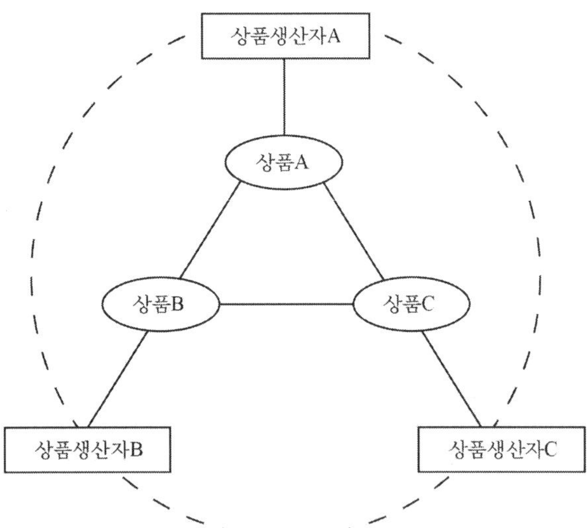

〈그림 2.3〉 사회관계로서의 가치

그림에서 상품들 사이의 관계는 그 배후에 놓인 상품생산자들 사이의 사회적 관계를 반영한 것이다. 그리고 이들 상품생산자의 사회관계는 그 자체로는 눈에 보이지 않기 때문에 점선으로 표현하였다.[14)] 노동가치론은 바로 이 점선으로 표현된 관계를 노동의 흐름과 배분이라는 관점에서 파악하려는 이론인 것이다. 그러므로 노동가치론의 이론으로서의 성패는 사회적 노동의 배분과 사회관계의 재생산을 얼마나 잘 설명하는가에 달려 있다. 따라서 노동생산물이 아닌 상품이 존재하는 것도, 그리고 노동 이외에 효용이나 다른 무엇이 가치의 실체가 될 수 있는 가능성도, 노동가치론 자체를 부정할 수는 없다. 아울러 〈그림 2.3〉의 점선이 묘사하는 사회적 관계도 단순히 생산물 사이의 물리적 관계가 아니라, 경제범주의 역사성 및 사회성을 반영하는 것임에 주의하여야 한다. 그러므로 이때의 노동도 자본주의적 방식으로 조직되는 노동을 가리키는 것이다.

〈그림 2.3〉은 또한 상품의 물신성이 의미하는 바를 보여주고 있다. 자본주의 시장경제에서 상품의 교환관계는 사실은 그 배후에 놓인 생산자들, 즉 사람과 사람의 사회적 관계를 반영하는 것이지만, 현실에서는 그것이 드러나지 않고 상품, 즉 물과 물의 관계로만 보일 따름이다. 특히 자본주의적 생산은 단지 평등한 인간들 사이의 관계가 아니라, 자본가와 노동자 사이에 성립하는 위계적이고 수직적인 사회관계를 통해 조직된다. 마르크스 경제학의 눈으로 보면, 이러한 상품의 물신성이 드러난 좋은 사례 중의 하나는 주류경제학 교과서에서 상정하는 생산함수일 것이다. 즉, 생산량을 Q, 노동투입을 L, 자본투입을 K라 할 때, $Q=f(L,K)$라는 형태로 설정되는 생산함수에서 노동투입과 자본투입은 완전히 동등한 권리를 지닌 존재로 인식된다. 새뮤얼슨은 어디에선가 "자본이 노동을 고용하건 노동이 자본을 고용하건 차이가 없다."(It does not matter whether capital hires labor or labor hires capital.") 라는 유명한 명제를 제시한 바 있다. 이러한 명제가 가능한 까닭은 노동력의 매매, 즉 고용관계를 위계를 동반하는 사회적 관계가 아니라 평등한 상

14) 이때 "눈에 보이지 않는다"는 것의 의미는 실제로 상품생산자가 누구인지 특정할 수 없다는 의미는 아님에 주의하여야 한다. 정보통신기술의 발전에 따라 상품의 주문 및 제작, 배송에 이르기까지 각 단계의 이력을 파악하는 것은 얼마든지 가능하며 실제로 기업의 마케팅 차원에서 그와 같은 정보가 소비자들에게 제공되기도 한다. 핵심은 그러한 네트워크 안에 상품생산자들이 편입되어 있다는 것, 그 네트워크가 상품과 상품 사이의 관계로 나타난다는 데에 있다.

품생산자들 사이의 수평적 관계로만 인식하기 때문이다.

물신성 개념은 특히 "청년 마르크스"의 소외(Entfremdung; alienation, estrangement) 개념과 밀접한 관련을 갖는다. 마르크스는 1840년대 초중반 파리에 머물던 시절에 다양한 경제학 및 철학 관련 원고를 남겼는데, 이른바 『경제학 · 철학 초고』라 불리는 이 원고의 핵심을 이루는 개념이 바로 소외이다. 마르크스 연구자들 사이에서 청년기의 마르크스(the Young Marx)는 아직 정치경제학보다는 철학 전공자로서의 정체성과 휴머니즘적 성향이 강하기 때문에, 인생 후반부의 저작, 특히 『자본론』을 쓴 성숙한 마르크스(the Mature Marx)와는 질적으로 구분되는 것으로 받아들여지기도 한다. 그렇지만 사람과 사람 사이의 관계로부터 말미암은 결과를 외부에 존재하는 통제 불가능한 힘의 결과로 인식하면서, 그것에 좌절하고 대신에 특정한 사물(fetish)에 집착함으로써 때로는 위안을 얻는 것, 바로 여기에 소외와 물신성이라는 두 가지 밀접한 관계에 놓인 개념이 존재한다. 성숙한 마크르스의 대표적 저작인 『자본론』제1권에서의 다음과 같은 서술은 청년 마르크스의 소외 개념이 여전히 자본주의 사회 분석을 위해 중요한 개념임을 보여준다.

> 자본주의체제 안에서는…생산을 발전시키는 모든 수단들은 생산자를 지배하고 착취하는 수단으로 전환되며…노동과정의 지적 잠재력을 노동자로부터 소외시킨다[entfremden-인용자]. (마르크스, 2015, I(상): 878-879)

물신성이 사회적 관계를 특정한 사물로 치환하여 받아들이는 환상적 사고를 가리키는 것이라면, 소외는 그로 말미암아 인간이 지배당하는 상태를 가리킨다. 그러나 물신성은 단순히 잘못된 생각, 즉 허위의식이기만 한 것은 아님에 주의하여야 한다(하인리히 2016: 103-4). 그것은 노동가치 개념을 통해 사회적 노동의 배분 속에서 맺어지는 사회관계에 초점을 맞추고 자본주의 경제를 분석할 것을 뒷받침하는 논리로 이해되어야 한다.

2.3.2. 화폐

변증법적 유물론에 기초한 마르크스의 경제이론은 어떤 개념이 그 안에 지닌 모순을 간직하고 부정하면서 그다음 개념의 발전으로 나아가는 논리 구조를 지닌다. 상품으로부터 화폐, 다시 화폐로부터 자본으로의 전개가 그 전형적인 예인데, 이에 따라 물신성도 상품의 물신성에서 화폐의 물신성, 다시 자본의 물신성으로 발전하는 형태를 갖게 된다.[15)]

화폐가 등장하는 과정은 매우 단순한 논리로도 설명할 수 있다. 만약 상품을 다른 상품과 직접 교환하는 물물교환경제라면, 상품이 n개 존재할 때 필요한 가격은 $nC_2 = n(n-1)/2$개일 것이다. 예를 들어 볼펜을 컴퓨터와 바꿀 때의 가격, 쌀과 바꿀 때의 가격 등으로 교환의 상대품목이 바뀔 때마다 새로운 가격이 필요하기 때문이다. 순열이 아니라 조합으로 계산하는 까닭은 교환이 대칭적이므로 가령 쌀을 볼펜으로 바꾸는 가격은 볼펜을 쌀로 바꾸는 가격과 같기 때문이다. 그런데 물물교환이 아니라 화폐를 매개로 사고파는 경제라면, 모든 상품은 하나의 가격만 가지면 되므로 n개의 가격이 필요할 것이다. 그러므로 상품의 가짓수가 3개를 초과하기만 한다면 화폐를 이용한 교환이 물물교환에 비해 거래비용이 작아질 것이며, n이 커질수록, 즉 상품의 종류가 많아질수록 거래비용을 절약하는 효과는 누적적으로 증가할 것이다.[16)] 더구나 물물교환의 경우, 볼펜을 가지고 있으면서 컴퓨터와 바꾸기 원하는 사람이 거래에 성공하기 위해서는 정확히 반대로 컴퓨터를 가지고 있으면서 볼펜을 원하는 사람을 만나야 한다. 즉 이른바 욕망의 이중적 일치(double coincidence of wants)가 있어야 하므로, 단지 필요한 가격의 개수만으로는 나타내기 어려운 거래비용도 존재하는 것이다. 물론 화폐가

---

15) 자본의 물신성에 관해서는 제8장의 제2절에서 다룰 것이다.

16) 물물교환에서의 가격의 개수가 화폐교환에서의 가격의 개수보다 커질 조건은 $\frac{n(n-1)}{2} \geq n$이다. 따라서 $n(n-3) \geq 0$이므로, 경제적으로 무의미한 범위($n \leq 0$)를 배제하면 $n \geq 3$을 얻는다.

생겨나고 사용이 일반화하는 것은 기나긴 역사적 과정의 산물임에 주의하여야 한다.

이제 화폐의 논리적 발생과정을 가치형태(value form)의 전개를 통해 살펴보기로 하자.

먼저 x만큼의 상품A가 y만큼의 상품B와 교환되려는 경우를 생각해보자. 여기에서 x와 y는 예컨대 쌀 10킬로그램, 볼펜 다섯 자루처럼 상품의 실물단위를 나타낸다.

$$xA \rightarrow yB \tag{2.14}$$

(2.14)를 단순한 가치형태라고 한다. 이제 일정한 양의 상품A는 일정한 양의 상품B를 통해 자신의 가치를 재현(representation)하게 된다. 가치관계가 확립되지 않은 상태에서 상품A가 스스로의 가치를 나타내는 방법은 교환 상대인 상품B의 사용가치를 통해서일 수밖에 없다. 이때 왼쪽에 놓인 상품A를 상대적 가치형태(relative value form), 오른쪽에 놓인 상품B를 등가형태(equivalent form)라고 부른다. 상대적 가치형태에 놓인 상품의 가치가 등가형태에 놓인 상품의 사용가치와 맞서는 셈이다. 이를 철학적으로 표현한다면, 상품에 내재하는 사용가치와 가치 사이의 모순이 드러나는 것이다. 물론 (2.14)는 두 상품만의 관계이기 때문에 지극히 우연적인 것일 뿐, 진정한 사회적 관계라 할 수 없다. 더구나 이 관계는 왼쪽에서 오른쪽으로 향하는 화살표가 상징하듯 일방적 관계에 지나지 않는다. 상품B가 상품A의 의도대로 스스로의 사용가치로 상품A의 가치를 표현하도록 허용할 것인지는 알 수 없다.[17)]

17) (2.14)가 일방적 관계에 지나지 않는다는 사실은 각 상품의 배후에 존재하는 소유자의 욕구를 대입해보면 좀 더 쉽게 이해할 수 있다. 상품A의 소유자는 반대편에 놓인 상품B라는 특정한 형태와의 교환을 요구하고 있다(泉외. 2019: 23). 그렇지만 상품B의 소유자가 상품A와의 교환을 희망한다는 보장은 없기 때문에, 이것은 비대칭적 관계가 된다. 앞에서 지적한 욕망의 이중적 일치가 있을 때에야 비로소 이 관계는 대칭적인 것으로 바뀐다.

그런데 상대적 가치형태의 반대쪽에 놓이는 등가형태는 반드시 상품B일 필요는 없다. 즉, 다음과 같이 일정량의 상품C, 상품D, 상품E 등과 같이 다양한 상품이 그 자리에 놓일 수 있다. 여기에서 z와 u는 각각 상품C와 상품D의 물량단위를 나타낸다. 이를 전개된 가치형태라고 한다.

$$\begin{aligned} xA &\rightarrow yB \\ &\rightarrow zC \\ &\rightarrow uD \\ &\quad \cdots \end{aligned} \tag{2.15}$$

즉 (2.15)에서 상품A는 상황에 따라 다양한 종류의 등가형태를 통해 스스로의 가치를 재현한다. 그런데 이러한 재현의 연쇄는 무한히 계속될 수 있기 때문에 결코 종결되지 않는다. 이제 상대적 가치형태와 등가형태의 위치가 뒤바뀌는 순간 새로운 힘이 출현한다. 즉, 화살표의 방향을 뒤집으면, (2.16)과 같이 상품B, 상품C, 상품D 등이 상품A를 통해 각각의 가치를 나타내게 되는 것이다. 이렇게 모든 상품이 단 하나의 상품, 즉 상품A를 통해 가치를 재현하려 할 때, 상품A에는 언제 어디에서나 다른 상품과 교환될 수 있는 강력한 힘이 부여된다. 이른바 일반적 수용가능성(general acceptability)을 갖는 것이다. 이때 상품A를 일반적 등가(general equivalent)라 부른다. (2.16)은 일반적 가치형태라고 한다.

$$\begin{aligned} &yB \rightarrow xA \\ &zC \rightarrow \\ &uD \rightarrow \\ &\cdots \end{aligned} \tag{2.16}$$

역사적 과정을 거쳐 특정한 상품이 일반적 등가물의 역할을 독점함으로써 화폐형태가 완성된다. 화폐 그 자체가 상품인 금본위제에서는 금이 곧 상품이고 가치를 가지고 있기 때문에 금의 가치와 상품 가치의 상대적 크기에 의해 가격이 결정된다. 그러나 불환화폐에서는 화폐 그 자체가 상품은 아니다. 그럼에도 화폐가 일반적 등가물로서의 역할을 수행하는 것은 단지 국가의 명령이나 거래비용절약의 논리 때문이 아니라, 상품들 사이의 가치관계, 그 배후에 놓인 사람들 사이의 사회적 관계의 결과라고 할 수 있다. 〈그림 2.3〉에서 보았던 사회화의 역할을 이제 화폐가 전적으로 담당하게 되는 셈이다.

다시 철학적인 표현을 빌리자면, 가치는 운동이라 할 수 있다.[18] 얼핏 생각하는 것처럼 상품의 생산에 투하된 노동이 상품 속에 마치 젤리처럼 굳은 채로 들어 있는 것이 아니라 다른 상품들과의 사회적 관계 속에서 비로소 가치가 실현되는 것이기 때문이다. 즉, 잠재적인 가치는 교환을 통해 현실적 가치가 된다. 그런데 화폐는 바로 이러한 운동으로서의 가치를 고정된 물질의 형태로 드러나게 만드는 역할을 수행하는 것이다.

이미 (2.16)과 같은 형태에서부터 상품A에는 강력한 힘이 부여됨을 보았다. 이제 상품A의 자리에 화폐가 등장하게 되면, 그것이 금화이건 중앙은행권이건, 혹은 플라스틱 카드이건 간에, 그 물질적 형체가 어떤 신비한 힘을 갖고 있는 것이라 받아들여진다. 여기에서 화폐의 물신성이 생겨나는 것이다. 모든 형태의 정치권력도 이와 유사한 형성원리를 갖는다. 권력자의 퍼스낼리티나 이미지, 심지어는 외모가 권력의 원천인 것처럼 여겨지기도 하지만, 본질적으로는 수직적 위계 안에서 어떤 이유로 그 자리에 앉았다는 사실 때문에 권력이 발생하는 것이다. 화폐가 등장함으로써 물신성은 더욱 심화된다. 무엇보다도 모든 것이 가격으로 표현되고 평가되기 때문이다.

---

18) 상품은 팔리기 전에는 잠재적으로만 상품일 따름이고 팔린 다음에는 구매자의 사용가치가 되므로 교환되는 순간에만 상품이라는 것, 즉 상품은 상품이 되는 운동으로서 보아야 한다는 견해(熊野, 2018: 8-10)를 참조한 것이다.

아주 단순하게 말하자면, 가치가 있기 때문에 화폐와 교환되는 것이 아니라 화폐와 교환되므로 가치가 있는 것이라는 생각이 모든 경제주체들의 머릿속에 자리 잡는다. 표준적인 미시경제학 교과서의 욕망의 불포화성(non-satiation) 가정, 즉 재화의 소비량이 증가하면 항상 효용이 증가한다는 가정도 어떤 의미에서는 화폐의 물신성을 반영하고 있다. 어떤 재화에 대해서는 일정량 이상의 소비가 추가적인 만족을 가져다주지 않을 수는 있지만 화폐의 경우는 그렇지 않다. 화폐는 아무리 많은 양을 가지고 있어도 언제나 다른 상품으로 자유롭게 교환될 수 있는 힘을 갖기 때문이다. 그런데 만약 극심한 인플레이션이 일어난 상황이라면 얘기가 달라진다. 화폐가 일반적 등가의 지위를 상실하기 때문이다. 이는 화폐가 어떤 신비한 속성을 지니고 있기 때문에 화폐가 되는 것이 아니라, 상품들 사이의 가치관계의 반영임을 잘 보여준다.

반드시 그런 것은 아니지만 적어도 일정 정도는 (2.14)에서 (2.16)까지의 과정은 역사적 과정의 순서를 반영하고 있다. 예를 들어 (2.14)는 서로 고립되어 있던 두 공동체가 처음으로 마주쳐서 교역을 하는 경우를 묘사할 수 있다. 각 공동체는 자신의 특산물과 상대 공동체의 특산물을 교환할 때 관습적으로 정해진 교환비율 자체가 없기 때문에, 자신이 생각하는 교환비율을 내세울 것이다. 교역 대상이 많아짐에 따라 (2.15)와 같은 상태가 되고, 교역이 반복됨에 따라 (2.16)의 상태로 옮아갈 것이다.

이렇게 성립된 화폐는 교환의 매개물이나 지불수단이라는 당초의 기능을 넘어서 구매력 혹은 지불능력을 일정 기간 동안 유지하는 축장(hoarding)의 수단이라는 기능을 수행하게 된다. 화폐가 유통과정에서 빠져나와 축장되었다가 다시 유통과정으로 들어오는 것(dishoarding)을 불규칙적으로 반복함으로써 자본주의적 상품교환은 화폐신용제도와 얽히는 더욱 복잡한 과정이 된다.[19]

---

19) 케인즈 경제학의 유동성 함정(liquidity trap) 개념은 바로 화폐가 축장수단의 기능을 수행한다는

■ 보론 2.1. 화폐와 언어

화폐가 성립하는 과정은 적어도 논리적으로는 언어가 성립하는 과정과 비슷하다. 언어에 비유하자면, (2.14)는 상품A가 자신만의 언어로 상품B에게 말을 거는 셈이다. 상품B가 알아듣지 못하는 한, 그것은 언어가 아니다. (2.15)는 상품A가 여러 상대에게, 즉 상품B 뿐만 아니라 상품C, 상품D……등에게 말을 거는 것이다. 이 단계에서도 여전히 그것은 언어가 아니다. (2.16)에서야 비로소 언어가 등장한다. 이제는 상품B도 상품C도 상품A의 언어로 말한다. 그렇게 하여 화폐가 등장하고 나면, 모든 상품은 화폐로만 자신의 가치를 표현한다. 마치 외국어를 말할 때, 자신이 아는 한정된 어휘 중에서 표현하려는 의미에 가장 가까운 단어를 골라 쓰는 것과도 같다. 이런 상태가 지속되면, 주객이 전도된다. 가령 알고 있는 어휘가 적으면, 자신의 감정이나 생각을 표현할 때 어쩔 수 없이 가장 가까워 보이는 단어를 골라서 말할 수밖에 없다. 원래 언어는 생각이나 감정을 실어 나르는 도구였지만, 어느 순간 거꾸로 생각이나 감정을 규정하게 된다. 이것이 바로 물신성이다. ■

문제 2.8. 가치형태에서 화폐 등장의 필연성을 보여주는 것은?

① 제1형태(단순한 형태) ② 제2형태(전개된 형태)

③ 제3형태(일반적 형태) ④ 제4형태(화폐형태)

문제 2.9. "어떤 사람이 왕인 것은 다른 사람이 그를 왕으로 간주하기 때문이다. 그러나 사람들은 그가 처음부터 왕이었던 것으로 생각한다"라는 마르크스의 비유는 무엇을 지적하고 있는가?

① 권력의 물신성 ② 상품의 물신성

③ 화폐의 물신성 ④ 잉여가치의 계급성

점과 관련이 있다. 즉, 극단적인 경기침체 국면에서 경제주체들은 수중에 화폐가 들어오더라도 불확실한 미래에 대비하기 위하여 지출하지 않고 그대로 보유하려 한다.

문제 2.10. 다음은 언어 사용에서 작용하는 권력에 관한 서술이다. 자본주의적 상품 교환에서는 이러한 문제가 어떻게 작용하는지 생각해 보자.

> 담론의 가치는 화자들의 언어능력 사이에 구체적으로 확립된 권력관계에 의해 결정된다. 이때 언어능력은 생산능력 뿐만 아니라 전유 및 평가의 능력, 다시 말해 언어적 교환에 참여하는 여러 행위자들이 가지고 있는, 각자의 생산물에 가장 유리한 평가기준을 관철시키는 능력을 가리킨다. (부르디외, 2020: 76)

3

이윤과 착취

자본주의 경제에서 이윤의 원천을 설명하기 위해 사회 전체의 총생산물과 순생산물, 그리고 잉여생산물의 구분에 관해 살펴본다. 잉여생산물을 노동가치 개념으로 나타내면 잉여가치이며, 자본가계급이 노동자계급으로부터 잉여가치를 착취함으로써 이윤이 발생한다. 마르크스의 기본정리는 플러스(+)의 잉여가치와 플러스(+)의 이윤이 서로 필요충분조건 관계에 놓여 있다는 것을 수리적으로 증명한다. 이러한 증명의 근본적 구조는 노동력이라는 상품이 지닌 특수한 성격에 기인한다. 노동력의 매매, 즉 고용관계는 평등한 계약당사자끼리의 상품교환관계이면서 동시에 생산과정 안에서는 명령과 종속으로 이루어지는 수직적 관계라는 특징을 갖는다. 이와 같은 수직적 관계 속에서 자본과 노동의 계급적 대립이 발생하며, 그 과정을 거쳐 절대적 잉여가치 생산과 상대적 잉여가치 생산이 이루어진다. 한편 가치와 잉여가치를 생산하지 않는 노동을 비생산적 노동이라 한다. 비생산적 노동은 간접적으로만 잉여가치의 생산에 기여한다.

주요 개념: 잉여생산물. 착취. 잉여가치. 마르크스의 기본정리. 노동력 상품의 특수성. 절대적 및 상대적 잉여가치. 비생산적 노동.

노동을 통해 사회가 현재의 규모로 유지되는데 필요한 것보다 많은 생산물이 생산된다. 이를 잉여생산물이라고 부를 수 있는데, 그 잉여생산물이 바로 이윤이 된다. 아울러 잉여생산물 자체가 노동에 의해 생산된 것이므로, 이윤의 원천은 노동이라 할 수 있다. 이렇게 생각하는 방식을 잉여접근법(surplus approach)이라고 한다.[1] 잉여접근법은 고전학파 정치경제학에서 시작된 것으로서 넓은 의미의 정치경제학에서는 대체로 받아들여지는 방법이다. 잉여접근법을 통해 정치경제학을 설명하는 키워드인 노동이 또 다른 키워드인 이윤율과 연결되는 것이다. 이 장에서는 잉여접근법으로부터 출발하여 마르크스 경제학의 이윤 이론을 설명하고자 한다.

3.1. 마르크스의 기본정리

자본주의 경제를 움직이는 추동력이 이윤이며, 자본가의 목적이 이윤극대화라는 것은 굳이 강조할 필요도 없는 사실이다. 그렇다면 이윤의 원천은 무엇일까? 이에 대한 마르크스의 답변은 자본가계급이 노동자계급의 노동을 착취한다는 것이었다. 일본의 경제학자 오키시오 노부오(置塩信雄, 1927-2003)는 이러한 마르크스의 명제를 선형생산모형을 이용하여 수학적으로 증명

1) 신고전학파의 한계적 접근법에서는 자본, 노동, 토지라는 세 가지 생산요소의 가격은 각각의 요소시장에서 수요와 공급의 균형에 의해 결정된다. 따라서 잉여접근법에서처럼 이윤(율)의 결정이 특권적 지위를 갖지 못한다. 잉여접근법의 이론적 구조에 관해서는 박만섭 엮음(2012: 306-311)을 참조하라.

하였다. 이를 마르크스의 기본정리(FMT: The Fundamental Marxian Theorem)라고 부른다.

3.1.1. 2부문 모형

먼저 간단한 2부문 모형을 통해 마르크스의 기본정리의 핵심적 내용을 살펴보기로 하자. 즉, 제2장의 〈그림 2.2〉에서와 같이 상품1이 생산재이고 상품2는 소비재인 투입-산출구조를 전제한다. 상품1의 가격, 상품2의 가격 및 시간당 임금을 각각 p_1,p_2 및 w라 하면, 두 부문 모두에서 이윤이 플러스(+)일 조건은 다음과 같다.

$$p_1 > a_{11}p_1 + wl_1 \tag{3.1}$$

$$p_2 > a_{12}p_1 + wl_2 \tag{3.2}$$

두 식의 의미는 분명하다. (3.1)식의 경우, 상품1 한 단위의 가격이 그것을 생산하는데 들어간 상품1을 구입하는 비용($a_{11}p_1$)과 고용된 노동량에 대해 지불된 임금비용(wl_1)의 합계보다 커야 한다는 뜻이다. (3.2)식도 마찬가지로 해석할 수 있다. 그러므로 (3.1)식과 (3.2)식이 동시에 성립한다면, 두 부문 모두에서 이윤이 플러스(+)가 되는 것이다. 이때 이윤의 크기에 관해서는 그것이 플러스라는 것 이외에는 아무 것도 가정하고 있지 않음에 주의하자. 제4장 제3절에서 설명할 것처럼 장기균형상태에서는 두 부문의 이윤율이 같아야 할 것이지만 (3.1)식과 (3.2)식에는 그와 같은 조건이 포함되어 있지 않다.

한편 노동자들은 자신이 받은 임금으로 R만큼의 소비재(즉, 상품2)를 구입할 것이다. 노동자의 저축이 0이라 가정하면, $w = p_2R$이 성립한다.[2] 이

[2] 개인의 처지에 따라 노동자 중에도 저축이 플러스인 경우는 얼마든지 있을 수 있다. 그 경우

때 $R = w/p_2$이므로 실질임금을 의미한다. 이 관계를 (3.1)식과 (3.2)식에 대입하면 다음을 얻는다.

$$p_1 > a_{11}p_1 + p_2 R l_1 \tag{3.3}$$

$$p_2 > a_{12}p_1 + p_2 R l_2 \tag{3.4}$$

이제 (3.3)식과 (3.4)식을 모두 상대가격(p_1/p_2)에 관해 정리하면, 다음 관계가 성립해야 함을 알 수 있다.

$$\frac{Rl_1}{1 - a_{11}} < \frac{p_1}{p_2} < \frac{1 - Rl_2}{a_{12}} \tag{3.5}$$

(3.5)식에서 중간항 $\frac{p_1}{p_2}$을 제외한 나머지 부등호 관계만 남겨 정리하면 다음을 얻는다.

$$1 > R(\frac{l_1 a_{12}}{1 - a_{11}} + l_2) = Rv_2 \tag{3.6}$$

(3.6)식의 등호는 (2.3)식에서 구한 바 있는 상품2 한 단위의 가치(v_2)를 대입하여 얻어진 것이다. 결국 (3.6)식은 최종적으로 $1 > Rv_2$가 되는데, 그 경제적 의미는 노동 한 단위당 실질임금인 소비재(R)에 투하된 노동량은 한 시간보다 적다는 것이다. 즉, 노동자가 한 시간의 노동을 제공하고 얻는

$w > p_2R$이 될 것이다. 그러나 정의상 노동자계급 전체로는 저축은 0이거나 혹은 플러스라 하더라도 자본으로서 기능할 수 있는 정도에는 훨씬 못 미치는 적은 금액이어야 한다. 그렇지 않다면 노동자 계급이 자본가 계급으로 전환될 것이기 때문이다. 물론 어느 노동자 개인이 자본가로 전환되는 경우는 얼마든지 있을 수 있다. 여기에서는 구조로서의 계급의 존재를 말하는 것이다.

소비재의 가치는 한 시간보다 적다. 만약 노동자가 하루에 $T(>0)$시간 일한다면, (3.6)식의 양변에 T를 곱해 줌으로써 다음의 관계가 성립한다.

$$T > TRv_2 \tag{3.7}$$

여기에서 우변의 TRv_2는 T시간 일하는 노동자가 스스로 소비하는 상품의 생산에 필요한 노동량이다. 그러한 의미에서 이를 필요노동(necessary labor)이라 하며, 총노동에서 필요노동을 뺀 $T-TRv_2$를 잉여노동(surplus labor)이라 한다. 결국 (3.7)식은 노동자의 잉여노동이 플러스(+)여야 함을 의미한다. 이는 노동자가 자본가에게 잉여노동을 착취(exploitation)당함을 의미한다. 이때 착취의 의미는 노동자가 자신이 소비하는 상품 묶음을 생산하기 위해 필요한 노동량보다 더 많은 노동을 한다는 것이다. 제2장 제1절에서의 비유를 사용하자면, 노동자는 사회에 대해 자신의 노동을 제공하고 그 대가로 일정량의 상품 묶음을 가져가는데, 후자에 들어있는 노동의 양이 전자보다 적다는 뜻이다. 숫자 예를 통해 이를 확인해 보도록 하자.

■ **사례 3.1**

두 가지 상품만이 존재하는 경제에서, 상품1은 생산재이고 상품2는 소비재라 하자. 상품1 한 단위 생산을 위해서는 0.5단위의 상품1과 2시간의 노동, 상품2 한 단위 생산을 위해서는 0.25단위의 상품1과 2시간의 노동이 필요하다. 노동시간당 실질임금은 상품2 0.1단위이다. 이때 각 상품 한 단위 당 잉여가치를 구해 보자.

가치결정식은 $v_1 = 0.5v_1 + 2$, $v_2 = 0.25v_1 + 2$이므로, $v_1 = 4$ 및 $v_2 = 3$이다. 상품1과 상품2 모두 한 단위 당 직접노동량은 2시간이고 그 중에서 필요노동은 $2 \times Rv_2 = 2 \times 0.1 \times 3 = 0.6$시간이다. 잉여노동 및 잉여가치는 직접노동의 총량에서 필요노동을 뺀 나머지이므로 1.4시간이 된다. 이때 잉여노동의 필요노동에 대한 비율은 1.4/0.6이므로 백분율로 나타내면 약 233.3%이다. ■

잉여노동에 대응되는 물적 형태는 제2장에서 설명한 바 있는 잉여생산물이며, 그것을 가치로 표현한 것이 잉여가치(Mehrwert; surplus value)이다. 착취라는 용어에는 규범적 뉘앙스가 들어 있는 것이 사실이지만, 마르크스의 기본정리에서 보듯이 실증적 개념으로 정립될 수 있다. 이를 〈그림 3.1〉을 통해 설명할 수 있다.

그림에서 전체 사각형의 면적은 총생산물을 나타낸다. 이 중에서 가장 왼쪽의 사각형은 생산에 사용된 원료 및 재료를 대체하는 몫으로 충당된다. 이를 제외한 나머지, 즉 오른쪽의 두 사각형을 합한 것이 순생산물이다. 가운데 사각형, 즉 순생산물 부분의 왼쪽 사각형이 실질임금을 나타낸다. 이론상 실질임금의 하한은 0이며 상한은 순생산물 전체일 것이다. 물론 현실적으로는 노동자가 육체적으로 생존하기 위한 최소한의 수준이 보장되어야 한다. 굵은 화살표는 실질임금이 하한과 상한 사이에서 움직이는 크기임을 나타낸다. 만약 노동자의 교섭력이 매우 강하다면, 점선으로 된 화살표를 따라 오른쪽 상한까지 실질임금이 증가할 것이고, 이때 잉여생산물은 0이 된다. 즉 잉여생산물이 플러스라는 것은 노동자의 실질임금이 적정한 수준으로 억제되어야 함을 전제로 한다.

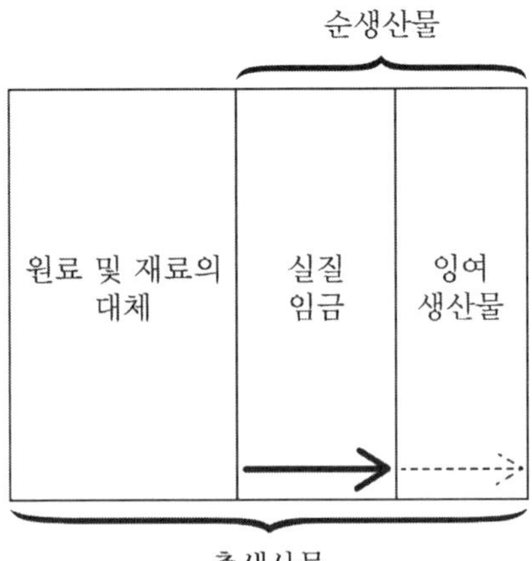

〈그림 3.1〉 총생산물, 순생산물 및 잉여생산물

여기에서 하나 주목할 만한 것은 가치와 가격의 결정원리에 차이가 있다는 사실이다. 즉, 제2장의 가치결정식 (2.1), (2.2) 및 (2.8)로부터 계산되는 노동가치는 〈그림 3.1〉에서 순생산물이 실질임금과 잉여생산물 사이에 분배되는 비율과는 독립적으로 결정된다는 것을 알 수 있다. (2.8)식에서 vA는 원료 및 재료의 대체에 해당하며, l은 순생산물 전체에 대응되기 때문이다. 반면 식 (3.1) 및 (3.2)로부터 알 수 있는 것처럼, 가격은 분배변수(w)의 크기에 영향을 받는다.[3] 바로 이로부터 가치와 가격 사이의 양적 관계에 대한 질문이 생겨나는데, 이에 관해서는 제4장의 전형문제에서 다룰 것이다.

한편 마르크스의 기본정리의 논리구조는 〈그림 3.2〉처럼 나타낼 수 있다. 즉, 이윤이 플러스라는 것은 우리가 직접 관찰할 수 있는 현실이다. 이로부터 출발하여 그 배후에 숨어 있는 잉여가치가 플러스라는 것, 즉 노동자에 대한 착취가 존재한다는 명제로 나아가는 것이다. 마르크스의 기본정리 자체는 플러스의 잉여가치와 플러스의 이윤 사이의 동치관계, 즉 필요충분조건관계를 의미하는 것이지만, 충분조건보다 필요조건, 즉 〈그림 3.2〉의 화살표 방향으로의 논리가 더 중요한 이유가 여기에 있다. 참고로 충분조건은 그림의 오른쪽, 즉 잉여생산물 및 잉여노동이 플러스라는 것으로부터 왼쪽, 즉 이윤이 플러스라는 것으로 가는 인과의 방향을 의미한다.[4]

---

3) (3.1)식과 (3.2)식에서 다른 모든 조건이 일정할 때 w가 증가하면 우변이 커질 것이다. 우변과 좌변의 격차는 이윤을 의미하므로, 이는 이윤이 감소함을 의미한다. 만약 정확하게 임금지불액의 증가분만큼 이윤이 감소한다면 가격의 크기는 불변일 것이다. 그러나 일반적으로는 그렇지 않기 때문에 결국 가격의 크기 그 자체가 변하게 된다. 이것이 고전학파 경제학자 리카도가 해결하기 위해 고투하였던 불변의 가치척도(the invariable measure of value) 문제이다. 즉 분배비율의 변화에 따라 그 분배의 대상인 생산물의 가격 자체가 변화하는 역설이 생겨나는 것이다.

4) 명제 p를 "모든 산업에서 잉여가치가 플러스이다", 명제 q를 "모든 산업에서 이윤이 플러스이다"라 놓으면, $p \to q$가 충분조건, $q \to p$는 필요조건이다.

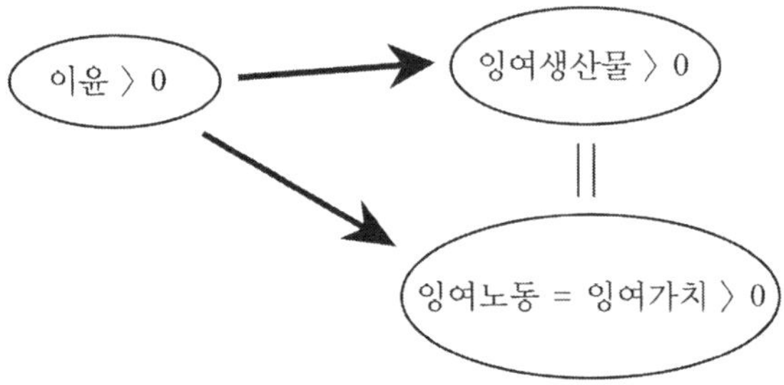

〈그림 3.2〉 마르크스의 기본정리의 논리구조

문제 3.1. 2종류의 재화만 존재하는 경제를 가정하자. 상품1은 생산재, 상품2는 소비재이다. 생산재 한 단위를 생산하기 위해서는 생산재 0.5 단위와 노동력 10단위를 투입해야 하며, 소비재 한 단위를 생산하기 위해서는 생산재 0.75단위와 노동력 30단위가 필요하다고 하자. 이때 두 산업 모두에서 플러스의 이윤이 발생하기 위해서는

(1) 상대가격 p_1/p_2이 어떤 범위 안에 있어야 하는가? (단, $p_{1,}p_2$는 각각 상품1과 상품2의 가격이다)

(2) (1)의 결과로부터 실질임금은 어떤 범위 안에 있어야 하는가?

문제 3.2. 다음은 존 베이츠 클라크(John Bates Clark, 1847-1938)의 책에서 인용한 것이다. 마르크스의 기본정리에서 충분조건보다 필요조건이 더 중요한 이유를 이 인용문들과 관련지어 설명해 보라.

> 이 책의 목적은 사회 내의 소득분배가 자연적 법칙(natural law)에 의해 통제된다는 것, 그리고 이 법칙이 만약 마찰 없이 작동한다면 생산의 모든 주체(agent)에게 그 주체가 창조하는 만큼의 부를 가져다 줄 것임을 보이는 데에 있다. 노동에게는 노동이 만든 것, 자본에게는 자본이 만든 것, 그리고 기업가에게는 조정 기능(coordination function)이 만든 것이 주어진다.

3.1.2. 일반화: n부문 모형

이제 일반적인 n부문 모형에서 마르크스의 기본정리를 증명해 보자. 아울러 지금까지와는 달리 특정 상품이 항상 생산재이거나 소비재라는 가정도 완화한다. 즉, 모든 상품은 생산재인 동시에 소비재일 수 있다. 경제 내의 n부문 모두에서 이윤이 플러스이기 위해서는 다음이 성립해야 한다. 여기에서 $\boldsymbol{b}=(b_1,b_2,...,b_n)^T$는 노동자의 실질임금 묶음(real wage basket)이다. 즉, b_i는 노동자가 임금으로 소비하는 상품i의 양을 나타낸다.

$$\boldsymbol{p} > \boldsymbol{pA} + w\boldsymbol{l} = \boldsymbol{pA} + \boldsymbol{pbl} = \boldsymbol{p}(\boldsymbol{A} + \boldsymbol{bl}) = \boldsymbol{pA}^* \tag{3.8}$$

$\boldsymbol{A}^* \equiv \boldsymbol{A}+\boldsymbol{bl}$은 확장된 투입계수행렬(augmented input coefficient matrix)이라 부른다. 상품생산에 직접적으로 필요한 투입물뿐만 아니라 노동자가 소비하는 임금재까지 간접적인 투입물로 포함하고 있기 때문이다.[5)]

(3.8)식처럼 어떤 벡터 $\boldsymbol{p}>0$이 존재하여 $\boldsymbol{p}>\boldsymbol{pA}^*$를 만족하는 행렬 $\boldsymbol{A}^*$를 생산적(productive)이라고 한다. 즉, $\boldsymbol{A}^*$가 생산적 행렬이라면 경제가 총산출량 벡터 $\boldsymbol{x}$의 수준에서 가동될 때 다음과 같은 관계가 성립함을 의미한다.

$$\boldsymbol{x} > \boldsymbol{A}^*\boldsymbol{x} \tag{3.9}$$

(3.9)식에서 열벡터의 첫 번째 원소끼리만 비교해보면 다음과 같다.

---

5) 예를 들어 자동차 생산에 철강과 노동이 투입된다고 하자. 철강은 직접적인 투입물이므로 행렬 $\boldsymbol{A}$의 원소로 들어가지만, 쌀은 그렇지 않다. 그런데 쌀이 노동자의 임금재라면 벡터 $\boldsymbol{b}$의 원소일 것이고, 결국 〈쌀 → 노동자 → 자동차〉처럼 간접적으로 자동차 생산에 필요한 셈이다. 이 경우 쌀은 확장된 투입계수행렬 $\boldsymbol{A}^*$의 원소로 들어가게 된다.

$$x_1 > (a_{11}+b_1 l_1)x_1 + (a_{12}+b_1 l_2)x_2 + \dots + (a_{1n}+b_1 l_n)x_n$$
$$= (a_{11}x_1 + a_{12}x_2 + \dots + a_{1n}x_n) + b_1(l_1x_1 + l_2x_2 + \dots + l_nx_n) \quad (3.10)$$

(3.10)식의 우변의 첫 번째 항을 살펴보자. 괄호 안의 a_{11}은 상품1 한 단위의 생산에 직접적으로 필요한 상품1의 양, $b_1 l_1$은 상품1 한 단위 생산에 임금재로 소비됨으로써 간접적으로 필요한 상품1의 양을 나타낸다. 괄호에 x_1이 곱해져 있기 때문에, 첫 번째 항은 상품1을 x_1만큼 생산하기 위해 직간접적으로 필요한 상품1의 양이다. 우변의 나머지 항들도 마찬가지 방식으로 해석할 수 있다. 따라서 (3,10)식의 경제적 의미는 상품1의 생산량이 경제 전체가 투입으로서 필요로 하는 상품1의 양, $a_{11}x_1 + a_{12}x_2 + \dots + a_{1n}x_n$과 노동자들이 소비재로서 필요로 하는 상품1의 양, $b_1(l_1x_1 + l_2x_2 + \dots + l_nx_n)$의 합계보다 많아야 한다는 것이다. 요컨대 확장된 투입계수행렬 $\boldsymbol{A}^*$가 생산적이라는 것은 어떤 경제가 생산을 위해 직간접적으로 필요한 상품을 모두 충당하고도 남을 만큼 생산력이 발전해 있음을 의미한다.[6)]

이제 (3.9)식의 왼쪽에서 가치벡터 $\boldsymbol{v}$를 곱해주면 다음과 같다.

$$\boldsymbol{vx} > \boldsymbol{vA^*x} = \boldsymbol{vAx} + \boldsymbol{vblx} \quad (3.11)$$

(3.11)식에서 $\boldsymbol{vx} > \boldsymbol{vAx} + \boldsymbol{vblx}$를 얻고, 여기에 $\boldsymbol{v} = \boldsymbol{l}(\boldsymbol{I} - \boldsymbol{A})^{-1}$를 대입하여 정리하면 다음을 얻는다.

---

6) 투입계수행렬 $\boldsymbol{A}$가 생산적이라는 것은 $\boldsymbol{A}^*$가 생산적이라는 것과는 다르다. $\boldsymbol{A}$가 생산적 행렬일 때 $\boldsymbol{x} > \boldsymbol{Ax}$가 성립하므로 경제 전체의 순생산물은 플러스(+)가 된다. 순생산물을 나타내는 열벡터를 $\boldsymbol{y}$라 하면 $\boldsymbol{y} = \boldsymbol{x} - \boldsymbol{Ax} = (\boldsymbol{I} - \boldsymbol{A})\boldsymbol{x}$ 이다. 만약 노동자계급에게 지급되는 실질임금이 순생산물보다 작다면, 나머지는 자본가계급의 이윤이 된다. 즉, $\boldsymbol{A}$가 생산적이라는 것은 이윤이 존재하기 위한 필요조건이 되는 것이다.

$$v(I-A)x = l(I-A)^{-1}(I-A)x = lx > vblx \qquad (3.12)$$

(3.12)식은 결국 $1 > vb$로 귀착되는데,[7] 이는 노동시간당 임금재 묶음의 가치가 1보다 작다는 것을 의미한다. 따라서 모든 부문의 이윤이 플러스라는 조건 (3.8)로부터 출발하여 잉여가치가 플러스라는 조건 (3.12)에 도달한 것이다. 잉여노동의 필요노동에 대한 비율, 혹은 그 가치표현인 잉여가치의 노동력 가치에 대한 비율을 잉여가치율 혹은 착취율이라고 한다. 즉, 잉여가치율을 e라 나타내기로 하면, 다음과 같은 관계가 성립한다.

$$e = \frac{1 - vb}{vb} \qquad (3.13)$$

■ **보론 3.1.** 이윤율과 경제성장

특성벡터의 성질을 이용하면, 본문의 논의를 경제성장에 관해서도 활용할 수 있다. 이제 산출량 열벡터 x에 관해 $x = (1+g)A^*x$가 성립한다고 하자. 이는 $g(>0)$가 물량으로 표시한 경제성장률임을 의미한다. A^*x는 산출량 x를 생산하기 위해 직접적으로 필요한 투입물과 노동자가 소비해야하는 임금재의 합계이다. 만약 전년도의 산출량 A^*x를 생산에 투입하여 금년도에 x를 생산하였다면, 일 년 동안의 성장률은 g인 것이다. 그런데 x는 A^*의 특성벡터이며 그에 대응하는 특성근은 $1/(1+g)$이기 때문에, $r = g$, 즉 이윤율과 성장률은 같아진다. 이는 경제 안의 모든 부문이 이윤율과 같은 비율로 성장하는 체계를 나타낸다. 제6장에서 살펴볼 것처럼, 이 체계는 모든 부문에서 자본가의 저축성향이 1인 체계이다. 즉, 자본가계급이 이윤의 전부를 투자하는 체계인 것이다. 그러므로 g는 이 경제가 달성할 수 있는 최대성장률이다. ■

---

7) v는 $1 \times n$ 행벡터이고 b는 $n \times 1$ 열벡터이므로, vb는 스칼라(scalar)가 된다. (3.12)식은 $1 \cdot lx > vblx$이므로 결국 $1 > vb$이어야 한다.

3.1.3. 함의

마르크스의 기본정리의 함의를 〈그림 3.1〉과 같은 관점에서 살펴보도록 하자.

만약 모든 잉여생산물이 노동자에게만 분배된다면, 가격은 다음과 같이 결정될 것이다.[8]

$$p = pA + (1+r)l \tag{3.14}$$

여기에서 r은 이윤율이 아니라 노동에 대한 잉여생산물의 분배율을 나타낸다. 즉, 원료 및 재료 등의 투입에 대해서는 pA로 정확하게 가격만큼만 분배해주고, 나머지 잉여생산물은 모든 노동자에게 노동시간의 $1+r$배 만큼을 분배하는 것이다. 만약 노동자들이 직접 소유권을 갖고 경영하는 기업이라면 이러한 방식으로 잉여생산물을 분배할 수도 있을 것이다. 이제 (3.14)식을 정리하면, 다음과 같다.

$$\frac{1}{1+r}p = l(I-A)^{-1} \tag{3.15}$$

그런데 (3.15)식의 우변은 가치벡터 v와 같다. 따라서, $p = (1+r)v$가 성립한다. 이는 가격이 가치의 일정한 배율, 즉 $(1+r)$배로 결정됨을 의미한다. 그러므로, 노동자들이 잉여생산물을 다 가져가는 경우, 가치와 가격은 서로 비례하게 된다. 실제로 19세기 초중반 이른바 리카도파 사회주의자들(Ricardian socialists)이 주장한 것은 이와 같은 분배규범을 지키자는 것이었다.

한편 (3.8)식의 양변을 w로 나누고 정리하면 다음과 같다.

8) 이 부분의 논의는 八木(2006: 34-5)를 참조하였다.

$$\frac{p}{w} > l(I-A)^{-1} = v \tag{3.16}$$

즉, 경제 내의 모든 부문에서 이윤이 플러스라면, 각 상품의 가격을 임금으로 나눈 값은 그 상품의 가치보다 항상 크다는 것을 알 수 있다.[9] 여기에서 p/w는 지배노동(commanded labor)의 양이다. 지배노동량은 어떤 상품이 시장에서 얼마만큼의 노동량을 구입할 수 있는가를 나타낸다. 만약 카푸치노 한잔의 가격이 5,000원이고 그 카푸치노를 만들어내는 노동자의 시급이 10,000원이라면, 카푸치노 한잔은 노동 30분과 교환될 수 있는 셈이다. 이때 카푸치노 한잔의 지배노동량은 30분이라 할 수 있다. 그러므로 (3.16)식은 이윤이 플러스인 상태에서는 지배노동량이 투하노동량보다 항상 크다는 것을 의미한다. 만약 이윤이 0이라면, (3.8)식은 $p = pA + wl$이 되어 가치결정식 (2.8)과 같은 구조를 갖게 된다. 즉, $p/w = v$가 되는 것이다. 따라서 상품i의 가격을 임금율로 나누면 상품i의 가치와 같아진다. 이는 상품의 가격과 가치가 비례함을 의미한다.

이상의 두 가지 사례에서처럼 잉여생산물이 모두 노동자들에게만 분배되거나 이윤이 0인 경우, 가치와 가격은 서로 비례하게 된다. 그러나 자본주의 경제의 속성상 이렇게 될 수는 없기 때문에 가치와 가격은 일반적으로는 서로 비례하지 않는다. 이에 관해서는 제4장에서 다시 살펴볼 것이다.

한편, 마르크스의 기본정리는 그 수학적 엄밀성에도 불구하고, 자본주의 사회에서 착취의 원천을 밝힌 것은 아니라는 비판이 있다. 실제로 마르크스의 기본정리를 수학적으로 증명하는 과정을 보면, 핵심은 모든 상품의 생산

---

[9] 경제변수가 측정되는 단위를 차원(dimension)이라 한다. 차원이 다른 변수끼리는 크기를 비교할 수 없다. 그러므로 경제변수를 다룰 때는 차원에 각별히 주의해야 한다. w의 차원은 단위노동 당 화폐액, 예를 들면 원/시간이다. 한편 p_i와 v_i의 차원은 각각 원/i 및 시간/i이다. 이때 i는 상품i를 물량으로 측정하는 단위를 나타낸다. 제4장에서 살펴보겠지만, 이렇게 가치와 가격은 서로 차원이 다르기 때문에 직접 크기를 비교하는 것은 불가능하다. 그런데 p_i/w의 차원은 (원/i)/(원/시간)=시간/i이 되어 가치와 차원이 같아진다. 즉, $p_i/w > v_i$라 표현해도 무방한 것이다.

에 노동이 투입물로 들어간다는 것, 즉 $l > 0$이라는 것이다.[10)] 그런데 만약 노동처럼 모든 상품의 생산에 투입으로 필요한 어떤 상품이 존재한다면, 그 상품을 따로 떼어내어 l이라는 벡터로 표현할 수 있다.[11)] 그렇게 하면, 똑같은 증명과정을 바로 그 상품의 잉여가 존재한다는 것이 이윤의 존재와 동치관계에 있음을 보이는 데에 적용할 수 있다. 이를 흔히 땅콩가치론이라 부르는데, 비판적 의미에서 땅콩이 그와 같은 상품의 예로 들어진 적이 있기 때문이다(Bowles & Gintis, 1981). 땅콩은 다소 우스꽝스러운 예이지만, 공업생산에 꼭 필요한 원자재 중에 실제로 기초재가 있을 가능성이 크다. 예를 들어 철강이 기초재라 하자. 그 경우 마르크스의 기본정리와 똑같은 논리에 의해 잉여철강이 잉여노동 대신에 자본주의 경제의 이윤을 설명한다고 주장할 수도 있는 것이다.

그렇다면 이러한 비판은 어떻게 극복될 수 있을까? 앞서 제2장에서 상품가치의 실체를 노동으로 간주하는 것은 공리라고 주장했던 것을 상기해 보자. 만약 경제학이 땅콩이나 철강의 사회적 배분에 관심을 갖는다면, 우리는 얼마든지 땅콩이나 철강을 중심에 놓고 가치론을 전개할 수도 있을 것이다. 그러나 그것이 현실적 의미를 지닐 수 없음은 명확하다. 물론 에너지라든가 CO_2를 중심에 놓는다면 그 나름대로 중요한 분석적 의미가 있을 것이다. 어쨌든 공리로서의 노동가치론을 출발점으로 삼는 까닭은 자본주의 경

---

10) 벡터의 부등호는 주의 깊게 해석되어야 한다. $l > 0$은 벡터의 모든 원소가 0보다 크다는 것을 의미한다. 한편 $l \geq 0$은 마이너스 값을 갖는 원소가 하나도 없고, 적어도 하나의 원소는 플러스 값을 갖는다는 뜻이다. 엄밀하게는 $l \geq 0$인 경우, 즉 생산을 위해 노동투입이 전혀 필요하지 않은 상품이 하나 이상 존재하는 경우에도 투입계수행렬 A가 특정한 구조, 즉 모든 생산재가 다른 모든 생산재를 생산하기 위해 직간접적으로 필요한 투입물이 되는 구조를 갖는다고 가정하면, 마르크스의 기본정리는 증명될 수 있다. 사실 이 조건은 가치가 플러스이기 위한 조건과 일치한다. 그러나 직관적으로 $l > 0$을 가정하는 것이 덜 제약적이다. 마르크스의 기본정리를 처음으로 증명한 오키시오도 그와 같은 가정에 따랐다. 이에 관해서는 모리시마(2010[1973]: 53) 및 해당 부분의 역자 주를 참조하라.

11) 모든 상품의 생산에 직간접적으로 필요한 재화를 기초재(basic goods)라 부른다(Sraffa, 1960). 모든 재화가 기초재라면 투입계수행렬은 각주10에서 말하는 구조를 갖기 때문에, $l \geq 0$만 가정해도 마르크스의 기본정리를 증명할 수 있다. 그러므로 엄밀하게 말하자면, "모든 상품의 생산에 투입으로 필요한 어떤 상품"이라는 본문의 서술은 "기초재"로 바꿔야 한다.

제시스템의 작동을 인간 노동의 사회적 배분 및 노동과정을 둘러싼 계급 간 대립으로서 보고자 하기 때문이다.

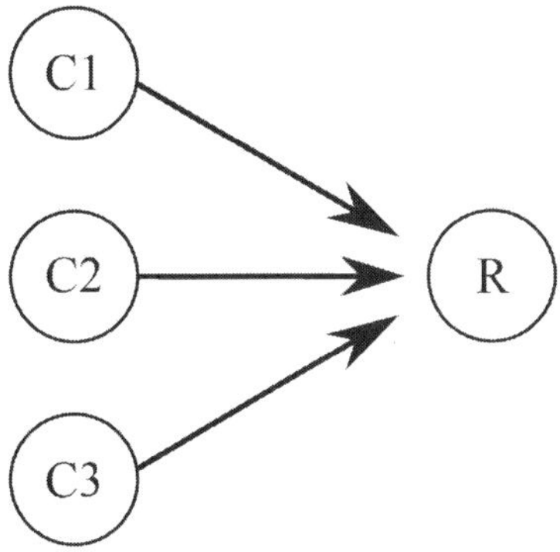

〈그림 3.3〉 원인과 결과에 대한 다양한 해석

이를 〈그림 3.3〉을 통해 설명해보자. 똑같은 결과(R)를 설명하기 위하여 C1, C2, C3 등의 여러 가지 원인을 찾아낼 수 있다. 물론 각각의 원인에서 출발하여 결과로 가는 과정은 논리정합적으로 설명되어야 한다. 그 하나하나는 원인과 결과에 대한 하나의 해석인 셈이다. 그렇지만 여러 가지의 대안적인 해석들 중에서 분석의 목적에 가장 잘 어울리는 해석 하나를 골라낼 수 있다. 사회과학으로서의 경제학에서 수학이 하는 역할은 그림에 나타난 화살표에 논리적 결함이 없음을 확인하는 것이다. 그러나 사회과학으로서 중요한 것은 결국 그 중에서 어느 해석이 분석대상에 가장 적합한가를 판단하는 것이다. 여기에는 분석자의 가치판단이 개입될 수밖에 없다.

■ 사례 3.2

2부문 경제에서 투입계수와 실질임금이 다음과 같이 주어져 있다고 하자.

$$\boldsymbol{A} = \begin{pmatrix} 0.2 & 0.1 \\ 0.2 & 0.1 \end{pmatrix}, \boldsymbol{l} = (4,8), \boldsymbol{R} = (0.02, 0.04)^T$$

따라서 확장된 투입계수행렬은 다음과 같다.

$$A^* = A + Rl = \begin{pmatrix} 0.2 & 0.1 \\ 0.2 & 0.1 \end{pmatrix} + \begin{pmatrix} 0.02 \\ 0.04 \end{pmatrix} (4 \;\; 8) = \begin{pmatrix} 0.28 & 0.26 \\ 0.36 & 0.42 \end{pmatrix}$$

이 행렬의 최대특성근은 다음과 같은 이차방정식을 풀면 구할 수 있다.

$$|A^* - \lambda I| = \begin{vmatrix} 0.28-\lambda & 0.26 \\ 0.36 & 0.42-\lambda \end{vmatrix} = (0.28-\lambda)(0.42-\lambda) - 0.26 \times 0.36 =$$
$$\lambda^2 - 0.7\lambda + 0.024 = 0$$

근의 공식을 이용하면, $\lambda = (0.7 \pm \sqrt{0.7^2 - 4 \times 0.024})/2 = (0.7 \pm \sqrt{0.394})/2 \simeq (0.7 \pm 0.628)/2$ 이므로 최대특성근은 약 0.664가 된다. 즉, $1/(1+r)$=0.664이므로, 이윤율 (r)은 약 0.506, 즉 50.6퍼센트가 된다. ■

문제 3.3. 마르크스의 기본정리에 대한 설명으로 잘못된 것은?

① 두 부문의 이윤율은 같다고 가정해야 한다

② 잉여가치율이 +이면 이윤율도 +이다

③ 순생산가능조건이 전제되어야 한다

④ 임금재의 양이 일정 수준보다 적어야 한다

문제 3.4. "지배노동량〉투하노동량"이 성립하지 않는 상황을 예를 들어 설명해 보라.

3.2. 노동력과 노동

3.2.1. 단순상품교환과 자본주의적 교환

자본주의(capitalism)라는 용어 자체가 자본(capital)이 주체가 되는 사회임을 암시하고 있다. 자본은 흔히 스스로를 증식하는 가치(self-expanding value)라고 정의된다. 시장이나 상품교환은 자본주의 이전의 사회에도 존재하였다. 그런데 그 경우의 교환은 주로 사용가치를 목적으로 하는 것이었다. 이를 단순상품교환(simple commodity exchange)이라 부르며 다음과 같은 도식으로 나타낸다.

$$C - M - C' \qquad (3.17)$$

즉, 출발점의 상품 C를 판매하여 화폐 M으로 바꾼 다음, 그 화폐를 가지고 새로운 상품 C'을 구매하는 것이다. C'은 C와 다르다는 것을 표현하기 위해 만든 기호이다. 물론 이때 다르다는 것은 두 상품의 사용가치가 다르다는 것을 의미한다. 단순상품교환에서의 최종 목적은 새로운 상품의 사용가치를 얻는 데에 있다.

반면 자본주의적 교환에서는 이윤, 즉 더 많은 가치를 얻는 것이 목적이다. 즉, 단순상품교환의 경우와는 달리, 다음과 같은 도식으로 표현된다.

$$M - C - M' \qquad (3.18)$$

여기에서는 출발점이 상품이 아니라 화폐라는 것에 주의하자. 즉, 최초에 일정량의 화폐로 상품을 구매한 뒤, 그 상품을 이용하여 모종의 상품을 생산 · 판매하여 다시 화폐를 얻는다. 이 과정은 종점에 있는 M'이 출발점의 M보다 더 많은 양이어야만 의미가 있다. 따라서 M'-M = ⊿M은 플러스의 값을 가져야 하며, 이것이 바로 화폐가 증식한 크기, 즉 이윤을 나타낸다. 자본주의적 교환에서는 구매(M — C)가 먼저 일어나고 그 뒤에 판매(C — M')가 발생함에 주목하자. 흔히 자본주의적 교환을 "판매를 위한 구매"라 부르는 까닭이기도 하다. (3.18)을 좀 더 자세하게 풀어쓰면 다음과 같이 나타낼 수 있다.

$$M - C\{MP, LP\} \cdots P \cdots C' - M'(= M+\Delta M) \quad (3.19)$$

먼저 출발점의 화폐로 구매하는 상품은 생산수단 MP와 노동력 LP, 즉 생산요소라 불리는 것들이다. 생산요소는 그 자체로 소비하는 것이 목적이 아니라, 생산에 투입하여 상품을 만들기 위한 것이 목적이다. 생산과정 P는 점선으로 연결되어 있는데, 이는 생산요소의 결합을 통해 상품을 생산하는 과정이 자본의 내부에서 일어나는 일임을 표시하기 위해서이다. 즉, 실선은 거래상대방이 있는 교환과정임을 나타내지만, 점선은 자본 내부에서 일어나는 과정임을 묘사하고 있다. 이제 그 결과로 생산된 상품 C'을 시장에서 판매함으로써, 자본은 M' 만큼의 화폐를 얻는다. 그런데 이 M'은 출발점에 있던 화폐 M에다 이윤 ⊿M을 추가한 크기이다. (3.19)를 자본의 순환(the circuit of capital)이라고 부른다. 물론 이것은 전형적인 산업자본의 순환과정을 묘사한 것이며, 실제로는 다음과 같은 순환의 형태를 갖는 자본들도 있다.

$$M - C - M' \quad (3.20)$$

$$M - M' \quad (3.21)$$

(3.20)과 (3.21)에서는 (3.19)와는 달리 중간의 생산과정이 없다는 데에

주목할 필요가 있다. 즉, (3.20)에서 자본은 생산과정을 거치지 않고 어떤 상품을 사서 파는 것만으로 이윤을 얻는다. 즉, 상인자본을 나타낸다. 한편 (3.21)에는 상품을 사고파는 과정조차 없음에 주목하자. 중간에 무슨 일이 일어나는지 알 수 없지만, 실선으로 표시된 과정을 거치고 나면 출발점의 화폐 M은 M'으로 증식되어 있는 것이다. 금융업에 종사하는 자본의 순환은 이와 같이 묘사할 수 있을 것이다. 이를 이자 낳는 자본(interest bearing capital)이라 부른다.

이자 낳는 자본이 그 자체로 독자적인 증식능력을 가질 수 없음은 분명하다. 화폐를 그냥 쌓아둔다고 해서 스스로 늘어나지는 않을 것이기 때문이다. 우리가 금융기관에 예금을 하면 이자를 받을 수 있는 것은 궁극적으로는 금융기관이 그 예금을 누군가에게 대출하여 더 높은 이자를 얻기 때문이다. 물론 소비자가 금융기관으로부터 대출을 받을 수도 있지만, 경제 전체로 보면 비즈니스 기회를 통해 이윤을 얻는 자본가들의 대출 비중이 압도적이다. 요컨대 자본이 어떤 식으로든 스스로를 증식하는데 성공해야 이자 낳는 자본의 순환이 가능해지는 것이다.

그렇다면 (3.20)에서 묘사되는 상인자본은 어떨까? 상인자본은 단순히 상품을 사서 파는 행위만으로 이윤을 얻는다. 이를 양도이윤이라 부른다. 양도이윤은 이윤이 어떻게 생겨나는가에 관해 가장 직관적인 답변을 제공한다. 즉, "싸게 사서 비싸게 팔기 때문"이라는 것이다. 그러나 이와 같은 직관적인 답변은 개별 거래에서 성공을 거두는 경우에는 적용될 수 있지만, 경제 전체로는 이윤의 발생에 대한 해답이 될 수 없다. 누군가가 이득을 얻었다면 반대로 다른 누군가는 그만큼 손실을 입었다는 뜻이므로 경제 전체로는 제로섬(zero sum)이 되기 때문이다. 더구나 상품가격의 본질을 노동가치에서 찾는다면, 경제 전체의 이윤을 설명하기 위해서는 정상적인 상황, 즉 모든 상품이 가치대로 교환되는 상황, 바로 등가교환(equivalent exchange)을 전제하여야 한다. 이윤의 발생을 설명하되 부등가교환을 가정해서는 안 되는 것이다. 상품가치의 실체가 노동이라는 공리로부터 출발하면, 이것이 가능하기 위해서는 논리적으로 하나의 방법 밖에 없다. 교환되는 시점에서는 등가교환의 원칙을 따르지만, 사용되는 과정에서 가치를 생산하는 능력을 가진 상품이 있으면 되는 것이다. 그 상품이 바로 노동력이다.

3.2.2. 노동력 상품의 사용가치와 가치

노동력은 인간이 지닌 일할 수 있는 육체적 · 정신적 능력을 가리킨다. 이미 제1장에서 지적한 바와 같이, 노동력의 소유자가 두 가지 의미에서의 자유, 즉 인격의 자유와 생산수단으로부터의 자유를 가질 때 비로소 노동력은 상품으로서 거래될 수 있다. 이제 노동력 상품의 성질에 관해 좀 더 자세히 살펴보자.

상품은 사용가치와 교환가치라는 두 가지 특성을 지니므로, 노동력도 상품인 한 사용가치와 교환가치를 갖는다. 그렇다면 노동력의 사용가치는 무엇일까? 그것은 정의상 노동력이 지닌 객관적 성질이면서 그 구매자에게 유용한 특성이어야 한다. 자본주의 사회에서 노동력의 구매자는 기본적으로 자본가이다.[12] 자본가의 목적은 이윤을 얻어 자본의 가치를 증식하는 것이므로, 구매하는 노동력이 가치를 생산할 수 있다는 성질이 바로 사용가치가 된다. 만약 가치 생산에 전혀 기여하지 못하는 노동력이라면 자본가 입장에서는 구매할 필요가 없을 것이다. 한편 노동력의 교환가치, 즉 가격은 물론 임금이다. 여기에서 교환가치의 본질이라 할 수 있는 노동력의 가치는 무엇일지 생각해 보자. 일반적 원칙을 적용하자면, 노동력 상품의 가치는 그것을 생산하는데 사회적으로 필요한 노동의 양이 될 것이다. 그런데 노동력은 노동자, 즉 인간이 지닌 능력이므로 노동력을 생산하기 위해서는 먼저 인간 자체가 생산되어야 한다. 그렇지만 인간은 이윤을 목적으로 생산

---

[12] 물론 자본가가 아닌 경제주체가 노동력을 구입하는 경우도 있다. 이 경우 아래의 제4절에서 다루는 비생산적 노동이 된다.

되는 상품이 아니다. 따라서 노동력 상품의 가치는 무엇인가 다른 방식으로 정의할 수밖에 없다. 사실 3.1.2의 (3.11)식에서 필요노동을 vbl로 나타내 바 있는데, 이는 노동력 한 단위의 가치를 vb, 즉 임금재 묶음의 가치와 같다고 간주하는 셈이다. 이로부터 노동력 가치를 아예 노동자가 소비하는 임금재의 가치로 정의하자는 제안이 나온다. 논리적 관계는 먼저 b가 결정되면, 그에 따라 vb가 결정되고, 임금은 그것을 중심으로 변화한다는 것이다. 바로 마르크스 자신이 이러한 논리에 따라 노동력 가치를 규정하였다. 이때 노동력은 생산되는 것이 아니라 재생산(reproduction)된다고 말한다. 어떤 노동자가 출생하여 보호자의 보살핌과 교육을 통해 일정 수준의 노동력을 갖출 때까지의 과정은 분석대상이 아니며, 그 노동력이 현재 상태대로 되풀이하여 생산되는, 즉 유지되는 과정에만 주목하자는 것이다. 그러므로 일반적인 상품의 경우와는 달리, 노동력 상품의 가치는 그것을 재생산하는데 필요한 상품의 가치로 정의된다. 물론 노동력의 재생산과정은 일반적인 상품의 투입-산출관계와는 다르다는 점에 주의해야 한다. 즉, 그 경우에는 b가 기술적으로 고정된 계수들의 벡터는 아니다. 노동자는 최소한의 육체적 생존이 유지되는 한에서는 임금재의 소비가 다소 적더라도 자신의 노동력을 정상적으로 발휘할 수 있다. b의 내부구성 또한 기술수준과 무관하게 역사적 · 사회적 요인에 의해 바뀔 수도 있다. 같은 한국사회라도 1990년대 노동자계급의 소비구성과 2020년대의 그것은 다를 것이다. 경제가 성장하면서 생활수준이 높아지면, 예전에는 임금재라 보기 어려웠던 것이 필수적인 임금재가 되기도 한다. 마르크스는 이를 도덕적 요인이라 설명한 바 있다.[13)]

13) 각주 15를 참조하라. 한편, 1980년대 이후에 등장한 신해석(New Interpretation)에서는 본질적인 문제의식은 같지만, 노동력 상품의 가치를 다른 방식으로 정의한다. 즉, 노동력 상품의 가치를 임금재의 가치가 아니라 노동자가 받는 임금이 표현하는 가치로 정의한다. 이에 관해서는 제4장에서 설명하기로 한다.

문제 3.5. 올더스 헉슬리(Aldus Huxley)의 『멋진 신세계』(*Brave New World*)라는 소설에는 인간을 생산하는 공장이 등장한다. 자본주의 사회가 그렇게 만들어진 노동자들로 운영될 때 일어날 현상은?

① 노동력의 가치를 역사적 · 도덕적 요인과 무관하게 결정할 수 있다
② 인적 자본의 수익률을 정확하게 계산할 수 없다
③ 노동력의 소유권과 사용 · 처분권이 분리된다
④ 노동력의 착취에 제한이 없어지므로 잉여가치율이 무한히 상승한다

3.2.3. 노동력 상품의 특수성

노동력은 상품이지만 매우 특수한 성격을 지닌 상품이다. 가장 근본적인 특수성은 일반적인 상품과는 달리 판매된 뒤에도 원래의 소유자로부터 분리될 수 없다는 데에 있다. 노동력은 다름 아닌 인간이 지닌 일할 수 있는 육체적 · 정신적 능력이기 때문이다. 따라서 노동력의 매매계약, 즉 고용계약을 맺고 난 뒤에도 그 소유자인 노동자는 구매자인 자본가의 지휘와 통제 아래 노동해야 한다. 일반적인 상품의 경우, 소유권이 이전되고 나면 그 상품을 어떻게 사용하고 처분할 것인가는 온전히 새로운 소유자의 권리가 된다. 그렇지만 노동력의 경우에는 일정 기간 동안 사용권한을 갖게 된 자본가의 사용 및 처분 행위는 원래 소유자인 노동자의 육체와 정신에 직접적인 영향을 미치게 된다. 자본가는 노동력을 이윤 생산이라는 자신의 목적에 맞게 적극적으로 활용하려 하며, 노동자는 자신의 육체적 · 정신적 상태에 미치는 부정적인 영향을 차단하려 한다. 그러므로 임금이나 노동조건을 둘러싼 대립은 고용계약을 맺는 단계에서만 그치는 것이 아니라, 노동과정에서도 크고 작은 일상적 대립이 발생한다. 노동력이 지출되는 것을 노동(labor)이라 부를 수 있다. 노동력이 저량(stock)이라면 노동은 유량(flow)이다.[14] 자본가

가 고용계약을 통해 구매하는 것은 노동자의 인격이 아니라 일할 수 있는 능력이다. 실제로 생산과정에서 노동력이 얼마나 지출되는가, 즉 노동이 얼마나 이루어지는가는 사전에 확정되지 않는다. 만약 노동력의 가치, 즉 노동자에게 임금으로 지불된 가치보다 노동자가 실제 노동을 통해 만들어낸 가치가 더 크다면, 그 차이는 해당 기간 동안 노동력의 소유자인 자본가에게 귀속된다. 노동자는 노동력 가치대로 임금을 받고 고용되었으므로 등가교환이지만, 실제 일하는 과정에서 만들어낸 더 많은 가치는 자본가가 가져가므로 부등가교환이기도 하다. 착취라는 용어가 사용되는 까닭이 여기에 있는 것이다. 요컨대 이윤의 원천은 노동력이라는 특수한 상품이 갖는 성질 때문에 생겨난다. 착취(Ausbeutung; exploitation)라는 말의 어원이 예를 들어 광산에서 광물을 "채굴한다"(비데, 2020: 61-62)는 데에 있다는 것은 노동력과 노동이 각각 스톡과 플로에 대응하는 것임을 더욱 알기 쉽게 해준다.

〈그림 3.4〉는 노동력을 마치 댐에 가득 찬 물처럼 묘사하고 있다. 이때 수문을 통해 흘러나오는 것은 노동이다. 자본가가 이윤을 얻는 것은 수문을 통해 흘러나오는 노동, 즉 노동력의 지출을 일정 수준을 넘어 증가하도록 만듦으로써 비로소 가능해진다. 물론 지나치게 많은 노동이 흘러나오도록 강요하다 보면, 장기적으로는 노동력이라는 스톡 자체가 고갈되는 일이 발생할 수 있다. 그러므로 이러한 노동력의 지출을 둘러싼 자본가와 노동자의 대립은 일상적으로 생겨나는 것이며, 노동력을 지나치게 혹사함으로써 고갈되지 않도록 하는 것이 자본주의 국가의 중요한 정책과제가 되기도 한다. 노동운동의 역사는 노동시간 단축의 역사라 해도 지나친 말은 아닐 것이다. 거의 예외 없이 자본가계급은 노동시간 단축에 반대하였다. 그런데 장기적으로 보면, 장시간 노동은 노동력의 재생산비용을 증가시킨다. 따라서 자본주의 국가가 노동법 등을 제정함으로써 노동시간을 제한하는 것은 개별 자

14) 일정 시점에서 측정되는 변수를 저량이라 부른다. 반면 유량은 일정 기간에 걸쳐 측정되는 변수이다. 예를 들어 소득은 유량변수이고 재산은 저량변수이다.

본의 이해관계와는 배치되나 자본가 계급 전체의 이익에는 오히려 부합하는 측면이 있다.

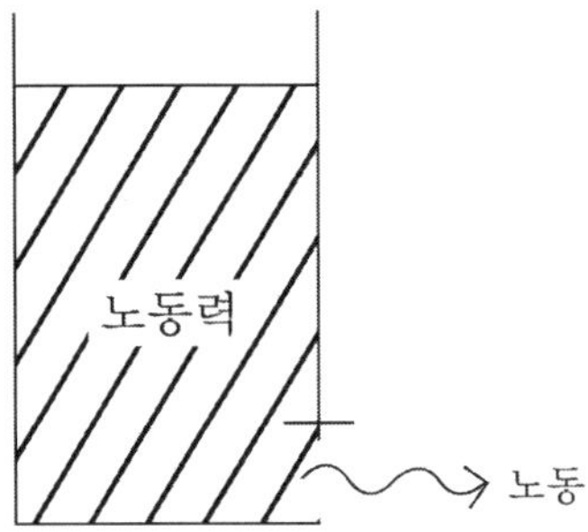

〈그림 3.4〉 노동력과 노동

이제 가치결정식을 다음과 같이 나타내 보자.

$$v = vA + l = vA + vbl + (1 - vb)l \tag{3.22}$$

(3.22)식에서 vA는 물적 투입의 가치를 나타낸다. 기계나 원료 및 재료 등의 생산수단은 생산과정에서 스스로 가치를 만들어내는 능력은 갖고 있지 못하며 기존에 지니고 있던 가치를 그대로 생산물에 이전하기만 한다. 즉, 당초 가지고 있던 가치의 크기가 변하지 않는다는 의미에서 불변자본(constant capital)이라고 부른다. 예를 들어 10시간의 가치를 갖는 생산수단이 어떤 상품의 생산에 사용된다면, 그 10시간은 새로 생산되는 상품의 가치로 옮겨진다. 물론 급격한 기술변화 등의 요인으로 말미암아 구입되는 시점에서는 10시간의 가치가 있었지만 생산과정이 끝날 때는 5시간의 가치밖에 갖지 못한다면, 이전되는 가치의 크기는 5시간으로 줄어든다. 이와 같은 경우를 도덕적 감가(moral depreciation)라 부른다.[15] 한편 노동력은 생산과정에서

15) 도덕적 감가라는 용어는 마르크스가 기술혁신의 결과로 생산수단의 가치가 하락하는 경우를 가

어떻게 사용되는가에 따라 그 가치를 초과하여 잉여가치를 만들어낼 수 있다. 이와 같이 그 가치의 크기가 변할 수 있다는 의미에서 노동력의 구입에 사용된 자본을 가변자본(variable capital)이라 부른다. 그러므로 (3.22)식은 어떤 상품의 가치가 세 가지 구성부분, 즉 불변자본($\boldsymbol{vA}$), 가변자본($\boldsymbol{vbl}$), 그리고 잉여가치, $(1-\boldsymbol{vb})\boldsymbol{l}$로 이루어져 있음을 나타낸다.

■ **보론 3.2.** 잉여가치율과 임금재 가격

이제 산업i에서 지출된 총직접노동량을 l_i라 하고, 단위당 임금을 w_i라 하자. 노동자가 임금을 남김없이 n가지의 상품에 지출하는 것으로 가정하면, 다음과 같은 관계가 성립한다.

$$l_i = w_i l_i + (1-w_i)l_i = (p_1b_1 + p_2b_2 + ...p_nb_n)l_i + [1-(p_1b_1 + p_2b_2 + ... + p_nb_n)]l_i \tag{3.23}$$

산업들 사이에 노동자의 임금은 같고 노동자들의 소비패턴은 일정하다고 가정한 다음, (3.23)식을 n부문 모형으로 확장하여 벡터형식으로 쓰면 다음과 같다.

$$\boldsymbol{l} = \boldsymbol{pbl} + (1-\boldsymbol{pb})\boldsymbol{l} \tag{3.24}$$

(3.24)식으로부터 e^*를 다음과 같이 정의해 보자.

리키기 위해 사용한 것이다. 기계 등이 물리적으로 닳는 경우에도 감가라는 용어를 사용하므로, 도덕적 감가는 물리적 감가가 아니라 경제적 감가라는 의미로 이해하면 좋을 것이다. 한편 마르크스가 "도덕적(moralisch)"이라는 용어를 사용하는 또 하나의 경우는 노동력 가치가 도덕적 요인에 의해서도 결정된다고 말할 때이다. 그 경우에도 노동력 가치가 순전히 기술적이고 물리적인 의미에서가 아니라 사회적 영향을 받아 결정된다는 것을 의미한다. 이때 "도덕"이라는 용어는 절대적이고 객관적인 판단기준이라기보다는 주어진 시대 및 사회에서 타당한 것으로 받아들여지는 기준이라는 상대적 의미를 갖는다.

$$e^* = \frac{1-pb}{pb} \tag{3.25}$$

이를 (3.13)식과 비교해 보면, 임금재 묶음의 가치 대신에 가격이 들어가 있음을 알 수 있다. 가치는 노동시간으로 측정되고 가격은 화폐단위로 측정되므로, vb와 pb는 서로 차원이 다르다. 따라서 예를 들어 1시간=10,000원 같은 가정을 통해 차원을 적절하게 변환해주어야 한다. 이와 같은 변환을 거친 뒤에 만약 $v = p$라면 $e = e^*$가 될 것이다.[16] 그러나 일반적으로 가치와 가격은 같지 않기 때문에, $e = e^*$는 성립하지 않는다. ■

이제 노동력이 만들어내는 가치가 노동력의 가치보다 커지도록 만드는, 즉 잉여가치의 착취가 발생하도록 만드는 현실적인 메커니즘은 무엇인지 생각해 보자. 자본주의 사회에서는 그 이전의 계급사회와는 달리 생산수단을 갖지 못한 노동자계급에게 물리적 폭력이나 신분의 제한 등과 같은 경제외적 강제는 작동하지 않는다. 다만 노동력을 파는 데 성공하지 못하면, 즉 일자리를 얻지 못하면, 장기적으로는 생존이 불가능하다는 의미에서 경제적 강제가 작동할 따름이다. 노동력의 공급이 항상 풍부하게 존재한다는 것, 즉 일자리에 비해 일자리를 찾는 사람의 숫자가 더 많은 상태라면, 경제적 강제는 훨씬 더 원활하게 작동할 것이다. 그러나 그것만으로는 착취 메커니즘이 온전히 설명되지 않는다. 고용된 노동력을 생산과정 안에 적절하게 배치하고 과업을 배분하며 그 과업이 제대로 수행되는지를 감독하는 자본가의 역할이 필요한 것이다. 자본가는 노동자에 대한 인사권을 장악함으로써 경제적 강제가 제대로 작동할 수 있도록 노력한다. 마르크스의 기본정

---

16) p의 차원은 (원/i)이고 b의 차원은 (i/시간)이므로 pb의 차원은 (원/i)×(i/시간)=(원/시간)이다. 반면 vb의 차원을 구해보면 (시간/i)×(i/시간)이므로 차원이 없는 무명수(dimensionless number)가 된다. 따라서 pb에 대해서는 (시간/원)의 차원을 갖는 매개변수를 곱해 주어야 vb와 같은 무명수가 될 것이다. 한편, $v = p$가 아니더라도 순전히 우연에 의해 $vb = pb$가 될 수는 있다. 예를 들어 n=2인 경우에 $v = (0.8, 1.2)$, $p = (1.2, 0.8)$, $b = (10, 10)$이라면, $vb = pb = 20$이다. 그러나 이처럼 우연적으로 성립하는 경우는 이론적 분석대상으로서의 의미를 갖지 못한다.

리에서 실질임금이 일정 수준 이하로 제한되어야 한다는 조건은 이와 같은 자본가의 기획이 성공함을 전제로 한다. 기껏 노동력을 고용했다 하더라도 잉여가치 생산에 맞도록 활용하지 못한다면, 이윤은 발생하지 않을 것이다.

잉여가치의 생산 및 착취를 설명하는 또 하나의 방식은 사회적 생산력의 자본의 생산력으로의 전환이라는 개념을 이용하는 것이다. 자본주의 사회에서 노동자들은 각각 개별적이고 독립적으로 일하는 것이 아니라 함께 분업에 기초한 협업을 바탕으로 하는 하나의 네트워크를 이루면서 생산한다.[17] 이때 네트워크 전체는 각 개별 노동력의 성과를 합한 것보다 훨씬 더 큰 생산력을 발휘하게 된다. 이렇게 발휘된 생산력의 효과는 하나로 결합된 노동력 전체가 사회적으로 이루어낸 것이다. 그러나 자본주의 사회에서는 그것이 자본의 힘인 것으로 받아들여지게 된다. 즉, 사회적 노동의 생산력 혹은 노동의 사회적 생산력이 자본의 생산력으로 전환되는 것이다(마르크스, 2015, I(상): 453-4). 이러한 전환을 통해 잉여가치는 자본가에게 귀속된다. 그런데 이와 같은 노동의 사회적 생산력은 계급적 과정을 통해서만 이루어지지는 않는다. 공동노동 자체가 지닌 물적 특성으로부터 분업을 설계하고 조직하며 업무 수행을 확인하는 과정이 필요한데, 이러한 과정은 설사 계급적 지배관계가 존재하지 않더라도 반드시 필요한 부분이다. 다음과 같은 마르크스의 인용문에 등장하듯이, 오케스트라의 지휘자와 같은 역할이 필요한 것이다.

> 대규모로 수행되는 모든 직접적으로 사회적인 노동 또는 공동노동은, 개인들의 활동을 조화시키기 위해, 그리고 [생산유기체의 독립 기관들의 운동과는 구별되는 생산유기체 전체의 운동으로부터 생기는] 일반적 기능을 수행하기 위해, 지휘자를 필요로 한다. 바이올린 독주자는 자신이 직접 지휘자가 되지만 교향악단은 독립적인 지휘자를 필요로 한다. 지휘 · 감독 · 조절의 기능은 자본의 지배 아래에 있

17) 정보통신기술의 발달에 따라 이러한 네트워크가 반드시 노동자들이 한 공장이나 사무실에 모여 일하는 것을 의미하지는 않게 된다. 재택근무나 가상기업 등의 형태를 통한 눈에 보이지 않는 네트워크도 얼마든지 가능하기 때문이다.

> 는 노동이 협업적으로 되자마자 자본의 한 기능으로 된다. 자본의 독자적인 기능으로서 지휘의 기능은 자기 자신의 특수한 성격을 획득하게 된다. (마르크스. 2015. I(상): 450)

> 다수의 개인들이 협력하는 모든 노동에서는 과정의 상호관련과 통일은 필연적으로, 오케스트라의 지휘와 마찬가지로, 하나의 지휘 의지에, 그리고 부분노동이 아니라 작업장의 전체 활동을 담당하는 기능들에 맡겨진다. 이것은 어떤 결합된 생산방식에서도 수행되어야만 하는 **생산적 노동**이다. (마르크스. 2015. III(상): 489. 강조는 인용자)[18]

물론 계급적 과정과 비계급적 과정이 충돌할 때 궁극적으로는 계급적 과정이 주도권을 갖게 되는 것이 일반적이라는 의미에서 착취론의 문제틀은 여전히 유효하다.[19] 그렇지만 소유와 경영이 분리되는 현대 자본주의에서는 이러한 네트워크의 생산력 증대효과는 자본가가 아니라 그 대리인인 전문경영인의 지휘 및 감독노동에 의해 발생한다. 또한 생산된 잉여가치의 배분을 둘러싸고 자본가와 경영자 사이에 대립이 생겨나기도 한다. 요컨대 사회적 생산력의 자본의 생산력으로의 전환이라는 관점에서는 착취가 단지 자본가 개인의 문제를 넘어서게 된다. 원활한 잉여가치 생산을 가능하게 하는 메커니즘, 즉 기업조직, 기업 내 커뮤니케이션을 포함하는 기업문화 등의 총체를 가리키는 것이다.

---

18) 마지막 문장에서 "생산적 노동"이라는 표현에 유의해야 한다. 만약 이 용어가 이 장의 제4절에서 말하는 생산적/비생산적 노동과 같은 의미에서 쓰인 것이라면, 마르크스 역시 지휘 및 감독노동도 적어도 일부분은 가치를 생산한다고 본다는 뜻이 되기 때문이다.

19) 뒤메닐과 레비는 비계급적 과정을 사회성(sociality)이라는 개념으로 명명한다(Duménil & Lévy. 2018: 42). 노동자들은 숙련 등에 따라 기업이나 공장 내에서 각자의 위치를 부여받고 상호작용을 수행한다. 이것이 사회성의 측면이다. 그런데 이 측면은 궁극적으로는 생산수단의 소유/비소유라는 상황, 즉 계급적 관계에 의해 규정되는 것이다.

문제 3.6. 노동력 상품에 대한 설명으로 잘못된 것은?

① 생산재 부문의 노동생산성 향상은 노동력 가치에 영향을 미치지 않는다

② 노동력의 상품화는 두 가지 의미에서의 자유를 전제한다

③ 임금을 노동시간의 화폐표현으로 나눈 값은 노동력 가치의 근삿값이다

④ 노동력과 노동은 엄밀하게 구별되어야 한다

문제 3.7. 다음 중 불변자본의 예로 적절하지 않은 것은?

① 증권회사 지점에 비치된 고객용 잡지

② 기업이 종업원에게 지급하는 업무용 핸드폰

③ 회사측에서 지불하는 종업원의 어학강좌 수강비 보조금

④ 기업형 낙농가에서 키우는 젖소

문제 3.8. 자본주의 기업 내부에서 계급적 과정과 비계급적 과정이 충돌하는 사례를 생각해 보라.

문제 3.9. 마르크스는 『자본론』 제1권에서 "자본주의적 축적이 진행됨에 따라 상품생산의 소유법칙이 자본주의적 취득법칙으로 바뀐다"라고 주장한다. 이것이 무슨 의미인지 노동력 상품의 특수성과 관련하여 설명해 보라.

3.2.4. 항쟁적 교환이론

이제 잉여가치 생산의 과정을 노동자와 자본가의 미시적 행동에 초점을 맞추어 설명해 보자. 보울즈와 긴티스는 마르크스의 노동가치론에 의거하지 않으면서 항쟁적 교환(contested exchange)이라는 개념으로 이러한 작업을 수행하였다(Bowles & Gintis, 1988). 보울즈와 긴티스가 제시한 〈그림 3.5〉를 이용하여 설명해 보자.

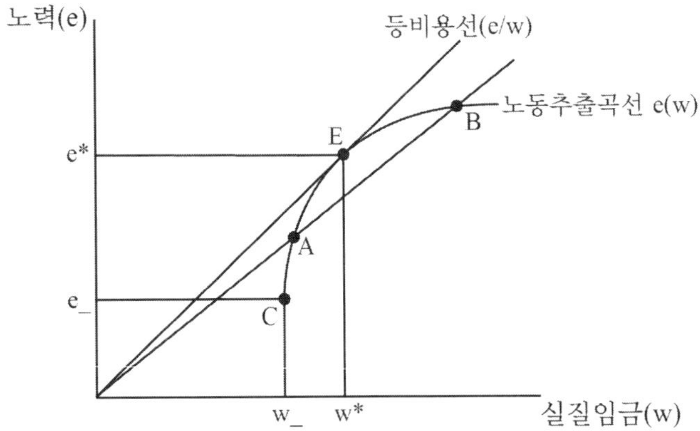

〈그림 3.5〉 항쟁적 교환

그림에서 가로축은 실질임금, 세로축은 노동자의 노력(effort) 수준을 나타낸다. 노력 수준이란 똑같은 시간을 일하더라도 얼마나 밀도 있게 일을 하는가를 나타내는 개념으로서 노동강도(labor intensity)라 바꿔도 무방하다. 먼저 그림의 곡선은 노동추출(labor extraction)함수를 나타낸다. 여기서 추출이란 뽑아낸다는 의미이므로, 앞에서의 서술에 따르자면, 주어진 노동력으로부터 얼마나 많은 노동을 뽑아내는가를 나타내는 것이라 이해하면 좋을 것이다. 노동추출함수는 $e = e(w)$로 표현되는 바, 1계 도함수는 플러스(+), 2계 도함수는 마이너스(-)의 값을 갖는다고 가정한다. 다른 모든 조건이 같다면,

노동자는 실질임금이 증가할수록 더욱 높은 수준의 노력을 기울일 것이지만($de/dw > 0$), 실질임금 증가분에 반응하는 노력의 증가분은 체감할 것이기 때문이다($d^2e/dw^2 < 0$). 이러한 가정을 반영하여 노동추출곡선은 왼쪽을 향해 볼록하도록 그려놓았다. 노동추출곡선이 오른쪽으로 이동한다는 것은 동일한 실질임금수준으로부터 추출할 수 있는 노동량이 적어진다는 것을 의미한다. 한편, C점에서의 실질임금은 w_인데 이때 노동자의 노력수준은 e_로 최솟값이 된다. 실질임금이 그 아래로 내려가면 노동자는 아예 노동공급을 중단할 것이다. w_를 유보임금(reservation wage)이라고 한다. 정의상 실제로 지불되는 임금은 유보임금보다 작을 수 없다. 한편, 그림의 직선은 자본가 입장에서의 등비용선(iso-cost line)이다. 자본가의 입장에서 노동추출과 관련된 비용은 자신이 지불하는 실질임금 한 단위당 얼마만큼의 노력을 뽑아내는가에 달려 있다. 즉 e/w가 그것을 나타낸다. 그림에는 두 개의 등비용선이 있는데, 기울기가 급할수록 단위 실질임금 당 노력 수준이 높은 것을 나타내므로 자본가에게는 이득이 된다.[20] 여기에서 유의할 점은 무조건 낮은 임금을 지불하다고 해서 비용이 줄어들지는 않는다는 사실이다. 만약 임금이 너무 낮다고 생각하면, 노동자는 노력을 줄임으로서 대응할 것이기 때문이다. 마찬가지로 높은 임금을 지불하더라도 그에 걸맞게 적절한 노동추출이 가능하다면 임금 당 비용은 오히려 낮아질 수도 있다.

이제 노동자의 노동추출은 등비용선과 노동추출곡선이 만날 때 이루어진다. 예를 들어, A점이나 B점은 현실적으로 도달가능한 점이다. 그러나 자본가 입장에서는 등비용선이 원점을 중심으로 시계 반대 방향으로 회전하여 E점에 도달하면, A점이나 B점에 비해 같은 비용으로 더 많은 노동을 추출할 수 있다. E점에서의 e/w가 A점이나 B점에서의 그것에 비해 더 크기 때문이다. 등비용선의 기울기가 더 크다는 것은 임금 당 노력수준이 더 크

20) $e/w = k$(상수)라 놓으면 $e = kw$이므로 가로축에 w, 세로축에 e를 표시하면 기울기가 k인 직선이 된다. k가 커지면 노동추출곡선은 시계 반대 방향으로 회전할 것이다.

다는 것을 의미한다. 만약 자본가가 임금을 w^*보다 더 많이 지불하면(B점), 임금인상분 만큼 충분한 노력 수준을 노동자로부터 끌어낼 수 없다. 반대로 w^*보다 낮은 임금을 지불하는 경우(A점), 임금인하로 인한 이득보다 노동자의 노력수준 감소로 인한 손실이 더 클 것이다. 결국 최종적인 균형은 등비용선과 노동추출곡선이 접하는 E점에서 이루어질 것이다. 아울러 이때의 임금수준은 유보임금보다 높기 때문에($w^* > w_{-}$) 노동시장에는 비자발적 실업이 존재하게 된다.[21]

〈그림 3.5〉를 이용하여 간단한 비교정태분석도 해볼 수가 있다. 만약 자본가가 더 혁신적인 노동통제기술을 도입하였다면, 노동추출곡선은 위쪽으로 이동할 것이다. 그러므로 E점은 더 이상 균형이 아니고, 더 왼쪽에 있는 새로운 등비용선과 새로운 노동추출곡선이 접하는 점에서 새로운 균형이 성립할 것이다. 만약 노동조합의 결성 등을 통해 노동자계급의 힘이 강해지는 변화가 일어난다면, 노동추출곡선은 아래쪽으로 이동할 것이고 더 오른쪽에 놓인 등비용선 위의 어느 점에서 새로운 균형이 성립할 것이다.

항쟁적 교환이론은 노동가치 개념을 직접 사용하지는 않지만, 노동력과 노동의 구분을 강조하는 잉여가치 생산과정을 미시경제학적 기법을 이용하여 묘사하고 있다. 흔히 미시경제학 교과서에서 노동자의 노동공급을 여가(leisure)와 소득 사이의 최적 선택 문제로 설명하는 것과 비교해 보자. 하루 24시간에서 소득을 얻기 위해 일하는 노동시간을 뺀 나머지를 모두 여가로 간주하는 것은 현실을 매우 단순화한 것에 지나지 않는다. 실제로는 그 노동시간당 노동자가 지출하는 노력의 양은 노동자 자신의 효용을 결정하는 중요한 요인이다. 노동강도가 매우 높은 한 시간은 그렇지 않은 한 시간에 비해 노동자의 효용에 부정적인 영향을 미칠 것이기 때문이다. 노동강도뿐만 아니라 노동자가 노동과정에 대한 통제력을 얼마나 발휘할 수 있는가도 마찬가지로 중요하다. 똑같은 소득을 얻더라도 타인의 지휘와 통제를 받으

21) 이때 비자발적 실업이 생겨나는 이유는 뒤의 〈그림 3.6〉을 참조하라.

며 노동하는 것에 비해 스스로 노동과정을 통제할 수 있는 경우에 해당 노동자의 효용은 더 클 것이다. 항쟁적 교환이론에서는 자본가가 이윤극대화를 추구하는 과정에서 노동자를 지휘 · 감독 · 규제하는 틀을 만들고, 노동자는 그 틀 속에서 자신의 효용을 극대화한다. 즉, 노동과정 안에서의 대립과 항쟁 그 자체가 자본가에 의해 구성되는 것이다.

항쟁적 교환이론은 자본가가 노동자에 대해 행사할 수 있는 권력을 갖는다는 사실을 인정하는 것으로부터 출발한다. 그런데 그 권력의 원천은 노동시장에서 수요가 공급보다 작다는 점, 즉 노동수요가 부족하다는 점에서 나오는 "부족 측 권력"(short-side power)에 있다. 제5장에서 설명할 것처럼, 마르크스는 자본주의 경제에서 전형적인 기술진보로 말미암아 항상적인 실업자 풀(pool)이 존재하는 것으로 설명하고 있다. 그럼에도 마르크스가 말하는 착취는 반드시 노동수요가 부족하기 때문에 생겨나는 것은 아니다. 설사 노동시장에서 실업이 존재하지 않는 상황이라 하더라도 사회적 생산력이 자본의 생산력으로 전환되는 과정은 이루어지기 때문이다.

■ **보론 3.3.** 고용계약의 불완전성과 지배: 또 하나의 내러티브(narrative)

노동력의 거래가 일반적인 상품의 거래와 다른 특성을 갖는다는 점은 1980년대 이후 주류경제학에서도 널리 인정되었다. 즉, 〈그림 3.4〉가 묘사하고 있는 노동력과 노동의 구분은 고용계약의 불완전성이라는 형태로 개념화된다. 고용계약을 맺는 시점과 맺고 나서 집행되는 시점 사이에 노동력의 지출량에 불확실성이 존재한다는 것이다. 이른바 태만(shirking) 모형(Shapiro & Stiglitz. 1984)에서는 노동자들이 노동과정에서 태만할 유인이 존재할 뿐만 아니라 고용주가 태만 여부를 확인하는 데에는 감독비용이 든다고 가정한다. 즉, 정보의 비대칭성이 존재하는데, 정보를 많이 가지고 있는 것은 노동자들이다. 이때 고용주는 의도적으로 노동시장의 균형을 가져오는 수준보다도 높은 임금을 지불함으로써 노동과정에 대한 재량권을 확대하고자 한다는 것이다.

〈그림 3.6〉에서 노동시장의 균형임금 수준은 노동에 대한 수요와 공급이 일

치하는 W*수준이지만 고용주는 그보다 높은 임금 We를 지불한다는 것이다. 이를 효율성 임금(efficiency wage)이라 부른다. We 수준의 임금에서는 노동공급이 늘어나고 노동수요는 줄 것이므로 그림에서 보는 만큼의 비자발적 실업이 생겨난다. 효율성 임금이 균형임금 수준보다 높기 때문에, 고용된 노동자들이 태만하다가 적발되어 해고당할 때의 기회비용도 그만큼 커지게 된다. 더구나 이렇게 비자발적 실업이 존재하면 노동자들 간의 경쟁이 심해지므로 다른 곳에서 일자리를 얻을 가능성도 훨씬 줄어든다. 즉, 기업은 감독비용 대신 효율성 임금을 지불함으로써 노동자들의 노력 수준을 높일 수 있는 셈이다.

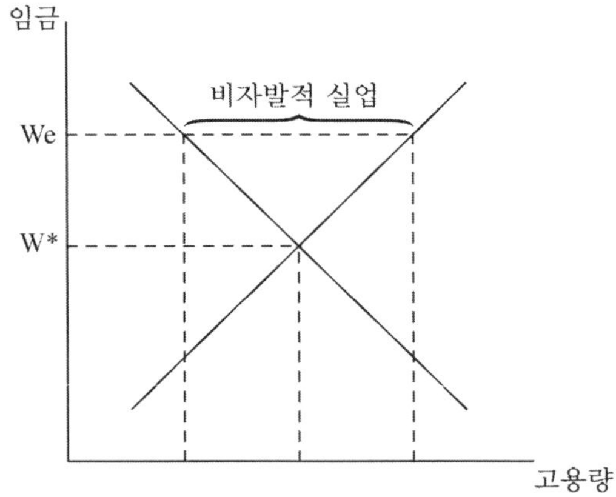

〈그림 3.6〉 효율성 임금과 비자발적 실업

효율성 임금이론은 고용계약의 경우 일종의 시장실패가 일어날 수 있다는 점, 비자발적 실업의 존재를 이론적으로 밝혔다는 점 등에서 의미가 있는 이론이다. 그런데 마르크스 경제학의 착취론과 결정적으로 다른 것은 실행되는 노력의 정도에 관해 자본가보다는 노동자 측이 훨씬 더 많은 정보를 갖고 있다는 가정이다. 마르크스의 착취론은 자본가가 생산수단의 소유로부터 나오는 권력 때문에 노동과정의 편성 및 지휘·통제를 장악함으로써 필요노동을 초과하는 잉여노동을 추출할 수 있다고 본다. 즉, 두 이론은 동일한 현상을 설명하고 있음에도 서로 다른 내러티브를 갖는 것이다. 한편, 효율성 임금이론은 권력에 관한 담론이 부재한다는 점, 혹은 정보의 비대칭성 하에서 오히려 노동자가 우위에 있다고 보는 점에서, 항쟁적 교환이론과도 약간 다른 내러티브를 갖는다고 할 수 있을 것이다. ■

마르크스의 착취론과 항쟁적 교환이론, 그리고 효율성 임금이론의 차이를 알기 쉽게 비교한 것이 〈그림 3.7〉이다. 그림에서 가로축은 노동자와 자본가 사이의 계급대립의 정도를 나타낸다. 효율성 임금이론에서는 고용주와 노동자 사이의 관계를 계급적 대립으로 보지 않는다. 물론 정보비대칭성을 전제로 하지만, 이는 비단 고용계약 뿐만 아니라 모든 불완전한 계약에 적용 가능한 것이다. 그림의 세로축은 자본가의 권력의 강도를 나타낸다. 항쟁적 교환이론은 사실 마르크스의 착취론에 거의 가까운 것이기는 하지만, 자본가가 지닌 권력의 원천을 시장의 수요공급관계에서 주로 찾는다는 점을 감안하여 마르크스 착취론에 비해 아래쪽에 위치하도록 나타내었다. 약간 도식적이기는 하지만, 〈그림 3.7〉은 자본주의적 고용관계라는 동일한 사회과학적 현상에 대해 서로 다른 내러티브가 존재할 수 있음을 잘 보여준다.

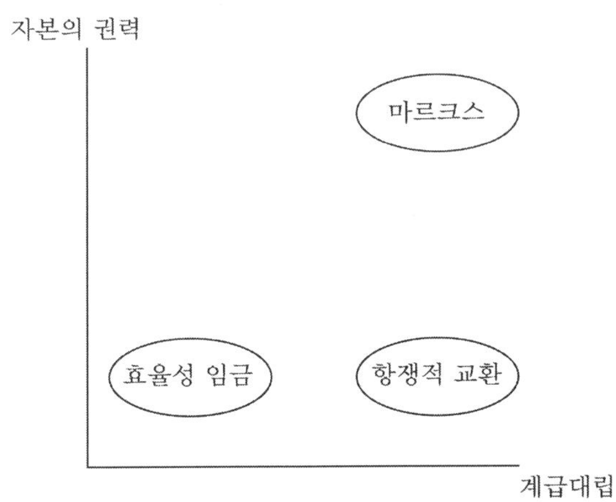

〈그림 3.7〉 자본주의적 고용관계에 관한 서로 다른 내러티브

문제 3.10. "생산의 조직은 내생적인 과정이다"라는 명제(Stephen Marglin)에 기초하여 $Q=f(L,K)$라는 미시경제학적 생산함수를 비판해보라. 단, Q, L, K는 각각 일정 기간 동안의 생산량, 노동투입량, 자본투입량을 의미한다.

3.2.5. 시간선호와 착취

주류경제학이 이윤의 원천을 설명하는 대표적인 방식은 시간선호(time preference)의 차이로 설명하는 것이다. 모든 경제 주체는 당연히 현재를 미래보다 선호할 수밖에 없는데, 주체마다 그 선호의 강도는 다르다. 예를 들어 현재의 100만 원이 일 년 뒤의 105만 원과 같다고 여기는 사람도 있는 반면, 110만 원은 되어야 한다고 생각하는 사람도 있을 것이다. 후자는 전자보다 그만큼 시간선호율이 높은 것이다. 시간선호율이 낮은 주체는 비유하자면 이솝의 우화에 나오는 개미 같은 주체이다. 반대로 베짱이는 매우 높은 시간선호율을 갖고 있다. 개미와 베짱이가 초기 자산이 같은 상태에서 출발하더라도, 개미는 현재에 더 많이 일함으로써 저축을 하고 그것을 미래에 투자함으로써 그 반대로 행동한 베짱이를 고용할 수 있다. 이러한 논리로 마르크스의 착취론을 비판한 것이 로우머(Roemer, 1986)의 다음과 같은 예이다.[22)]

■ 사례 3.3

쌀을 생산하는 데는 다음과 같은 두 가지 기술이 있다고 하자.

기술A: 1일 노동 + 쌀 1가마 → 쌀 2가마

---

22) 여기에서는 류동민(2018: 113-117)에 따라 흥부와 놀부로 번안한 예를 제시한다. 아울러 숫자 예에서 엄밀하게는 규모수익불변(constant returns to scale)을 가정해야 함에 주의하자. 즉 투입물의 양을 $k(>0)$배 변화시키면 산출물의 양도 k배 변화한다.

기술B: 3일 노동 → 쌀1가마

흥부와 놀부는 초기자산으로 쌀 1/2가마를 똑같이 소유하고 있다. 시간선호율이 높은 놀부는 매주 순생산물로 쌀 1가마만 있으면 충분하다고 생각하는 반면, 시간선호율이 낮은 흥부는 첫째 주에 일을 더 많이 하여 쌀을 비축해두었다가 둘째 주부터는 일을 덜 하기 원한다. 먼저 흥부와 놀부는 각자 소유한 쌀 1/2가마를 모두 기술A에 투입한다. 그 경우 그들은 각자 1/2일씩 노동해야 한다. 이때 일주일 중에서 나머지 기간 동안 시간선호율이 낮은 흥부는 놀부에 비해 3일 더 일한다고 가정하자. 즉, 흥부는 주말을 제외한 5일 동안 일하며, 놀부는 일주일에 2일만 일한다. 이때 흥부와 놀부는 기술B에 따라 쌀을 추가로 투입하지 않고 노동만 한다고 하자. 이미 기술A를 이용하여 각자 1/2일씩 노동하였기 때문에, 놀부는 2일 중의 나머지 3/2일, 흥부는 5일 중의 나머지 9/2일 만큼을 기술B에 따라 일할 것이다. 그 결과 놀부는 쌀 1/2가마, 흥부는 쌀 3/2가마를 추가로 얻게 된다. 그러므로 놀부와 흥부의 제1주차 상황은 〈표 3.1〉과 같다. 즉, 제2주차가 시작되는 시점에서 이미 흥부의 자산(쌀 2가마)은 놀부의 자산(쌀 1가마)보다 많아졌다.

〈표 3.1〉 시간선호의 차이에 따른 선택

	놀부				흥부			
	노동	자본	총생산물	순생산물	노동	자본	총생산물	순생산물
기술A	1/2일	쌀 1/2가마	쌀 1가마	쌀 1/2가마	1/2일	쌀 1/2가마	쌀 1가마	쌀 1/2가마
기술B	3/2일		쌀 1/2가마	쌀 1/2가마	9/2일		쌀 3/2가마	쌀 3/2가마
합계	2일	쌀 1/2가마	쌀 3/2가마	쌀 1가마	5일	쌀 1/2가마	쌀 5/2가마	쌀 2가마

이제 흥부는 놀부에게 일당으로 쌀 1/3가마를 지불하고 기술A를 이용하여 3/2일 동안 일을 시킨다. 즉, 놀부는 $\frac{1}{3}\times\frac{3}{2}=\frac{1}{2}$가마의 쌀을 임금으로 받고

일하여 $\frac{1}{2}\times 3 = \frac{3}{2}$가마의 쌀을 순생산물로 만들어낸다. 그 결과 흥부는 놀부에게 지불한 임금 1/2가마를 제외한 나머지 1가마의 쌀을 이윤으로 얻게 된다. 놀부는 원래 일 주일에 2일 일하던 사람이므로, 나머지 1/2일은 흥부에게 고용되지 않은 채 기술A를 이용하여 일한다. 즉, 자신이 가지고 있던 쌀 1/2가마를 투입하여 쌀 1가마를 생산함으로써 순생산물로 쌀 1/2가마를 얻게 된다.

최종적으로 놀부와 흥부의 제2주차 상황을 정리하면 〈표 3.2〉와 같다.

〈표 3.2〉 시간선호 차이에 따른 착취의 발생

	놀부				흥부					
	노동	자본	총생산물	순생산물	노동	자본	총생산물	순생산물	임금	이윤
기술A	3/2일			쌀 1/2가마 (임금)	0	쌀 3/2 가마	쌀 3가마	쌀 3/2가마	쌀 1/2 가마	쌀 1가마
기술A	1/2일	쌀 1/2가마	쌀 1가마	쌀 1/2가마						
합계	2일	쌀 1/2가마		쌀 1가마	0	쌀 3/2 가마	쌀 3가마	쌀 3/2가마	쌀 1/2 가마	쌀 1가마

이제 놀부는 제1주차와 마찬가지로 일주일에 2일 일하고 쌀 1가마를 얻는다. 반면 시간선호율이 낮은 흥부는 제2주차부터는 하나도 일하지 않으면서 쌀 1가마를 얻을 수 있기 때문에, 시간선호율이 높은 놀부를 착취하는 셈이다. ■

이 사례는 단순한 것이기는 하지만, 이윤의 원천에 관한 주류경제학적 설명을 간명하게 보여주는 장점이 있다. 그러나 역설적으로 그 한계 또한 명확하게 드러낸다. 놀부는 제1주차에는 자영노동만 했고 제2주차에는 자영노동을 하는 한편으로 흥부에게 고용된 임금노동을 하였다. 오직 수입, 즉 쌀 획득량만 비교하면 두 상태는 놀부에게 무차별하다. 그렇지만 과연 자영노동과 타인에게 고용된 노동이 소득만 같으면 같은 효용을 가져다주는 것일까? 앞에서 지적한 바와 같이 노동공급의 결정을 여가-소득 평면에서의 최적 선택으로 설명하는 논리에 기초한다면, 자신이 통제권을 갖는 노동과 그렇지 않은 노동 사이에는 아무런 질적 차이가 없다는 것이다. 시간선호이론은 현재와 미래의 중요성에 대한 판단을 중간과정은 모두 블랙박스로 처리한 채 최종적으로 귀결되는 시간선호율이라는 하나의 변수로 귀착시켜 설명한다. 그 결과 피케티가 지적한 것처럼 동어반복의 성격을 갖는다.[23] 아울러 사회철학적으로는 자산의 축적과 이윤의 존재를 개인의 책임으로 귀착시킬 소지를 갖는 것도 사실이다.

문제 3.11. 개미와 베짱이의 우화를 경제학적 개념을 이용하여 해석하고, 그것을 다시 마르크스 경제학의 입장에서 비판해보라.

3.3. 절대적/상대적 잉여가치

이제 잉여가치율의 정의식 (3.13)으로 돌아가 보자.

$$e = \frac{1 - vb}{vb} \qquad (3.13)$$

(3.13)은 단위 노동시간에 관한 식이다. 따라서 노동자가 하루에 T시간 노동하는 경우로 바꿔 써보면 다음과 같다. 단, $B = Tb$는 노동자가 하루 동안 필요로 하는 임금재의 양을 나타낸다.

---

23) "이 이론의 문제점은 지나치게 단순하고 체계적이라는 것이다. 모든 저축 행위나 미래에 대한 태도를 하나의 변치 않는 심리적 매개변수로 요약할 수는 없다"(피케티. 2014: 430).

$$e=\frac{T-Tvb}{Tvb}=\frac{T-v(Tb)}{v(Tb)}=\frac{T-vB}{vB} \quad (3.13)^*$$

(3.13)*식으로부터 잉여가치율이 상승하기 위해서는 첫째, T가 증가하거나, 둘째, B가 감소하거나, 셋째, v가 감소해야 함을 알 수 있다.

먼저 T가 증가한다는 것은 노동자가 일하는 절대적인 노동시간이 늘어남을 의미한다. 그런데 대부분의 선진 자본주의 국가에서는 노동 관련 법률이 정비되어 있기 때문에, 통상임금보다 더 많은 수당을 지불하지 않으면 초과노동을 시키는 것이 제도적으로 불가능하다. 물론 법은 형식일 뿐 실제로는 초과노동을 시키는 것이 가능한 경우도 있겠지만, 자본주의가 발전할수록 그러한 방법은 실현되기 어렵다. 따라서 형식적으로는 똑같이 T시간 일하지만, 노동강도를 높임으로써 노동력의 더 많은 지출이 일어나게 하는 방법을 생각해 볼 수 있다. 항쟁적 교환이론에서 말하는 노력수준을 높이는 셈이다. 이는 새로운 노동통제기법의 도입을 통해 가능할 것이다. 한편 B가 감소하는 것은 노동자에게 지불되는 실질임금을 낮추는 것이기 때문에 노동자의 직접적인 저항에 부딪힐 수밖에 없고 그만큼 실현하기 어렵다. 어쨌거나 만약 자본가가 B를 줄이는 데 성공한다면, 그에 따라 잉여가치율은 상승할 것이다. 이상과 같이 노동시간을 절대적으로 연장하거나 노동강도를 높이거나 실질임금 자체를 낮추는 방법을 통해 잉여가치율이 상승하고 따라서 주어진 고용량에 비해 잉여가치가 증가할 때, 절대적 잉여가치(absolute surplus value)의 생산이 일어났다고 말한다.

절대적 잉여가치 생산의 공통점은 노동자의 생활수준이나 노동조건을 직접적으로 악화시키기 때문에 노동자의 반발에 부딪힐 가능성이 크다는 것이다. 혹시 초기 자본주의에서처럼 노동자계급의 힘이 미약하여 절대적 잉여가치 생산에 성공한다 하더라도, 그것은 장기적으로 지속되기 어렵다. 노동자들의 육체적 및 정신적 상태가 피폐해짐으로써 노동력의 정상적인 재생산이 불가능해질 것이기 때문이다. 즉 절대적 잉여가치의 생산은 개별 자본가 입장에서는 이득이지만, 장기적으로 보면 자본가계급 전체에게는 오히려 손해가 된다. 실제 자본주의의 역사를 보면 국가가 나서서 노동시간의 길이를 제한하는 것은 길게 보면 자본가 계급을 위해서도 도움이 되었다고 할 수 있다. 국가가 개별 자본이 아니라 총자본의 이익을 실현한다는 명제가 여기에서 성립한다.

이제 잉여가치율 증대의 세 번째 방법이었던 v의 감소를 생각해 보자. 이것은 노동자가 소비하는 임금재의 가치가 하락함을 의미한다. 즉, 임금재를 생산하기 위해 사회적으로 필요한 노동시간이 감소하는 상황이다. 이러한 상황을 상대적 잉여가치(relative surplus value)의 생산이라 부른다. 가장 일반적인 방법은 임금재를 생산하는 것과 직간접적으로 관련이 있는 산업에서 기술혁신이 발생하는 것이다. 그 결과 임금재의 실물 구성이 그대로 있다 하더라도 vb는 감소함으로 말미암아 잉여가치율이 상승한다. 이 경우 잉여가치율의 상승, 즉 자본가에 의한 착취의 정도가 심해짐에도 불구하고 노동자의 소비수준에는 변화가 없을 뿐만 아니라 경우에 따라서는 상승할 수도 있다. 즉, 노동력 가치를 구성하는 두 가지 요소 v와 b의 변화가 노동력 가치의 변화에 미치는 영향을 식으로 나타내면, $(\Delta v)b + (\Delta b)v$이다. 단, Δ는 증가분을 의미한다. 그러므로 임금재의 단위가치가 하락한다면 ($\Delta v < 0$), 노동력 가치가 하락하는 경우에도 실질임금이 상승($\Delta b > 0$)할 수 있는 것이다.[24] 요컨대 노동자계급이 더 많이 착취당하는 동시에 생활수준은 오히려 나아지는 직관에 위배되는 상황이 존재할 수 있는 것이다. 실제로 자본주의의 황금시대라 불린 제2차 세계대전 종전 이후 한 세대 정도의 기간 동안에 미국의 실질임금은 증가하면서도 잉여가치율의 대리변

---

24) 정의상 $v > 0$, $b > 0$ 이므로 $\Delta v < 0$이라 하더라도 Δb가 충분히 크다면 $(\Delta v)b + (\Delta b)v > 0$ 이 된다. 그런데 여기에서 v와 b는 모두 n차원 벡터임에 주의하자. 예를 들어 어떤 임금재는 가치가 하락하지만 다른 임금재는 가치가 상승하는 경우, 혹은 모든 임금재의 가치가 하락하더라도 재화별로 감소율이 서로 다른 경우가 일반적일 것이다.

수라 할 수 있는 노동소득분배율은 일정하게 유지되었다. 즉, 잉여가치율이 대체로 일정하게 유지되면서도 노동자계급의 생활수준은 꾸준히 나아졌던 셈이다.[25] 상대적 잉여가치의 생산은 전체 노동시간이 일정한 상태에서 필요노동과 잉여노동의 비율을 변화시킨다. 즉 전체 노동 중에서 필요노동이 차지하는 비중을 줄이는 것이다. 필요노동과 잉여노동의 비율의 변화에 초점을 맞춤으로써 노동강도의 강화도 상대적 잉여가치로 정의하는 학자들도 있다. 그렇지만 절대적인 노동지출이 늘어난다는 의미에서 절대적 잉여가치의 생산으로 보는 것이 일반적이다. 마찬가지로 B를 감소시키는 것도 필요노동과 잉여노동의 비율을 변화시키는 것이기는 하지만, 노동자의 힘이 예외적으로 약한 경우에만 가능한 방법이므로 내용적으로는 절대적 잉여가치 생산과 유사한 것으로 볼 수 있다.

지금까지 설명한 잉여가치 생산의 방법을 그림으로 나타내면 〈그림 3.8〉과 같다. 각각의 방법에서 빗금 친 사각형은 잉여가치 증가분을 의미한다. (1)에서는 노동시간의 절대적 연장을 통해 잉여노동시간이 늘어난다. (2)에서는 노동강도가 강화되어 마치 전체 노동시간이 두 배 가량 늘어난 것 같은 효과가 생겨났다. 따라서 필요노동을 나타내는 사각형 모양의 밑변이 절반 정도로 줄어들었다. 그 결과 전체 노동시간에서 잉여노동이 차지하는 비중이 늘어났다. (3)에서는 노동생산성 증대로 말미암아 필요노동 부분이 화살표 방향으로 줄어들었다.

---

25) 한편, 개방경제의 경우 국내의 잉여가치 생산과정에 변화가 없더라도 외국으로부터 저렴한 임금재의 수입이 가능해지면 노동력 가치가 하락하므로 상대적 잉여가치의 생산이 일어날 수 있다. 즉, 외국의 임금재 생산과 관련된 기술혁신은 국내의 잉여가치 생산에 영향을 미칠 수 있다. 19세기 영국에서의 곡물법 폐지, 즉 유럽대륙으로부터의 곡물 수입 금지를 해제하는 조치는 이러한 맥락에서 당시의 자본가계급에게 이익이 되는 사건이었다. 리카도는 자유무역론의 입장에서 곡물법 폐지를 지지하였으나, 맬더스(Thomas R. Malthus, 1766-1834)는 곡물법 유지를 주장함으로써 적어도 결과적으로는 지주계급의 이익을 옹호하였다. 제8장에서 살펴보게 되는 것처럼, 지주계급의 소득은 궁극적으로는 자본가가 착취한 잉여가치로부터 분배되는 것임에도 잉여가치 생산의 증대가 반드시 지주계급의 이익에 부합하지 않을 수도 있는 것이다.

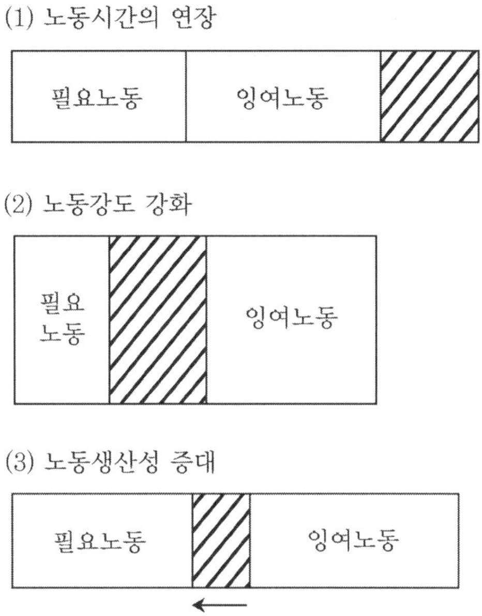

〈그림 3.8〉 잉여가치 생산의 방법

상대적 잉여가치는 개별 기업들이 다른 기업들과 경쟁하는 과정에서 초과이윤을 얻기 위해 노력하는 과정에서 생겨난다. 하나의 산업 안에 두 개의 기업 A와 B가 존재하는 상황을 가정하자. 당초에 이 산업에서 생산되는 상품의 가치는 한 단위 당 5시간이었다고 하자. 만약 기업A가 새로운 기술개발에 성공함으로써 똑같은 상품을 3시간 만에 만들 수 있게 되었다면, 각 기업의 시장점유율이 50%라 할 때 이 상품의 사회적 가치는 4시간으로 결정될 것이다. 이제 기업 A가 생산하는 상품의 개별 가치는 3시간이므로, 기업 A는 4시간의 가치에 해당하는 가격을 받고 상품을 판매하더라도 단위당 한 시간의 이득을 얻게 된다. 이를 특별잉여가치(extra surplus value)라 부른다. 그런데 다른 한편으로 기업 B는 개별 가치가 5시간인 상품을 4시간에 해당하는 가격을 받고 팔아야 한다. 즉, 기업 B는 기껏 생산한 잉여가치 중에서 한 시간을 고스란히 잃어버리는 셈이다. 기업 B가 잃어버린 잉여가치는 기업 A의 특별잉여가치로 귀속되었다. 물론 현실적으로는 기업 A가 개별 가치 3시간에 해당하는 가격을 설정함으로써 기업 B의 손실을 크게 만들어 시장에서 물러나게 만들 가능성도 있다. 어쨌거나 기업 B는 기술혁신을 통해 기업 A를 따라잡으려 노력할 수밖에 없다. 만약 기업 B도 기업 A가 가진 기술을 얻는데 성공한다면, 기업 B가 생산한 상품의 개별가치도, 따라서 사회적 가치도 3시간이 될 것이다. 결국 출발점과 비교하면, 이 상품의 가치는 5시간에서 3시간으로 감소하였고 이것이 바로 상대적 잉여가치의 생산이 된다. 이렇게 자본주의 경제에서는 굳이 누가 강제하지 않더라도 자본간의 경쟁메커니즘에 의해 기술진보가 생겨나고 궁극적으로는 상대적 잉여가치가 생산되기에 이르는 것이다. 마르크스조차도 자본주의 경제가 지닌 혁신능력에 관해 높이 평가했던 이유가 여기에 있다.

절대적 잉여가치와 상대적 잉여가치는 얼핏 생각하기에는 자본주의 발전의 정도에 따라 차례대로 존재하는 것으로 보인다. 즉, 덜 발전한 자본주의 사회에서는 절대적 잉여가치, 좀 더 발전한 자본주의에서는 상대적 잉여가치의 순서인 듯 보인다. 물론 그러한 측면이 없다고는 말할 수 없다. 그렇지만 자본은 언제든지 가능하다면 절대적 잉여가치 생산의 방법도 활용하려 한다. 본국에서는 노동법을 잘 준수하던 기업이 막상 저개발국가인 외국에 현지법인이나 공장을 만들면 초기 자본주의를 방불케 하는 가혹한 노동착취를 서슴지 않는 사례는 흔히 찾아볼 수 있다. 상대적 잉여가치 생산의 경우에도 새로운 혁신적인 생산설비의 도입이 오히려 노동강도를 강화하거나 노동조건을 악화시키는 사례도 많다. 절대적 잉여가치 생산을 가져오는 노동통제 기법의 발전도 기술혁신과 연결되어 있는 것이 일반적이다. 그러므로 절대적 잉여가치와 상대적 잉여가치는 개념적으로만 명확하게 구분될 따름이며 현실에서는 뒤얽혀 나타난다는 점에 주의해야 한다.[26)]

---

26) 디지털 기반의 플랫폼 노동은 정보통신기술의 발전에 따라 극히 최근에 등장한 유형의 노동이다. 그럼에도 절대적 잉여가치 생산의 방식이 관철된다. 예를 들어 배달노동의 경우 인공지능기반으로 최적 경로를 산출하여 노동자의 노동을 극한으로까지 내모는 등의 사례가 잦다(《한겨

문제 3.12. 다음 중에서 절대적 잉여가치 생산의 예로 보기 어려운 것은?

① A사(社)에서는 근무시간을 오전 9시-오후 6시에서 오전 7시-오후 4시로 변경하였다

② B사(社)에서는 여직원의 생리휴가를 유급휴가에서 무급휴가로 바꿨다

③ C사(社)에서는 회사컴퓨터에서 인터넷 쇼핑몰에 접속할 수 없도록 차단하였다

④ D사(社)에서는 종업원의 신분증을 전자카드로 만들어 사무실 출입시각을 체크한다

문제 3.13. 태블릿 PC 시장을 기업 A와 기업 B가 2:1의 비율로 점유하고 있다고 하자. 똑같은 제품을 만드는데 기업 A는 6시간의 노동을 필요로 하며 기업 B는 9시간의 노동을 필요로 한다. 이때 다음 설명 중에서 맞는 것은?

① 태블릿 PC 한 대의 가치는 7.5시간이다

② 기업 A는 태블릿 PC 한 대당 3시간의 특별잉여가치를 얻는다

③ 기업 B 제품의 개별가치는 사회적 가치보다 2시간이 많다

④ 두 기업의 개별가치의 합계는 사회적 가치보다 작다

레》 2020년 10월 30일자 기사). 정상적인 교통상황에서 도착할 수 있는 시간, 심지어는 네비게이션이 계산하는 것보다도 짧은 시간 안에 이동하도록 요구하는 것은 노동강도의 강화는 물론 인명사고를 유발할 가능성조차 있는 것이다. 법적으로는 노동자 지위를 갖지 않는 개인사업자들을 대상으로 실질적 노동통제가 이루어지며, 개수 임금제처럼 작업 건당 보수라는 정당해 보이는 임금구조를 갖는다 하더라도, 그 본질이 절대적 잉여가치의 생산이라는 것은 바뀌지 않는다. 그런데 이러한 노동강도 강화는 심지어는 그 자신도 노동자계급인 소비자의 편익 증대에 부합하는 측면이 있는 것이 사실이다. 이로부터 소비자와 노동자 사이에 일종의 모순적 대립 관계가 형성될 수 있다. 다른 누군가의 열악한 노동조건이 나 자신의 편익으로 돌아오는 구조가 만들어지는 것이다(Fleetwood, 2008).

3.4. 비생산적 노동의 이중적 성격

상품의 가치는 그것을 생산하는데 사회적으로 필요한 노동시간에 의해 결정된다. 즉, 가치의 실체는 노동이다. 그러나 그 역은 성립하지 않는다. 노동 중에서 가치를 생산하지 않는 노동도 있다는 뜻이다.

먼저 시장에서 판매를 위한 상품을 생산하는데 고용되지 않은 노동이 있다. 만약 요리사가 식당에 고용된 것이 아니라 특정 가족의 파티를 위해서만 고용되어 있다면, 그 요리사가 하는 노동은 시장에서 팔리는 상품을 생산하지 않는다. 이 경우 그의 노동은 가치(따라서 잉여가치)를 생산하지 않는다는 의미에서 비생산적 노동(unproductive labor)이다.[27] 그러므로 생산적 노동(productive labor)이 되기 위해서는 무엇보다 먼저 임금노동자여야 하지만, 이 요리사처럼 임금을 받더라도 비생산적 노동일 수가 있다. 한편 공무원은 국가나 지방자치단체에 의해 고용되어 정부서비스를 제공하므로 임금노동자이기는 하지만 가치와 잉여가치를 생산하지 않기 때문에 비생산적 노동을 하는 것이다. 노동자가 생산하는 생산물의 구체적인 형태는 어떤 노동이 생산적인가 비생산적인가를 식별하는 기준이 될 수 없음에 주의하여야 한다. 구체노동으로서는 똑같은 일을 하더라도, 사립 학원에 고용된 강사는 생산적 노동을 하지만 공립학교에 고용된 교사는 비생산적 노동을 한다.

이러한 유형들보다 더욱 논쟁적인 것은 생산에 직접 고용되지 않은 노동, 대표적으로 유통이나 회계, 노동과정의 관리 및 감독, 금융 등에 종사하는 노동 등이다. 비록 현실에서는 모호한 경우가 많이 있을 것이지만, 개념적으로는 이들 경우에도 명확한 기준을 제시할 수 있다. 먼저 자본의 순환 M — C {MP, LP} … P … C' — M' 중에 생산이 이루어지는 국면에서 작용하는

---

27) "비생산적"이라는 관형사에 일상 어법에서와 같은 부정적 뉘앙스가 있는 것은 아님에 주의해야 할 것이다. 가치를 생산하지 않는다는 객관적 사실만이 서술되고 있을 따름이다. 그러므로 unproductive보다는 non-productive라는 용어를 쓰는 것이 더 나을지도 모른다.

노동은 생산적 노동이지만, 상품의 유통 및 가치의 실현 국면에서 작용하는 노동은 비생산적 노동이다. 다음으로 생산국면에 존재하더라도 직접적으로 잉여가치를 생산하는 것이 아니라 간접적으로 잉여가치 생산이 원활하게 이루어지도록 보조하는 역할을 하는 노동은 비생산적 노동이다. 자본가의 대리인 역할을 하는 전문경영인이나 고위 관리직이 수행하는 업무들이 대부분 여기에 속한다. 이른바 FIRE산업(금융, 보험 및 부동산)처럼 비생산적 노동이 아예 하나의 산업으로 독립해서 존재하는 경우도 있지만, 같은 산업이나 기업 안에서 생산적 노동과 비생산적 노동이 공존하는 경우도 있을 수 있다.

한편, 마르크스 경제학에서는 전통적으로 운수노동은 생산적 노동으로 간주한다. 소비자가 구입한 상품을 소비하는 지점에 도달해야 비로소 상품이 사용가치로서 실현된다는 점에서, 소비지점까지 상품을 옮기는 것은 생산과정의 연장으로 간주하기 때문이다(熊野, 2018: 126). 보관노동도 마찬가지 논리로 소비의 시간적 지점에 도달하는 것을 생산과정의 연장으로 간주할 수 있을 것이다. 즉, 운수 및 보관노동의 경우, 생산된 상품을 바로 소비할 수 있는 시간적 · 공간적 지점, 따라서 자본의 순환으로 표현하자면 C' — M'의 시작단계이자 C {MP, LP} ··· P ··· C'의 종점까지 행해지는 것으로 보아 생산적 노동으로 간주할 수 있는 것이다.[28] 이상의 내용을 순서도(flow chart) 형태로 정리하면 〈그림 3.9〉와 같다.

비생산적 노동이라고 해서 착취를 당하지 않는 것은 아님에도 주의하여야 한다. 비록 가치와 잉여가치를 생산하지는 않더라도 스스로의 임금으로 표현되는 가치(즉 시간)보다 더 많은 시간을 노동한다면 잉여노동을 착취당하는 것이다. 그러나 이 경우 비생산적 노동자들이 받는 임금은 생산적 노동자가 생산한 잉여가치의 일부가 이전된 것이다. 따라서 비생산적 노동의 착

---

28) 경제학설사의 관점에서 보면, 이는 이미 원격지 상업이 발달하던 시점에서부터 운수와 보관을 단순한 양도이윤, 즉 싸게 사서 비싸게 파는 것보다는 무엇인가 생산적인 행위로 보았던 전통의 잔재로 볼 수도 있다. 한편 생산적 노동과 비생산적 노동의 구분이 형이상학적인 것이 아니라 자본주의적 회계의 원리에 부합한다는 주장으로는 Bryer(2017)를 참조하라.

취율이라는 표현은 가능하지만 잉여가치율이라는 표현은 불가능함에 주의하여야 한다.

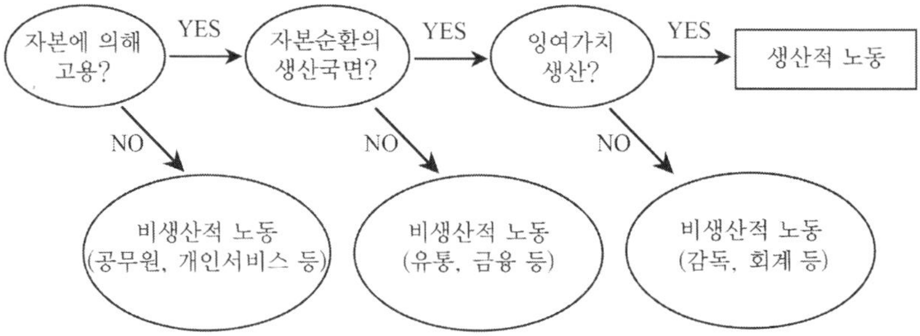

〈그림 3.9〉 생산적 노동과 비생산적 노동

사실 생산적 노동과 비생산적 노동의 구분에 관해서는 현실적으로 식별하기 곤란하다는 점을 넘어서 이론적으로도 쓸모없는 구분이라 주장하는 학자들도 있다. 그렇지만 생산적 노동에 대한 비생산적 노동의 비중을 파악하는 것은 기존의 주류경제학만으로는 확인하기 어려운 경제구조의 변화를 보여주는 유용한 분석도구가 될 수 있다.

〈그림 3.10〉은 1995년에서 2015년까지 한국경제에서 비생산적 부문이 차지하는 비중의 추이를 나타내고 있다(Rieu & Park, 2020).[29] 예를 들어 1997-8년의 경제위기 이후 한국경제에서는 비생산적 노동으로 분류될 수 있는 이들의 비중(그림의 점선)이 크게 증가하였다. 반면 생산적 노동에 비해 비생산적 노동이 받는 임금총액의 비중(그림의 실선)은 오히려 감소하였다. 이는 비생산

29) 여기에서는 자료의 한계 때문에 생산적 산업과 비생산적 산업을 일률적으로 구분한 다음, 비생산적 산업에 종사하는 노동자는 모두 비생산적 노동이라 가정하였다. 현실적으로는 생산적 산업 안에도 비생산적 노동이 포함되어 있다. 특히 현대 자본주의에서 이른바 경영 노동의 비중이 커지면서, 심지어는 독자적인 계급으로까지 설정하려는 논의도 있는 것을 감안하면, 이 그림의 분석에는 한계가 있는 것이 사실이다. 그러나 각 생산적/비생산적 부문 안에 섞여 있는 생산적/비생산적 노동의 비중에 큰 변화가 없다고 가정한 상태에서 시계열적 추이를 살펴볼 수는 있을 것이다.

적 노동에 대한 착취가 더 심해졌음을 의미하며, 위기 이후 한국경제가 구조조정 과정에서 양산된 비생산적 노동에 대한 착취를 통해 자본축적과 성장을 이루었음을 보여준다.

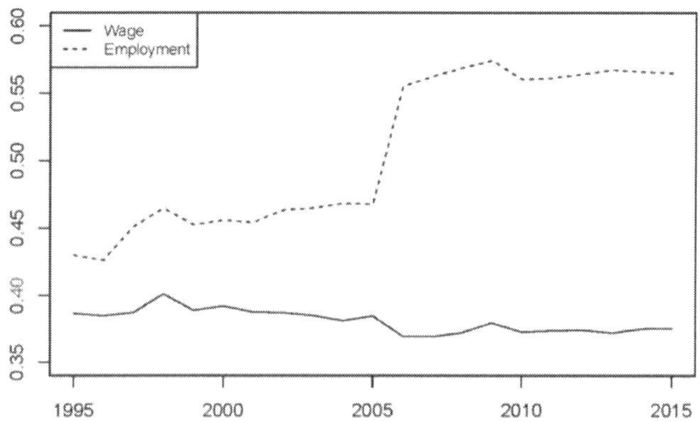

〈그림 3.10〉 비생산적 부문의 비중(한국, 1995-2015년)

최근에는 비생산적 노동의 이중적 성격에 주목하는 연구들도 많아지고 있다. 전통적으로는 비생산적 노동이 받는 임금조차도 생산적 노동이 생산한 잉여가치로부터 이전된 것이기 때문에, 비생산적 노동의 존재는 자본축적이나 경제성장을 저해하는 요인으로 파악해 왔다. 비생산적 노동의 비중이 커질수록 생산적 노동이 만들어낸 잉여가치 중에서 더 많은 몫이 이전되어야 하므로 투자 여력은 줄어들 것이기 때문이다. 그러나 이렇게만 해석하면 1990년대 이후 전 세계적으로 비생산적 노동이나 산업이 양적으로 확대되는 현실을 설명하기 쉽지 않다. 비록 직접적으로는 투자와 성장을 저해하는 요인이지만, 간접적으로 잉여가치 생산에 기여하는 역할을 수행할 것으로 짐작해볼 수 있다. 이러한 생각을 가장 강하게 표명한 것은 뒤메닐과 레비의 이윤율 극대화 노동(profit-rate maximizing labor)이라는 개념이다(Duménil & Lévy, 2018). 즉, 비생산적 노동, 그 중에서도 관리직 노동은 이윤율 극대화를 달성하게 해주는 노동이라는 의미에서 간접적으로 생산적 역할을 수행한다는 것이다. 이들의 이론은 특히 선진국들에서 관리자(cardre)의 역할이 커지는 것을 반영하고 있다. 전통적인 계급구분에 따르면 자본가계급도 노동자계급도 아닌 관리직은 "구상과 결정의 직무를 수행하는 임금소득자 중의 상위 분파"로 정의된다.[30] 관리직 상층은 때로는 노동자계급과 동맹하기도 하고 때로는 자본가계급과 동맹하기도 하면서 자본주의의 단계를 바꾸는 역할을 수행하여 온 것이다. 특히 신자유주의 시기 이후 선진 각국에서 나타나는 소득 및 자산분배의 불평등 심화 현상은 이러한 관리직 노동의 역할을 어떻게 이해할 것인가라는 중요한 질문을 던져 주고 있다.

문제 3.14. 다음 중 비생산적 노동의 범주에 속하지 않는 사례는?

① A씨는 대학가에서 가족과 함께 치킨집을 운영한다
② B씨는 사설 입시학원에 고용되어 영어강사로 일한다
③ 대학생인 C는 주말에 학교 근처 마트에서 계산원으로 아르바이트를 한다
④ D씨는 주민센터에서 파트타임으로 일하고 있다

30) 그러므로 이때 cadre는 경영자로 번역하면 그 뉘앙스가 약간 달라진다. 즉, 그것은 좁은 의미의 경영자보다는 포괄 범위가 큰 개념이다. 뒤에서 설명할 뒤메닐과 레비의 경영자적 근대성 개념 또한 비단 기업뿐만 아니라 사회의 모든 분야로 확장되는 개념이다. 이 책에서는 편의상 관리자와 경영자라는 번역어를 혼용한다. 한편 임금소득자(wage-earner)라는 용어는 노동자에 비해 넓은 범위를 포괄할 수 있고 "고용계약을 통해 임금을 받는 사람"이라는 형식적 의미도 더 명확하기 때문에 사용된다. 예를 들어 한국 사회에서처럼 교사나 공무원이 노동자인가 아닌가라는 불필요한 논란을 피할 수 있는 것이다.

4

가치와 가격

가치와 가격의 관계를 해명하기 위해서는 먼저 서로 다른 차원을 갖는 두 개념을 연결하기 위한 매개변수, 즉 노동시간의 화폐표현이 정의되어야 한다. 노동시간의 화폐표현은 거시경제적으로 노동 한 시간이 얼마만큼의 화폐액에 대응되는가를 나타내는 지표이다. 한편, 주어진 노동시간이 얼마만큼의 가치를 생산하는가를 확인하기 위해 가치생산성이라는 개념을 도입할 필요가 있을 것이다. 가치생산성의 측정을 위해서는 복잡노동의 단순노동으로의 환원 문제도 해결되어야 한다. 자본주의 경제에서 장기적 균형조건으로 작동하는 이윤율 균등화의 논리는 상품이 가치에 비례하여 교환되는 것이 아니라 생산가격을 중심으로 변동하는 시장가격을 통해 교환되도록 만든다. 그러므로 가치와 생산가격 사이의 양적 관계를 밝히는 것이 필요한데, 이를 둘러싸고 전개된 논쟁이 전형논쟁이다. 전형논쟁 과정에서 1980년대에 등장한 마르크스 가치론의 신해석은 노동시간의 화폐표현 개념을 다듬는데 중요한 기여를 하였다.

주요 개념: 노동시간의 화폐표현. 가치생산성. 복잡노동과 단순노동. 가치의 생산가격으로의 전형. 신해석.

지금까지는 가치와 가격 사이에 어떤 관계가 있는지는 직접적으로 다루지 않았다. 마르크스의 기본정리를 통해 플러스의 이윤과 플러스의 잉여가치가 필요충분조건 관계임을 보였을 따름이다. 상품의 교환가치인 가격은 가치가 드러나는 형태이다. 그러므로 가치는 본질이고 가격은 현상이라 할 수 있다. 현상이 아무런 왜곡이나 굴절 없이 본질을 투명하게 드러낸다면 굳이 본질과 현상을 구별할 까닭이 없다. 그렇다고 해서 현상과 본질 사이의 관계가 완전히 비체계적이고 우발적인 것이라면, 본질은 본질로서의 근거를 상실한다. 이 장에서는 가치와 가격 사이에 어떤 체계적인 관계가 있는가를 밝히기 위한 논의들을 살펴보고자 한다.

4.1. 노동시간의 화폐표현

노동생산성은 상품의 사용가치와 관련된 개념이다. 즉, 일정량의 노동이 얼마나 많은 사용가치를 생산하는가를 나타내는 지표이다. 그런데 어떤 상품의 가치는 그 상품을 생산하는데 사회적으로 필요한 노동의 양에 의해 측정된다. 이러한 정의를 뒤집어 생각하면 일정량의 사회적 필요노동으로 생산할 수 있는 상품의 양이 되는데, 그것이 바로 마르크스 경제학적 의미에서의 노동생산성이라 할 수 있다. 즉 수학적으로 표현하면, 가치의 역수가 노동생산성인 것이다. 이를 다음과 같이 나타낼 수 있다. 여기에서 v_i는 상품i 한 단위의 가치, $[l(I-A)^{-1}]_i$는 해당 n차원 행벡터[1)]의 i번째 원소를 의미한다.

$$\frac{1}{v_i} = \frac{1}{[\boldsymbol{l}(\boldsymbol{I}-\boldsymbol{A})^{-1}]_i} \tag{4.1}$$

(4.1)식은 사회적 필요노동 한 시간 당 상품i를 몇 단위 만들 수 있는가를 나타내는 지표이다. 이때 분모는 직접노동시간뿐만 아니라 불변자본으로부터의 가치이전, 즉 간접노동까지 포함한 총투하노동시간이다. 일반적으로 노동생산성 통계에서는 분모를 직접노동량으로 계산한다. 그런데 어떤 산업에서 직접노동은 감소하였지만 그것을 대체하기 위한 생산수단을 생산하는데 필요한 노동량이 훨씬 더 많이 증가하였다고 해보자. 이는 사회 전체의 관점에서 보면, 해당 산업에 더 많은 사회적 노동이 배분되었음을 의미한다. 제2장 제1절에서 들었던 비유를 다시 사용하자면, 한편에 놓인 상품의 총량은 늘어나지만 맞은 편에 있는 그 상품의 생산을 위해 필요한 노동의 총량이 더 많이 늘어나는 것이다. 그렇다면 이 경우 노동생산성이 증가한 것이 아니라 감소하였다고 보아야 옳을 것이다. 마르크스 경제학적 의미의 노동생산성은 바로 이러한 인식에 기반을 두고 있다. 이즈미(泉, 2014)는 통상적인 노동생산성과 구별하기 위해, (4.1)에 해당하는 개념을 전노동생산성(total labor productivity)이라 불렀다.

이제 노동 한 시간이 평균적으로 얼마만큼의 화폐액에 대응되는가를 나타내는 지표를 생각해볼 수 있다. 즉, 다음과 같이 정의되는 노동시간의 화폐표현(monetary expression of labor time)이라는 개념이 그것이다.

$$m = \frac{\text{경제전체의 부가가치}}{\text{총노동시간}} \tag{4.2}$$

---

1) $\boldsymbol{l}$은 $1 \times n$벡터이고 $(\boldsymbol{I}-\boldsymbol{A})^{-1}$은 $n \times n$행렬이므로, 둘의 곱은 $1 \times n$벡터가 된다.

(4.2)식에서 분자는 국민순생산 혹은 국내순생산에 해당하는 개념으로 일정기간 동안 생산된 거시 경제 전체의 부가가치 총액이다. 분모의 총노동시간은 경제 전체의 생산적 노동의 노동시간을 합한 것이다. 비생산적 노동은 가치를 생산하지 않기 때문에 포함되지 않는다. 그러므로 실제데이터를 이용하여 노동시간의 화폐표현을 계산할 때는, 일정한 가정하에서 비생산적 노동의 노동시간은 빼주어야 한다. 그런데 분자는 화폐단위로 측정되며 분모는 시간단위로 측정되므로 m의 차원은 (원/시간)이다. 노동시간의 화폐표현은 가치를 가격으로 변환해주는 매개변수 역할을 수행할 수 있다. 즉, 상품i의 물량을 측정하는 단위를 i라 나타내면 상품i의 단위가치는 (시간/i)의 차원을 갖는데, 여기에 m을 곱해 주면 그 차원은 (시간/i)*(원/시간)=(원/i)이 되어 가격의 차원과 같아진다. 한편, 노동시간의 화폐표현은 어디까지나 평균의 개념이다. 따라서 어떤 상품의 가격을 노동시간의 화폐표현으로 나눈다고 해서 바로 그 상품의 가치가 도출되는 것은 아니다. 제2절에서 설명할 것처럼, 우연적인 경우가 아니라면 개별 상품의 가치와 가격은 비례하지 않기 때문이다.

노동시간의 화폐표현은 아글리에타(Aglietta, 1976)에 의해 도입된 이래 마르크스 경제학의 실증연구에서 널리 사용되어 왔다. 그러나 이 개념이 이론적으로 중요한 역할을 하게 된 것은 뒤메닐과 폴리(Duncan K. Foley)가 독립적으로 거의 동시에 제시한 신해석의 덕분이다. 신해석에서는 노동력의 가치(w^*)를 다음과 같이 정의한다.

$$w^* = \frac{w}{m} \tag{4.3}$$

즉, 신해석에서는 임금을 노동시간의 화폐표현으로 나눈 값을 노동력 가치로 정의한다. 노동자의 저축이 0이라는 지금까지의 가정을 채택하면, 임금은 임금재 구입에 남김없이 지출된다. 즉, $w = \boldsymbol{pb}$ 이므로 신해석의 노동력 가치는 다음과 같이 고쳐 쓸 수 있다.

$$w^* = \frac{w}{m} = \frac{\boldsymbol{pb}}{m} = (\frac{\boldsymbol{p}}{m})\boldsymbol{b} \tag{4.4}$$

(4.4)식에서 $\boldsymbol{p}/m$는 $\boldsymbol{v}$와 일반적으로는 같지 않기 때문에, $w^* \neq \boldsymbol{vb}$임을 알 수 있다. 이는 제3장의 보론 3.2에서 $e \neq e^*$인 것과 같은 이유에서이다. 즉, 전통적 해석에 따르면, w^*는 노동력 가치의 근삿값에 지나지 않는다. 요컨대 신해석에서는 노동력의 가치를 임금재 묶음의 가치로 정의하는 전통적 견해는 기각되는 것이다. 이것은 임금을 최저생존비로 정의하는 고전학파적 전통을 계승했던 마르크스의 생각과는 배치된다. 그러나 일반적인 상품들의 경우와는 달리, 노동력 상품의 재생산은 투입과 산출 사이의 고정된 계수로 설명될 수 없다는 점, 자본주의 경제에서 실제 고용계약은 어디까지나 화폐임금을 기준으로 이루어진다는 점 등에서 이러한 정의를 정당화할 수도 있다. 특히 4.3.3에서 보듯이, 신해석은 전형문제가 지닌 논리적 난점을 해소하는 성격도 지니고 있다. 이에 관해서는 다시 설명하기로 한다.

한편, 신해석에서 정의하는 노동력 가치는 노동소득분배율과 같아짐을 확인할 수 있다. 총노동시간을 L, 부가가치를 VA라 하면 다음의 관계가 성립하기 때문이다.[2)]

---

2) 다만 노동시간의 화폐표현을 계산할 때 분모에는 생산적 노동의 노동시간만 들어가므로, 엄밀하게 말하면 생산적 노동에 배분되는 노동소득의 분배율이다. 통상적으로 말하는 노동소득 안에는 비생산적 노동자에 대한 임금 지불액도 포함된다. 따라서 비생산적 노동이 차지하는 비중이 클수록 (4.5)로 계산한 비율과 통상적인 노동소득분배율 사이의 괴리는 커질 것이다. 실제로 한국의 경우 2000년대 초반 이후에 양자의 괴리가 커졌음을 실증적으로 확인할 수 있다(Rieu & Park, 2020: 293).

$$w^* = \frac{w}{m} = \frac{w}{\frac{VA}{L}} = \frac{wL}{VA} \tag{4.5}$$

(4.5)식에서 분자의 wL은 노동자들에게 지불되는 임금총액을 나타낸다. 따라서 노동력 가치는 0에서 1 사이의 값을 갖는다. 이 숫자는 노동력 한 단위를 한 시간이라 할 때 그 한 단위의 노동력 가치는 한 시간 미만이라는 의미로 해석할 수 있다. 이때 잉여가치율(e)은 다음과 같이 결정된다.

$$e = \frac{1 - w^*}{w^*} = \frac{1 - w/m}{w/m} \tag{4.6}$$

예를 들어, 시간당 임금이 10,000원이고 노동시간의 화폐 표현은 시간당 20,000원이라면, 노동력 가치는 10,000/20,000=0.5가 된다. 또한 (4.6)식으로부터 $e = (1 - 0.5)/0.5 = 1$이므로 잉여가치율은 100%임을 알 수 있다.

그런데 (4.6)식을 다음과 같이 변형할 수 있기 때문에, 신해석에서의 잉여가치율은 결국 이윤/임금 비율과 같아지게 된다.

$$e = \frac{1 - wL/VA}{wL/VA} = \frac{VA - wL}{wL} \tag{4.7}$$

만약 어느 경제의 노동소득분배율이 70%라면, 잉여가치율은 대체로 30/70=42.8퍼센트 정도라 예측해볼 수 있다. 다만 앞서 지적한 것처럼, 비생산적 노동이 받는 임금도 실은 생산적 노동의 잉여가치로부터 이전된 것이므로, 실제 잉여가치율은 이보다 훨씬 더 클 것이다. 그렇지만 경제 전체에서 비생산적 노동이 차지하는 비율에 큰 변화가 없다고 가정하면, 이 비율의 추세를 통해 잉여가치율의 추이를 짐작해볼 수는 있을 것이다.

■ **보론 4.1.** 노동시간의 화폐표현과 케인즈의 경제학

케인즈(John Maynard Keynes, 1883-1946)는 자신의 대표적 저서인 『고용, 이자, 화폐의 일반이론』(*The General Theory of Employment, Interest and Money*)에서 경제 전체의 산출량을 측정하는 척도로 노동량을 사용할 것을 제안한다. 즉, 고용량을 측정하는 단위를 노동단위(labor-unit), 노동 1단위에 대한 화폐임금을 임금단위(wage-unit)라 부른다(케인스, 2010[1936]: 60-61). 이러한 발상은 노동시간의 화폐표현 개념과 매우 유사한 것이다. 물론 뒤메닐이나 폴리 등의 경제학자가 케인즈의 영향을 받았기 때문이겠으나, 케인즈 자신도 노동가치론에 대해 꽤 우호적인 태도를 지니고 있었다. 다음의 인용문은 이를 잘 보여준다.

> 그러므로 나는 과거에 공예로 불리곤 했지만 이제는 기술로 불리는 것으로부터 도움을 받는 노동에 의해, 희소성 또는 풍부함에 따라 지대라는 비용을 물리거나 공짜로 사용할 수 있는 자연자원에 의해, 그리고 자산에 체현되어 있고 역시 희소성 또는 풍부함에 따라 가격이 매겨지는 과거 노동의 결과에 의해 모든 것이 생산된다는 고전파 이전의 이론에 공감한다. 노동이라는 것은 기업가들과 기업가를 보조하는 사람들의 개인적인 기여도 물론 포함하여 일정하게 주어진 기술, 자연자원, 자본설비, 유효수요의 환경 속에서 작동하는 유일한 생산요소라고 보는 것이 바람직하다. 이렇게 하면 왜 우리가 일반적으로 경제체계에서 필요로 하는 물리적 단위인 화폐단위와 시간단위를 두고 노동단위를 채택하게 되었는지가 부분적으로 설명된다(케인스, 2010[1936]: 262).

참고로 여기에서 "고전파 이전"(pre-Classical)은 케인즈 특유의 용어로서 통상적인 어법으로는 고전학파를 가리킨다. 한편 케인즈는 노동에 기업가의 개인적 기여를 포함한다는 점에서 마르크스적 노동가치론과는 다르다. ■

문제 4.1. 다음은 제2장의 사례 2.1이다. 밀 산업과 베이글 산업에서의 노동 생산성을 구하라. 단, 모든 노동은 동질적이라 가정한다.

> 네버랜드(Neverland)라는 나라에서는 밀과 베이글 두 종류의 재화만 생산한다. 밀 부문에서는 매년 20,000kg의 밀과 16,000명의 노동자를 투입하여 100,000kg의 밀을 생산한다. 베이글 부문에서는 밀 40,000kg과 4,000명의 노동자를 투입하여 베이글 120,000상자를 생산한다. 노동자 1인당 연간 노동시간은 1,000시간이다.

문제 4.2. Foley(1986: 21)는 상품에 1달러 만큼의 가치를 추가하는데 드는 사회적 노동의 평균량을 화폐의 가치(value of money)라 정의하였다. w는 시간당 임금이고, $\overline{m}$는 화폐의 가치라 하자. 이때 잉여가치율은 어떻게 나타낼 수 있을까?

4.2. 가치생산성

원래 생산성이라는 개념은 사용가치와 관련된 개념이다. 주어진 노동시간에 얼마만큼의 상품 물량을 만들어내는가를 측정하는 개념이라면, 결국 그 상품의 두 가지 특성 중에서 사용가치와 관련될 수밖에 없기 때문이다. 그런데 주어진 노동시간이 얼마만큼의 가치를 생산하는가를 나타내는 개념을 설정해볼 수도 있는데, 이를 가치생산성이라 부르기로 하자.[3] 이 절에서는 가치생산성에 관해 살펴보고자 한다.

---

[3] 가치생산성은 일반적으로 받아들여지는 개념은 아니다. 노동생산성은 사용가치를 생산하는 노동, 즉 구체적 노동에 관한 것인 반면, 가치는 추상노동에 관련된 개념이기 때문이다. 비데(2020: 54)는 노동강도는 추상노동의 지출에 관한 것이므로 노동생산성의 유사물(analogue)이라 주장하였다. 이러한 논리를 연장하여 가치생산성이라는 개념을 노동생산성의 유사물로 설정할 수 있을 것이다.

먼저 노동시간의 화폐표현의 분모는 경제 전체의 노동시간을 단순히 합한 것으로 되어 있다는 점에 주목하자. 물론 노동시간은 시계로 측정할 수 있다. 그렇지만 그렇게 측정된 노동시간이 가치의 실체인 추상적 노동 혹은 사회적 필요노동의 양을 의미하는 것은 아니다. 각 산업별 혹은 노동별로 노동의 숙련도와 강도가 제각기 다를 것이기 때문이다. 똑같은 시간을 노동하였다 하더라도 더욱 숙련된 노동이나 더욱 강도가 높은 노동은 그렇지 않은 노동에 비해 단위시간당 더 많은 가치를 생산한다. 예를 들어 숙련도가 두 배 더 높은 노동은 그렇지 않은 노동에 비해 똑같은 시간에 두 배 더 많은 가치를 생산하는 것이다. 따라서 두 종류의 노동 중에서 어느 하나를 기준으로 삼아 다른 하나를 동질적인 것으로 바꿔 줄 필요가 있다. 이를 복잡노동(complex labor) 혹은 숙련노동(skilled labor)의 단순노동(simple labor) 혹은 미숙련노동(unskilled labor)으로의 환원(reduction)이라고 한다. 숙련노동에도 서로 구별되는 두 가지 의미가 있음에 주의하여야 한다. 만약 동일한 구체노동을 수행하는 경우라면, 숙련노동과 미숙련노동은 일종의 평균값에 의해 환산할 수 있다. 이것은 이른바 정규화(normalization)의 문제인 것이다. 그런데 여기에서 말하는 복잡노동의 단순노동으로의 환원은 서로 이질적인, 서로 다른 구체노동 사이의 환원에 관한 문제를 포함하며, 이는 동질화(homogenization)의 문제이다.

복잡 · 숙련노동이 단순 · 미숙련노동으로 환산되는 비율은 물론 최종적으로는 노동시장에서의 수요와 공급에 의해 결정된다. 그렇지만 그 비율에 영향을 미치는 가장 본질적인 요인은 해당 숙련을 쌓는데 필요한 교육 및 훈련비용의 차이일 것이다. 이때 비용이란 노동가치론의 관점에서는 교육과 훈련에 필요한 노동의 양으로 정의되며, 거기에는 예를 들어 교사의 교육노동, 교육에 필요한 각종 자료의 생산에 사회적으로 필요한 노동 등이 포함된다. 그러나 현실적으로는 이러한 본질적 요인 못지않게 역사적 · 사회적 요인도 영향을 미치게 된다. 사농공상(士農工商)의 전통이 남아 있는 사회라면 육체노동보다 정신노동이 더 복잡한 노동으로 평가받는 것이 하나의 이데올로기로 작동할 수도 있다. 성적 차별이 강한 사회일수록 같은 노동을 하더라도 남성은 여성에 비해 더 높게 평가받을 것이다. 인종이나 젠더, 학력, 학벌 등의 차별요인은 현실적으로 강한 영향력을 미친다. 특정 직종의 노동을 행하는 이들이 집단을 형성하여 강력한 사회적 발언권을 갖는 경우, 아예 제도적으로 일종의 지대(rent)[4]를 보장받는 경우도 있을 것이다. 때로는 일종의 과시적 소비(conspicuous consumption)의 논리로 말미암아 기술적으로 필요한 정도를 초과하여 교육기간을 늘리기도 한다.[5]

이론상 직업선택의 자유가 있는 자본주의 경제에서 어떤 노동자가 특정한 숙련을 획득할 것인가 말 것인가는 상당 정도는 이른바 인적 자본(human capital)[6] 투자의 논리를 따르게 된다. 만약 재능과 의지는 있으나 오랜 기간의 교육과 훈련을 감당할 만한 금전적 능력이 없는 노동자가 적절한 이자율로 대출을 받을 수 있는 금융시장이 작동한다면, 숙련 획득은 교육훈련에 드는 투자와 그로 말미암은 수익 사이의 논리로 설명할 수 있을 것이다. 그렇지만 현실에서 신용에 대한 접근가능성은 계층별로 격차가 심하기 때문에, 인적 자본 수익률의 논리로만 숙련 형성을 설명하기는 불가능하다.

이제 교육훈련의 과정을 거쳐 높은 숙련을 갖추게 된 복잡노동력이 실제로 지출되는 과정, 즉 노동하는 과정에서 단순노동력에 비해 얼마나 더 많은 가치를 생산하게 되는가라는 문제를 생각해 보자. 이론적으로 두 가지

---

4) 지대이론에 관해서는 제8장 제3절에서 자세하게 다룬다. 일단 기회비용을 초과하는 수입 정도의 의미로 이해하면 좋을 것이다.

5) 과시적 소비는 경제학자 베블렌(Thorstein Veblen, 1857-1929)이 『유한계급론』(*The Theory of the Leisure Class*)이라는 저서에서 제시한 개념이다. 원래 소비의 목적은 소비대상 자체가 주는 유용함에 있는 것이지만, 과시적 소비의 경우에는 소비행위를 통해 타인이 부러워한다는 사실 자체가 소비의 목적이 된다.

6) 인적 자본은 정치경제학적으로는 매우 의심스러운 개념이다. 노동력 상품의 특수한 성격 때문에 노동자로부터 인적 자본만 분리해서 사고파는 것이 원천적으로 불가능하기 때문이다. 인적 자본이론은 생산수단을 소유하지 못한 채 노동력을 팔아서 생존해야 하는 노동자의 처지에 대해 가상의 자본 개념을 부여함으로써 계급적 차이를 희석시키는 보수적 이데올로기의 역할을 수행하는 것도 부인하기 어렵다.

경우를 생각해볼 수 있을 것이다. 하나는 복잡노동력은 단순노동력과 실제 단위시간당 노동지출에 있어서는 차이가 없다고 보는 것이고, 다른 하나는 단위시간당 노동지출 역시 복잡도에 비례해서 복잡노동력이 단순노동력보다 크다고 보는 것이다.

앞의 견해를 주장하는 대표적인 경제학자는 이토 마코토(伊藤誠)이다. 그는 복잡노동력의 가치는 교육 및 훈련에 의해 높아지지만, 노동력의 사용가치로서의 노동의 지출에 관해서는 기본적으로 인간노동능력의 발휘라는 측면에서 동등하며 동질적인 추상노동으로 간주되어야 한다고 주장한다(伊藤, 2018: 31). 이 경우 복잡노동력의 잉여가치율은 단순노동력의 그것보다 작아진다. 즉, 복잡노동력은 단순노동력에 비해 덜 착취당하는 것이다. 반면에 노동지출도 복잡도에 비례한다고 가정하면, 노동의 복잡도에 상관없이 모든 노동은 같은 비율로 착취당함을 보일 수 있다. 노동이동의 자유가 존재하는 자본주의 경제에서는 노동의 종류나 노동력이 고용되는 산업에 상관없이 잉여가치율이 균등화하는 경향을 갖는다. 만약 임금이나 노동조건이 가혹하다고 생각되면, 노동자는 상대적으로 사정이 좋은 업종이나 직종으로 옮아갈 것이기 때문이다. 설사 노동이동이 완전히 자유롭지 못하더라도 이미 3.2.4의 항쟁적 교환이론에서 살펴본 것처럼, 노동자들은 임금이 너무 낮다고 생각하면 노력 수준을 낮춤으로써 대응할 것이다. 잉여가치율이 균등화한다면, 임금에 의한 환원도 가능하다. 예를 들어 임금이 두 배 많으면, 복잡도 및 숙련도도 두 배 높은 노동으로 간주할 수 있는 것이다. 실제로 케인즈도 『고용, 이자 및 화폐의 일반이론』에서 똑같은 가정을 한 바 있다. 물론 잉여가치율의 균등화는 장기에나 가능한 일일 수도 있고, 앞서 지적한 여러 가지 사회적 요인으로 말미암아 실질적으로는 노동이동의 자유가 존재하지 않을 수도 있다. 그러므로 현실은 두 견해의 중간쯤에 위치하는 것으로 보인다. 다만 분석의 편의를 위해 잉여가치율 균등화 조건을 채택하는 것이 보통이다.

■ **보론 4.2. 복잡노동력과 단순노동력의 잉여가치율**

복잡노동력 i가 단순노동력 j에 비해 노동력 가치가 $k(>1)$배에 해당한다고 가정하자. 만약 복잡노동력이 한 시간 동안 생산하는 가치가 단순노동력의 그것과 같다면, 각 노동의 잉여가치율은 다음과 같다. 단, 편의상 신해석의 노동력 가치 정의에 따라 (4.6)식을 이용한다.

$$e_i = \frac{1-w_i^*}{w_i^*} = \frac{1-kw_j^*}{kw_j^*} = \frac{1}{kw_j^*} - 1, \quad e_j = \frac{1-w_j^*}{w_j^*} = \frac{1}{w_j^*} - 1$$

$$\therefore e_i < e_j$$

이 결과는 복잡노동력이 단순노동력에 비해 같은 시간에 더 많은 가치를 생산하더라도, 그 정도가 노동력 가치의 차이 만큼에 못 미치는 경우에도 그대로 성립한다. 즉, 복잡노동력이 한 시간 동안 $\alpha(>1)$시간의 가치를 생산하지만 $\alpha < k$, 즉 $\alpha / k < 1$이라고 하자. 이때 두 노동력의 잉여가치율은 다음과 같다.

$$e_i = \frac{\alpha - w_i^*}{w_i^*} = \frac{\alpha - kw_j^*}{kw_j^*} = \frac{\alpha}{k}\frac{1}{w_j^*} - 1 < e_j = \frac{1}{w_j^*} - 1$$

한편 노동력의 유형에 무관하게 잉여가치율이 균등하다면, 임금의 크기에 비례해서 더 많은 가치를 생산하는 것으로 간주할 수 있다. 복잡노동력의 임금이 단순노동력 임금의 $k(>1)$배이고($w_i = kw_j$), 단위시간당 생산하는 가치는 $\alpha(>1)$배라 하자. 두 노동력의 잉여가치율이 같다면($e_i = e_j$), 다음의 관계로부터 $\alpha/k = 1$이어야 함을 알 수 있다.

$$e_i = \frac{\alpha - w_i^*}{w_i^*} = \frac{\alpha - \frac{w_i}{m}}{\frac{w_i}{m}} = \frac{\alpha - \frac{kw_j}{m}}{\frac{kw_j}{m}} = \frac{\alpha}{\frac{kw_j}{m}} - 1 = \frac{\alpha}{kw_j^*} - 1 = \frac{\alpha}{k}(1+e_j) - 1$$

$$\therefore e_i = e_j \Leftrightarrow \frac{\alpha}{k} = 1$$

즉, 복잡노동력은 임금의 크기에 비례해서 더 많은 가치를 생산한다. ■

이제 가치생산성과 관련된 또 다른 요인인 노동강도에 관해 살펴보자.

먼저 모든 산업에서 동시에 같은 정도로 노동강도가 강화되는 경우를 생각해 보자. 예를 들어 심한 경기침체로 말미암아 노동시장 사정이 노동자들에게 극도로 불리해지는 상황에서 이러한 일이 일어날 수 있다. 혹은 경제 전반에 걸쳐 자동화 기술이 도입되면서 노동강도가 일률적으로 강화될 수도 있다. 그런데 이 경우 모든 산업에서 새로운 노동강도가 표준으로 자리잡기 때문에 경제 전체의 가치생산량에는 변화가 없다. 예를 들어 1시간에 책상 1개를 만들다가 노동강도가 강화되어 2개를 만들게 되었다면, 사용가치량은 두 배로 늘어났지만 가치량은 변하지 않는다. 대신 책상 하나의 가치는 절반으로 줄어들 것이다. 만약 책상의 가격도 가치에 비례하여 절반으로 떨어진다면, 부가가치 생산액도 일정할 것이다. 이 경우, (4.2)식에서 시계로 측정한 시간인 분모도 불변이고, 분자의 부가가치 생산액도 불변이므로, 노동시간의 화폐표현도 그대로이다. 즉, 가치생산성에는 아무런 변화가 없다.

다음으로 특정 산업에서만 노동강도가 증가하는 경우를 생각해보자. 예를 들어 컴퓨터 제조업에서만 노동강도가 두 배로 증가하여 컴퓨터의 생산량이 두 배로 늘어났다고 하자. 만약 노동강도를 감안한 유효노동(effective labor)의 양으로 계산하면, 컴퓨터 한 단위 당 노동시간에는 변화가 없다.[7] 그러나 컴퓨터 제조업에서 생산한 총가치량은 두 배로 증가할 것이다. 그런

---

7) 노동시간을 l_i, 노동강도를 나타내는 계수를 ϵ라 하면, 유효노동의 양은 ϵl_i이다. 그런데 노동강도가 $\epsilon = 1$에서 $k(>1)$로 강화됨으로써 상품의 생산량이 k배 증가하였다면, 상품 한 단위 당 유효노동시간은 불변이다.

데 이 경우에도 (4.2)식의 분모, 즉 시계로 측정한 노동시간에는 변화가 없다. 그러나 컴퓨터 제조업의 가치생산량은 증가하였기 때문에, 만약 컴퓨터 가격이 가치를 그대로 반영한다면 (4.2)식의 분자는 증가할 것이다. 따라서 노동시간의 화폐표현은 증가한다. 그 결과 노동강도가 강화된 산업의 가치생산성은 증가하고, 다른 모든 산업의 가치생산성은 감소한다.

노동의 복잡도에 관해서도 마찬가지 논리를 적용해보면, 모든 산업에서 동시에 노동의 복잡도가 증가하는 경우라면 가치생산성에 변화가 없지만, 특정 산업에서만 노동복잡도가 증가하면 해당 산업의 가치생산성이 증가하고 다른 모든 산업의 가치생산성은 감소할 것이라 예측해볼 수 있다. 이와 같은 복잡한 문제를 제거하는 방법은 산업별로 복잡노동과 단순노동의 구성 비율이 비슷하다고 가정하는 것이다(Foley, 2005: 41). 현실에서 과연 그러할 것인가는 의문의 여지가 있지만, 일단 분석의 편의를 위한 단순화 가정으로 받아들여도 좋을 것이다.

■ **보론 4.3.** 신해석과 마르크스의 기본정리

신해석의 노동력 가치 정의를 채택하면, 마르크스의 기본정리는 다음과 같이 증명된다.

경제 전체의 잉여가치(S)는 총노동시간에서 노동력 가치를 뺀 것이므로 $L - w^* L$이다. 이를 (4.2)와 (4.5)식을 이용하여 정리하면 다음과 같다. 단, P는 경제 전체의 이윤을 나타낸다.

$$S = L - w^* L = \frac{VA}{m} - \frac{w}{m} L = \frac{VA - wL}{m} = \frac{P}{m}$$

$$\therefore mS = P$$

즉, 잉여가치를 노동시간의 화폐표현을 매개로 차원만 바꿔주면 이윤과 같음을 알 수 있다. 따라서 $m > 0$일 때, 잉여가치가 플러스인 것과 이윤이 플러

스인 것은 같은 조건이다. ■

문제 4.3. 모든 산업에서 동시에 노동강도가 두 배 강화되었다고 하자. 이때 경제 전체의 가치생산량, 사용가치생산량 및 상품의 단위가치는 어떻게 변화하는가?

문제 4.4. 다음은 케인즈의 『고용, 이자, 화폐의 일반이론』으로부터의 인용문이다. 이러한 주장에 따라, 마르크스 경제학적 의미에서 복잡(숙련)노동의 단순(미숙련)노동으로의 환원을 한다면, 어떤 문제가 발생하는가?

> 노동의 공급에 대해 이처럼 동질성을 가정하는 것은, 노동자별로 전문화된 기술과 상이한 직업들에 대한 적성에 커다란 차이가 있다는 명백한 사실에 의해서도 교란되지 않는다. 노동자들에 지급되는 보수가 그들의 효율성에 비례한다고 보면, 그러한 차이는 곧 개별노동자는 지급받는 보수에 비례하여 노동을 공급하는 데 기여한다고 간주하는 것으로써 다뤄질 수 있기 때문이다.

4.3. 가치의 생산가격으로의 전형

추상노동 혹은 사회적 필요노동의 양에 의해 정의되는 가치는 가격의 본질적 실체이다. 그런데 마르크스의 기본정리에서 살펴보았듯이, 자본주의 사회를 살아가는 경제주체들은 직접 눈에 보이는 가격을 기준으로 삼아 의사결정을 한다. 따라서 가치와 가격 사이에 어떤 관계가 존재하는지 살펴보아야 한다. 먼저 우리가 매일 시장에서 관측하는 가격, 즉 시장가격은 반드시 균형가격은 아니라는 점에 주목할 필요가 있다. 각 상품에 대한 수요와 공급이 일치하지 않는 경우도 많이 있기 때문이다. 가격이론에서 균형을 정의하는 방법은 여러 가지가 있겠으나, 자본의 관점에서 볼 때 장기적으로는 동일한 크기의 자본투자에 관해서는 얻는 이윤도 같아야 한다는 것을 중요한 균형조건으로 제시할 수 있다. 예를 들어 산업A에서 얻는 이윤율이 산업B의 이윤율보다 체계적으로 크다면, 시간이 지남에 따라 산업B에 속해 있던 자본은 산업A로 빠져 나갈 것이다. 주식회사제도가 일반화한 현대 자본주의에서는 자본의 물리적 이동이 일어나기도 전에 주식가격부터 변동할 것이다. 그러므로 장기(long-run)에는 산업들 사이에 이윤율이 같아질 것이라 예측할 수 있다. 이렇게 산업 간에 이윤율 균등화를 가져다주는 가격을 생산가격(price of production)이라고 한다. 이 책의 기호를 이용하여 생산가격 결정식을 써보면 다음과 같다.

$$\boldsymbol{p} = (1+r)(\boldsymbol{pA} + w\boldsymbol{l}) \qquad (4.8)^{8)}$$

(4.8)은 일반적인 n부문 모형에서 이윤율이 균등화한 상태를 묘사하고 있다. 이윤율이 n개 존재하는 것이 아니라 r이라는 하나의 스칼라로 결정되기 때문이다. 노동자의 저축이 0이라는 가정을 받아들인 상태에서 임금을 임금재 묶음 $\boldsymbol{b}$에 대한 지출로 바꿔 쓴 다음 정리하면 생산가격은 다음과 같다.

$$\boldsymbol{p} = (1+r)(\boldsymbol{pA} + w\boldsymbol{l}) = (1+r)(\boldsymbol{pA} + \boldsymbol{pbl}) = (1+r)\boldsymbol{p}(\boldsymbol{A} + \boldsymbol{bl}) = (1+r)\boldsymbol{pA}^{*} \qquad (4.9)$$

---

8) 이 식은 임금 선불을 가정하고 있다. 즉, 생산수단에 대한 투자뿐만 아니라 임금 지불액에 대해서도 이윤율이 곱해지고 있다. 마르크스 경제학에서는 노동자에 대한 임금 지불도 투하자본의 일부로 보기 때문이다. 만약 임금 후불을 가정한다면, $\boldsymbol{p} = (1+r)\boldsymbol{pA} + w\boldsymbol{l}$이 될 것이다. 이 경우 이윤율은 생산수단에 대한 투자액에만 곱해진다.

(4.9)식으로부터 균등이윤율 r은 확장된 투입계수행렬 $\boldsymbol{A}^*$의 최대특성근과 밀접한 관계가 있음을 알 수 있다. 즉, 최대특성근은 $1/(1+r)$이다. 그러므로 행렬 $\boldsymbol{A}^*$가 주어지면 이윤율과 상대가격을 구할 수 있는 것이다. 임금률 w가 주어질 때 (4.9)식은 n개의 가격과 이윤율, 즉 n+1개의 미지수에 관한 n개의 식으로 이루어지는 연립방정식 체계이다. 즉, 식의 개수보다 미지수의 개수가 하나 더 많기 때문에 유일한 절대가격체계는 구할 수 없다. 상품 중의 하나의 가격, 예를 들어 p_1을 1이라 놓고 상대가격을 구할 수 있을 뿐이다. 이때 기준이 되는 상품(이 예에서는 상품1)을 뉴메레르(numéraire)라고 한다.

이렇게 생산의 사회적·기술적 조건을 나타내는 확장된 투입계수가 주어지면 상대가격과 이윤율이 동시에 결정되기 때문에, 노동가치라는 개념은 무슨 역할을 하는 것인가라는 의문이 제기된다. 사실 이 질문은 마르크스가 이미 『자본론』 제3권에서 예견하고 나름대로의 해결책을 제시한 것이었다. 그러나 『자본론』 제3권은 마르크스 사후에 원고를 정리하여 출판한 것이므로 마르크스의 최종적 생각을 반영하는 것이 아닐 뿐더러, 원고에 남아 있는 해결책이 논리적으로 오류가 있다는 것이 이미 20세기 초반에 보르트키비츠(Ladislaus von Bortkiewicz, 1868-1931)[9]에 의해 지적되었다. 이로 말미암아 오랜 시간에 걸친 논쟁이 촉발되었다. 마르크스는 가치가 생산가격으로 전형(transformation)된다고 주장하였기 때문에 이를 전형논쟁이라고 부른다.

생산가격은 자본가가 사업의 성패를 판단하는 중요한 기준이 된다. 가치는 눈에 보이지 않는 것이므로 경제 주체의 일상적인 의사결정은 가격에 의거할 수밖에 없기 때문이다. 자본가는 자신이 투자한 자본을 비용으로 보고 그에 대한 이윤의 비율, 즉 이윤율을 극대화하고자 한다. 자본가와 경영자가 분리된 현대자본주의의 기업에서는 이른바 본인-대리인(principal-agent) 문

---

9) 보르트키비츠는 러시아 출신의 통계학자 및 경제학자로서 베를린대학교에서 레온티에프의 지도교수였다. 그는 왈라스의 영향을 강하게 받은 경제학자이기도 했다. 이로부터 레온티에프의 투입산출분석이 마르크스적 기원과 왈라스적 기원을 동시에 갖는다는 것을 짐작할 수 있다.

제가 발생하는데, 본인인 자본가(대주주)는 이윤율을 경영자의 성과를 파악하는 지표로 삼을 수 있다.

4.3.1. 마르크스의 전형과정

먼저 마르크스의 전형과정을 간단한 숫자 예를 이용하여 살펴보도록 하자. 〈표 4.1〉과 같이 세 개의 산업으로 이루어진 경제를 가정하자. 〈표 4.1〉의 세 산업에서는 똑같이 10,000시간의 가치에 해당하는 자본이 투자되었지만 불변자본과 가변자본의 구성 비율이 서로 다르다. 즉 생산수단과 노동력의 비율이 서로 다른 것이다.[10] 산업I은 기계화가 가장 진전된 산업이라 할 수 있고 반대로 산업III은 가장 노동집약적인 산업이라 할 수 있다. 표에서는 세 산업의 잉여가치율은 100%로 균등한 것으로 가정되었다. 앞서 지적하였듯이, 노동이동이 자유로운 상태에서 노동자들은 상대적으로 임금 및 노동조건이 양호한 쪽으로 옮아갈 것이기 때문이다. 따라서 각 산업에서는 가변자본(V)의 크기에 비례하는 잉여가치가 생산된다. 이제 각 산업에서 생산한 생산물의 가치는 $C+V+S$로 계산된다. 만약 생산물의 가격이 가치에 비례한다면, 그리고 편의상 1시간=10,000원이라 가정한다면, 각 산업의 생산물의 가격은 1.2억 원, 1.3억 원 및 1.4억 원이 될 것이다. 그런데 이 경우에는 세 산업이 얻는 이윤율이 모두 달라진다. 즉 이윤율은 투하자본 가치에 대한 잉여가치의 비율, $S/(C+V)$로 정의되므로, 각 산업의 이윤율은 20%, 30% 및 40%가 되는 것이다. 표에서는 이렇게 계산된 이윤율을 가치이윤율이라 부르고 있는데, 가격이 가치에 비례한다고 가정했을 때의 이윤율이라는 의미에서이다. 이 상태는 당연히 그대로 유지될 수 없다. 예를 들어 산업I에서 활동하던 자본가는 다른 산업의 이윤율이 더 높은 것을 알고 나면, 진입장벽이 없는 한 자본을 그 산업으로 이동하려 할 것

10) C/V를 자본의 구성이라 하는데, 이에 관해서는 제5장 제1절에서 자세히 살펴볼 것이다.

이기 때문이다. 이러한 자본이동은 세 산업의 이윤율이 같아질 때 비로소 멈출 것이다, 즉 이윤율 균등화조건이 충족될 때 경제는 장기균형 상태에 놓이게 된다. 평균이윤율은 경제 전체의 잉여가치를 경제 전체의 투하자본가치로 나눈 값, 즉 $\Sigma S/(\Sigma C+\Sigma V)$이므로 9,000/30,000=30%가 된다. 따라서 장기균형 상태에서 각 산업은 투하자본 가치의 30%씩을 이윤으로 분배받게 될 것이다. 이때 성립하는 가격이 바로 생산가격이다. 표에서는 각 산업의 투하자본가치가 동일하기 때문에 생산가격도 13,000으로 같아진다. 즉 생산물의 가치는 산업간 이윤율 균등화과정을 거쳐 생산가격으로 형태가 바뀐 것(즉 전형)이다. 전형과정의 본질은 자본 간 경쟁을 통해 잉여가치가 그 생산의 원리와는 다른 원리에 의해 배분된다는 데에 있다. 마르크스가 말하는 경쟁의 외적 강제를 통해 각 자본은 의식하지 못하는 사이에 가치체계와는 다른 생산가격체계로 옮아가는 것이다. 물론 개별 자본가의 의식 속에서는 투하자본의 크기에 비례한 이윤획득이라는 원칙만 작동하고 있다.

〈표 4.1〉 가치의 생산가격으로의 전형: 마르크스

산업	C	V	S	생산물 가치	가치 이윤율	배분된 잉여가치	생산물의 생산가격
I	8,000	2,000	2,000	12,000	20%	3,000	13,000
II	7,000	3,000	3,000	13,000	30%	3,000	13,000
III	6,000	4,000	4,000	14,000	40%	3,000	13,000
합계	21,000	9,000	**9,000**	39,000	30%	**9,000**	39,000

가치의 생산가격으로의 전형과정에 대한 설명에서 알 수 있는 것처럼, 개별 상품의 생산가격은 가치를 중심으로 움직이지 않는다. 마르크스는 그럼에도 불구하고, ① 총가치=총생산가격, ② 총잉여가치=총이윤이 성립하므로 집계적으로는 가치가 생산가격을 규제한다고 주장하였다. 이를 두 가지

총계일치의 명제라고 부른다. 〈표 4.1〉에서 ①은 밑줄 친 두 숫자가 같다는 것, 그리고 ②는 굵은 활자로 된 두 숫자가 같다는 것을 의미한다. 아울러 ①과 ②로부터 개별 상품의 가치와 생산가격 사이에도 일정한 양적 관계가 성립함을 확인할 수 있다. 즉, 사회 전체의 평균적인 자본구성($\Sigma C/\Sigma V$=21,000/9,000)보다 큰 자본구성을 갖는 산업I에서는 생산가격이 가치보다 커진다. 반대로 산업III의 자본구성은 6,000/4,000으로 경제 전체의 평균보다 작기 때문에 생산가격이 가치보다 작다. 산업II는 우연히도 자본구성이 경제 전체의 평균과 같은 7,000/3,000이기 때문에, 가치와 생산가격이 같아진다. 〈표 4.1〉은 물론 3부문 모형의 숫자 예에 지나지 않지만 이러한 결과는 일반적인 경우에도 성립함을 보일 수 있다. 결국 개별 상품의 생산가격은 가치로부터 완전히 독립하여 제멋대로 움직이는 것은 아닌 셈이다. 그러므로 상품의 시장가격은 장기균형인 생산가격을 중심으로 움직이고 생산가격은 가치와 체계적인 관련을 맺고 있다는 의미에서, 노동가치 개념은 궁극적으로 시장가격의 변동을 설명할 수 있게 되는 것이다.

〈그림 4.1〉은 시장가격과 생산가격의 관계를 보여준다. 그림에서 시장가격(p)은 시간에 따라 끊임없이 변동하지만 장기적으로는 균형가격인 생산가격(p*)으로부터 크게 벗어나지 못하고 일정한 범위 안에 머물게 된다. 애덤 스미스(Adam Smith, 1723-1790)는 1776년에 출간된 『국부론』에서 이러한 균형가격을 자연가격(natural price)이라 불렀다. 마르크스의 생산가격은 스미스의 자연가격과 유사한 장기균형가격이지만, 가치와 직접적이고 개별적인 관계를 맺는 것이 아니라 두 가지 총계일치 명제로 요약되는 체계적 관련을 지닌다고 보았던 것이다.

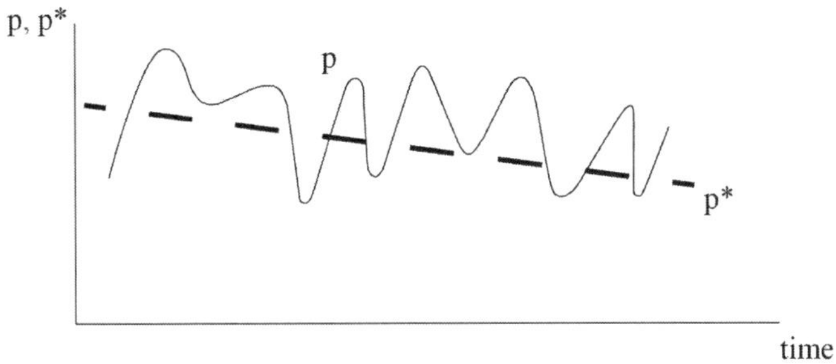

〈그림 4.1〉 시장가격과 생산가격

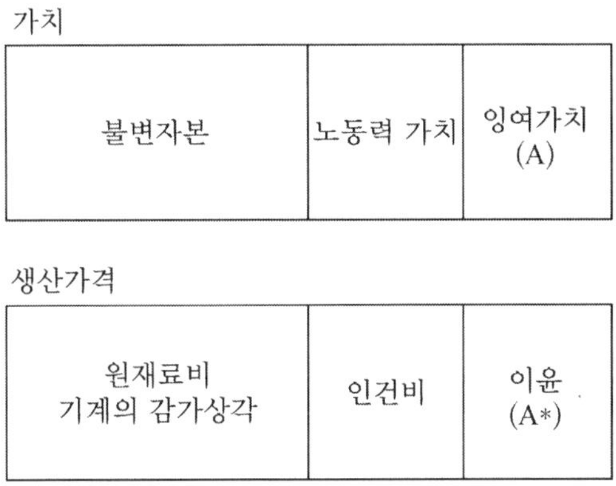

〈그림 4.2〉 두 가지 총계일치의 명제

한편, 두 가지 총계일치의 명제를 〈그림 4.2〉와 같이 나타낼 수 있다. 즉, 경제 전체에서 생산된 상품은 가치를 기준으로 할 때 세 가지 부분, 즉 불변자본, 노동력 가치(가변자본) 및 잉여가치로 나눌 수 있다. 이는 가격의 차원에서는 각각 원재료비와 기계나 건물 등의 감가상각분, 인건비 및 이윤에 대응된다. 비록 개별 상품에서는 이들 세 부분이 서로 비례하는 크기를 갖는 것이 아니지만, 거시경제 전체로 보면 가치의 합계(위의 사각형)와 생산가격의 합계(아래 사각형)는 차원만 적절하게 바꿔주면 같은 크기가 된다. 이것이 총계일치 명제 ①이다. 다음 잉여가치에 해당하는 부분(A)과 이윤에 해당하는 부분(A*)도 마찬가지로 같아진다. 이것이 총계일치 명제 ②이다. 그런데 〈표 4.1〉의 숫자 예가 말해주는 것은 그림의 가치 사각형과 생산가격 사각형의 세 가지 구성부분이 모두 서로 같다는 것이다. 불변자본과 가변자본 부분의 크기에는 아무런 변화가 없었기 때문이다. 이것이 바로 전형문제의 빌미가 된다.

문제 4.5. 다음의 서술을 비판해 보라.

> 가치는 노동시간으로 측정되며 가격은 화폐단위로 측정된다. 따라서 총가치와 총생산가격이 같아야 한다는 마르크스의 주장은 논리적으로 틀린 말이다.

문제 4.6. 다음과 같이 세 부문으로 이루어진 경제가 있다.

부문	불변자본	가변자본	잉여가치
I	80	20	20
II	70	30	30
III	60	40	40

(1) 마르크스의 전형과정에 따를 때, 평균이윤율과 생산가격을 구하라.

(2) I부문이 독점일 때, II부문과 III부문의 장기균형가격은 각각 얼마가 될까?

4.3.2. 보르트키비츠의 비판과 전형논쟁

보르트키비츠는 마르크스의 전형과정이 지닌 논리적 문제점을 최초로 지적한 인물이었다. 그는 개별 상품의 가치와 생산가격이 서로 체계적으로 괴리되는 것이 핵심인 마르크스의 전형 절차에서 불변자본과 가변자본 부분은 왜 전형시키지 않는가라는 의문을 제기하였다. 각 산업의 자본가는 시장에서 생산수단과 노동력을 구입할 것이다. 그때 지불하는 가격은 당연히 시장가격이며, 그것은 장기균형인 생산가격을 중심으로 변동할 것이다. 그렇다면, 각 산업의 생산에 투하되는 생산수단과 노동력, 즉 불변자본과 가변자본도 그 가치대로가 아니라 생산가격대로 계산해 주어야 할 것이었다. 사실 마르크스도 이 문제를 인식하고 있었고『자본론』제3권에도 당장에는 다룰 수 없으므로 1차적 근사(first approximation)만 제시한다는 서술을 남겨 두었다.[11] 보르트키비츠는 바로 이 1차적 근사를 넘어 논리적 완결을 추구할 때, 마르크스의 두 가지 총계일치 명제가 동시에 성립하지 않게 된다는 점을 보였다. 이것이 이른바 전형논쟁의 발단이다. 전형논쟁은 오랜 기간에 걸쳐 다양한 학파에 속하는 경제학자들 사이에 이루어졌으며, 1970년대에는 주류경제학의 거장인 새뮤얼슨까지 참가하였다. 여기에서는 먼저 보르트키비츠의 발상을 〈표 4.1〉의 숫자 예를 통해 설명한 다음, 그것을 일반화한 수학적 논리를 다루고자 한다.

보르트키비츠는 편의상 산업I을 생산재, 산업II는 임금재, 그리고 산업III은 사치재를 생산하는 산업이라 가정하였다. 임금재는 노동자계급이 소비하는 재화이고, 사치재는 자본가계급이 소비하는 재화이다.[12] 보르트키비

---

11) "상품의 생산가격은 그 가치와 다를 수 있으므로, 어느 상품의 비용가격 중에 다른 상품들의 생산가격이 포함되어 있는 경우에는, 이 비용가격은 거기에 들어가는 생산수단의 가치로 구성되는 크기보다 클 수도 있고 작을 수도 있다. 그러므로 비용가격의 이런 수정의 의의를 잊어서는 안 되며, 또한 상품의 비용가격을 그 상품의 생산에 소비된 생산수단의 가치와 동일하다고 생각하는 경우에는 언제나 오류를 범할 수 있다는 것을 명심해야 한다. 우리의 당면 연구에서는 이 점을 더욱 깊이 파고들 필요가 없다"(마르크스, 2015, III(상): 204-205). 마르크스는 〈표 4.1〉에서 $C+V$를 비용가격(Kostpreis; cost price)이라 불렀다. "가치"가 아니라 "가격"이라는 용어를 사용하는 것은 마르크스 자신도 그것이 자본가의 입장에서 생산요소의 구매비용을 가리키는 것임을 분명히 인식하고 있었기 때문일 것이다.

12) 사치재(luxury goods)는 얼핏 비과학적 개념으로 들리지만, 소비패턴의 계급적 차이를 강조하는 경제학적 전통에서는 어디까지나 객관적으로 정의 가능한 개념이다. 구체적으로 고전학파와 마르크스는 물론 포스트 케인즈주의 경제학이 이러한 전통에 속한다. 사실 소비의 계급적 패턴을 인정하게 되면, 학부 수준의 미시경제학 교과서에서처럼 대표적 개인의 효용극대화를 중심

츠는 생산가격의 가치에 대한 비율을 괴리율(deviation ratio)이라 불렀다. 괴리율은 생산가격이 가치로부터 얼마나 벗어나는가를 나타낸다. 만약 괴리율이 1이라면, 생산가격과 가치가 같다는 것을 의미한다. 이제 편의상 각 산업의 괴리율을 x, y, z라 하자.13) 마르크스의 전형과정을 논리적으로 완결하기 위해서는 각 산업의 불변자본 및 가변자본 부분에도 각각 괴리율 x, y를 곱해 주어야 할 것이다. 따라서 전형과정을 완결하는 방정식은 다음과 같이 된다.

$$(8{,}000x + 2{,}000y)(1 + r) = 12{,}000x \tag{4.10}$$

$$(7{,}000x + 3{,}000y)(1 + r) = 13{,}000y \tag{4.11}$$

$$(6{,}000x + 4{,}000y)(1 + r) = 14{,}000z \tag{4.12}$$

세 식을 구성하는 원리는 동일하므로 여기에서는 (4.10)식만 설명해 보자. 산업I에서는 8,000시간에 해당하는 불변자본과 2,000시간의 가변자본을 생산에 투자한다. 그런데 불변자본은 생산재이므로 8,000(시간)×x(원/시간)=8,000x(원)의 가격을 주고 구입하였을 것이다. 혹은 생산재 산업 내부의 생산물이라 하더라도 가격으로 계산되어야 한다. 마찬가지로 가변자본은 노동자에게 임금으로 지불하였을 것이고, 노동자들은 그 임금으로 임금재를 구입할 때 가치가 아닌 가격에 따라 지불할 것이므로 2,000(시간)×y(원/시간)=2,000y(원)으로 계산되어야 한다. 이렇게 계산된 투하자본의 가격 합계 8,000x+2,000y에다 1+이윤율(r)을 곱해 준 것이 생산물의 생산가격이다. 이는 생산물의 가치인 12,000시간에 생산재의 괴리율 x를 곱한

으로 설명하는 소비자 이론의 상당 부분이 수정되어야 한다. 이른바 하이엔드 시장(high-end market)의 소비자는 로우엔드 시장(low-end market)의 상품가격 변화에는 별다른 의미를 두지 않을 것이며 영향도 받지 않을 것이다.

13) 〈표 4.1〉의 결과를 보면, x=13,000/12,000〉1, y=13,000/13,000=1, z=13,000/14,000〈1임을 알 수 있다.

것과 같아야 한다. 이상이 바로 (4.10)식의 경제적 의미이다. 이와 똑같은 방식으로 임금재에 관해서는 (4.11)식, 사치재에 관해서는 (4.12)식이 성립하여야 한다. 사치재는 자신을 포함하여 어떤 상품의 생산에도 투입물로 이용되지 않으며 노동자의 소비대상도 아니기 때문에, 그 괴리율 z는 오직 (4.12)식의 우변에만 들어가 있음에 유의하자.

그런데 이에 덧붙여 두 가지 총계일치의 명제가 성립하여야 하므로, 다음과 같은 두 개의 식이 추가되어야 한다.

$$39{,}000 = 12{,}000x + 13{,}000y + 14{,}000z \tag{4.13}$$

$$9{,}000 = (21{,}000x + 9{,}000y)r \tag{4.14}$$

(4.13)식의 우변은 생산재, 임금재 및 사치재의 생산가격을 더한 것이므로 총생산가격을 나타내며, 좌변은 총가치를 나타낸다. 즉, (4.13)식은 총계일치의 명제 ①이다. 한편, (4.14)식의 우변은 경제 전체의 불변자본과 가변자본 투자를 생산가격으로 계산한 것에 이윤율을 곱한 것이므로 총이윤을 나타내며, 좌변은 총잉여가치를 나타낸다. 따라서 (4.14)식은 총계일치의 명제 ②이다.

이제 마르크스의 전형과정이 논리정합성을 갖추기 위해서는 (4.10)-(4.14)의 방정식 체계가 경제적으로 유의미한 유일한 해를 가져야 한다. 그런데 이 연립방정식체계는 식이 다섯 개이고 미지수가 네 개(x, y, z, r)이기 때문에 과잉결정(overdetermination)된 상태로서 해가 존재하지 않는다. 이는 총계일치의 명제 중 하나가 포기되어야 함을 의미한다. 그러나, (4.13)식, 즉 명제 ①을 포기하면 가치가 집계적으로 생산가격을 규제한다는 주장을 할 수 없게 되며, (4.14)식, 즉 명제 ②를 포기하면 이윤의 원천이 잉여가치라는 주장을 할 수 없게 된다. 이로부터 보르트키비츠는 마르크스의 전형과정이 논리적 오류를 지니고 있음을 주장하였다. 물론 마르크스 경제학자들은 이러한 비판에 대응하기 위해 노력하였으며, 그 성과 중의 하나가 바로 마르크스의 기본정리라 할 수 있다. 마르크스의 기본정리는 플러스의 이윤과 플러스의 잉여가치가 필요충분조건 관계에 있음을 보였는데, 그것은 총계일치 명제 ②가 성립하지 않더라도 이윤의 원천이 잉여가치에 있음을 논증하는 것이기 때문이다.

■ 보론 4.4. n부문 모형에서의 전형문제

이제 일반적인 n부문 모형을 이용하여 전형문제를 확인해 보자.

먼저 가치결정식 (3.22)와 생산가격 결정식 (4.8)로부터 출발하자.

$$v = vA + l = vA + vbl + (1 - vb)l \tag{3.22}$$

$$p = (1+r)(pA + wl) \tag{4.8}$$

마르크스의 전형과정을 위의 두 식을 이용하여 일반적으로 표현하면 다음과 같다. 단, x는 경제 전체의 총생산량을 나타내는 열벡터이다.

$$p = (1+r)(vA + vbl) = (1+r)v(A + bl) \tag{4.15}$$

$$r = \frac{(l - vbl)x}{v(A + bl)x} \tag{4.16}$$

(4.15)식은 불변자본의 가치(vA)와 가변자본의 가치(vbl)에 1+이윤율을 곱함으로써 생산가격이 결정된다는 것을 나타낸다. 이때 이윤율은 (4.16)식에서 결정된다. 즉, 분모에는 경제 전체의 불변자본 및 가변자본의 가치, 분자에는 총노동(lx)에서 경제 전체의 가변자본의 가치를 뺀 값, 즉 총잉여가치가 계산되고 있다.

이제 (3.22)식과 (4.8)식을 활용하면서, 총계일치의 명제 ①과 ②를 나타내면 각각 다음과 같다.

$$px = vx$$

$$\therefore (1+r)p(A+bl)x = (vA+l)x \quad (4.17)$$

$$rp(A+bl)x = (l-vbl)x \quad (4.18)$$

(4.17)식과 (4.18)식이 동시에 성립할 때 비로소 마르크스의 전형과정이 논리적으로 완결된다. 두 식이 동시에 성립한다고 가정하고, (4.18)식을 (4.17)식에 대입해 보자.

$$(1+r)p(A+bl)x = p(A+bl)x + rp(A+bl)x = p(A+bl)x + (l-vbl)x$$

$$= (vA+l)x$$

$$\therefore (p-v)(A+bl)x = 0 \quad (4.19)$$

$x > 0$임을 감안할 때, (4.19)식이 성립하려면 확장된 투입계수행렬 $A^* \equiv A+bl$가 매우 특수한 구조를 가짐으로써 좌변의 값이 우연히 0이 되는 수밖에 없다. 물론 (4.19)식이 성립하는 가장 손쉬운 방법은 $p = v$가 되는 것, 즉 모든 상품의 가격과 가치가 같아지는 것이지만 그것은 이미 가치가 생산가격으로 전형된다는 문제의식 자체와 맞지 않는 특수한 경우이다. 요컨대 (4.19)식은 일반적으로는 성립하지 않는 것이다.

참고로 어떤 경우에 $p = v$가 되는지를 확인해 보자(山崎. 2019: 67-9).

(3.22)식과 (4.8)식을 약간 변형하여 다음과 같이 쓸 수 있다. 단, s와 π는 각각 잉여가치와 이윤을 나타내는 n차원 행벡터이다.

$$s = v - v(A+bl)$$

$$\therefore v = s[I-(A+bl)]^{-1} \quad (4.20)$$

$$\pi = p - p(A+bl)$$

$$\therefore p = \pi[I-(A+bl)]^{-1} \quad (4.21)$$

$p = v$라면, (4.20)식과 (4.21)식의 우변을 서로 같다고 놓을 수 있다. 즉,

$$(s-\pi)[I-(A+bl)]^{-1}=0 \tag{4.22}$$

이는 동차선형방정식체계(homogeneous system of linear equations)이며 $[I-(A+bl)]^{-1}$은 역행렬을 갖는 비특이행렬(non-singular matrix)이므로, 유일해 $s-\pi=0$을 갖는다(Chiang & Wainwright. 2010: 110). (4.22)식의 양변의 오른쪽에 $[I-(A+bl)]$을 곱해 주면 이를 확인할 수 있다.

결국 (4.22)식은 모든 상품의 가치와 생산가격이 같기 위해서는 $s=\pi$, 즉 모든 산업에서 잉여가치와 이윤이 서로 같아야 함을 의미한다.[14] 이제 i번째 산업의 잉여가치와 이윤을 풀어쓴 다음 서로 같다고 놓으면 (4.23)식을 얻는다. 여기에서 e는 잉여가치율이고 아래 첨자 i는 벡터의 i번째 원소 및 행렬의 i번째 행을 의미한다.

$$evbl_i = rp(A_i + bl_i) \tag{4.23}$$

$p = v$임을 활용하여 (4.23)식을 잉여가치율의 이윤율에 대한 비율로 고쳐 써보면 다음과 같다.

$$\frac{e}{r}=\frac{p(A_i+bl_i)}{vbl_i}=\frac{v(A_i+bl_i)}{vbl_i}=\frac{vA_i}{vbl_i}+1 \qquad \therefore\ \frac{vA_i}{vbl_i}=\frac{e}{r}-1 \tag{4.24}$$

즉, (4.24)식이 모든 i에 관해 성립해야 한다. 그런데, (4.24)식의 우변은 일정한 값을 갖기 때문에, 결국 모든 산업에서 생산수단의 가치(vA_i)와 노동력

14) $s=\pi$라는 것은 두 벡터의 같은 위치에 있는 원소끼리 모두 같다는 것을 의미한다. 즉, $s=(S_1,S_2,\ldots,S_n)$이고 $\pi=(\pi_1,\pi,\ldots,\pi_n)$이라 할 때, $S_1=\pi_1, S_2=\pi_2,\cdots,S_n=\pi_n$이어야 하는 것이다. 여기에서 S_i와 π_i는 각각 산업i의 잉여가치와 이윤을 나타낸다.

의 가치(vbl_i)의 비율, 혹은 불변자본 가치의 가변자본 가치에 대한 비율이 같아야 함을 의미한다. 이를 〈표 4.1〉로 설명해보면, 모든 산업에서 자본구성이 같다는 뜻이다. 물론 이는 비현실적이다. 아울러 이는 고전학파 경제학자 리카도가 직면했던 불변의 가치척도 문제, 즉 산업마다 생산수단과 노동력의 비율이 다르기 때문에 발생했던 곤란한 문제가 재현되고 있음을 의미한다. ■

문제 4.7. 2국가 2재화 모형을 가정하자. A국은 생산재인 상품1, B국은 소비재인 상품2에 완전 특화하여 자유무역을 행하고 있다. 상품1과 상품2의 세계적 차원에서의 투입산출표는 다음과 같다. 단, 이윤율은 20%라 하자.

	상품1	상품2
상품1	0.5	0.8
상품2	0	0
노동	0.6	0.7

(1) 두 상품의 상대가격과 상대가치를 구하라.

(2) 두 국가 간에 부등가교환이 일어난다는 것은 무슨 의미인지 설명하라.

문제 4.8. 2부문 경제에서 투입산출표가 다음과 같다고 하자.

	밀	베이글
밀	0.5	0.75
베이글	0	0
노동	2시간	4시간

(1) 밀과 베이글의 가치 및 생산가격을 구하라. 단, 임금은 후불된다고 가정한다.

(2) 두 상품의 상대가치와 상대가격이 같아지는 조건을 찾아보고, 이것이 가치의 생산가격으로의 전형과정에 대해 갖는 의미를 해석해 보라.

(3) 베이글의 가격을 1이라 놓은 다음, 이윤율을 임금률의 함수로 표시해 보라. 이때 이윤율과 임금률의 최댓값을 구해보라.

(4) 다른 모든 조건은 불변인 상태에서 베이글 한 단위 생산에 필요한 노동시간만 2시간으로 줄어들 때, (3)의 해답은 어떻게 바뀌는가? 그 경제적 의미를 해석해 보라.

문제 4.9. [泉외. 2019: 137-139] 어느 경제에 철과 밀, 두 가지 상품만이 존재한다고 하자. 밀 56kg과 철 1kg, 그리고 노동 10시간이 투입되어 밀 100kg이 생산된다. 한편, 밀 8kg과 철 3kg 및 노동 30시간이 투입되어 철 10kg이 생산된다, 또한 노동시간당 실질임금은 밀 0.4kg과 철 0.1kg이다.

(1) 평균이윤율을 r이라 할 때, $\lambda = 1/(1+r)$이 성립한다고 하자. 밀 1kg의 생산가격을 p_1, 철 1kg의 생산가격을 p_2라 할 때, 각 부문의 생산가격 결정식을 p_1, p_2 및 λ로 나타내 보라. 단, 임금선불을 가정한다.

(2) (1)에서 구한 생산가격 결정식의 해를 모두 구한 다음, 각 해의 경제적 의미를 해석해 보라.

(3) 평균이윤율과 상대가격은 얼마인가?

4.3.3. 신해석

1980년대 초반에 프랑스의 뒤메닐과 미국의 폴리 등은 서로 독립적으로 전형문제를 생각하는 새로운 방식을 제시하였는데, 이를 마르크스 가치론의 신해석(the New Interpretation)이라고 한다. 여기에서는 먼저 〈표 4.1〉의 숫자 예를 이용하여 신해석의 개요를 설명한 다음, 일반적인 n부문 모형으로 확장하고자 한다.

신해석의 핵심적인 공준(postulate) 두 가지는 다음과 같다.

[공준1] 노동시간의 화폐표현은 순생산물에 관해 정의된다.
[공준2] 노동력 가치는 화폐임금의 노동시간의 화폐표현에 대한 비율로 정의된다.

〈표 4.1〉의 숫자 예를 이용하여 이와 같은 두 가지 공준의 도입이 어떤 의미를 갖는가를 확인해 보자. 이미 제1절에서 설명한 바 있는 [공준2]에 의해 가변자본, 즉 노동력 가치에 해당하는 부분은 임금재의 괴리율을 곱해줄 필요 없이 노동시간의 화폐표현만 곱해주면 된다. 즉 (4.3)식에서 $w^* = w/m$인데, 표에는 w^*가 주어져 있으므로 m을 곱해주면 w를 구할 수 있는 것이다. 그런데 이때 m은 [공준1]에 따라 총생산물이 아닌 순생산물에 관해 계산된 값이다. 표에서 각 산업의 순생산물은 가변자본과 잉여가치를 더한 것임에 주의하여야 한다. 불변자본에 해당하는 부분은 기계의 감모분이나 원료 및 재료 등 생산수단인데, 그것들은 모두 기존에 생산된 것들이 새로운 생산과정에서 이용되는 것이므로 순생산물을 계산할 때는 공제하여야 하는 것이다. 제3장의 〈그림 3.1〉을 참조하면 쉽게 알 수 있을 것이다. 원래 〈표 4.1〉을 설명할 때 1시간=10,000원이라고 가정하였는데 이는 노동시간의 화폐표현이 10,000(원/시간)임을 의미하는 것이고, 신해석의 [공준1]에 따르면 순생산물에 관해서만 성립하는 것, 즉 불변자본 부분에는 적용되지 않는 것이다.

이상을 감안하여 신해석에서의 전형과정을 〈표 4.1〉의 숫자 예로 나타내면 〈표 4.2〉와 같다. 먼저 [공준2]에 의해 각 산업의 가변자본에 노동시간의 화폐표현을 곱해주면 임금과 같아진다. 노동시간의 화폐표현을 시간당 10,000원이라 가정하였기 때문에, 가격을 만 원 단위로 표현하면 표에서처럼 가변자본과 임금이 같은 값으로 표현되어 있다. 아울러 경제 전체의 잉여가치와 배분된 잉여가치, 즉 이윤의 합계는 굵은 활자로 표시된 부분처럼 같아진다. 한편 [공준1]에 의해 노동시간의 화폐표현은 순생산물에 관해서만 적용되므로, 경제 전체의 순생산물의 가치와 생산가격도 밑줄 친 부분처럼 같아진다. 결론적으로 신해석에서는 총계일치의 두 가지 명제가 동시에 성립하지 않는다는 보르트키비츠의 비판이 적용되지 않는 것이다. 물론 이는 무엇보다도 총가치와 총생산가격이 같다는 총계일치의 명제 ①을 순생산물에 관한 것으로 수정하였기 때문이다. 그러므로 신해석은 어디까지나 마르크스의 전형과정을 원형대로 유지한 것이 아니라는 점에서는 여전히 비판의 대상이 될 수 있다.

〈표 4.2〉 가치의 생산가격으로의 전형: 신해석

산업	C	V	S	순생산물 가치	임금 (만 원)	배분된 잉여가치	순생산물의 생산가격 (만 원)
I	8,000	2,000	2,000	4,000	2,000	3,000	4,000
II	7,000	3,000	3,000	6,000	3,000	3,000	6,000
III	6,000	4,000	4,000	8,000	4,000	3,000	8,000
합계	21,000	9,000	**9,000**	<u>18,000</u>	9,000	**9,000**	<u>18,000</u>

(노동시간의 화폐표현=10,000원/시간)

또한 〈그림 4.2〉와 같은 방식으로 신해석에서 수정된 총계일치 명제를 나타내면 〈그림 4.3〉과 같다. 위의 사각형은 경제 전체에서 생산된 상품들의 총가치를 나타내고, 아래 사각형은 총생산가격을 나타낸다. 각각의 사각형이 세 가지 구성부분으로 이루어지는 것도 앞에서 설명한 바와 같다. 신해석의 [공준2]는 가치 사각형의 두 번째 구성요소인 노동력 가치(A)와 생산가격 사각형의 두 번째 구성요소인 인건비(A*)가 서로 같다는 것을 의미한다. 물론 노동시간의 화폐표현을 이용하여 차원을 변환한다는 전제하에서 그렇다. [공준1]은 각각의 사각형에서 두 번째와 세 번째 구성요소의 합이 서로 같음을 의미한다(A+B=A*+B*). 〈그림 4.3〉에서 이것은 결국 각각의 세 번째 구성요소인 잉여가치(B)와 이윤(B*)이 서로 같다는 것을 의미함을 알 수 있다. 한편, 각각의 사각형에서 첫 번째 구성요소는 서로 같지 않음에 주의해야 한다. 이를 반영하여 〈그림 4.3〉에서는 서로 다른 크기를 갖는 것으로 나타내었다.[15]

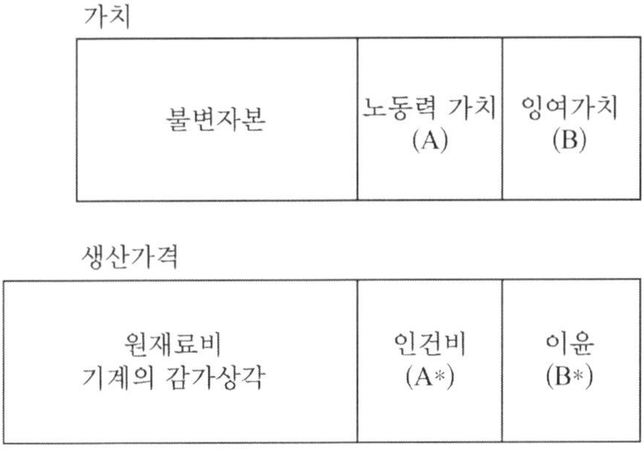

〈그림 4.3〉 수정된 총계일치 명제: 신해석

신해석의 두 가지 공준은 서로 밀접한 논리적 관련을 갖는다. 이를 좀 더 직관적인 두 가지 방식으로 설명해 보도록 하자.

먼저 노동력은 무엇보다도 그 소유자인 인간의 존재를 전제로 한다. 그

15) 그림에서는 불변자본의 생산가격을 나타내는 사각형이 그 가치를 표현하는 사각형보다 크다. 여기에서 자세한 설명은 생략하지만, 신해석에서는 일반적으로 이러한 결과가 성립함을 보일 수 있다(류동민, 2016b: 98-100).

런데 인간은 자본주의적 이윤추구의 산물로 생산되는 상품이 아니다. 당초 가치의 생산가격으로의 전형과정은 더 높은 이윤율을 찾아 자본이 부문 간에 이동하기 때문에 생겨나는 것이었다. 그런데 노동력 상품의 경우에는 본원적으로 자본의 생산물이 아니기 때문에 이와 같은 자본이동의 대상이 될 수 없다.[16] 따라서 가치의 생산가격으로의 전형이 불필요해지는 것이다. 이로부터 노동력의 가치와 가격은 차원만 변환해주면 항상 일치한다는 명제가 도출될 수 있다. 사실 노동력 가치를 임금재의 가치로 정의하면 논리적으로 설명하기 쉽지 않은 문제가 발생한다. 노동자가 구입하는 임금재의 가격이 그 가치의 화폐적 표현과 같다는 보장이 없다는 사실이다. 해당 임금재 산업의 유기적 구성이 사회 전체의 평균과 같다는 보장이 없기 때문이다. 이 책의 기호로 나타내면, 어떤 경우에는 $\boldsymbol{vb} > \boldsymbol{pb}$, 또 어떤 경우에는 $\boldsymbol{vb} < \boldsymbol{pb}$가 될 것이다. 그런데 $\boldsymbol{pb} = w$이기 때문에, 결국 노동자가 자신의 임금으로 어떤 임금재를 선택하여 소비하는가에 따라 잉여가치율 자체가 변화한다는 뜻이 된다. 이러한 현상은 잉여가치의 착취가 생산과정 안에서 이루어진다는 관점과 양립할 수 없다. 착취의 정도가 노동자의 소비과정, 즉 주관적인 선호체계에 의해 영향을 받게 되기 때문이다. 즉 특정한 선호체계를 갖는 노동자는 다른 노동자들에 비해 덜 착취당하거나 심지어는 착취당하지 않을 수도 있다는 엉뚱한 결론에 이를 수 있는 것이다.

다음으로 [공준1]로부터 총가치와 총생산가격이 일치하는 것은 총생산물이 아니라 순생산물에 관해서라는 점을 생각해보자. 그렇다면 노동력의 경우에도 총생산물과 순생산물을 설정할 수 있을까? 노동력 자체가 생산물이 아니므로 직접적으로는 물론 불가능하다. 그러나 은유적으로 생각하면, 노

---

16) 제2절에서 설명한 것처럼 노동자가 특정한 숙련을 획득하기 위해 교육이나 훈련을 받고자 하는 선택을 할 때는 적어도 부분적으로는 일종의 수익률 균등화의 논리가 작동한다. 대학에 진학할 것인가 말 것인가를 결정할 때 대학교육에 드는 기회비용과 교육 이후의 예상수익은 중요한 판단기준이 되는 것이다. 그러나 근원적으로 숙련을 체화할 수 있는 노동력의 소유자, 즉 인간 그 자체의 "생산"에는 그러한 논리가 적용될 수 없다. SF영화에서처럼 이윤추구를 위해 인간을 생산할 수 있는 시스템이 아니라면 그것은 불가능하다. 제3장의 문제 3.5를 참조하라.

동력이라는 생산물은 그 자체가 이미 순생산물이라 할 수 있다. 따라서 순생산물의 가치와 생산가격이 같아야 한다는 [공준1]은 노동력의 가치와 가격, 즉 임금이 같다는 [공준2]를 함축하고 있는 셈이다. 노동력의 가치를 임금재의 가치로 치환하여 정의하는 전통적인 해석을 생각하기 위해, 예를 들어 하루에 커피 3컵과 베이글 3개의 임금재로 어떤 노동력이 재생산된다고 하자. 이 경우 물론 은유적 표현이지만 〈커피3+베이글3→노동력〉이라는 투입-산출구조에서 총생산물과 순생산물의 구분은 존재하지 않는다.[17)18)] 만약 총생산물〉순생산물이기 위해서는 노동력이 예를 들어 커피 4잔 및 베이글 4개처럼 투입물의 양보다 많은 무엇으로 표현되어야 한다는 뜻이기 때문이다. 즉, 전통적 해석에서 노동력 가치와 가격이 괴리되는 것은 오직 노동력의 가치를 다른 상품의 가치로 바꾸어 정의했기 때문이다. 그런데 그 과정에서 커피와 베이글처럼 자본주의적으로 생산되는 상품의 이윤율 균

---

17) 노동력을 재생산하기 위해서는 가사노동이 필요하다. 예를 들면, 〈커피3+베이글3+가사노동 2시간 → 노동력〉 같은 구조를 상정할 수 있다. 전통적인 가족 제도하에서 주로 여성이 담당하는 가사노동은 가치를 창출하지 않는 것으로 간주된다. 마르크스의 노동가치론이 이와 같은 가족 내에서의 착취를 무시한다는 페미니즘 경제학의 비판도 있다. 돌봄 노동의 중요성이 경제학에서 간과되어왔다는 주장(폴브레. 2007)은 귀담아들을 필요가 있다. 그러나 마르크스 경제학이 가사노동의 착취를 무시한다기보다는 자본주의 생산양식의 논리가 그러한 것으로 이해해야 할 것이다. 가사노동에 필요한 노동시간이 노동력 가치에 포함되지 않는 것은 젠더 편향적이라는 비판도 있다. 그러나 노동시장의 관행 등에 따라 예를 들어 주거비용이나 가족수당 등의 형태로 노동력 가치 안에 가사노동 관련 요소가 포함되기도 한다. 그러므로 젠더 편향의 문제도 일종의 도덕적 요인으로 간주될 수 있을 것이다. 이는 국민총생산(GNP)의 계산에서 가사노동이 제외된 것과 같은 맥락이다.

18) 전통적으로 마르크스주의에서는 노동해방을 통해 여성해방도 이루어진다고 생각하였다. 그러나 자본-노동관계만으로는 설명할 수 없는 성적 억압의 구조가 존재한다는 것은 분명한 사실이다. 가사노동이 생산적인 일로 간주되어야 한다는 주장은 잉여가치를 생산하는 노동만 생산적으로 정의하는 마르크스 경제학의 분석과는 다른 것이다. 오히려 가사노동이 노동력 가치를 보완함으로써 간접적으로 잉여노동의 착취에 기여하는 것으로 본다면, 여전히 가사노동은 비생산적 노동이 된다. 제3장 제4절에서 설명한 바와 같이, 비생산적 노동이 간접적으로 잉여가치 생산에 기여하는 것으로 볼 수 있는 것이다. 물론 노동자 가정 내에서, 심지어는 자본가 가정 내에서도 존재하는 성적 억압의 구조를 자본-노동관계에 대한 분석만으로 포괄하는 것은 불가능하다. 이것은 마르크스 경제학의 주요한 분석대상이 무엇인지를 보여주는 것이지만, 한편으로는 그 한계를 드러내는 것일 수도 있다. 가사노동 문제와 관련된 마르크스주의적 페미니즘의 논의에 관해서는 통 · 보츠(2019: 148-151)를 참조하라.

등화 논리가 암묵적으로 들어온 셈이다.

이를 다른 논리로도 설명할 수 있다. 노동자계급의 가계를 하나의 부문으로 간주하여 제2장에서 살펴본 바 있는 산업연관표 안의 내생부문(n번째 부문이라 하자)으로 만든다고 하자. 즉, 노동자 가계가 소비하는 품목을 이용하여 노동력의 재생산을 위해 n종류의 상품이 각각 $a_{1n}, a_{2n}, \cdots, a_{nn}$단위 필요하다고 나타낼 수 있다. 이때 노동자계급 가계의 순생산을 무엇으로 측정할지가 문제가 되는데, 현재의 노동자계급의 상태가 그대로 유지된다는 의미에서는 순생산물이 0이라 놓아도 무방할 것이다(二階堂, 1960: 22). 이렇게 생각하면, 가상적인 노동력 생산부문에서 순생산물이 생산되지 않기 때문에 신해석의 [공준1]을 받아들일 때 이 부문은 제외됨을 의미한다. 즉, 임금재가 투입되어 노동력이 재생산되는 전통적인 논리구조를 선택하더라도 결국 앞에서와 마찬가지 결과를 얻게 된다.

■ 보론 4.5. n부문 모형에서의 신해석

가치결정식 (2.8)을 이용하면, 다음과 같은 관계를 얻는다.

$$\boldsymbol{l}\boldsymbol{x} = (\boldsymbol{v} - \boldsymbol{v}\boldsymbol{A})\boldsymbol{x} = \boldsymbol{v}(\boldsymbol{I} - \boldsymbol{A})\boldsymbol{x} \quad (4.25)$$

(4.25)식의 우변에서 $(\boldsymbol{I} - \boldsymbol{A})\boldsymbol{x} = \boldsymbol{x} - \boldsymbol{A}\boldsymbol{x}$는 순생산물을 나타낸다. 즉, (4.25)식은 경제 전체의 총노동량이 순생산물의 총가치와 일치함을 의미한다.[19] 즉, 직접노동을 통해 새로 생산되는 것은 순생산물에 해당하는 부분이라는 것이다.

이제 (4.25)식을 이용하면 신해석의 [공준1]은 다음과 같이 나타낼 수 있다.

$$\boldsymbol{p}(\boldsymbol{I} - \boldsymbol{A})\boldsymbol{x} = m\boldsymbol{v}(\boldsymbol{I} - \boldsymbol{A})\boldsymbol{x} = m\boldsymbol{l}\boldsymbol{x} \quad (4.26)$$

---

19) 상품i를 x_i만큼 생산하기 위해 필요한 노동량은 $l_i x_i$로 나타낼 수 있다. 그런데, $\boldsymbol{l}\boldsymbol{x} = (l_1, l_2, \cdots, l_n)(x_1, x_2, \cdots, x_n)^T = l_1 x_1 + l_2 x_2 + \dots + l_n x_n$이므로 모든 상품을 생산하기 위해 필요한 직접노동의 총량을 나타낸다.

(4.26)식에서 $m=1$이라 가정해도 무방하다. 어차피 그것은 가치 차원과 가격 차원 사이의 변환을 위한 매개변수일 따름이므로 〈표 4.1〉에서 10,000원을 새로운 화폐단위, 예컨대 1달러라 불러도 내적 논리에는 아무런 문제도 발생하지 않기 때문이다. 그 경우 새로운 노동시간의 화폐표현은 시간당 달러가 될 것이다. 요컨대 $m=1$이라 가정하는 것은 일종의 디노미네이션(denomination)에 지나지 않는다. 따라서 (4.26)식은 $\boldsymbol{p}(\boldsymbol{I}-\boldsymbol{A})\boldsymbol{x}=\boldsymbol{l}\boldsymbol{x}$이라 바꿔쓸 수 있다.

한편, 신해석의 [공준2]는 다음과 같이 나타낼 수 있다.

$$w^*\boldsymbol{l}\boldsymbol{x}=\frac{w}{m}\boldsymbol{l}\boldsymbol{x}=w\boldsymbol{l}\boldsymbol{x} \tag{4.27}$$

(4.27)식의 두 번째 등호 또한 $m=1$이라 가정했기 때문이다. 그 결과 잉여가치율의 정의식 (4.6)은 다음과 같이 고쳐 쓸 수 있다.[20]

$$e=\frac{1-w}{w} \quad \text{혹은} \quad w=\frac{1}{1+e} \qquad (4.6)^*$$

이제 (4.25)식으로부터 (4.27)식까지를 활용하면, 신해석의 두 가지 총계일치 명제는 다음과 같이 성립함을 확인할 수 있다. (4.29)식의 마지막 등호는 (4.6)*식을 이용하였다.

① 순생산물의 총가치=순생산물의 총생산가격

$$\boldsymbol{v}(\boldsymbol{I}-\boldsymbol{A})\boldsymbol{x}=\boldsymbol{l}\boldsymbol{x}=\frac{1}{m}\boldsymbol{p}(\boldsymbol{I}-\boldsymbol{A})\boldsymbol{x}=\boldsymbol{p}(\boldsymbol{I}-\boldsymbol{A})\boldsymbol{x} \tag{4.28}$$

② 총잉여가치=총이윤

$$ew\boldsymbol{l}\boldsymbol{x}=(1-w)\boldsymbol{l}\boldsymbol{x}=\boldsymbol{l}\boldsymbol{x}-w\boldsymbol{l}\boldsymbol{x}=\boldsymbol{v}(\boldsymbol{I}-\boldsymbol{A})\boldsymbol{x}-w\boldsymbol{l}\boldsymbol{x}=\boldsymbol{p}(\boldsymbol{I}-\boldsymbol{A})\boldsymbol{x}-w\boldsymbol{l}\boldsymbol{x}=\boldsymbol{p}\boldsymbol{x}-(\boldsymbol{p}\boldsymbol{A}\boldsymbol{x}+w\boldsymbol{l}\boldsymbol{x})$$

(4.29) ■

---

20) 그러므로 이 경우에는 제3장의 보론 3.2의 결론과는 달리 $e=e^*$가 성립하게 된다.

문제 4.10. 신해석에서 과거로 무한히 소급된 이윤량 및 노동량이라는 개념을 이용하면, 총가치와 총가격이 같아짐을 보일 수 있다(류동민. 2016b: 109-110). 이를 다음의 순서에 따라 확인해 보도록 하자.

(1) 가치결정식 (3.22)를 신해석의 [공준2]를 반영하여 고쳐 써 보라.

(2) (1)에서 고쳐 쓴 가치결정식을 $l^* \equiv l + lA + lA^2 + \ldots\ldots$로 정의되는 행벡터 l^*를 이용하여 바꿔 보라. 단, 행렬 A의 최대특성근은 1보다 작다.

(3) 총생산물 열벡터 x를 이용하여, 경제 전체의 총가치를 계산해 보라.

(4) 경제 전체의 총가격을 계산한 다음, (3)의 결과와 비교해 보라.

4.3.4. 전형논쟁의 귀결

전형논쟁의 결과, 노동가치론이 상품의 상대가격을 설명하는 이론은 아니라는 것이 증명되었다고 볼 수도 있다. 즉, 가치론은 마르크스의 기본정리가 보여주듯이 이윤의 원천이 잉여가치의 착취에 있다는 착취이론으로서의 의미를 가질 뿐이라는 것이다. 그렇지만 애초에 마르크스 자신도 개별 상품의 가치가 생산가격을 규제한다고는 주장하지 않았음에 주의해야 한다.

오히려 (4.8)식에서 생산의 기술적 조건(A, l)과 임금(w)이 주어지면 상대가격과 이윤율이 동시적으로 결정되기 때문에, 굳이 가치결정식 (3.22)를 설정할 필요가 없다는 비판(Samuelson, 1971, Steedman, 1977)이 노동가치론에 대해서는 더 결정적인 비판이 될 수 있다. 〈그림 4.4〉는 이러한 논리를 나타내고 있다. 즉, 왼쪽에 위치한 생산의 기술적 조건과 실질임금에 관한 데이터로부터 오른쪽의 생산가격 및 이윤율을 바로 결정할 수 있기 때문에, 굳이 아래쪽의 가치 개념을 통해 우회할 필요가 없다는 것이다.

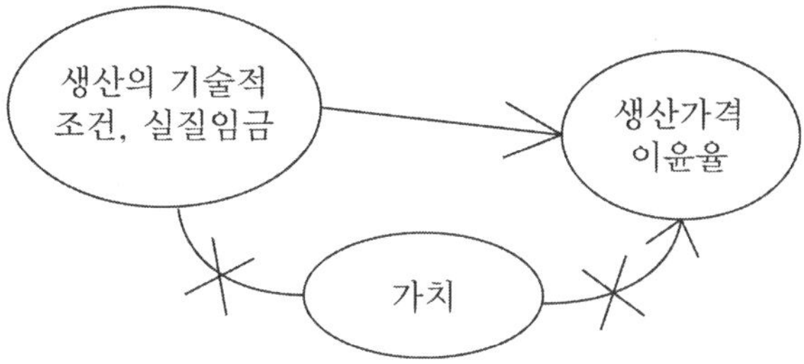

〈그림 4.4〉 가치 개념이 불필요하다는 비판의 논리

이러한 비판에 대해서는 2.3.1에서 설명한 바와 같이, 노동가치론을 하나의 공리로 이해함으로써 어느 정도 극복 가능할 것이다. 즉, 가격결정 및 이윤생산이라는 자본주의적 과정을 사회적 노동의 배분과 그것을 둘러싼 계급 간 대립을 통해 설명하려는 문제틀이 바로 노동가치론이며, 이러한 문제틀에서 (3.22)식은 (4.8)식의 배후에 놓인 관계를 포착할 수 있도록 해주는 것이다. 노동가치론에 대립하는 다른 하나의 공리, 즉 효용가치론의 발전과정을 생각해 보자. 먼저 효용이론은 효용을 객관적으로 측정 가능하며 개인 간에도 비교 가능하다는 기수적 효용(cardinal utility) 개념에서 출발하였다. 이와 같은 가정이 지나치게 제약적이라는 깨달음 뒤에 효용은 개인 간에는 비교 불가능하며 동일한 개인이 스스로 소비하는 재화 묶음에 대해 선호의 순서를 매길 수 있을 뿐이라 가정하는 서수적 효용(ordinal utility) 개념이 등장한다. 마침내는 시장에서 관찰되는 소비자 행동으로부터 출발하더라도 그 배후에 마치 잘 정의된 효용함수가 존재한다는 가정에서 출발한 것과 본질적으로 같은 결과를 얻어낼 수 있다는 현시선호이론으로 발전하였다. 이 단계에서는 이미 효용 개념을 상정하지 않아도 무방하다. 그럼에도 실제로 개인의 합리적 행동의 기초를 설명할 때 도구적 개념으로서의 효용은 여전히 사용되고 있는 것이다. 마르크스의 노동가치론은 개인의 행동을 설명하는 이론이 아니라 사회 전체의 노동의 배분과 계급대립이라는 구조적 요인에 주목하는 이론이다. 즉, 자본주의의 근저에는 노동을 통한 가치의 창출과 그 착취를 둘러싼 대립관계가 놓여 있다는 점이 강조된다. 비견하자면, 노동가치 개념은 신해석에 이르러 비로소 신고전학파 미시경제학의 현시선호이론의 단계로까지 나아간 셈이다. 그러나 신해석의 단계에서도 노동가치 개념은 포기될 수 없다. 당초 노동가치론의 목적이 개별 경제주체의 행동을 설명하는 것은 아니었기 때문이다.[21] 노동가치론은 오히려 개인이 의식하지 못하는 사이에 자신의 이익을 추구하는 행동이 경제 전체적으로 사회적 노동을 배분하는 구조와 연결되어 있다는 점, 즉 개인의 행동이 사회적 구조와 연결되는 지점을 포착하고 있다. 이 지점을 포착하기 위한 도구적 개념이 바로 가치이며, 단지 계급 간 대립이 존재한다는 현실, 사회적 노동이 배분된다는 현실을 지적하는 것에서 한 걸음 더 나아가 그 양적 변동을 파악하기 위해서는 불가결한 개념이라 할 수 있다.

21) 물론 자본주의적 생산이 반복적으로 이루어짐으로써 개별 자본가들은 자신의 기업이나 작업장에서의 노동투입과 이윤 사이의 규칙적 관계를 부정확하게나마 인식하게 될 것이다. 즉, 해당 산업에서 평균적으로 기대할 수 있는 노동시간의 화폐표현에 관해 일종의 조작 가능한 추정치를 얻게 된다. 따라서 노동가치 개념이 전혀 조작적 의미를 갖지 못하는 것은 아니다. Bryer(2017: 164)는 회계학적인 목표원가(target cost) 관리를 통해 직접적으로는 관측 불가능한 잉여가치나 잉여가치율 등의 개념이 현실에서 작동하게 됨을 주장한다. 제2절에서 설명한 가치생산성 개념도 이러한 과정을 통해 현실적 의미를 갖게 될 것이다.

5

기술변화와 노동

자본주의 경제는 끊임없는 기술혁신을 통한 생산력의 발전으로 특징지어진다. 기술변화가 노동자계급에게 미치는 영향은 양적 측면과 질적 측면으로 구분하여 분석할 수 있다. 이때 핵심적인 분석도구는 자본의 유기적 구성이라는 개념이다. 마르크스 편향적 기술진보를 가정하면, 자본축적의 결과 노동은 상대적으로 과잉인 상태가 되는 경향이 있다. 이러한 과정은 고용의 불안정, 숙련의 희석화 등을 통해 노동자계급을 질적으로 자본에 더욱 종속되도록 만든다. 다양한 기술이 공존하는 경우 시장가격은 시장가치와 시장생산가격을 중심으로 움직이게 된다. 한편, 기술변화가 전체 경제시스템에 가져오는 변화를 포착하는 개념인 축적체제에 관해 살펴본다. 제2차 세계대전 이후 성립했던 대표적인 축적체제로는 포드주의와 도요타주의를 들 수 있다.

주요 개념: 자본의 기술적/가치/유기적 구성. 상대적 과잉인구(산업예비군). 마르크스 편향적 기술진보. 형식적/실질적 포섭. 테일러주의. 포드주의. 도요타주의.

자본주의 경제는 끊임없는 기술혁신으로 특징지어지는 다이내믹한 시스템이다. 자본주의 체제에 대해 누구보다도 비판적이었던 마르크스조차도 이미 『공산당선언』(1848)에서 이 점을 지적한 바 있다. 그런데 생산기술의 변화에는 양적 측면과 질적 측면이 있다(宇仁외, 2004: 93). 양적 측면의 핵심은 기술진보에 따라 노동투입량이 감소하는 것이다. 제4장에서 설명한 바와 같이 마르크스 경제학적 의미에서의 노동생산성은 상품의 생산에 필요한 직·간접노동의 양이 줄어드는 것을 의미한다. 따라서 직접노동뿐만 아니라 간접노동에 해당하는 기계나 원재료 등 생산수단의 투입량이 어떻게 변화하는가도 양적 측면의 주요한 내용이 된다. 질적 측면은 기술변화로 말미암아 생산력과 생산관계에 어떠한 변화가 생겨나는가에 초점을 맞춘다. 인간과 생산수단, 특히 기계의 관계, 그리고 생산에 참가하는 사람들 사이의 사회적 관계가 어떻게 바뀌는가라는 것이다. 생산관계 변화의 핵심은 자본가와 노동자 간의 관계가 변화하는 데에 있다.

5.1. 기술변화의 양적 측면

기술변화의 양적 측면을 파악하기 위해 가장 중요한 개념은 자본구성(composition of capital)이다. 자본구성은 생산에 투하된 불변자본(C)의 가변자본(V)에 대한 비율, 즉 C/V로 정의된다. 먼저 자본구성을 물량적 측면에서 파악한 개념, 즉 생산수단의 양과 노동력의 양 사이의 비율을 자본의 기술적 구성(technical composition of capital)이라고 한다. 한편 가치크기의 관점에서 불변자본과 가변자본의 비율을 정의하면, 자본의 가치구성(value composition of capital)이 된다. 기술적 구성의 가장 큰 문제점은 이질적인 생산수단들을 하나의 척도로 표시하는 것이 불가능하다는 점이다. 어떤 상품의 생산에 사용되는 생산수단의 양을 가장 정확하게 표현하는 방법은 하나의 벡터로 표현하는 것이다. 예를 들어 상품i 한 단위 생산에 필요한 생산수단의 양은 투입계수행렬의 i번째 행, 즉 $\boldsymbol{A}_i = (a_{1i}, a_{2i}, \cdots, a_{ni})$가 된다. 이 행벡터의 모든 원소가 동일한 비율로 변화하는 특수한 경우를 배제한다면, 생산수단의 물리적 양이 증가하였는지 감소하였는지조차 말하기 어려울 수 있다.[1)] 그러므로 자본의 가치구성은 가치 크기를 측정하는 현실적인 문제가 있기는 하지만 일단 이와 같은 지수문제(index problem)로부터는 자유롭다. 마르크스는 "자본의 가치구성이 자본의 기술적 구성에 의해 결정되고 또 기술적 구성의 변화를 반영하는 경우"(마르크스, 2015, I(하): 836) 자본의 유기적 구성(organic composition of capital)이라 불렀다.

자본의 유기적 구성은 매우 독특한 개념이기 때문에, 그것을 어떻게 이해할 것인가를 둘러싸고 마르크스 경제학자들 사이에서 끊임없는 논쟁이 있었다. 가장 명쾌한 이해방식은 새로운 기계가 도입되는 경우처럼 오직 기술적 조건의 변화로 말미암은 C/V의 변화만을 유기적 구성의 변화로 이해하는 것이다(하인리히, 2016: 179). 예를 들어 물리적으로는 동일한 기계를 사용하고 있으나 그 가치가 변화함으로써 C/V가 변화하는 경우는 유기적 구성이 불변이라는 것이다.[2)] 그렇지만 순수하게 기술적인 조건만 변화하는 경우

---

1) 이 문제는 1960년대 영국 케임브리지대학의 경제학자들과 미국의 신고전학파 경제학자들 사이에 벌어진 자본논쟁의 중요한 주제이기도 하다. 새뮤얼슨 등의 미국 경제학자들이 속한 MIT대학이나 하버드대학이 있는 도시 이름도 케임브리지였기 때문에 이 논쟁은 케임브리지논쟁이라고도 부른다. 논쟁의 핵심은 가격에 의거하지 않고 순수하게 물량적 개념으로 자본재의 양을 집계하는 방법이 있는가였는데, 적어도 이와 같은 좁은 의미에서의 논점에 국한하자면 그것이 불가능하다는 영국 케임브리지 측의 승리로 끝났다. 자본논쟁의 내용에 관한 간략한 소개로는 류동민 · 주상영(2015: 39-56)을 참조하라.

2) 비슷한 맥락에서 파인 등도 유기적 구성은 기술변화 이전의 구(old)가치로 측정된 기술적 구성

와 그렇지 않은 경우를 현실적으로 어떻게 구분할 수 있을지 의문의 여지가 있다. 또한 모리시마(2010[1973]: 67)가 지적한 것처럼, 생산재 부문과 소비재 부문의 기술변화의 속도가 같은 특수한 경우가 아니라면, 가치구성의 변화와 유기적 구성의 변화는 서로 다르다. 기계화나 자동화를 통해 생산수단의 노동력에 대한 비중이 커졌다 하더라도, 만약 생산재 산업의 기술진보 속도가 매우 빨라서 생산수단의 가치가 급격하게 하락하였다면, 자본의 가치구성은 유기적 구성만큼 상승하지 않거나 심지어는 하락할 수도 있다.

또 하나의 논점은 기술의 변화가 잉여가치율에 영향을 미친다는 점을 어떻게 반영할 것인가라는 점이다. 자본주의의 역사를 볼 때, 컨베이어벨트와 같은 새로운 생산기술의 도입은 단순히 필요로 하는 노동력을 줄이는 등의 양적 효과뿐만 아니라 노동강도의 강화와 같은 질적 효과를 가져왔다. 값비싼 생산설비를 충분히 활용하기 위하여 교대근무 등을 통해 24시간 가동한다거나 생산라인의 속도를 올리는 등의 사례는 흔히 찾아볼 수 있는 것이다. 순전히 휴머니즘의 관점에서 기계를 도입하거나 사용한다는 것은 환상에 지나지 않을 수 있다. 이윤 창출이라는 자본가적 관점에서 기계의 사용은 그저 인간의 일을 편하고 쉽게 만든다는 관점과는 얼마든지 다를 수 있기 때문이다. 만약 자본구성의 변화가 잉여가치율 자체에 영향을 미친다면, 생산기술 변화의 1차적 효과뿐만 아니라 잉여가치율 변화의 2차적 효과까지 고려해야 최종적으로 자본구성이 어떻게 변화하는지를 말할 수 있을 것이다. 특히 C/V의 분모가 노동투입계수 l이 아니라는 점에 유의할 필요가 있다. 이미 제3장에서 살펴본 바와 같이, l에는 필요노동은 물론 잉여노동까지 포함되어 있다. 즉, 노동력 가치뿐만 아니라 잉여가치에 해당하는 부분까지 들어있는 것이다.[3] 따라서 노동투입계수가 일정하게 유지되더라도

이라 정의한다(Fine & Saad-Filho, 2016: 92). 기술진보 이후의 신(new)가치로 측정하면 C는 감소하지만 구(old)가치로는 불변일 것이다.

3) 가치결정식 (2.8)은 $\boldsymbol{v}=\boldsymbol{vA}+\boldsymbol{l}=\boldsymbol{vA}+\frac{1}{1+e}\boldsymbol{l}+\frac{e}{1+e}\boldsymbol{l}$로 고쳐 쓸 수 있다. 여기에서 $\frac{1}{1+e}\boldsymbol{l}$은

잉여가치율의 변화에 따라서는 V의 크기가 변할 수 있다. 산업i 에서 새로운 노동통제기술이 도입됨으로써 잉여가치율이 상승한다면, 생산의 기술적 조건인 l_i는 불변이라 하더라도 투하되는 가변자본의 가치 V_i는 감소할 수 있고 따라서 자본구성은 증가할 수 있다. 이는 C/V가 변수의 조작가능성이라는 측면에서 볼 때 매우 불안정한 개념임을 의미한다. 오키시오는 생산의 유기적 구성이라는 개념을 제안함으로써 자본의 유기적 구성이 지닌 이러한 난점을 피해가고자 하였다. 즉, 생산의 유기적 구성은 산 노동(living labor) 전체(L)에 대한 불변자본의 비율로 정의되며, 다음과 같이 변형할 수 있다.

$$\frac{C}{L} = \frac{C}{V+S} = \frac{C/V}{1+S/V} \tag{5.1}$$

(5.1)식에서 분자의 C/V, 즉 자본의 유기적 구성이 증가하더라도 만약 분모의 S/V, 즉 잉여가치율이 더욱 빠른 속도로 증가한다면, 생산의 유기적 구성은 증가하지 않거나 심지어는 감소할 수도 있다. 그러므로 기술변화의 방향을 생산의 유기적 구성의 고도화로 정의하면, 자본의 유기적 구성의 변화가 잉여가치율에 미치는 2차적 효과까지 모두 고려한 뒤에 일어나는 생산조건의 변화를 지시할 수 있는 것이다. 생산의 유기적 구성이 자본의 유기적 구성보다 반드시 논리적으로 우월하다고는 말할 수 없다. 그러나 기술변화의 양적 측면을 분석할 때, 그 질적 변화인 잉여가치율의 변화가 미치는 영향을 차단하려는 개념이 바로 생산의 유기적 구성이다. 즉, 기술의 변화와 계급 간 역관계의 변화를 분리하여 전자에만 주목하자는 것이다.

노동력 가치, $\frac{e}{1+e}l$은 잉여가치를 나타낸다. $e=\frac{S}{V}$이며 $V+S$는 정의상 l과 같기 때문이다. 즉, $\frac{1}{1+e}l = \frac{1}{1+\frac{S}{V}}l = \frac{V}{V+S}l = V$, 마찬가지 방식으로 $\frac{e}{1+e}l = eV = S$가 된다.

어쨌든 마르크스는 자본주의적 축적의 일반법칙의 근저에 유기적 구성의 고도화, 즉 C/V의 상승이 가로놓여 있다고 주장하였다. 즉, 유기적 구성은 가치구성만으로는 정확하게 드러나지 않는 근본적 변화를 파악하기 위한 개념이다. 다른 조건이 일정하다면 자본구성의 고도화는 생산에 필요한 노동력을 감소시킨다. 이러한 실업은 구조적인 성격을 갖기 때문에 노동자계급에게는 매우 심각한 영향을 미친다. 요컨대 경제성장을 통해 절대적 생산 규모가 더 빠른 속도로 증가하지 않는 한, 실업은 증가할 수밖에 없다. 생산 규모는 자본가의 자본축적률에 의존할 것인데, 자본축적률과 기술변화의 속도 간에 일정한 관계가 성립한다는 보장은 없다. 그러한 의미에서 자본주의는 완전고용을 달성하는 자동적인 메커니즘을 갖추고 있지 않으며, 항상적으로 노동시장의 초과공급을 수반하는 체제가 될 개연성이 있다. 이를 상대적 과잉인구(relative surplus population) 혹은 산업예비군(industrial reserve army)이라고 한다. 상대적 과잉인구는 실업자는 물론 불규칙적으로 고용과 실업 상태를 오가는 불안정한 노동자, 이른바 프레카리아트(precariat),[4] 그리고 개발도상국의 농업부문 등에 존재하는 잠재적 실업 등의 다양한 형태로 존재한다. 상대적 과잉인구는 경기가 호황일 때는 그 규모가 다소 줄어들다가 불황일 때는 다시 늘어나는 인력 풀(pool)을 이룬다. 특히 고용상태에 있는 노동자들의 규율을 강화하고 임금 상승압력을 저지하는 이른바 산업예비군효과를 발휘한다. 역사적으로 자본축적이 진전됨에 따라 노동생산성은 상승하고 자본 간 경쟁의 결과로 자본의 집적(concentration)과 집중(centralization)[5]이 진행되면서 상대적 과잉인구가 창출되고 증감하는 규모도 커졌다.

케인즈의 경우도 비자발적 실업이 항상적으로 존재하는 것이라 보았다는 점에서는 마르크스와 같은 입장이었다. 그러나 케인즈는 기업가의 주관

---

4) 프레카리아트는 불안정하다(precarious)는 단어와 무산계급(proletariat)이라는 단어를 합쳐 만든 신조어이다. 이른바 신자유주의 시대에 널리 확산된 저임금 및 저숙련의 불안정한 고용상태에 놓인 사람들을 가리킨다.

5) 자본의 집적은 자본이 생산한 잉여가치를 축적함으로써 성장하는 것이며, 자본의 집중은 인수나 합병 등의 방식으로 성장하는 것을 가리킨다.

적 기대(이른바 "animal spirit")에 의해 결정되는 투자수요의 크기가 저축의 규모와 일치한다는 보장이 없기 때문에 비자발적 실업이 발생한다고 생각하였다. 반면 마르크스의 상대적 과잉인구는 자본주의적 기술진보의 구조적 효과 때문이라는 점에서 차이가 있다.

자본구성의 고도화는 선험적으로 증명되는 것이라기보다는 자본주의의 역사적 경향을 반영한 것이다. 그러나 경험적 증거에 덧붙여, 자본가가 신기술을 도입하는 동기가 단지 경제적 효율성을 추구하는 것이 아니라 생산현장에서의 권력을 추구하는 것이라는 점에서 이론적으로도 어느 정도는 뒷받침될 수 있다. 마글린은 1974년에 출간된 "What do bosses do?"라는 논문(Marglin, 1974)에서 생산조직은 기술변화의 외생적 과정이 아니라 권력의 행사와 관련된 내생적 과정이라 주장하였다. 극단적인 예로 비용절감 및 이윤증대에는 도움이 되더라도 자본가의 권력이 침해받는 기술보다는 반대로 비용증가나 이윤감소를 수반하더라도 권력을 강화할 수 있는 생산기술 도입에 자본가는 더 적극적일 수 있다는 것이다. 제3장의 보론 3.3에서 소개한 바 있는 주류경제학의 효율성 임금이론에서도 자본가가 산업예비군 효과를 적극적으로 활용한다는 점이 반영되고 있다.

이제 자본의 유기적 구성의 고도화라는 기술진보의 특성을 관측 가능한 가격 단위의 개념으로 바꿔 설명해 보도록 하자. 상품 한 단위 생산에 필요한 노동투입량을 노동투입계수, 상품 한 단위 생산에 필요한 자본스톡을 자본계수라 부른다.

〈표 5.1〉 자본의 분류

<table>
<tr><th>물질적 형태</th><th>가치생산의 관점</th><th>가치회전의 관점</th></tr>
<tr><td>기계</td><td rowspan="2">불변자본</td><td>고정자본</td></tr>
<tr><td>원료 및 재료</td><td rowspan="2">유동자본</td></tr>
<tr><td>노동력</td><td>가변자본</td></tr>
</table>

자본스톡에 관해서는 보완 설명이 필요하다. 불변자본 중에서 기계 같은 생산수단은 한 번의 생산과정을 거치면서 그 가치를 전부 생산물에 이전하지 않고 여러 차례에 걸쳐 조금씩 가치를 이전한다. 만약 내구연수가 n년인 기계라면, 매년 그 가치의 $1/n$씩 이전하는 것이다. 이러한 성격을 갖는 불변자본을 고정자본(fixed capital)이라 부른다. 반면 원료나 재료 등은 한 번의 생산과정에서 스스로의 가치를 남김없이 이전하는데, 이러한 성격을 지닌 불변자본을 유동자본(circulating capital)이라 부른다. 그러므로 고정자본의 경우에는 생산에 투하된 스톡과 생산과정에서 가치 이전되는 플로가 서로 다르다. 이와 같이 생산에 묶여 있는(tied up) 자본과 소비된 자본의 구분은 자본의 가치구성에도 영향을 미친다(하비, 2016: 204-205). 자본주의가 발전함에 따라 묶여 있는 자본의 소비된 자본에 대한 비중은 더 커지는 경향을 갖는다. 묶여 있는 자본, 즉 고정자본의 비중이 커질수록 자본의 가치구성은 더 커질 것이다. 제3장에서 사용했던 선형생산모형에서는 사실상 모든 불변자본은 유동자본이라고 가정한 셈이다. 예를 들어 이윤율을 계산할 때에는 당연히 고정자본스톡에 대한 이윤의 비율을 계산하여야 한다.[6] 마르크스 경제학에서는 노동자에게 지불되는 임금도 가변자본으로서 선대되는 것이라 간주한다. 그런데 자본의 회전이라는 관점에서 보면 가변자본도 유동자본에 속한다. 정리하면 기계 등의 고정불변자본과 원료 및 재료와 같은 유동불변자본, 그리고 유동가변자본이 있는 것이다. 이상의 논의를 정리하면 〈표 5.1〉과 같다.

한편, 노동투입량에 대한 자본스톡의 비율을 자본집약도라 부른다. 즉, 경제 전체의 노동투입량과 자본스톡을 각각 L, K라 하고 생산량을 X라 하면, 노동투입계수는 L/X, 자본투입계수는 K/X이고 자본집약도는 다음과 같다.

---

[6] 제7장의 보론 7.3 및 문제 7.6을 참조하라.

$$\frac{K}{L} = \frac{K/X}{L/X} = \frac{X/L}{X/K} \tag{5.2}$$

일반적으로 노동생산성은 노동투입계수의 역수, 즉 X/L이며, 자본계수의 역수인 X/K는 자본생산성이라고도 부른다.[7] 따라서 자본집약도는 (5.2)식의 두 번째 등호 뒤에 표현된 것처럼, 노동생산성의 자본생산성에 대한 비율과 같다. 노동생산성이 향상되면 동일한 생산량을 생산하는데 필요한 노동량은 감소한다. 기술진보가 이와 같은 성격을 가질 때 노동절약적(labor-saving) 기술진보라고 한다. 자본생산성이 하락하면, 그 역수인 자본계수는 상승하고 이는 동일한 생산량을 생산하기 위해 더 많은 자본스톡이 필요함을 의미한다. 이와 같은 경우를 자본사용적(capital-using) 기술진보라고 한다. 노동절약적 기술진보와 자본사용적 기술진보가 결합되면, 즉 자본사용적-노동절약적 기술진보가 일어날 때, (5.2)식에서 자본집약도가 상승함을 확인할 수 있다. 바로 이와 같은 성격의 기술변화를 마르크스 편향적 기술진보(Marx-biased technical progress)라 부른다. 이러한 명칭이 붙은 이유는 그것이 마르크스가 자본주의적 축적의 일반법칙이라 주장하였던 기술진보의 특성을 반영한 것이기 때문이다. 경제성장이론에서 흔히 가정하는 기술진보의 형태는 해로드 중립적(Harrod-neutral) 기술진보이다. 해로드 중립적 기술진보는 노동절약적이면서 동시에 자본계수는 일정한 기술진보를 말한다. 해로드 중립적 기술진보 하에서는 기존의 노동투입량이 일정 비율로 증대된 것 같은 효과를 나타내기 때문에, 노동증대적(labor augmenting) 기술진보라고도 한다.[8] (5.2)식에서 알 수 있듯이, 해로드 중립적 기술진보도 기본적으로

7) 물론 마르크스 경제학에서는 자본이 생산적이라 보지 않기 때문에 자본생산성이라는 용어는 적절하지 않다. 또한 제4장 제1절에서 설명한 바와 같이, 마르크스 경제학적 의미의 노동생산성은 여기에서 말하는 노동생산성과는 다르다. 아울러 자본논쟁의 논점을 생각하면, 경제 전체의 자본스톡을 K라는 하나의 지수로 표현할 수도 없다. 이와 같은 많은 한계에도 불구하고, (5.2)식은 적어도 교육적 목적에서는 매우 유용하다.

8) 이 밖에 힉스 중립적(Hick-neutral) 기술진보와 솔로우 중립적(Solow-neutral) 기술진보도 성장이론에서 자주 고려되는 기술진보의 유형이다. 전자는 노동생산성과 자본생산성이 정확하게 같

노동절약적 기술진보이기 때문에 자본집약도를 증가시킨다. 그러나 자본사용적 기술진보는 아니다. 따라서 제7장에서 살펴볼 것처럼, 마르크스 편향적 기술진보와 해로드 중립적 기술진보는 이윤율에 미치는 효과가 달라진다. 현대적인 경제성장이론에서는 해로드 중립적 기술진보를 가정하는 경우가 많지만, 실제 자본주의의 역사를 보면 반드시 그것이 지배적으로 나타나지는 않았다. 미국 경제의 경우, 제1차 세계대전 무렵부터 오일쇼크로 인한 장기불황이 발생하는 1973년 직전까지는 자본생산성 증가율이 연평균 1% 미만의 플러스 값을 나타냄으로써 해로드 중립적 기술진보에 가까운 모습을 보였지만, 그 외의 시기에는 자본생산성이 하락하였다(Foley & Michl, 1999: 117).[9] 피케티의 실증연구에서도 이른바 자본주의 경제의 황금시대를 지나 신자유주의 시기로 접어들면서 선진국들에서 자본-소득비율이 급격하게 상승하는 추세를 나타내고 있다(피케티, 2014). 자본-소득비율은 자본생산성의 역수, 즉 자본계수의 근삿값이라 할 수 있기 때문에, 이러한 추세는 자본생산성의 하락이라는 마르크스 편향적 기술변화의 특징을 나타내는 것이다.

한국은행의 국민계정과 국민대차대조표를 이용하면, 손쉽게 자본생산성의 근삿값을 구해볼 수 있다. 〈표 5.2〉는 그 일부를 간단하게 예시한 것이다. 마지막 행은 제2행의 국내순생산을 제1행의 명목순자본스톡으로 나눈 값인데, 2016년부터 2019년 동안에 걸쳐 하락하고 있음을 보여준다.

은 비율로 증가하는 경우, 후자는 자본생산성은 향상되나 노동생산성은 불변인 경우이다. 기계 한 단위 당 더 많은 산출량을 가져다주면서 그와 똑같은 비율로 노동을 덜 필요로 하는 기술진보는 힉스 중립적이다. 솔로우 중립적 기술진보는 예를 들어 더 효율적인 개인용 컴퓨터가 도입되어 노동자 일인당 자본설비비용은 하락하지만 동일한 산출량을 위해 필요한 노동자수는 동일한 경우이다(Blecker & Setterfield, 2019: 80-82).

[9] 펜월드 테이블(Penn World Table; https://www.rug.nl/ggdc/productivity/pwt/?lang=en)을 이용한 실증분석에 따르면, 1964-1990년 동안 세계의 대부분 지역에서 마르크스 편향적 기술변화가 일어났다(Marquetti, 2003).

〈표 5.2〉 한국의 제도부문별 자본스톡 및 국내순생산 (단위:십억 원)

	2016년	2017년	2018년	2019년
명목순자본스톡(A)	10,101,280.5	10,798,781.4	11,637,556	12,384,550.9
국내순생산(B)	1,417,975.2	1,496,022.2	1,539,052.6	1,537,557.5
자본생산성(B/A)	0.1404	0.1385	0.1322	0.1242

■ **보론 5.1.** 소비-성장의 관계와 마르크스 편향적 기술진보[10]

분석을 단순하게 만들기 위해 1부문 모형을 상정하자. 즉, 경제 내에는 생산재인 동시에 소비재인 상품 하나만이 존재한다. 폐쇄경제를 가정하면, 가격 단위로 나타낸 경제 전체의 총생산량은 소비(C)와 투자(I)의 합이므로 다음과 같이 나타낼 수 있다. 여기에서 δ는 감가상각률, g_K는 자본스톡의 증가율을 나타낸다.

$$pX = C + I = C + (g_K + \delta)K \qquad (5.3)$$

(5.3)식의 양변을 노동고용량(L)으로 나누면 다음을 얻는다. 여기에서 c는 1인당 소비, x는 노동생산성, ρ는 자본생산성을 나타내며, 두 번째 등호는 (5.2)식을 이용한 것이다. 이 모형에서는 자본가의 감독노동 중의 일부, 즉 경영노동도 임금소득으로 간주한다(Basu. 2010: 595). 따라서 c 안에는 자본가가 임금소득으로 소비재를 구입하는 부분도 포함되어 있다.

$$x = c + (g_K + \delta)k = c + (g_K + \delta)\frac{x}{\rho}$$

$$\therefore\ c = (1 - \frac{g_K + \delta}{\rho})x \qquad (5.4)$$

10) 여기에서의 논의는 Foley & Michl(1999)에서 가져왔다.

이제 세로축에 c, 가로축에 $g_K + \delta$를 나타내면 (5.4)식은 〈그림 5.1〉과 같이 나타낼 수 있으며, 이는 사회 전체의 소비와 성장의 관계를 나타낸다. 즉, 사회 전체의 소비가 0일 때 경제 전체의 성장률은 자본생산성(ρ)과 같아지며, 반대로 경제 전체의 성장률이 0이면 1인당 소비는 노동생산성(x)과 같아진다. 마르크스 편향적 기술진보는 노동생산성 증대와 자본생산성 하락이 결합된 것이므로 그림의 직선이 E점을 기준으로 시계 방향으로 회전이동하는 것으로 나타낼 수 있다. 그림의 (a)가 이를 나타낸다. 즉, 기존의 기술에 비해 노동생산성은 x에서 $\hat{x}$로 증가하며, 자본생산성은 ρ에서 $\hat{\rho}$로 감소하는 것이다. 참고로 그림 (b)는 해로드 중립적 기술진보를 묘사하고 있다. 이 경우 자본생산성은 불변인 채 노동생산성만 증대되므로 가로축의 절편을 축으로 시계 방향으로 회전하는 것임에 주목하자. 한편 임금과 이윤율의 관계도 〈그림 5.1〉의 그래프와 동일하게 나타낼 수 있다.[11)]

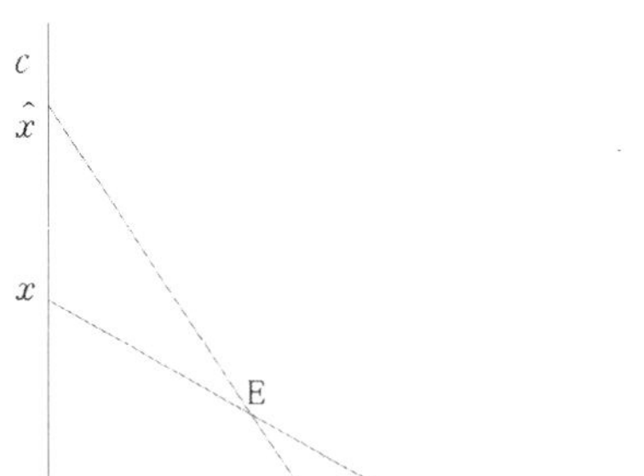

(a) 마르크스 편향적 기술진보

(b) 해로드 중립적 기술진보

〈그림 5.1〉 노동절약적 기술진보

11) (5.4)식을 소비와 투자의 합이 아니라 임금과 이윤의 합으로 나타내면, $pX = wL + rK$가 된다. 양변을 L로 나누어 정리하면 $x = w + \frac{rx}{\rho}$ 이 되므로, (5.4)식과 동일한 관계를 얻는다. 단, c 대신에 w, $g_K + \delta$ 대신에 r이 대응된다.

문제 5.1. 상대적 과잉인구라는 용어의 의미로 정확한 것은?

① 식량생산능력에 비해 인구가 많다

② 사망률에 비해 출생률이 높다

③ 경제성장률보다 인구증가율이 더 높다

④ 자본의 증식욕구에 비해 인구가 많다

문제 5.2. 자본의 구성과 관련된 설명으로 잘못된 것은?

① 기술적 구성은 지수문제(index problem) 때문에 측정불가능하다

② 자본의 유기적 구성의 고도화는 노동자계급의 지위를 불안정하게 만든다

③ 생산의 유기적 구성(Okishio)은 잉여가치율의 변화와 같은 방향으로 변화한다

④ 마르크스는 유기적 구성을 "기술적 구성의 변화를 반영하는 가치구성"이라 정의하였다

문제 5.3. 어느 경제의 투입계수행렬이 다음과 같다고 하자. 이 경제에 관한 설명으로 맞는 것은?

$$A = \begin{pmatrix} 0.6 & 0.4 \\ 0.3 & 0.2 \end{pmatrix}$$

① 이 경제는 분해가능한 시스템이다

② 두 부문의 자본의 유기적 구성은 서로 다를 수 있다

③ 레온티에프 역행렬이 존재하지 않는다

④ 순생산가능조건이 충족되지 않는다

문제 5.4. 다음 중 상대적 과잉인구에 관한 설명으로 맞는 것은?

① 잠재적 과잉인구는 실업통계에 잡히지 않는다
② 경기순환과 상관없이 일정한 크기로 유지되는 실업(자)를 가리킨다
③ 수확체감의 법칙이 작용하기 때문에 생겨난다
④ 자본의 유기적 구성 하락 때문에 발생한다

문제 5.5. 생산의 유기적 구성이 지속적으로 고도화하면 상대적 과잉인구의 규모는 증가할 수밖에 없음을 논증하라.

문제 5.6. 어느 기업은 연초에 K만큼의 불변자본과 V만큼의 가변자본을 생산에 투자하였다고 한다. K 중에서 K_f만큼은 내구연한이 5년인 기계로 이루어져 있고, 나머지는 회전기간이 일 년인 중간재로 이루어져 있다. 이때 이 기업의 투하자본 중에서 유동자본이 차지하는 비중을 기호로 나타내 보라.

문제 5.7. 자본의 유기적 구성은 증가하였으나 생산의 유기적 구성은 오히려 하락하는 경우를 예를 들어 설명하라.

한편 지금까지 다룬 기술진보는 동일한 생산물을 만드는 과정에서 새로운 생산방법이 도입되는 경우에 국한하였음에 주의할 필요가 있다. 이러한 기술진보를 공정혁신(process innovation)이라 부른다. 반면 완전히 새로운 생산물이 도입되는 기술진보를 제품혁신(product innovation)이라고 한다. 제품혁신의 경우를 분석하는 것은 좀 더 복잡할 수밖에 없는데, 여기에서는 다루지 않기로 한다.

5.2. 기술변화의 질적 측면

기술변화는 단지 양적인 측면뿐 아니라 질적인 측면에서의 변화를 초래한다. 마르크스의 형식적 포섭과 실질적 포섭이라는 개념은 생산과정 안에서 노동자와 자본가 사이의 관계가 질적으로 변화한다는 점을 포착하게 해준다.

자본에 의한 노동의 형식적 포섭(formal subsumption)[12]은 자본주의적 고용계약을 통해 노동과정을 지휘하고 통제하는 권력이 자본가에게 주어지는 상태를 의미한다. 생산수단을 갖지 못한 노동자가 자신의 노동력을 자본가에게 판매하고 임금을 받기로 계약하는 것 그 자체가 형식적 포섭인 것이다. 그러나 실제 생산과정에서 과연 노동자가 잉여가치를 충분히 생산함으로써 자본가의 노동력 구매 의도에 부합하게 될 것인지는 불확실하다. 생산과정을 어떻게 조직하며, 노동자들을 어떻게 배치하고, 노동력의 지출을 어떻게 효과적으로 감독하고 통제할 것인가 등의 다양한 문제가 해결되어야 하는 것이다. 그러므로 고용형태를 정규직으로 하는가 비정규직으로 하는가, 임금제도는 성과급으로 하는가 아니면 연공서열형 임금으로 하는가, 노동통제는 물리적 강제를 동원하는가 그렇지 않으면 더욱 유연한 방식을 취하는가, 작업환경은 어떻게 할 것인가, 공장이나 기업 내부의 노동자들 사이의 커뮤니케이션은 수직적 위계와 수평적 의사소통을 어느 정도의 비중으로 가져갈 것인가 등의 의사결정에 따라 자본이 노동을 얼마나 장악하는가가 결정된다. 즉, 실질적 포섭(real subsumption)은 형식적 포섭의 내실을 어떻게 채워나가는가에 달려 있는 것이다. 물론 실질적 포섭은 전부 아니면 전무(all or nothing)의 문제는 아니고 주어진 생산기술 및 자본축적의 조건, 그리고 노

12) 관례적으로 포섭이라는 번역어가 사용되지만, 자본이 노동을 종속시킨다는 의미로 이해하면 좋을 것이다. 실제로 명목적/실질적 종속이라 번역되기도 한다.

동자와 자본가의 계급적 대립의 상황에 따라 동태적으로 변화하는 것으로 이해되어야 한다.

형식적 포섭은 자본이 생산과정 안에서 노동을 완전히 종속시키지는 못했다는 뉘앙스를 갖는다. 그렇기 때문에 실질적 포섭이 충분히 이루어지지 못한 국면에서는 오히려 물리적 강제를 통한 노동통제가 잉여가치 생산의 중요한 방식이 된다. 제3장 제3절에서 설명한 절대적 잉여가치 생산은 주로 형식적 포섭의 단계에 대응되는 것으로 볼 수 있다. 자본주의가 그 이전의 노예제나 봉건제처럼 경제외적 강제에 기초한 생산양식이 아니라는 관점에서 보면, 형식적 포섭의 단계는 자본의 장악력이 아직 미흡한 단계라 이해할 수도 있을 것이다. 반면 실질적 포섭은 자본이 경제외적 강제에 준하는 것이 아닌 경제적 통제의 방식으로 노동을 장악함으로써 상대적 잉여가치 생산이 주로 이루어지는 단계임을 의미한다. 물론 이러한 구분은 여전히 도식적인 것이며 현실은 훨씬 더 복잡한 것임을 잊어서는 안 될 것이다. 예를 들어 일정한 성과목표를 설정하고 그것을 충족할 때 인사상의 이익을 주거나 반대로 충족하지 못할 때 불이익을 주는 경우, 노동자들은 그 목표달성을 위해 스스로 노동강도를 강화할 수 있다. 이러한 성과목표 자체가 정교하게 설정되어 집행될수록 노동자들의 즉자적 저항은 무력화하는데, 이 경우 실질적 포섭이 이루어짐에도 불구하고 절대적 잉여가치의 생산이 발생하는 것이다.[13)]

기계제 대공업의 발전은 노동자의 작업 리듬을 기계장치에 종속시킴으로써 노동과정에서의 주도권이 노동자의 지식이나 숙련으로부터 기계를 중심으로 움직이는 시스템으로 넘어가는 결과를 가져왔다. 1930년대 중반에 만들어진 찰리 채플린의 영화 〈모던타임즈〉(*Modern Times*)는 컨베이어벨트의 도입이 가져온 노동과정의 파편화와 그로 말미암은 노동통제, 노동자의 소외, 고용의 불안정 등을 날카롭게 묘사하고 있다. 특히 19세기 말 등장한

---

13) 제3장의 각주 26에서 인용한 배달노동자의 사례를 참조하라.

프레데릭 테일러(Frederick Taylor)의 과학적 관리기법은 시간연구(time study)와 동작연구(motion study)를 통해 이러한 탈숙련화의 과정을 극한까지 밀어붙임으로써 자본에 의한 노동의 실질적 포섭의 정도를 비약적으로 증가시켰다. 〈그림 5.2〉는 테일러와 함께 과학적 관리기법을 발전시킨 길브레스(Frank Gilbreth)가 인간의 기본동작을 구분하여 기호로 나타낸 것이다. 그는 자신의 이름 철자를 뒤집어 서블릭(therblig)이라는 단위를 만들었다. 즉, 어떤 노동이건 그림에서와 같은 기본 동작들의 결합으로 나타낼 수 있다고 보고, 각 서블릭의 횟수와 수행에 필요한 시간 등을 계산하여 노동과정에서 불필요한 동작을 제거함으로써 가장 효율적인 작업수행을 위한 방법을 연구하였다. 복잡노동의 단순노동으로의 환원을 현실에서 실현시켜 버린 셈이다.

Therblig	Color	Symbol/Icon	Therblig	Color	Symbol/Icon
Search	Black		Use	Purple	
Find	Gray		Disassemble	Violet, Light	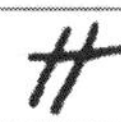
Select	Light Gray		Inspect	Burnt Orange	
Grasp	Lake Red		Pre-Position	Sky Blue	
*Hold	Gold Ochre		Release Load	Carmine Red	
Transport Loaded	Green		Unavoidable Delay	Yellow Ochre	
Transport Empty	Olive Green		Avoidable Delay	Lemon Yellow	
Position	Blue		Plan	Brown	
Assemble	Violet, Heavy		Rest for overcoming fatigue	Orange	

〈그림 5.2〉 서블릭 차트

출처: http://gilbrethnetwork.tripod.com

테일러주의(Taylorism)라 불리는 과학적 관리기법은 다양한 노동과정에 적용되었으며, 심지어는 러시아혁명을 성공시켰던 레닌조차 사회주의 체제 건설을 위해 테일러적 관리기법의 도입을 호의적으로 평가했을 정도였다. 1974년에 출간된 해리 브레이버만(Harry Braverman)의 고전적 저서 『노동과 독점자본』(*Labor and Monopoly Capital*)은 자본주의적 기술변화의 방향이 노동자들의 숙련을 해체하는 탈숙련화(deskilling) 혹은 숙련의 희석화(dilution)에 있음을 실증적으로 보여주었다. 이로부터 자극받은 연구들은 구상(conception)과 실행(execution)의 분리라는 키워드로 자본주의적 노동과정의 변화를 규정하였다. 인간의 노동은 먼저 그 결과를 머릿속에 그려보는 과정에서 출발하여 그에 따라 실행에 옮기는 과정으로 이어진다. 그런데 이러한 개념 자체를 현실에서 분리함으로써 구상을 담당하는 노동자와 실행을 담당하는 노동자를 인적으로도 분리하는 위계적 분업체계가 만들어졌다는 것이다. 이는 육체노동과 정신노동의 분리를 가져오고, 단순반복적인 실행을 담당하는 노동자의 고용 및 노동조건을 불안정한 것으로 만든다. 복잡노동의 탈숙련화와 구상과 실행의 분리는 당연히 자본에 의한 노동의 실질적 포섭을 강화하는 과정이었다. 그런데 이와 관련하여 두 가지 사항에 대해 유의할 필요가 있다.

첫째, 실질적 포섭의 강화가 곧바로 노동자계급의 생활수준의 하락을 의미하는 것은 아니라는 점이다. 이미 제3장 제3절에서 살펴본 바와 같이, 기술진보에 따라 노동력 가치가 하락하면 잉여가치율이 증가하는 동시에 노동자의 실질임금은 줄어들지 않거나 오히려 상승할 수도 있다. 마르크스가 자본주의의 발전에 따라 노동자계급이 궁핍화한다는 명제를 주장한 것은 잘 알려진 사실이다. 그러나 이때 궁핍화는 생활수준의 절대적 하락이라기보다는 상대적 하락, 그리고 고용조건의 불안정화 등을 의미하는 것으로 해석되어야 한다.

둘째, 노동과정의 테일러주의적 편성은 전형적으로 노동자들의 경험적 숙련을 해체한다. 그러나 기술변화의 속도가 빠를수록 단순히 노동자들을 기계시스템 안에 편입시키는 것만으로는 역설적으로 자본의 원활한 잉여가치 생산에도 도움을 주지 못하게 된다. 이른바 인지적 숙련(cognitive skill)의 역할이 점점 더 커지기 때문이다. 즉 노동자가 경험을 통해 쌓는 숙련의 중요성은 점점 덜해지는 대신에, 기술변화에 적응할 수 있는 인지능력의 중요성은 오히려 커진다고 할 수 있다. 지식노동자(knowledge worker) 담론은 그러한 현실을 일부 반영한 것이라 할 수 있다. 이로부터 브레이버만이 지적했던 노동의 탈숙련화를 넘어 재숙련화(reskilling)가 이루어진다거나 자본주의가 인지자본주의(cognitive capitalism)라는 새로운 단계로 들어선다거나 하는 주장도 생겨났다. 약간 다른 맥락이지만 소유와 경영의 분리라는 경영자 자본주의 하에서 전통적인 자본-노동이라는 계급관계에 제3의 요소로서 경영자 혹은 상층부 노동자가 등장함으로써 현실이 더욱 복잡하게 되었다는 주장도 제기되고 있는 실정이다. 물론 이러한 담론들이 현실적으로 자본주의 경제 자체를 변형시키는 힘을 갖기 위해서는 무엇보다도 탈숙련화나 구상과 실행의 분리에 대한 노동자계급의 저항이라는 동태적 요인이 작용해야 한다. 기술변화를 단지 양적 측면으로만 파악하는 것이 아니라 질적 측면에서 해석한다는 것은 이와 같은 정치경제학적 관점의 필요성을 보여주는 셈이다.

■ **보론 5.2.** 노동의 유연성

유연성(flexibility)이라는 용어는 가치 중립적이면서 긍정적인 어감을 준다. 그러나 노동의 유연성은 주로 노동시장의 유연성, 즉 해고를 얼마나 자유롭게 할 수 있는가, 임금이나 노동시간 등을 얼마나 신축적으로 변화시킬 수 있는가라는 관점에서 논의되는 것이 보통이다. 그러므로 일반적으로 노동의 유연성 제고는 노동자계급의 입장에서는 상황을 악화시키는 요인이다. 이처럼 경제문제와 관련하여 가치중립적인 용어가 실상은 강한 가치판단을 담고 있는 예는 매우 많다(제1장의 문제 1.5 참조). 구조조정이 대량해고나 임금삭감을 의미하는 것이 그러하다. 이미 제1장에서 지적하였듯이, 사회과학은 어떤 의미에서는 네이밍, 즉 이름 붙이기의 학문일 수도 있다. 특히 물질적 이해가 걸려 있는 경제(학)의 영역에서는 과학적 중립성의 외관이, 그 배후에는 이데올로기적 당파성을 감추고 있는 경우가 많다. 노동의 유연성은 노동의 기능적 유연성, 즉 노동자가 변화하는 생산여건에 얼마나 신축적으로 대응할 수 있는가를 나타낼 수도 있다. 한편 노동자가 시장에서 결정되는 임금에만 의존하지 않고 독립적으로 노동력을 유지할 수 있는 능력을 나타낼 수도 있다. 말하자면 노동력 재생산의 유연성인 것이다. 시민으로서의 기본적 존엄을 유지할 수 있는 사회보장제도 등이 잘 갖추어진 사회라면 노동력 재생산은 유연하다고 할 수 있을 것이다. 반대로 노동력 재생산이 유연하지 못하면, 노동자들은 이른바 맥잡(McJob)[14]이라도 구하지 않으면 생계를 유지하기 어렵기 때문에 오히려 실업률은 낮아지면서 노동이동은 빈번해지는 경향이 있다. 노동력 재생산의 경직성이 노동시장의 유연성과 결합될 수 있는 것이다. ■

5.3. 기술의 선택: 시장가치와 시장생산가격

지금까지는 분석의 편의를 위해 하나의 상품을 만드는 데에는 하나의 기술만 존재하는 것으로 가정하였다. 그렇지만 이미 제3장 제3절에서 특별잉여가치를 설명하면서 지적한 바와 같이, 동일한 상품을 만드는 기술이 두 가지 이상 공존할 수 있다. 다만 거기에서는 개별 가치와 사회적 가치를 구분하고 후자는 전자의 가중평균(가중치는 시장점유율)이라고 가정하였다. 이제 여기에서는 이러한 논의를 좀 더 정교하게 다듬어보고자 한다. 일반적으로 여러 가지의 기술이 공존하는 경우, 하나의 산업부문 안에서는 시장가치

14) 패스트푸드 식당 이름에서 유래한 것으로서 저임금 및 저숙련, 잦은 노동이동을 특징으로 하는 일자리를 가리킨다.

(market value), 여러 산업부문들 사이에서는 시장생산가격(market price of production)이라는 개념을 생각할 필요가 있다.

시장가치는 물론 해당 상품을 생산하는 여러 가지 기술의 가중평균값에 의해 결정된다. 그러나 기술변화가 끊임없이 일어나는 상황에서 가중치를 무엇으로 잡는가에 따라 시장가치의 크기는 달라진다. 여기에서는 어떤 상품이 오직 자기 자신만을 투입물로 필요로 하는 간단한 예를 들어 살펴보도록 하자.[15] 〈표 5.3〉은 이 상품을 만드는 기술이 두 가지 공존하며 각각의 투입-산출 관련이 서로 다르다는 것을 보여준다. 즉, 기술A는 기술B에 비해 상대적으로 노동투입량이 적은 반면, 기술B는 반대로 노동 이외의 투입물(여기에서는 자기 자신)이 기술A보다 적다. 그 결과 사회 전체적으로 165단위의 상품이 생산되며, 기술A는 그 중에서 65단위, 기술B는 100단위를 공급하고 있다.

이제 제2장의 가치결정식 (2.8)을 단순하게 적용하여 기술1이 이용되는 경우와 기술2가 이용되는 경우 각각 이 상품의 단위 당 가치를 구할 수 있다. 즉, 전자는 $12v_1^A + 3 = 65v_1^A$, 후자는 $3v_1^B + 12 = 100v_1^B$로부터 각각 $v_1^A = 3/53 \simeq 0.057$, $v_1^B = 12/97 \simeq 0.124$를 얻는다. 단, 여기에서 위 첨자는 각 기술을 나타낸다.

〈표 5.3〉 두 가지 기술이 공존하는 경우

	투입량	노동	산출량
기술A	12단위	3시간	65단위
기술B	3단위	12시간	100단위
합계	15단위	15시간	165단위

그렇다면 두 기술에 따라 생산되는 개별가치의 가중평균인 시장가치는

15) 이 예는 Sekine(1982-3)에 의거하며 아래의 설명도 그의 견해를 받아들여 전개한 것이다.

어떻게 결정되는 것일까? 어떤 기술로 생산되건 일물일가의 법칙에 의해 이 상품의 가격은 같다면, 〈표 5.3〉으로부터 계산한 시장점유율은 기술A가 65/165로서 약 39.4%, 기술B가 100/165로서 약60.6%이다. 만약 이 가중치를 적용하면 해당 상품의 시장가치는 약 0.098이 될 것이다.[16] 이것이 바로 제3장에서 사회적 가치를 계산한 방법이기도 하다.

여기에서 상품의 가치는 그 생산을 위해 사회적으로 필요한 노동량이라는 정의를 상기해 보자. 만약 시장에서 이 상품에 대한 수요가 증가하면 생산량은 그에 대응하여 증가해야 한다. 그런데 상품이 순간적으로 생산되는 것이 아니라면 생산에는 시간이 걸릴 수밖에 없고, 따라서 해당 상품의 가치는 지금부터 그것을 생산할 때 사회적으로 필요한 노동시간에 의해 결정되어야 한다. 그 때 기술A와 기술B가 새로 증가한 생산량의 절반씩 충당한다고 가정하자. 이 상품의 생산량을 Q, 그 증가분을 ΔQ, 위 첨자는 각 기술을 나타낸다고 하면, $\Delta Q^A/\Delta Q = \Delta Q^B/\Delta Q = 0.5$인 것이다. 이제 생산량까지 감안하여 일종의 탄력성 개념을 (5.5)와 같이 정의하도록 하자.

$$\varepsilon_A = \frac{\Delta \ln Q^A}{\Delta \ln Q} = \frac{\Delta Q^A}{\Delta Q}\frac{Q}{Q^A}, \quad \varepsilon_B = \frac{\Delta \ln Q^B}{\Delta \ln Q} = \frac{\Delta Q^B}{\Delta Q}\frac{Q}{Q^B} \qquad (5.5)$$

즉, ε_A와 ε_B는 각각 해당 상품의 생산량의 변화율에 대해 기술A와 기술B에 의해 생산되는 상품량의 변화율을 나타낸다. ε_A 또는 ε_B가 탄력적이라는 것은 증가하는 수요에 대응하기 위하여 해당 기술이 현재 상태보다 더 많이 이용된다는 것을 의미한다. 〈표 5.3〉의 예에서 $\varepsilon_A \simeq 0.5 \times \frac{165}{65} = 1.269$, $\varepsilon_B \simeq 0.5 \times \frac{165}{100} = 0.825$를 얻는다. 즉, 기술A는 현시점에서 시장에 출하되고 있는 상품 중에서는 39.4% 정도의 점유율

16) $0.394 \times v_1^A + 0.606 \times v_1^B = 0.394 \times 0.057 + 0.606 \times 0.124 \simeq 0.098$이다.

을 차지하지만 새로운 수요 증대에 대응할 때는 50%를 차지하게 된다. 근사적으로 말하자면, 생산량이 1% 늘어날 때 기술A의 비중은 1.269% 늘어나므로 탄력성이 1보다 큰 것이다. 반면 기술B는 현시점에서는 약 60.6%의 점유율을 나타내지만 새로운 수요 증대에 대응해서는 50%를 차지한다. 즉, 그 비중이 점점 줄어들고 있기 때문에 탄력성이 1보다 작다. 따라서 이 경우 시장가치를 구하기 위해서는 〈표 5.3〉의 각 기술에 대해 ε_A와 ε_B를 곱해줌으로써 〈표 5.4〉와 같은 일종의 관념적 평균을 계산해 주어야 한다. 즉, 이 경우 해당 상품의 시장가치는 $17.7v_1 + 13.7 = 165v_1$의 해인 $v \simeq 0.093$이다. 앞서 현시점의 시장점유율을 가중치로 하여 계산한 경우에 비해 해당 상품의 시장가치는 약간 하락하였다. 왜냐하면 우월한 기술(기술A)의 비중이 점점 증가하고 있는 상황을 반영하였기 때문이다.

〈표 5.4〉 시장가치의 계산

	투입량	노동	산출량
기술A	15.2단위	3.8시간	82.5단위
기술B	2.5단위	9.9시간	82.5단위
합계	17.7단위	13.7시간	165단위

기술이 여럿 공존하는 경우, 각 기술의 점유율은 항상 일정한 채로 유지되는 것이 아니라 끊임없이 변화한다. 예를 들어, 신기술이 출현하고 보급·확산하는 과정에서, 해당 신기술의 점유율은 점차로 증가할 것이다. 특별잉여가치가 사라지면서 상대적 잉여가치로 전환된다는 제3장 제3절의 설명은 하나의 새로운 기술이 시장 전체를 지배하게 되는 상황을 가정하고 있다. 그렇지만 현실에서는 낡은 기술이 완전히 소멸되지 않고 생존할 수도 있다. 또는 그 새로운 기술이 시장 전체를 장악하기 전에 더 새로운 기술이 출현할 수도 있다. 요컨대 기술의 점유율은 〈그림 5.3〉에서처럼 시시각각 변화하는 것이다. 더 정확하게 그리자면, 어느 순간 새로운 기술C가 나타나

서 기존의 기술A나 기술B는 경쟁력을 잃고 소멸할 수도 있다.

어쨌든 〈표 5.4〉에서 설명한 것은 시점 t_0에서의 시장가치는 t_0에서부터 생산을 시작하여 그것이 완결되는 시점 t_1까지의 시간 동안에 기술A와 기술B의 점유율이 어떻게 변화하는가에 따라 결정된다는 것이다. 이제 이와 같은 시장가치의 형성과정을 서로 다른 산업부문 간의 문제로 응용하면, 시장생산가격 개념이 등장하게 된다. 가치가 생산가격으로 전형된다는 제4장의 논의를 상기한다면, 시장가치는 결국 산업 간의 이윤율 균등화 과정을 거치면서 시장생산가격으로 바뀔 것이기 때문이다.

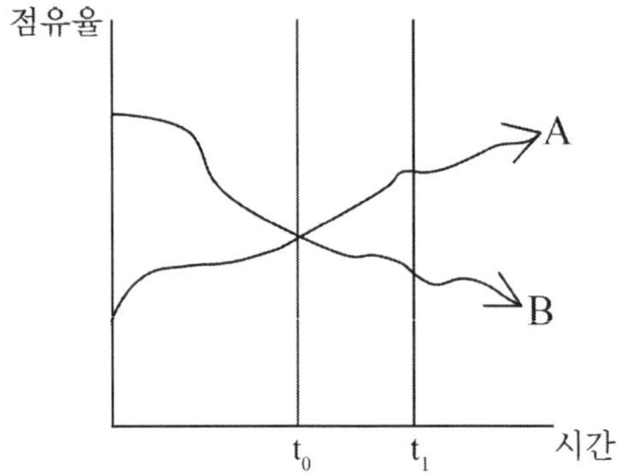

〈그림 5.3〉 기술분포의 변화

문제 5.8. 〈표 5.3〉과 같은 상태에서 시장수요 증대에 대응하여 기술A와 기술B의 원래의 점유율, 즉 39.4%와 60.6%로 이용된다고 하자. 이때 ε_A와 ε_B의 크기, 그리고 해당 상품의 시장가치는 얼마인지 구한 다음, 그 경제적 의미를 해석해 보라.

5.4. 축적체제: 포드주의와 도요타주의

생산기술의 변화는 그 자체로는 생산력의 변화이지만, 그로 말미암은 생산관계의 변화까지도 초래한다. 기계적인 역사유물론의 도식과는 달리, 생산관계의 변화가 생산력의 발전에 영향을 미치기도 한다. 경영학의 인사 · 조직이론에서 다루는 영역, 예를 들어 기업 내에서 노동자의 성과를 어떻게 평가하고 통제할 것인지, 자본가 혹은 그 대리인인 경영자가 어떤 유형의 리더십을 행사하는가에 따라 생산력의 발전 여부와 기술변화의 적용과정이 좌우되는 것이다. 그런데 이러한 문제들도 단지 하나의 기업 안에서만 결정될 수 있는 문제가 아니라 국가의 법률 및 제도, 노동-자본 관계에 대한 사회의 컨센서스 등의 영향을 받게 된다. 즉, 생산력과 생산관계의 결합으로 정의되는 생산양식의 변화는 좁은 의미의 생산과정을 넘어서 소비양식, 생활양식, 다양한 제도형태, 국가의 경제정책 등에까지 영향을 미치고 또 역으로 그것들의 영향을 받아 변화한다. 이와 같은 과정을 포착하기 위해, 프랑스의 조절학파(Regulation School)에서 제시한 개념이 바로 축적체제(régime d'accumulation; regime of accumulation)이다. 축적체제는 "자본축적의 진행이 광범하고도 상당 정도 일관된 형태로 보증되는, 즉, 과정 그 자체로부터 부단히 나타나는 왜곡 혹은 불균형을 흡수하거나 시간적으로 지연시킬 수 있는 규칙성의 총체"라고 정의된다(브와예, 1991: 59). 축적체제는 자본주의 사회를 "자본주의 생산양식"이라 통칭할 때의 생산양식이라는 개념보다는 하위 개념이라 할 수 있다. 자본주의 경제의 특정 시기에 성립되는 하나의 국면을 의미하는 것이기 때문이다. 축적체제론에서 가장 널리 분석된 것은 이른바 포드주의(Fordism) 축적체제이다.

제2차 세계대전 이후부터 1973년 제1차 오일쇼크로 장기불황에 빠져들기 전까지 한 세대 가량의 기간 동안 자본주의 세계 경제는 미국의 강력한 헤게모니 아래 황금시대(Golden Age)라 불리는 유례없는 번영기를 맞이한다. 마르크스주의 정치경제학에서조차 이 시기를 자본주의의 상대적 안정기라 불렀을 정도였다. 1950년에서 1973년까지의 미국 경제의 연평균성장률은 2.2%였고 일본이나 통일 이전의 서독처럼 고도성장을 달성한 나라들까지 포함하면 선진 자본주의국들의 성장률은 연평균 4%를 넘어섰다. 매년 2%의 성장률을 유지하는 경제는 대략 35년 뒤에는 경제 규모가 두 배로 증가하게 된다.[17] 따라서 이 시기 미국경제만 해도 출발점에 비해 두 배 가까이 성장한 셈이다.

이와 같은 번영을 가능하게 한 것은 컨베이어벨트로 상징되는 반(半)자동 일관생산공정 도입을 통한 생산력의 혁신, 그에 기초하여 표준화된 제품의 대량생산, 그리고 그와 결합된 대량소비로 특징지어지는 포드주의 축적체제의 성립이었다. 원래 포드주의라는 명칭은 20세기 초반 미국의 헨리 포드(Henry Ford, 1863-1947)가 자동차 대중화를 가져온 유명한 제품인 모델 T를 생산하면서, 노동자들에게 일당 5달러라는 당시로서는 파격적인 높은 임금을 지불한 데에서 유래하였다.[18] 포드주의의 특징은 극단적인 분업에 기초하여 직무를 파편화하고, 컨베이어벨트와 같은 기계장치의 특성에 노동자의 배치를 완전히 종속시키는 테일러주의에 기초를 두고 있다. 그 결과 높은 생산성을 보장하는 한편 노동자에 대해서는 높은 수준의 실질임금을 제공함으로써 보상하는 것이 포드주의를 특징짓는 대량생산-대량소비의 핵심이었다. 정기적인 단체교섭을 통해 생산성 연동임금제가 확립됨으로써 생산성 향상은 그에 상응하는 실질임금 상승으로 연결될 수 있었다. 생산과정

---

17) 경제성장률을 g라 하면, n년 뒤의 경제 규모가 지금의 두 배가 되기 위해서는 $2=(1+g)^n$을 만족해야 한다. 이 식의 양변에 자연로그를 취하면 $\ln 2 = n \times \ln(1+g)$인데, g의 값이 충분히 작을 때 $\ln(1+g)$의 근삿값은 g이므로, $\ln 2/g \simeq n$이 성립한다. $\ln 2 \simeq 0.693$이므로 대략 70을 성장률(백분율)로 나누면, 경제 규모가 두 배로 커지는데 걸리는 시간을 구할 수 있다.

18) 비록 이름을 따오기는 하였지만 헨리 포드의 시대와 포드주의 축적체제는 시기적으로 일치하지 않을뿐더러 몇 가지 점에서 구별되기도 한다. 대표적으로 헨리 포드는 반노동조합적 성향이 강한 인물이었다. 그러나 포드주의적 축적체제는 비록 노자협조적 분위기가 유지되기는 하였지만 강력한 노동조합의 성립을 전제로 하고 있다.

에서는 전용설비를 통해 소품종 대량생산이 이루어졌고, 노동자들은 단순 반복적인 업무만을 수행하였다. 어떤 경우에는 만 명 이상의 노동자가 동시에 하나의 작업장에서 일할 정도의 대규모 생산 체제하에서 노동자들의 주거지역은 공장으로부터 멀리 떨어질 수밖에 없고, 따라서 통근시간을 단축할 수 있는 자동차의 보급이 필수적이었다. 더구나 규격화된 주택과 내구소비재 등의 보급을 통해 노동시간과 여가를 철저하게 분리하는 것이 필요했다. 노동자들이 주택이나 내구소비재를 쉽게 구입할 수 있도록 금융기관을 통해 소비자신용이 제공되었다. 요컨대 포드주의는 노동과 자본 사이의 계급적 타협에 기초한 높은 생산성과 높은 생활수준의 상호 교환, 그것을 특징짓는 대량생산-대량소비의 결합, 아울러 이러한 특징을 뒷받침하기 위한 금융으로부터 국가의 경제정책에 이르기까지 다양한 제도형태의 결합이었던 것이다. 〈그림 5.4〉는 포드주의의 호순환을 구성하는 다양한 요소들 사이의 관계를 나타낸 것이다.

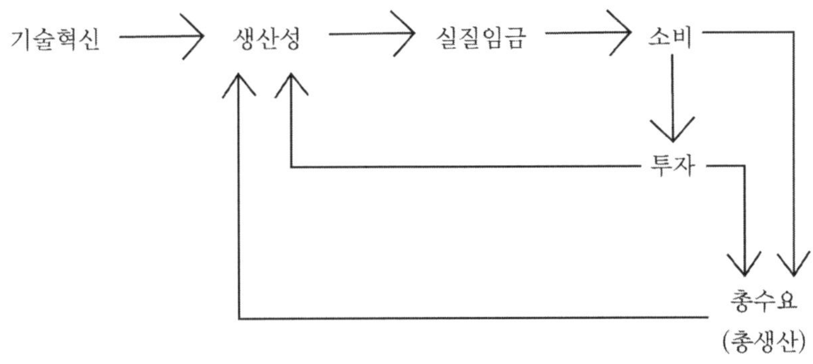

〈그림 5.4〉 포드주의의 호순환

출처: 山田鋭夫. 1994.『20世紀資本主義』. 有斐閣, 八木(2006: 94)에서 재인용.

그러나 시간이 지나면서 포드주의는 내재적 한계에 부딪힌다. 사실 〈그림 5.4〉의 각 화살표에 문제가 생기면 전체적인 호순환은 깨지면서 악순환으로 변할 수 있다. 먼저 포드주의의 기술적 기초를 이루는 노동조직 및 단순반복적 직무는 일정 수준 이상으로는 생산성 상승을 가져오지 못할 뿐만 아니라 노동자들의 저항에 부딪히게 된다. 즉, 그림에서 기술혁신으로부터 생산성으로 가는 화살표에 문제가 생기는 것이다. 생산성이 정체되면 그에 연동되어 실질임금 수준도 더 이상 상승할 수 없다. 그러므로 생산성으로부터 실질임금으로 가는 호순환은 악순환으로 바뀐다. 실질임금이 정체되므로 포드주의의 중요한 축인 대량소비에 문제가 생긴다. 그림에서는 실질임금으로부터 소비로 가는 화살표에 애로가 발생하는 것이다. 한편 원천적으로 대량생산이 쉽지 않은 의료나 교육서비스 등의 생산비용이 체증함으로써 정부의 재정부담이 늘어나고 이른바 복지국가의 위기도 생겨난다. 기본적인 욕구가 충족된 대중의 소비패턴은 다양성을 선호하는 방향으로 변화하고, 이에 따라 소품종 대량생산이라는 포드주의적 방식보다는 다품종 소량생산이라는 새로운 방식이 요구되기에 이른다. 따라서 하나의 생산라인에서 소수의 생산물만 대량으로 만들어내는 시스템이 아니라, 상황에 따라 여러 가지 제품을 만들어 낼 수 있는 유연한 생산체계가 필요하게 된다. 유연한 생산체계를 원활하게 작동시키기 위해서는 노동자도 단순반복적이고 파편화된 직무를 넘어 더욱 다양한 기능을 수행할 수 있어야 한다. 이러한 여러 가지 요인들의 작용, 아울러 오일쇼크라는 외생적 요인까지 겹치면서 포드주의는 위기에 빠지게 된다. 축적체제 자체가 자본주의 생산양식의 한 국면이라는 관점에서 보면, 하나의 축적체제가 형성되었다가 사라지면서 새로운 축적체제로 대체되는 것은 자연스러운 현상일 것이다.

한때 포드주의의 대안으로 모색된 것은 패전의 상처를 딛고 급격한 경제성장을 이룩한 일본의 생산방식이었다. 전통적인 관리직 노동자를 최소한의 규모로 줄이고 노동시간과 작업공간 및 재고 낭비를 최소화함으로써 높은 생산성을 유지하며, 파편화된 직무를 수행하는 포드주의적 노동자와는 달리 스스로 문제를 제기하고 풀 줄 아는 기능의 다면성을 특징으로 하는 도요타자동차의 노동자들은 새로운 유연한 생산방식의 담당자로 주목받았다. 일본적 생산방식, 린(lean)생산방식 또는 도요타주의라 불린 일본자본주의는 일본경제의 성장을 배경으로 각광받았다. 도요타주의란 이름은 일본의 경제부흥을 이끌었던 대표적 산업인 자동차업계의 기업 이름에서 따온 것이다. 생산라인의 각 부분에서 필요한 부품의 양을 그때그때 파악할 수 있도록 해주는 간판(看板; kanban) 시스템, 부품생산 및 설계 등에 이르는 다양한 과정을 장기지속적 관계를 맺는 하청기업에게 위탁하고 필요한 양만을 적시에 공급받는 적기생산(Just-In-Time) 등은 포드주의에서 일반화된 대량의 재고를 획기적으로 절감하였다. 아울러 종신고용제에 기반한 다능공(多能工; multi-skilled worker)의 양성, 품질관리 서클 및 제안제도로 상징되는 소집단 활동을 통한 품질개선을 위한 분권화된 체계, 즉 일본어로 개선을 의미하는 카이젠(改善; Kaizen) 활동 등이 도요타주의의 주요한 구성요소들이었다. 포드주의와 도요타주의의 유사점과 차이점을 정리하면 〈표 5.5〉와 같다.

〈표 5.5〉 포드주의 vs. 도요타주의

	포드주의	도요타주의
차이점		
생산방식	소품종 대량생산	다품종 소량생산
생산설비	전용설비	범용설비
재고관리	대량의 재고	재고최소화(간판방식/JIT)
노동력의 특성	단순기능공	다능공
직무특성	파편화된 단순반복작업	숙련작업(팀제/Kaizen)
고용계약특성	시장원리 중시	종신고용제
임금	생산성연동 임금제	연공서열형 임금
모기업-협력기업의 관계	시장경쟁원리 강조	장기지속적 관계
유사점		
노동강도	높음	높음
노동의 인간화	낮음	낮음(과로사 등)

그러나 도요타주의도 여러 가지 내재적 한계를 지니고 있었다. 일본적 생산방식 자체가 일본문화 특유의 집단주의적 의식을 활용하여 노동자 간의 경쟁과 상호감시를 통해 과도한 노동을 강요한다는 비판도 있었다. 예를 들어 도요타 공장의 노동자들은 자동차 한 대당 조립시간 68초라는 목표에 따르도록 규정되었는데, 이 68초라는 시간은 노동자의 작업속도나 리듬으로부터 계산된 것이 아니라 시장수요로부터 역산된 것이었다. 따라서 이 시간을 지키기 위한 노동강도는 매우 높은 것이었으며, 이른바 도요타 매뉴얼에는 노동자가 작업 중에 두어야 하는 발의 위치까지 자세하게 규정될 정도로 전형적인 테일러주의적 노동과정통제의 특성을 지니고 있었다. 2005년 일본 JR철도의 열차탈선사고는 일본적 생산방식의 문제점을 적나라하게 드러낸 사례로 알려졌다. 경험이 짧은 초보 운전사가 정차할 역을 혼동하는 바람에 지체한 시간을 만회하기 위해 과속으로 운행하던 중 커브 길에서 탈선하여 인명사고를 낸 것이다. 한때 포드주의의 대안인 포스트 포드주의(Post Fordism)의 모델로서 모색되었던 도요타주의는 결국 노동의 인간화(humanization of work)라는 과제에 부응하지 못하는 것임이 판명되었고, 특히 1980년대 말 일본경제의 버블 붕괴로 말미암아 퇴색하고 말았다. 1990년대 이후 세계자본주의 경제는 급속하게 노동의 유연성을 강조하는 신자유주의로 재편되었고 일본도 예외일 수는 없었다.

신자유주의를 하나의 축적체제라 본다면, 그 구성요소들은 포드주의나 도요타주의의 구성요소들을 여러 가지 측면에서 해체하고 재편한 것으로 이해할 수 있다. 포드주의의 중요한 특징이었던 높은 생산성과 높은 실질임금의 연동은 깨졌다. 1975년에서 2015년 사이에 미국의 실질국내총생산은 약 세 배, 생산성은 60%가량 성장했지만, 이미 1979년 이래 미국의 노동자 대부분은 실질임금이 정체되거나 오히려 하락하였다(마추카토, 2020: 15). 분배의 양극화는 물론이거니와 노동자계급 내부에서도 정규직과 비정규직, 관리직 노동과 비관리직 노동 간의 격차는 심화되었다. 종신고용제와 노동-

자본은 물론 모기업-협력기업 간의 장기적이고 지속적 관계를 중시하던 일본적 생산방식은 아직 잔재가 있기는 하지만 급속하게 신자유주의적 시장 원리에 따라 재편되었다. 일본경제에서도 "파견(Haken; 派遣)"이라 불리는 비정규직 노동의 문제는 심각한 것이 되었다. 정보통신기술의 발전은 분명히 신자유주의적 세계화의 근저에 놓여 있는 것으로 보인다. 신자유주의가 하나의 축적체제인지, 그렇다면 조만간 다른 축적체제로 변화할 것인지는 쉽게 결론 내릴 수 없다. 어쨌든 기술변화의 양적 측면과 질적 측면을 탐구함으로써 경제체제 및 사회생활의 성격 변화를 추적할 수 있다는 것만은 분명하다.

문제 5.9. 다음은 포드주의의 호순환의 구조를 나타낸다. 이에 대한 설명으로 맞는 것은?

기술혁신 → (A) → 생산성 향상 → (B) → 실질임금 상승 → (C) → 소비 증가 → (D) → 투자 증가 → 총수요 증가 → 생산성 향상

① 유연생산시스템의 도입은 (A)의 효과가 커지도록 하는 요인이다
② (B)가 작동하는 것은 생산성 연동임금제 때문이다
③ (C)는 소비자의 기호가 다양할 것을 전제로 한다
④ 외국무역이 증대하면 (D)가 더욱 효과적으로 작동한다

6

자본의 순환과 재생산

자본은 끊임없이 형태를 바꾸면서 순환하며, 그 과정을 통해 스스로를 확대된 규모로 재생산한다. 자본은 노동력의 순환마저도 유사 자본, 즉 인적 자본의 순환으로 만듦으로써 자본주의 체제를 안정적으로 유지하고자 한다. 이러한 자본의 재생산을 경제적 측면, 특히 유효수요라는 관점에서 파악하는 이론적 모형이 재생산표식이다. 자본가가 잉여가치의 일부를 축적함으로써 경제성장이 이루어지는 경우가 확대재생산이다. 확대재생산의 균형조건은 매우 우연적으로만 달성될 수 있으며, 이는 자본주의 경제 자체가 끊임없이 불균형에 노출될 수 있음을 보여준다. 재생산표식 분석은 마르크스가 제시한 것이지만, 칼레츠키나 케인즈 등의 이론을 전개하는 도구로도 활용될 수 있다. 자본의 재생산은 단지 경제적 측면만으로 가능한 것은 아니며, 훨씬 넓은 사회적 범위에서 국가의 개입 및 이데올로기의 재생산까지도 필요로 한다.

주요 개념: 자본의 순환. 노동력의 순환. 재생산표식. 확대재생산의 균형조건. 케임브리지 방정식. 칼레츠키 원리. 이데올로기적 국가장치.

자본주의 사회가 안정적인 경제체제로 유지되기 위해서는 그 핵심인 자본-노동관계가 안정적으로 재생산되어야 한다. 자본이 이윤을 얻고 그 이윤을 다시 투자함으로써 규모를 늘려가는 자본축적과정은 동시에 자본-노동관계를 안정적이면서 확대된 규모로 재생산하는 과정이어야 하는 것이다. 이 장에서는 자본의 순환과 재생산이라는 개념을 통해 이 과정을 살펴볼 것이다.

6.1. 자본의 순환과 노동력의 순환

자본은 이윤추구, 즉 잉여가치의 생산을 목적으로 하는 끊임없는 운동이라 묘사할 수 있다. 제3장에서 살펴본 다음과 같은 도식을 생각해 보자.

$$M - C\{MP, LP\} \cdots P \cdots C' - M'(= M + \Delta M) \quad (3.19)$$

자본은 최초에 일정한 크기의 화폐로 출발하여 생산수단(MP)과 노동력(LP)으로 바뀌었다가 생산과정을 거쳐 새로운 생산물(C')로 만들어진 다음, 그것이 시장에서 판매됨으로써 출발점에서보다 더 많은 양의 화폐(M'=M+ΔM〉M)로 돌아온다. (3.19)에서 묘사하는 과정은 한 번으로 그치는 것이 아니라 끊임없이 규모를 확대하면서 반복된다. 따라서 이를 자본의 순환이라 부른다.

자본의 순환 속에서 자본은 모습을 여러 차례 바꾸는데, 화폐자본(M), 생산자본(P), 상품자본(C), 그리고 마지막으로 다시 화폐자본(M')이다. 이를 생물학적 은유를 사용하여 자본의 변태(metamorphosis)라고 부른다. 자본의 핵심적 특성은 이렇게 언제든지 그 모습을 쉽게 바꿀 수 있다는 데에 있으며, 변태에 걸리는 시간을 최소화함으로써 멈추지 않고 연속적으로 흘러가는 것이 바로 자본의 본질이라 할 수 있다. 최초의 M에서 최후의 M'까지 한 번의 과정을 자본의 회전(turnover of capital)이라 하며, 회전기간은 생산기간과 유통기간으로 이루어진다. 제5장에서 설명한 고정자본과 유동자본의 구분은 바로 자본가가 최초에 투자한 가치가 한 번의 회전기간을 통해 회수될 수 있는가 아닌가를 기준으로 한 것이다. 앞에서는 편의상 한 번의 생산과정에서 가치를 남김없이 이전하는가를 기준으로 설명하였지만, 엄밀하게는 생산된 상품이 판매되어 그 가치가 실현되는 유통기간까지 포함하는 회전기간을 기준으로 삼아야 한다. 자본의 변태에 가장 근본적인 제약을 가하는 것은 노동력 상품이다. 호황이 지속되면 노동시장이 빠듯해지면서(tight) 임금이 인상되고 자본은 필요한 노동력을 구하기 어려워진다. 보통의 상품은 재구매 의사를 쉽게 철회할 수 있지만 노동력은 그렇지 않다. 예를 들어 신기술을 도입함으로써 자동화가 이루어질 때 곧바로 노동력을 해고하기는 쉽지 않다. 그뿐만 아니라 생산과정 안에서도 노동력으로부터 노동을 추출하여 적절한 수준의 잉여가치를 확보하는 것은 매우 어려운 과정이다.

그런데 자본의 순환을 노동자의 관점에서 생각해 보면, 그것은 노동력의 순환이 된다. 즉 노동자는 자신이 소유한 유일한 상품(노동력)을 판매하여 화폐(임금)를 얻고, 그 화폐로 임금재를 구입함으로써 자신의 노동력을 재생산하는 것이다. 이러한 과정을 묘사한 것이 〈그림 6.1〉이다. 노동력의 재생산 과정을 점선으로 표시한 것은 그것이 시장교환의 과정이 아니라 가계(household) 안에서 이루어지는 과정, 즉 시장원리에 의해 포섭되지 않는 과정이기 때문이다. 여기에는 가사노동이나 돌봄 노동, 스스로의 노동능력을 유지하기 위한 학습활동 등이 포함된다. 노동력의 순환이 자본의 순환과 결정적으로 다른 점은 순환의 목표가 이윤확보에 있지 않다는 것이다. 바로 여기에 노동력이 자본의 변태에 대한 제약으로 작용하는 까닭이 있다. 자본주의 초기에 노동자를 자본주의적 생산에 적합한 노동자계급으로 만드는 과정이 때로는 폭력을 수반하는 어려운 과정이었던 것도 그 때문이다. 자본주의적 노동력은 태어나는 것이 아니라 만들어지는 것이다. 급진적인 사회학자나 교육학자들이 학교를 노동자계급으로서의 규율을 익히는 장소로 이해하는 것도 이 때문이다.

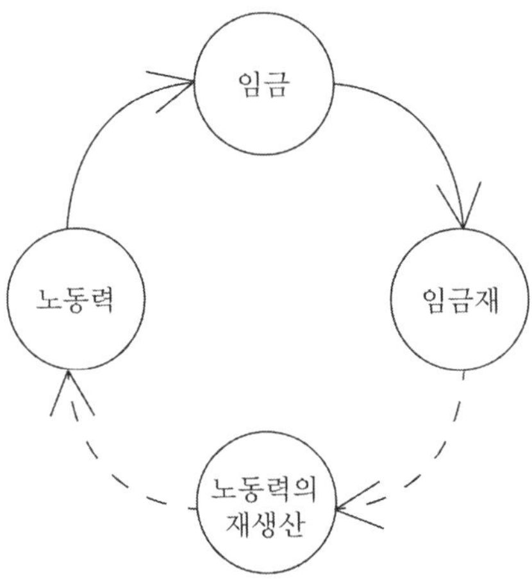

〈그림 6.1〉 노동력의 순환

노동력의 순환을 이른바 인적 자본(human capital)의 순환으로 전환시키는 것은 자본주의 생산양식의 끊임없는 경향이자 최근의 신자유주의에서 가장 극적인 형태로 드러난다. 노동력은 생산수단을 소유하지 않은 노동자가 가진 유일한 상품에서 탈바꿈하여 노동자가 지닌 자본인 것처럼 받아들이도록 요구된다. 물론 이것은 제3장에서 설명한 바 있는 사회적 생산력이 자본의 생산력으로 전환된다는 명제에서처럼, 실제로 그렇게 된다기보다는 무엇보다도 노동자 자신의 일상적 의식 속에서 그렇게 된다는 것을 의미한다. 인적 자본의 순환으로 표상되는 노동력의 순환은 〈그림 6.2〉처럼 나타낼 수 있다.

〈그림 6.2〉는 이제 자본의 순환과 완전히 동일한 형식을 갖춘 것으로 받아들여진다. 맨 위에 자리 잡은 임금/신용으로부터 출발하여 시계 방향으로 읽어보자. 출발점에서 노동자는 임금과 때로는 신용(빚)으로 이루어지는 화폐로부터 출발하여 임금재를 구입하고 교육 및 훈련을 통해 인적 자본을 생산한다. 인적 자본을 만드는 과정은 기본적으로 자기 책임 하에 이루어지는 것이므로 점선으로 표시하였다. 그 가장 중요한 내용은 교육을 통해 일정한 숙련을 갖추는 일일 것이다. 이러한 투자의 결과 만들어진 인적 자본은 노동시장에서 임금과 교환되며 더구나 그 투자가 성공적일 경우 이윤을 얻는다. 또한 이 과정은 자본의 순환과 마찬가지로 한 번에 그치는 것이 아니라 연속적으로 반복된다. 자본의 순환에서 생산과정은 자본가계급과 노동자계급이 잉여가치의 생산을 둘러싸고 맞서는 과정이었다. 그러나 인적 자본의 생산과정은 은유적으로 말하자면 스스로를 착취하는 과정이다. 이제 노동력의 재생산과정은 인적 자본의 투자수익률을 올리는 문제로 바뀐다. 노동력조차도 자본의 순환 속에 얽혀들어 하나의 시스템으로서 스스로 운동하도록 만드는 것이 자본관계 재생산의 본질이다. 그것은 기본적으로 법률이나 제도의 뒷받침을 필요로 하지만, 때로는 이데올로기의 생산과 전파를 통해 이루어진다. 물론 이 모든 제도적 · 비제도적 과정에는 계급 간의 대립이 개입한다. 때로는 같은 계급 내부에서도 자본의 기능이나 규모, 정치철학, 젠더 등의 다양한 물질적 이해관계에 따라 분파가 생겨나고 그 분파들 사이에도 지배와 저항의 동학이 작동하는 복합적인 과정이 된다.

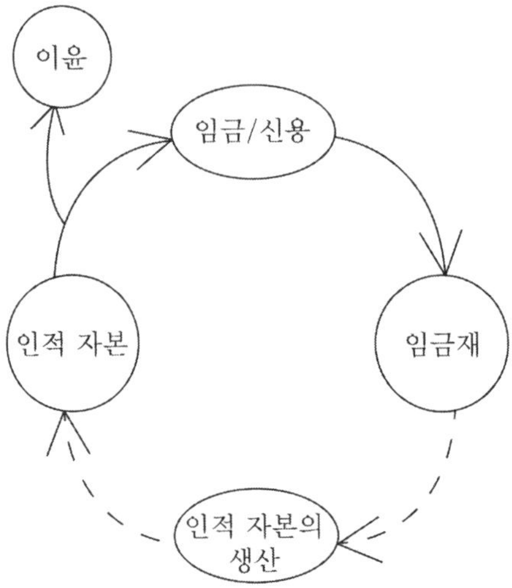

〈그림 6.2〉 인적 자본의 순환

문제 6.1. 다음 설명 중 맞는 것은?

① 단순상품교환의 목적은 해당 상품의 교환가치이다

② 자본주의적 상품교환은 "구매를 위한 판매"이다

③ 자본의 일반적 공식은 M − M'(=M+ΔM)이다 (단, M은 화폐)

④ 자본의 세 가지 형태는 상업자본, 산업자본, 이자 낳는 자본이다

문제 6.2. 자본의 순환에서는 세 가지 유형의 시차(time lag), 즉 생산(production), 실현(realization) 및 금융(finance)의 시차가 발생한다(Foley. 1986: 68). (3.19)의 도식을 이용하여 이들 시차에 관해 설명해 보라.

6.2. 국민소득과 유효수요: 재생산표식

자본주의는 기본적으로는 경제체제이므로 경제적 측면에서의 재생산이 가장 중요하다. 사회 안의 여러 생산부문들은 서로 투입-산출 관련을 맺고 있으며 이들 사이에 일정한 양적 관계가 유지되어야 총생산물과 순생산물, 따라서 잉여생산물을 정상적으로 만들어낼 수 있다.

지금까지는 상품의 사용가치에 관해서는 별도로 분석하지 않았다. 어떤 상품이 구체적으로 어떤 유용성을 갖는가라는 점 그 자체는 일단 정치경제학의 분석대상이 아니기 때문이다. 그렇지만 이미 제2장에서 설명한 바와 같이, 사회적으로 필요한 노동이라는 가치의 정의 안에는 해당 상품이 시장에서 적절한 수요를 발견해야 한다는 사실이 내포되어 있다. 수요를 결정하는 일차적 요인은 해당 상품이 소비자에게 어떤 사용가치를 갖고 있는가라는 것이다. 그러므로 정치경제학이 개별 상품의 구체적인 사용가치에 관심을 가질 필요는 없지만, 사회 전체의 자본의 원활한 축적과 재생산을 분석할 때는 상품의 사용가치를 무시할 수 없다. 아울러 개별 자본이 이윤을 얻고 그 일부를 투자함으로써 원활하게 재생산된다 하더라도, 그러한 개별 자본의 재생산이 사회 전체의 자본의 재생산과 양립 가능한 것인지는 알 수 없다. 이른바 구성의 오류(fallacy of composition)가 존재하기 때문에, 개별적으로 참인 것이 반드시 사회적으로도 참이라고는 말할 수는 없는 것이다.

『자본론』 제2권에서 사회적 총자본의 재생산을 분석하기 위해 제시된 모형이 재생산표식(reproduction scheme)이다. 재생산표식은 경제 전체의 산업을 생산재부문(제1부문)과 소비재부문(제2부문)으로 구분하는 2부문 모형이다. 즉, 생산재와 소비재라는 사용가치에 기초한 구분이 도입되고 있는 것이다. 그리고 이미 우리가 알고 있는 것처럼, 상품의 가치는 세 가지 구성부분, 즉 불변자본(C), 가변자본(V) 및 잉여가치(S)로 이루어진다. 따라서 2부문 모형에서 각각 세 가지 구성부분, 즉 총 여섯 개의 구성요소에 기초하여 사회적 총자본의 재생산을 분석할 수 있다. 이제 각 부문을 아래 첨자로 표시하여 재생산표식의 기본구조를 나타내면 다음과 같다. 여기에서 W_1과 W_2는 각각 해당 부문에서 생산된 상품의 가치합계를 나타낸다.

$$W_1 = C_1 + V_1 + S_1 \tag{6.1}$$

$$W_2 = C_2 + V_2 + S_2 \tag{6.2}$$

(6.1)식과 (6.2)식을 합쳐서 재생산표식이라 부른다. 재생산표식에 등장하는 변수들은 모두 유량(flow), 즉 일정한 기간 동안에 측정되는 변수임에 유의하여야 한다. 예를 들어 한 해 동안에 어느 국민경제에서 생산된 상품의 가치를 나타내는 것으로 이해하면 될 것이다.

"스스로를 증식하는 가치"라는 규정에 잘 드러나듯이, 자본은 끊임없는 축적과 가치증식을 통해 그 크기를 확대해가는 것을 본질로 한다. 그렇지만 아래에서는 먼저 축적이 정지된 상태, 즉 성장률이 0인 경제부터 분석할 것이다. 먼저 단순한 경우를 살펴봄으로써 더 복잡한 경우를 쉽게 이해할 수 있기 때문이다.

6.2.1. 단순재생산

먼저 자본가가 획득한 이윤, 즉 잉여가치를 오로지 개인적 소비에만 사용하는 상황을 생각해보자. 이 경우 생산설비의 확장이나 노동력의 추가 고용은 이루어지지 않기 때문에, 경제성장률은 0이 될 것이다. 현재의 생산 규모나 패턴이 그대로 반복되므로 경제는 동일한 활동 수준에서 재생산된다. 물론 새로운 기술이 도입되지도 않는다. 이와 같은 상황을 단순재생산(simple reproduction)이라고 한다.

그런데 단순재생산의 경우에도 원활한 재생산을 위해서는 사용가치 기준으로 구분한 두 부문에서 각각 수요와 공급이 일치하여야 한다.

먼저 생산재 시장에서 수요와 공급이 같아지기 위해서는 어떤 조건이 필요한지 살펴보자. 생산재의 공급은 (6.1)식에서 이미 W_1으로 주어져 있다. 생산재에 대한 수요는 경제 내의 두 부문에서 필요한 생산재를 합한 크기가 될 것이다. 제1부문은 이번 기(period)의 생산이 끝나고 나면 사용된 원료 및 재료, 그리고 기계나 건물 등의 감모분을 보충해야 한다. 비록 생산 규모를 늘리지는 않지만, 현재의 규모를 그대로 유지하기 위해서는 대체투자(replacement investment)가 필요한 것이다. 이 대체투자의 크기는 바로 C_1으로 나타낼 수 있다. 마찬가지로 제2부문의 대체투자의 크기는 C_2가 된다.[1] 이제 생산재의 공급과 수요가 서로 같아야 한다는 조건은 다음과 같다. (6.3)식의 좌변은 생산재의 공급 W_1을 풀어 쓴 것이다.

$$C_1 + V_1 + S_1 = C_1 + C_2 \tag{6.3}$$

한편, 소비재 시장의 수요와 공급에 관해서도 생각해 보자. 소비재의 공급은 (6.2)식에서 이미 W_2로 주어져 있다. 소비재에 대한 수요는 노동자계급과 자본가계급으로부터 나온다. 먼저 자본가계급은 단순재생산의 정의상 잉여가치를 모두 개인적으로 소비함에 유의하자. 즉, 제1부문의 자본가와 제2부문의 자본가는 각각 S_1과 S_2를 소비재를 구입하는 데 지출할 것이다. 또한 각 부문에 고용된 노동자들은 자신의 노동력 가치만큼 받은 임금을 소비재 구입에 지출할 것이다. 노동자계급의 저축이 0이라는 가정을 받아들이고 계급별 소비패턴의 차이를 도입하지 않은 상태라면, 소비재의 공

1) 물론 기계나 건물 같은 고정자본의 경우에는 그 감모분만큼을 상각기금으로 적립할 것이다. 예를 들어 수명이 10년인 기계라면 1/10씩 적립하였다가 10년 뒤에 새로운 기계로 바꾸는 것이다. 사실 이 문제는 본문에서 설명하는 재생산표식의 균형조건을 더욱 복잡하게 만드는 요인이 되는데, 6.2.3에서 다시 설명하기로 한다.

급과 수요가 서로 같아야 한다는 조건은 (6.4)식처럼 나타낼 수 있다. (6.4)식의 좌변은 소비재의 공급 W_2를 풀어 쓴 것이다.

$$C_2 + V_2 + S_2 = V_1 + S_1 + V_2 + S_2 \qquad (6.4)$$

그런데 (6.3)식과 (6.4)식을 정리하면, 두 식은 다음과 같은 하나의 식임을 확인할 수 있다. 이를 단순재생산의 균형조건이라고 한다.

$$C_2 = V_1 + S_1 \qquad (6.5)$$

(6.5)식은 제2부문의 불변자본 대체분과 제1부문의 잉여가치와 노동력 가치의 합계[2)]가 같아야 함을 의미한다. 가치와 가격이 비례하는 상황이라면, (6.5)식의 우변은 제1부문에서 발생한 소득의 합이 된다. 얼핏 생각해 보아도 (6.5)식이 충족된다는 보장은 전혀 없음을 알 수 있을 것이다. 서로 다른 두 부문에서 각각 결정되는 구성요소들의 크기가 같아지도록 조정하는 사회적 메커니즘은 존재하지 않기 때문이다.

6.2.2. 확대재생산

이제 자본가들이 잉여가치 전체를 소비해버리는 것이 아니라, 그중에서 일부를 추가적인 생산수단 및 노동력의 구입에 사용하는 좀 더 현실적인 상황을 생각해 보도록 하자. 즉, 신규투자가 플러스이므로 다음 기의 생산 규모는 현재의 그것에 비해 더 커지게 되며, 자본축적과 경제성장이 이루어지는 정상적 상황이다. 이를 확대재생산(extended reproduction)이라고 한다.

확대재생산을 분석하기 위한 표식은 다음과 같다.

---

2) 이를 가치생산물(value product)이라고 한다. 그러므로 제2부문의 가치생산물은 $V_2 + S_2$이다.

$$W_1 = C_1 + V_1 + S_1(C) + S_1(V) + S_1(k) \tag{6.6}$$

$$W_2 = C_2 + V_2 + S_2(C) + S_2(V) + S_2(k) \tag{6.7}$$

확대재생산표식이 단순재생산표식 (6.1) 및 (6.2)와 구별되는 것은 각 부문의 자본가들이 잉여가치의 일정 부분을 투자한다는 것이다. 따라서 제i부문($i = 1,2$)의 잉여가치인 S_i중에서 불변자본의 구성요소, 즉 기계나 원료, 재료 등을 구매하는 부분을 $S_i(C)$, 노동력을 추가로 고용하는 부분을 $S_i(V)$, 자본가가 개인적으로 소비에 지출하는 부분을 $S_i(k)$라 나타내었다. 정의의 의해 $S_i(C) + S_i(V) + S_i(K) = S_i$임에 유의하자. 이 세 가지 구성부분에 각각 얼마의 비중을 할당하는가는 전적으로 자본가의 주관적 의도에 달려 있다.

먼저 자본가는 잉여가치 중에서 얼마를 축적할 것인가를 결정해야 한다. 이를 축적률[3]이라 부를 수 있는데, 자본가가 잉여가치 중에서 소비하지 않은 부분, 즉 저축의 비율을 나타낸다는 의미에서 자본가의 저축률이라고도 부른다. 제i부문의 축적률, 혹은 자본가의 저축률을 α_i라 하면, 다음과 같은 관계가 성립한다. 참고로 단순재생산의 경우 두 부문 모두에서 축적률이 0인 셈이다.

$$\alpha_i = \frac{S_i(C) + S_i(V)}{S_i} \tag{6.8}$$

다음으로 각 부문의 자본가는 신규투자 중에서 각각 어느 정도를 불변자

3) 일반적으로 성장이론에서 축적률은 자본스톡의 증가율, 즉 투자의 자본스톡에 대한 비율을 가리킨다. 이때 투자는 기업이 신규 자본재를 구입하는 행위를 의미한다. 그런데 마르크스 경제학에서는 노동력을 추가로 고용함으로써 그에 지불되는 임금, 즉 가변자본에 해당하는 부분도 선대된 자본(advanced capital)으로 취급한다. 따라서 본문의 아래에서 보는 것처럼, 축적률은 추가 불변자본 및 추가 가변자본의 합계가 잉여가치에서 차지하는 비중을 나타낸다.

본과 가변자본에 투자할 것인지를 결정해야 한다. 그런데 새로운 기술을 도입하는 것이 아니라면, 기존 기술이 요구하는 비율대로 투자할 것이다. 재생산표식에서 기술을 표현하는 방법은 각 부문의 유기적 구성(q_i), 즉 C_i/V_i임에 유의하자. 따라서 두 부문 모두에서 자본의 유기적 구성은 다음기에도 그대로 유지되는 것이다. 아울러 두 부문에서 잉여가치율(e_i), 즉 S_i/V_i는 균등하다는 통상적인 가정을 받아들이도록 하자.

이상과 같이 정리하고 나면, 확대재생산의 균형조건을 찾아낼 수 있다.

먼저 생산재의 공급과 수요가 서로 같다는 조건은 다음과 같다. 좌변은 생산재의 공급 W_1을 풀어 쓴 것이다. 우변에는 단순재생산에서도 이루어졌던 대체투자 $C_1 + C_2$와 새로운 불변자본, 즉 생산재를 구입하는 신규투자 $S_1(C)+S_2(C)$가 더해지고 있다.

$$C_1 + V_1 + S_1(C) + S_1(V) + S_1(k) = C_1 + C_2 + S_1(C) + S_2(C) \quad (6.9)$$

한편, 소비재의 공급과 수요가 서로 같다는 조건은 다음과 같다. 좌변은 소비재의 공급 W_2를 풀어 쓴 것이다. 우변에는 단순재생산과는 달리 자본가의 저축성향이 플러스이므로 잉여가치 중의 일부분인 $S_1(k)+S_2(k)$만 더해지고 있음에 유의하자.

$$C_2 + V_2 + S_2(C) + S_2(V) + S_2(k) = V_1 + S_1(V) + S_1(k) + V_2 + S_2(V) + S_2(k) \quad (6.10)$$

그런데, 단순재생산에서와 마찬가지로, (6.9)식과 (6.10)식은 다음과 같은 하나의 식으로 정리될 수 있다. 이를 확대재생산의 균형조건이라고 부른다.

$$C_2 + S_2(C) = V_1 + S_1(V) + S_1(k) \tag{6.11}$$

(6.11)식은 단순재생산의 균형조건 (6.5)식에 비해 훨씬 더 복잡해졌음을 확인할 수 있다. 일단 우변의 $S_1(V) + S_1(k)$는 $S_1 - S_1(C)$와 같기 때문에, 다음과 같은 관계가 성립한다.

$$C_2 + S_2(C) + S_1(C) = V_1 + S_1$$
$$\therefore\ C_2 < V_1 + S_1 \tag{6.12}$$

(6.12)의 부등식은 확대재생산의 균형을 위한 필요조건이다. 그러나 이것은 충분조건은 아니다. 일단 이 부등식이 성립해야 확대재생산의 균형을 달성할 수 있지만, 그렇다고 해서 반드시 균형이 보장되는 것은 아니기 때문이다. 결국 확대재생산이라는 정상적인 상황에서는 단순재생산보다 더 많은 고려사항이 개입되므로 균형의 성립 및 유지는 더욱 어려운 일이 되는 것이다.

■ 보론 6.1. 마르크스의 숫자 예: 확대재생산과 균형성장

『자본론』 제2권에서 확대재생산표식은 다음과 같은 숫자 예를 통해 설명된다.

1부문: 6,000 W_1 = 4,000 C_1 + 1,000 V_1 + 1,000 S_1

2부문: 3,000 W_2 = 1,500 C_2 + 750 V_2 + 750 S_2

마르크스는 수학적 관례와 달리, 예를 들어 1부문의 불변자본이 4,000이라는 것을 4,000 C_1으로 나타내고 있음에 유의하자. 두 부문에서 잉여가치율은 100%로 서로 같다고 가정되지만, 자본의 유기적 구성은 1부문이 2부문보다 큰 것으로 가정되고 있다. 즉, q_1=4,000 C_1/1,000 V_1=4이고 q_2=1,500 C_2/750

V_2=2이다. 이러한 가정은 대체로 생산재 생산부문이 소비재 생산부문에 비해 기계 등의 고정자본을 더 많이 필요로 하는 현실을 반영한 것이다.

이제 시간개념을 도입하여 그 다음 기를 생각해 보자. 마르크스는 1부문의 축적률이 50%라고 가정한다. 즉, 기술변화가 없다는 가정하에서는 1,000S_1 중에서 400을 불변자본, 100을 노동력 고용에 투자하고, 나머지 500은 개인적 소비에 지출한다. 이 경우 확대재생산의 균형조건 (6.11)식이 충족되려면 다음과 같은 관계가 성립해야 한다.

$$1,500\,C_2 + S_2(C) = 1,000\,V_1 + 100S_1(V) + 500S_1(k)$$

따라서 $S_2(C)$는 100이어야 한다. 마르크스는 이로부터 역산하여, 제2부문의 축적률은 20%여야 함을 도출한다. 즉, 제2부문에도 기술변화가 없다면 q_2 =$S_2(C)/S_2(V)$=2로 유지될 것이므로 $S_2(V)$=50이어야 한다. 그러므로 축적률 $[S_2(C)+S_2(V)]/S_2$는 150/750=20%가 되는 것이다. 이제 잉여가치율이 계속 100%로 유지된다고 가정하면, 다음 기말의 재생산표식을 구할 수 있다.

$$6,600\,W_1 = 4,400\,C_1 + 1,100\,V_1 + 1,100S_1$$
$$3,200\,W_2 = 1,600\,C_2 + 800\,V_2 + 800S_2$$

이때 각 부문의 성장률을 구해보면 $g_1 = 600/6,000 = 10\%$, $g_2 = 200/3,000 \simeq 6.7\%$ 이다.

이렇게 제1부문이 축적률을 먼저 결정하고 제2부문이 여기에 수동적으로 조정한다는 가정을 채택한 것은 마르크스가 수학적 기법에 능숙하지 못했기 때문일 것이다. 그러나 이러한 가정 하에서 재생산표식을 시간적으로 확장하면, 결국 두 부문이 동일한 비율로 균형성장하는 결과를 얻을 수 있다. 즉, 제1부문의 축적률이 50%일 때, 잉여가치 1,100S_1 중에서 절반인 550이 축적될 것이므로, 확대재생산의 균형조건이 충족되는 제2부문의 축적률을 다시 다음의 관계로부터 역산할 수 있다.

$$1,600C_2 + S_2(C) = 1,100V_1 + 110S_1(V) + 550S_1(k)$$
$$\therefore\ S_2(C) = 160$$

이로부터 $S_2(V) = 80$이고 제2부문의 축적률은 $[S_2(C) + S_2(V)]/S_2$ =240/800=30%가 된다. 그 결과 다음 기의 재생산표식은 다음과 같으며, 이때 두 부문의 성장률은 10%로 같아진다. $g_1 = (7,260 - 6,600)/6,600 = 0.1$이고 $g_2 = (3,520 - 3,200)/3,200 = 0.1$이기 때문이다.

1부문: $7,260W_1 = 4,840C_1 + 1,210V_1 + 1,210S_1$

2부문: $3,520W_2 = 1,760C_2 + 880V_2 + 880S_2$

이제 각 부문의 성장률과 축적률, 즉 자본가의 저축성향 간에는 어떤 관계가 성립하는지 살펴보자. 먼저 첫 번째 기에서 두 번째 기 사이의 성장률은 다음과 같이 계산된다. 단, 여기에서 r_i는 제i부문의 이윤율이다.

$$g_1 = 0.5r_1 = 0.5 \times \frac{1,000S_1}{4,000C_1 + 1,000V_1} = 0.1$$
$$g_2 = 0.2r_2 = 0.2 \times \frac{800S_2}{1,600C_2 + 800V_2} \simeq 0.067$$

즉, 각 부문의 성장률은 축적률(=자본가의 저축성향)×이윤율과 같다.

또한 두 번째 기에서 세 번째 기 사이에 경제의 모든 변수는 동일하게 성장하였음을 알 수 있다. 즉, 각 부문의 불변자본, 가변자본 및 잉여가치의 크기는 모두 부문별 성장률과 동일한 10%씩 증가하고 있다. 이 경우에도 다음과 같이 성장률은 축적률과 이윤율의 곱이라는 관계가 성립함을 확인할 수 있다.

$$g_1 = 0.5r_1 = 0.5 \times \frac{1,100S_1}{4,400C_1 + 1,100V_1} = 0.1$$

$$g_2 = 0.3r_2 = 0.3 \times \frac{880S_2}{1,760C_2 + 880V_2} = 0.1$$

다만 재생산표식에서는 인구증가율에 대한 특별한 가정을 하지 않은 채 필요한 노동력은 언제나 구할 수 있는 것처럼 설명되고 있다. 균형성장률과 인구증가율이 같은 경우 균제성장(steady state growth)이 된다. 이 경우 반드시 완전고용이 유지되는 것은 아님에 유의하여야 한다. 일종의 균형실업률이 존재하는 경우도 포함될 것이기 때문이다. 그러나 균형성장률이 인구증가율보다 작다면 실업이 확대될 것이고, 반대의 경우라면 노동공급 부족 및 임금 상승으로 균형성장률 유지가 어려워질 것이다. 더구나 이 숫자 예에서는 두 부문의 자본의 유기적 구성이 시간에 걸쳐 일정하다고 가정하였음에 유의해야 한다. 만약 기술진보에 따라 자본의 유기적 구성이 고도화한다면, 성장률에 비해 필요한 노동력의 양은 상대적으로 줄어든다. 따라서 항상적인 상대적 과잉인구가 창출될 가능성이 큰 것이다. ■

문제 6.3~6.6. 어느 경제의 재생산표식이 다음과 같다고 하자. 단, 편의상 가치와 가격은 서로 비례한다고 가정한다.

I. 4,840C + 1,210V + 1,210S = 7,260

II. 1,760C + 880V + 880S = 3,520

문제 6.3. 다음 설명 중 맞는 것은?

① 단순재생산의 균형조건을 충족한다

② I부문과 II부문의 잉여가치율은 서로 같다

③ I부문보다 II부문이 더 자본집약적인 기술을 사용한다

④ 경제 전체로 볼 때 생산재의 대체투자는 4,840이다

문제 6.4. I부문 자본가의 축적률이 50%라 하자. 이때 확대재생산의 균형조건이 충족되기 위해서는 II부문 자본가의 축적률은 얼마여야 하는가? (단, 두 부문 모두에서 기술에는 변화가 없다.)

① 10% ② 20% ③ 30% ④ 40%

문제 6.5. 문제 6.4의 정답처럼 축적이 이루어질 때, 이 경제의 성장률은 얼마인가?

① 5% ② 10% ③ 15% ④ 20%

문제 6.6. I부문 자본가가 축적률을 50%로 유지하는 반면, II부문 자본가는 낙관적 예상에 기초하여 축적률을 100%로 결정했다고 하자. 이때 일어날 수 있는 일로 알맞은 것은?

① 확대재생산의 균형 ② 잉여가치율 하락

③ 소비재 공급과잉 ④ 노동자 소비수준 하락

6.2.3. 함의

재생산표식은 거시경제 분석의 선구라고 할 만한 여러 가지 요소를 담고 있다. 여기에서는 그 중에서 중요한 몇 가지를 살펴보고자 한다.

먼저 임금의 이중적 성격, 즉 한편으로는 노동자의 생활비이면서 다른 한편으로는 생산비용이라는 특성이 있다. 마르크스는 『정치경제학비판 요강』[4]에서 "자본가는 자신의 노동자를 제외한 다른 모든 자본가들의 노동자는 소비자로 대면한다."라고 쓴 바 있다. 20세기 영국의 유명한 경제학자

[4] 마르크스가 1857-8년 무렵에 집필한 『자본론』의 초고 성격의 글이다. 원제는 *Grundrisse der Politischen Ökonomie* 이나 흔히 줄여서 *Grundrisse* 라 부른다. 마르크스 사후인 20세기에 들어와 출간되었다.

조앤 로빈슨(Joan Robinson, 1903-1983)의 다음 인용문은 마르크스의 주장을 풀어서 설명하고 있는 셈이다.

> 이것은 자본주의의 본질적 역설을 보여 준다. 각 기업가는 낮은 실질임금을 지불함으로써 개인적으로 이익을 얻는다. 그러나 모두가 이렇게 행동하면 낮은 실질임금 때문에 상품에 대한 시장이 부족해짐으로써 결국 그 기업가들은 고통을 겪게 된다.

이것은 개별 자본가의 입장에서 볼 때 일종의 죄수의 딜레마(prisoner' s dilemma)가 존재함을 의미한다.[5] 임금과 이윤은 역의 관계에 놓여 있으므로 가급적 낮은 임금을 지불하는 것이 개별 자본가의 입장에서는 이익이다. 그렇지만 생산물을 자본가계급에게만 판매하는 것은 아니기 때문에 노동자계급의 충분한 구매력이 확보되어야 한다. 개별 자본가의 입장에서 가장 바람직한 상태는 자신은 낮은 임금을 지불함으로써 생산비를 줄이고, 자신을 제외한 다른 모든 자본가들은 충분한 임금을 지불함으로써 유효수요가 부족해지는 사태를 막는 것이다. 그러나 모든 자본가가 이렇게 생각해서 행동하면, 결국 조앤 로빈슨이 말하는 고통을 겪을 수밖에 없는 것이다. 이를 흔히 비용의 역설(paradox of cost)이라 부른다.

재생산표식은 계급 간 소득분배의 관점을 취하고 있기 때문에, 이러한 임금의 이중성과 그로 말미암아 생겨나는 사태를 파악할 수 있게 해준다. V_1과 V_2는 제1부문과 제2부문의 생산비용을 구성하는 요소이지만. 동시에 소비재에 대한 수요를 구성하고 있다. 만약 잉여가치율이 상승하여 V_1과 V_2가 감소하고 그에 상응하여 S_1과 S_2는 증가하였다고 해 보자. 자본가가 모든 잉여가치를 소비해버리는 단순재생산에서는 이 경우에도 아무런 문제가 발생하지 않는다. 이 경우 자본가의 소비성향은 1이므로 노동자의 소

5) 노동자계급 내부에도 죄수의 딜레마는 존재한다. 대표적인 것은 해고의 위협을 무릅쓰고 파업에 참여하여 연대할 것인가, 아니면 스스로는 파업에 참여하지 않고 다만 파업이 성공할 경우 얻는 이득에 무임승차할 것인가라는 단체행동의 딜레마이다.

비가 줄어든 만큼 정확하게 자본가의 소비가 늘어나서 소비재 수요에는 변화가 없기 때문이다. 그렇지만 확대재생산의 상황에서 자본가계급의 저축률은 플러스이므로 V_1과 V_2의 감소는 그에 상응하는 자본가의 소비로 연결되지 못함으로써 소비재 시장의 불균형(수요부족)을 초래하게 된다. 확대재생산의 균형조건 (6.11)식의 우변에서 V_1의 감소분보다 $S_1(k)$의 증가분이 작으므로 $C_2 + S_2(C) > V_1 + S_1(V) + S_1(k)$가 되기 때문이다.

이를 약간 다른 각도에서 확인해보자. 재생산표식에서 국민소득은 다음과 같이 표시된다.

$$V_1 + V_2 + S_1 + S_2 = W + P \qquad (6.13)^{6)}$$

(6.13)식에서 W와 P는 각각 경제 전체의 임금총액(즉, 노동소득)과 이윤총액(즉, 자본소득)을 나타낸다. 노동자계급의 힘이 약화되어 W가 줄어든 만큼 P가 증가하므로 국민소득의 크기 자체에는 변화가 없다. 그러나 계급별 저축성향에 차이가 있기 때문에, 생산재 부문과 소비재 부문의 수요-공급균형은 깨지게 되는 것이다. 확대재생산표식에서는 노동자의 저축성향은 0이고 자본가의 저축성향은 플러스라 가정하였다. 그러나 노동자의 저축성향이 플러스라 하더라도 자본가의 저축성향보다 작기만 하다면 똑같은 결과가 생겨난다. 칼레츠키(Michal Kalecki, 1899-1970)의 영향을 받아 계급 간 저축성향의 차이를 강조하는 포스트 케인즈주의 경제학의 맥락이 이미 재생산표식에서 확인될 수 있는 셈이다.

다음으로 제i부문의 성장률(g_i), 축적률(α_i), 그리고 이윤율(r_i) 사이에는 다음과 같은 관계가 일반적으로 성립한다.

---

6) 좌변은 가치 단위로 나타낸 변수들이며 우변은 화폐단위로 나타내어지므로 서로 차원이 다르다. 따라서 제4장에서 설명한 가치의 생산가격으로의 전형문제가 개입된다. 다만 여기에서는 편의상 가치=가격이라 가정한다. 물론 그 경우에도 가치 1시간=가격 1원과 같은 방식으로 차원을 변환해주어야 한다.

$$\alpha_i \times r_i = \frac{S_i(C)+S_i(V)}{S_i} \times \frac{S_i}{C_i+V_i} = \frac{S_i(C)+S_i(V)}{C_i+V_i} = g_i \qquad (6.14)$$

즉, 마르크스의 숫자 예에서 확인한 결과가 일반적으로 성립함을 알 수 있는데, 이를 케임브리지 방정식(Cambridge equation)이라 부른다. 단순한 포스트 케인즈주의 모형에서는 자본가의 저축성향을 1이라 가정하고 노동자의 저축성향은 0이라 가정하기 때문에, 각 부문의 성장률과 이윤율은 같아지게 된다.[7)]

피케티는 $r > g$를 자본주의의 중심모순(the central contradiction of capitalism)이라 불렀다(피케티, 2014). 이 부등식이 성립한다는 것은 자본을 통해 수익을 얻는 속도가 노동을 통해 소득을 얻는 속도보다 빠르다는 뜻이기 때문이다. 물론 피케티가 정의하는 자본수익률(r)은 마르크스 경제학의 이윤율과 다르다. 그는 자본 안에 주거용 부동산까지 포함시키는 등 통상적인 경제학적 개념으로는 부(wealth)에 해당하는 개념을 사용하기 때문이다. 그렇지만, 확대재생산표식의 틀에서 보면, 자본가의 저축성향이 1보다 작은 한, 이 관계는 항상 성립한다. 유일한 예외는 자본가의 저축성향이 1인 경우, 즉 자본가가 잉여가치를 모두 투자하는 경우뿐이고 이때는 $r = g$가 된다. 피케티가 $r > g$에 중요한 의미를 부여한 까닭은 일해서 돈을 버는 속도보다 돈이 돈을 버는 속도가 더 빠르다는 점에서였다. 그런데 경제가 일정률로 성장을 유지하는데 필요한 투자를 실행하면서도 자본가는 잉여가치의 일정 부분을 소비할 수 있다는 것은 마르크스적 의미에서의 착취를 다른 각도에서 포착한 것이라고도 할 수 있다.[8)]

---

7) 노동자의 저축이 플러스인 경우에도 몇 가지 가정하에서는 케임브리지 방정식의 본질은 변하지 않는다. 즉, 자본가의 저축성향이 g를 결정하며, 노동자의 저축성향은 아무런 영향을 미치지 못한다(Pasinetti, 1962). 이를 파시네티 정리(Pasinetti theorem)라고 한다. 보론 6.2를 참조하라.

8) 문제 6.7을 참조하라.

한편, 앞에서는 자본회전의 관점에서의 분류, 즉 고정자본과 유동자본에 관해 고려하지 않았다. 그렇지만 기계나 건물 등의 고정자본은 유동자본과 달리 여러 기간에 걸쳐 그 가치를 이전하며, 물량으로 상징되는 사용가치는 소멸하지 않는다. 엄밀하게 말하면 내구연한이 생산기간보다 길 때 해당 자본은 고정자본이 된다. 10년의 수명을 가진 기계는 일 년이 지나면 그 가치의 1/10을 생산물에 이전하지만, 실물로서의 기계는 여전히 생산과정 안에서 활용되는 것이다. 따라서 C_1과 C_2는 한꺼번에 생산재의 대체수요를 형성하지 않는다. 같은 부문 안에서도 어떤 자본가는 고정자본의 상각기금(amortization fund)을 적립하고 있을 것이고, 동시에 다른 자본가는 적립된 기금을 모두 털어 새로운 고정자본을 구입할 것이다. 이렇게 고정자본의 갱신이라는 문제를 도입하면, 확대재생산의 균형조건은 더 복잡해질 것이고 따라서 더 달성하기 어렵게 된다. 자본의 재생산과정에서 한편으로는 흐름에서 빠져나가는 화폐가 있고 다른 한편에서는 적립되어 흐름 속으로 들어오는 화폐가 있는 것이다. 말하자면 누출(leakage)과 주입(injection)이 일치하여야 한다는 조건이 확대재생산의 균형조건에 추가되는 것이다. 물론 이러한 문제를 해결하기 위해 다양한 형태의 신용제도가 개발된다. 사회 전체의 차원에서 적립된 상각기금과 필요한 투자기금을 서로 연결시켜 주는 것이 필요하기 때문이다. 그러나 이러한 신용제도의 발전은 다른 한편으로는 자본의 사회적 재생산을 더욱 불안정하게 만드는 요인으로 작용할 수도 있는 양날의 칼이 된다.

이상과 같이 매우 단순하게 설정한 2부문 모형에서도 확대재생산을 위한 균형조건이 서로 다른 부문의 자본가들의 의사결정, 그리고 자본과 노동 사이의 계급관계에 의해 복잡하게 결정됨을 확인할 수 있다. 뒤집어서 말하자면, 이러한 균형조건은 매우 우연적인 경우에만 달성될 수 있는 것이기 때문에, 언제나 여러 가지 조건의 변화에 의해 파괴될 수 있다는 것이다. 불균형이 누적되어 감당하기 어려운 수준이 될 때 경제적 재생산 자체가 위협받게 되며, 이는 때로는 공황이나 국가개입 등의 강제적인 방식을 통해서만 조정될 수 있다.

■ **보론 6.2. 파시네티 정리**

먼저 파시네티 정리는 장기의 균제상태를 전제한다는 점에 유의하자.

국민소득(Y)은 임금(W)과 이윤(P)의 합이며, 이윤 중에서 자본가가 P_c를 가져가고 노동자도 이윤의 일부(P_w)를 분배받는다고 하자. 노동자도 자본을 일부 보유하는 것이다. 따라서 자본(K)은 자본가의 몫(K_c)과 노동자의 몫(K_w)으로 구성된다. 노동자는 임금소득과 자본소득의 합계 중에서 일정 부분을 저축한다. 즉 노동자의 저축성향을 s_w, 자본가의 저축성향을 s_c라 하면, 노동자 저축 $S_w = s_w(W+P_w)$이고 자본가 저축 $S_c = s_c P_c$이다. 한편, 현실적으로 $s_w < s_c$일 것이다.

장기균형에서는 자본가의 자본에서 얻는 이윤율과 노동자의 자본에서 얻는 이윤율은 같아야 하므로 $P_c/K_c = P_w/K_w = P/K$이다. 또한 자본 중에서 자본가와 노동자의 몫은 일정하게 유지된다. 즉, $K_c/S_c = K_w/S_w = K/S$이다.[9] 따라서 $P/S = (K/S)\times(P/K) = P_c/S_c$, 즉 $P = S/s_c$이다. 한편, $I = S$이므로 승수효과에 따라 $P = I/s_c$가 된다. 이상으로부터 다음과 같은 두 식을 얻는다. 단, g는 축적률(I/K)이며, 균제상태에서는 성장률과 같다.

$$\frac{P}{Y} = \frac{1}{s_c}\frac{I}{Y} \tag{6.15}$$

$$\frac{P}{K} = \frac{g}{s_c} \tag{6.16}$$

(6.15)식과 (6.16)식은 자본소득분배율(P/Y)과 이윤율(P/K)이 자본가의

9) $\frac{K_c}{S_c} = \frac{K_w}{S_w}$ 이므로 이는 $\frac{K_c + K_w}{S_c + S_w}$ 와 같아진다(가비의 리).

저축성향(s_c)에 의해서만 영향을 받는다는 것을 의미한다. 즉, 노동자의 저축성향(s_w)은 아무런 영향을 미치지 못하는 것이다. (6.16)식은 다름 아닌 케임브리지 방정식이다.

파시네티 정리가 성립하는 까닭은 결국 자본가계급의 소득은, 임금과 이윤의 합으로 이루어지는 노동자의 소득과는 달리, 오직 이윤만으로 이루어지기 때문이다. 따라서 자본가의 저축성향이 이윤율을 결정하게 되는 것이다. ■

6.3. 계급관계와 자본축적

재생산표식은 경제 전체의 부문별 수요-공급 균형을 다루고 있지만, 그 배후에 노동자와 자본가 사이의 계급적 역관계와 그로 말미암은 잉여가치율이라는 요소를 포함하고 있다. 넓은 의미의 정치경제학을 자본축적과 소득분배, 이윤율 사이의 계급적 연관을 파악하려는 이론으로 정의한다면, 비단 마르크스 경제학뿐만 아니라 포스트 케인즈주의 등의 비주류경제학에서도 활용될 수 있는 여지가 존재하는 것이다. 실제로 마르크스에서 케인즈를 거쳐 칼레츠키로 이어지는 학설사적 흐름이 분명히 존재한다.

6.3.1. 칼레츠키 원리

칼레츠키는 재생산표식을 응용한 3부문 모형을 제시한 바 있다. 먼저 제1부문이 생산재 생산부문이라는 점은 같지만, 제2부문은 자본가의 소비재, 즉 사치재 생산부문이고 제3부문은 노동자의 소비재, 즉 임금재를 생산하는 부문이다. 사실 칼레츠키의 모형은 『자본론』 제2권에도 등장하는 3부문 모형과 별로 다르지 않다. 그러나 차이는 가치가 아니라 가격 단위로 변수들을 정의한다는 데에 있다. 칼레츠키는 재생산표식의 균형조건과 유사한 다음의 세 가지 방정식을 제시한다(칼레츠키, 2010[1971]). P는 이윤, W는 임금, I는 투자, C_k는 자본가의 소비, C_w는 노동자의 소비를 나타내며, 아래 첨자는 부문을 표시한다.

$$P_1 + W_1 = I \tag{6.17}$$

$$P_2 + W_2 = C_k \tag{6.18}$$

$$P_3 + W_3 = C_w \tag{6.19}$$

예를 들어 (6.17)식은 제1부문에서 생산된 부가가치, 즉 임금과 이윤의 합계는 그 생산물인 자본재에 대한 수요, 즉 투자와 일치함을 의미한다. 제2부문의 생산물이 자본가의 소비재이고 제3부문의 생산물은 노동자의 소비재라는 점을 감안하면, (6.18)식과 (6.19)식도 비슷하게 해석할 수 있다. 이제 노동자계급의 저축은 0이라는 가정을 추가하면, 세 부문의 노동자들이 받는 임금은 모두 제3부문의 생산물을 구매하는데 지출될 것이므로, 다음 관계가 성립한다. 두 번째 등호는 (6.19)식으로부터 나온다.

$$W_1 + W_2 + W_3 = C_w = P_3 + W_3$$

$$\therefore\ W_1 + W_2 = P_3 \tag{6.20}$$

따라서 경제 전체의 총이윤은 다음과 같이 정리할 수 있다. 첫 번째 등호는 (6.20)식으로부터, 두 번째 등호는 (6.17)식과 (6.18)식으로부터 도출된다.

$$P_1 + P_2 + P_3 = P_1 + P_2 + W_1 + W_2 = I + C_k \tag{6.21}$$

칼레츠키는 (6.21)식을 우변에서 좌변으로 향하는 인과관계로 해석한다.

좌변의 이윤은 자본가가 그 크기를 결정할 수 있는 것이 아니지만, 우변의 투자와 자본가 소비는 자본가 자신의 마음 먹기에 달린 것이기 때문이다. 그러므로 자본가가 먼저 독립변수인 투자와 소비를 결정하면, 그에 기초하여 종속변수인 이윤과 소득이 결정된다는 것이다. 이와 같은 해석으로부터 흔히 칼레츠키 원리(Kalecki principle)라 알려진 명제, 즉 "자본가는 자신이 지출하는 것을 벌고, 노동자는 자신이 버는 것을 지출한다."[10]가 도출된다. 이 명제는 자본가계급과 노동자계급 사이의 비대칭성(라부아. 2016: 151)을 보여준다. 노동자는 자본가에 고용됨으로써만 소득을 얻을 수 있고 그 한도 안에서 소비할 수밖에 없다. 그러나 자본가는 예를 들어 금융을 통해서도 지출을 늘릴 수 있고 그 결과 계급으로서의 자본 전체의 이윤은 늘어나는 것이다.

문제 6.7. 다음의 인용문에서 소개하는 견해를 케임브리지 방정식을 이용하여 해석해보라.

> Weiszäcker는 절충적 견해로서 발생된 잉여가치 중에서 자본가가 투자에 쓰면 착취가 아니고, 낭비를 하면 착취가 되므로 (최대성장률-현실성장율)=착취율이라고 본다. (홍기현. 1994: 301)

문제 6.8. [Trigg. 2006: 28-29] 칼레츠키의 3부문 모형에서 자본가계급의 소비(C_k)가 항상 일정한 부분(B_0)과 이윤의 크기에 비례하는 부분으로 나뉜다고 하자. 즉, 이윤(P) 중에서 λ만큼이 소비되며, $0 < \lambda < 1$이다. 이때 자본가의 소비와 이윤 사이에 어떤 관계가 존재하며 그 경제적 의미는 무엇인지 해석해 보라.

---

10) 원문은 "Capitalists earn what they spend, and workers spend what they earn."이다(Kaldor. 1956: 96).

6.3.2. 계급력의 역할

〈그림 6.3〉은 재생산표식에 나타나는 자본축적과 계급관계의 논리를 나타낸 것이다. 다만 그림을 간단히 하기 위해 2부문 모형이 아닌 1부문 모형을 가정하였다. 먼저 자본가는 $C+V$ 만큼의 자본을 투하하는 것에서 출발한다. 노동력에 대해서는 V가 임금으로 지불되며, 생산과정 안에서의 계급적 대립 관계를 거쳐 잉여가치율(S/V)이 결정된다. 이윤율(r)은 그렇게 결정된 잉여가치(S)에 대한 투하자본($C+V$)의 비율이다. 이제 자본가는 잉여가치 중에서 $S(k)$를 개인적 소비(칼레츠키의 C_k)에 지출하고 나머지를 생산에 투자한다. 그 중에서 $S(V)$는 추가로 고용된 노동력에 지불되며, $S(C)$는 불변자본의 구입에 사용된다. $S(C)$가 칼레츠키의 I에 해당된다. 이렇게 해서 자본은 g의 율로 성장하게 된다. 한편 g_N은 노동력의 증가율로서 인구증가율과 경제활동참가율에 의해 결정된다.

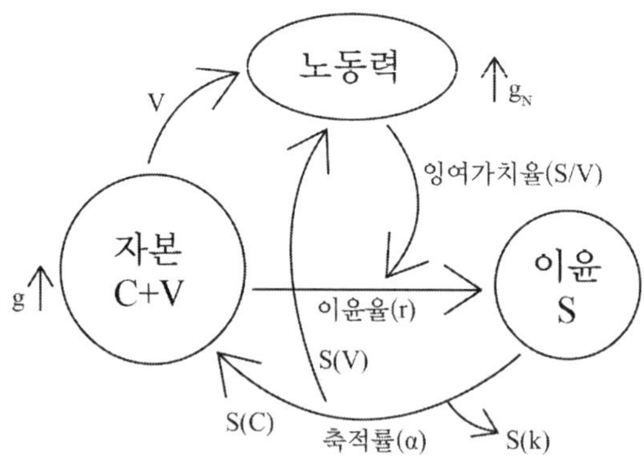

〈그림 6.3〉 자본축적과 계급관계의 구조

재생산표식은 이미 생산과정이 끝난 상태에서 상품의 수요-공급균형을 통해 사회적 총자본이 어떻게 재생산되는가를 보이는 데에 그 목적이 있다. 따라서 잉여가치율은 주어진 크기로 유지되는 것으로 가정하고 있을 따름이다. 반면 칼레츠키의 모형은 재생산표식분석을 사용하고 있지만, 수요가 어떻게 생산을 결정하는가를 보이는 데에 그 목적이 있다. 따라서 마르크스와 칼레츠키는 서로 다른 관점으로 재생산과정을 바라본다고 할 수 있다. (6.21)식의 우변에서 케인즈가 말하는 이른바 야성적 충동(animal spirit)에 의해 독립투자가 증가하면 좌변의 총이윤은 증가하는 것으로 되어 있으나, 마르크스적으로 보면 이러한 이윤의 증가를 위해서는 생산과정에서 노동자에 대한 착취를 강화하는 과정이 성공적으로 뒷받침되어야 하는 것이다.

일반적으로 포스트 케인즈주의적 입장의 논의에서는 이와 같은 칼레츠키와 마르크스의 차이를 강조한다(宇仁외. 2004: 76-79). 그런데 칼레츠키도 1943년에 쓴 "완전고용의 정치적 측면"(Political Aspects of Full Employment)이라는 논문에서 노동자들의 규율을 위해 사업지도자들(business leaders)이 완전고용을 회피하려 한다는 주장을 하고 있다. 완전고용 상태가 지속되면 노동자들의 교섭력이 세지면서 점점 더 다루기 힘들어질 것이고, 따라서 완전고용을 달성하는 것보다는 "이마에 땀 흘려야 비로소 양식을 취할 수 있으리라"는 원칙을 노동자들이 받아들이도록 하는 것이 더 중요하기 때문이라는 것이다. 이는 제5장에서 설명한 산업예비군효과에 다름 아니다. 요컨대 칼레츠키도 〈그림 6.3〉에서 노동력으로부터 이윤율로 향하는 화살표, 즉 자본과 노동의 계급적 대립이라는 측면을 간과한 것은 아닌 셈이다.

칼레츠키는 상품가격의 결정에 관하여 이른바 마크업(markup) 이론을 제시한 바 있다. 독과점적 구조하에서 기업은 일정한 시장지배력을 가지며, 따라서 단위노동비용(unit labor cost)에 외생적으로 결정되는 마크업을 통해 가격을 결정한다는 것이다.[11] 이를 식으로 나타내면 다음과 같다. 여기에서 μ는 마크업이다. wL/Y는 임금 지불 총액(wL)을 산출량으로 나눈 것이므로 산출 단위 당 임금, 즉 단위노동비용을 나타낸다.

---

11) 엄밀하게는 노동비용 이외의 다른 생산요소비용, 즉 유동불변자본 부분도 포함되어야 하나, 단순화를 위해 이렇게 가정한다. 이렇게 가정해도 분석의 결과에 본질적 차이는 없다(나원준. 2018: 244-245).

$$p = (1+\mu)\frac{wL}{Y} \qquad (6.22)$$

이때 마크업은 기업의 시장지배력은 물론 계급력 관계에 의해서도 영향을 받는다. 만약 노동자의 계급력이 강해진다면, 기업은 마크업을 낮출 수밖에 없다. 또 (6.22)식의 양변을 p로 나누면, 자본소득분배율이 마크업의 증가함수임을 확인할 수 있다.

$$1 = (1+\mu)\frac{wL}{pY} \qquad \therefore 1 - \frac{wL}{pY} = \frac{\mu}{1+\mu} \qquad (6.22)^*$$

즉, (6.22)*식에서 μ가 증가하면, 노동소득분배율(wL/pY)이 감소하기 때문이다.[12] 신해석에서 노동력 가치가 노동소득분배율이었음을 상기하면, 마크업의 증가는 노동력 가치의 하락을 가져온다고 표현할 수도 있다. 그러므로 칼레츠키는 노동가치론 대신 마크업 가격설정을 주장하였지만, 다른 방식으로 계급력의 변화를 반영하고 있는 셈이다.

마지막으로 이렇게 결정된 성장률 g가 장기적인 노동력의 공급증가율, 즉 자연성장률(g_N)과 일치하는가라는 문제를 살펴보자. 우연하게도 $g = g_N$이라면 아무런 문제가 없을 것이다. 그러나 $g > g_N$이라면 노동력 부족 때문에 성장률은 g로 유지될 수 없다. 유기적 구성을 고도화함으로써 상대적 과잉인구를 창출하는 기술진보는 $g < g_N$이도록 만드는 메커니즘으로 작동한다. 그러므로 마르크스 편향적 기술진보는 불완전고용 균형을 의미하고 있다. 칼레츠키가 정치적 측면에서 불완전고용을 주장한 것도 이와

---

12) (6.22)*식의 우변을 μ에 관해 미분하면 $\frac{1}{(1+\mu)^2} > 0$이다. 따라서 μ가 증가할 때 좌변은 커지므로 노동소득분배율이 감소한다.

비슷한 맥락에 놓여 있는 것이다. 신고전학파 경제학에서는 노동과 자본 간의 매끄러운 대체가 가능한 생산함수를 상정한다. 따라서 $g > g_N$이라면 노동을 자본으로, $g < g_N$이라면 자본을 노동으로 대체함으로써 문제를 해결할 수 있을 것이라 생각한다. 그런데 제5장에서 언급한 바 있는 자본논쟁에서는 바로 이와 같은 생산요소 간의 신축적인 대체라는 개념이 성립할 수 없음이 지적되었던 것이다.

문제 6.9. 2부문 경제에서 투입산출표가 다음과 같다고 하자.

	밀	베이글
밀	0.5	0.75
베이글	0	0
노동	2시간	4시간

(1) 밀과 베이글의 생산량을 각각 Q_1, Q_2, 경제 전체의 소비와 투자를 각각 C, I라 할 때, 확대재생산의 균형조건을 나타내 보라.

(2) 이 경제의 이윤율은 20%이고 자본가의 저축성향은 0.5라 하자. 초기 자본스톡(K_0)이 10일 때, 다음 기(period)의 밀과 베이글의 생산량을 구하라. 단, 임금 후불을 가정하므로 자본가 저축은 오직 생산재 구매에만 사용되며 자본스톡은 완전이용된다고 하자.

(3) 이 경제가 지속적으로 균제성장을 달성하기 위해서는 노동공급이 어떻게 변해야 하는지 설명하라.

■ **보론 6.3.** 임금주도성장 vs. 이윤주도성장

임금의 이중적 성격으로부터 경제성장에서 임금이 수행하는 상반된 역할도 등장하게 된다. 단순한 케인즈 모형으로부터 총수요(E)는 소비(C)와 투자(I)의 합이다. 임금상승은 한편으로는 기업의 생산비용을 증가시킴으로써 수익성을 악화시키기 때문에 투자의 감소요인으로 작용한다. 다른 한편으로는 노동

자계급의 저축성향이 자본가계급의 저축성향보다 작다고 가정하는 포스트 케인즈주의적 모형에서 임금, 즉 노동소득의 증가는 소비지출을 증가시킴으로써 유효수요의 증대요인으로 작용한다. 전자와 후자 중에서 어느 쪽이 큰가에 따라 임금상승이 총수요, 나아가 경제성장에 미치는 효과가 달라질 것이다. 이것이 바로 임금/이윤주도성장의 문제이다.

경기침체가 지속되어 실업과 유휴설비가 광범하게 존재하는 케인즈적 상황이라면, 노동자의 소비성향은 매우 높을 가능성이 크다. 노동시장 상황 때문에 임금이 낮은 수준에서 형성되어 있을 것이기 때문이다. 그러므로 이러한 상황에서 임금의 상승은 상대적으로 큰 소비수요의 증가를 가져올 것이고, 유휴설비가 존재하기 때문에 기업도 설비투자에 대한 압박 없이 가동률을 올리는 것만으로 충분히 대응 가능할 것이다. 따라서 임금상승은 총수요의 증가를 통해 경제성장을 가져올 것이다. 이것이 바로 임금주도성장(wage-led growth) 국면이다.

한편 설비가동률도 매우 높고 임금수준도 높은 호황기라면, 이미 앞의 경우에 비해 노동자의 소비성향은 그리 높지 않을 것이고 대신 기업의 설비투자에 대한 압박은 상대적으로 클 것이다. 이러한 상황에서는 임금상승을 억제하고 이윤을 증가시키는 것이, 기업의 투자를 확대시키고 노동자의 소비수요는 상대적으로 크게 감소시키지 않을 것이다. 따라서 이윤의 증대가 투자수요의 증대를 통해 경제성장을 가져올 것이다. 이것이 바로 이윤주도성장(profit-led growth) 국면이다.

주의할 것은 임금/이윤주도성장에 규범적 의미는 없다는 것이다. 경제가 처한 상황에 따라 임금상승이 경제성장을 가져오는 경우도 있을 수 있고 그 반대 상황도 있을 수 있다. 경기변동에 따라 동일한 국민경제가 임금주도성장국면에서 이윤주도성장국면으로 바뀔 수도 있다. 또한 임금/이윤주도의 문제는 단지 총수요의 구성부분의 변화만으로 설명될 수 있는 것은 아니며, 소득분배와 생산성의 관계에 대한 고찰을 필요로 한다. 예를 들어 제5장 제4절의 〈그림 5.4〉에서 분석한 포드주의의 호순환은 임금상승과 생산성의 증대, 그에 대응하는 투자수요의 증대가 경제성장으로 이루어진 역사적 사례라 할 수 있다.

일반적으로 노동소득분배율의 변화가 소비와 투자에 미치는 영향을 계량경제학적으로 추계함으로써 어떤 경제가 임금/이윤주도성장 국면에 있는가를 확인할 수 있다. 만약 노동소득분배율이 감소함에도 투자가 촉진되지 않는다면, 해당 경제는 임금주도성장 국면에 있을 가능성이 크다. 다만 한국처럼 수출의존도가 높은 경제에서는 노동소득분배율의 변화가 순수출에 미치는 영향도 중요하다. 노동소득분배율 증가는 수출재의 가격경쟁력을 악화시킴으로써 총수요를 감소시킬 수 있기 때문이다.[13] ■

한편, 케인즈의 승수이론을 노동가치론에 입각하여 재해석함으로써, 〈그림 6.3〉이 묘사하는 계급관계의 역할을 확인할 수 있다.[14]

먼저 폐쇄경제를 가정한 단순 케인즈 모형에서 칼레츠키를 따라 노동자의 소비와 자본가의 소비를 구분하자. 즉, 노동자의 소비가 전체 국민소득에서 차지하는 비중을 β라 하면 $C_w = \beta Y$이다. 여기에서 노동자의 저축성향은 0, 즉 임금 전부를 소비재 구입에 지출하는 것으로 가정함에 주의하자. 자본가의 소비는 $C_k = S(k)P$, 즉 자본가의 소비성향은 $S(k)$이다. 이때 L을 경제 전체의 노동투입량이라 하면, β는 다음과 같이 변형할 수 있다.

$$\beta = \frac{C_w}{Y} = \frac{L}{Y}\frac{C_w}{L} \tag{6.23}$$

L/Y는 상품 한 단위 생산에 필요한 노동량, C_w/L는 노동 한 단위 당 노동자의 소비를 나타낸다. 1부문 모형임을 감안하면, β는 노동력 가치를 의미한다. 편의상 곡물을 이용하여 곡물을 생산한다고 가정하자. (6.23)식에서 L/Y은 곡물 한 단위의 순생산물을 얻기 위해 필요한 직접노동의 양을 의미하며, C_w/L는 노동 한 단위가 소비하는 곡물의 양을 나타낸다. 예를

13) 장기균형에서의 임금/이윤주도성장에 관해서는 제7장의 문제 7.7을 참조하라.

14) 아래 수식의 전개는 Trigg(2006: 14)에 의거하는 것이다. 분석의 편의를 위하여 1부문 모형을 가정한다.

들어 전자는 곡물 한 단위 당 0.5시간, 후자는 노동 한 시간당 곡물 한 단위라면, 이 둘의 곱은 0.5이고 차원은 (시간/곡물량)×(곡물량/시간)이므로 무명수가 된다. 이는 노동력 한 단위가 재생산되기 위해서는 0.5시간의 노동이 필요하다는 것을 의미한다.[15)]

한편, 칼레츠키의 (6.21)식을 이용하면, 자본가의 소비는 다음과 같이 변형된다.

$$P = I + C_k = I + S(k)P \qquad \therefore\ P = \frac{I}{1 - S(k)} \tag{6.24}$$

(6.24)식을 $C_k = S(k)P$에 대입하여 정리하면 다음과 같다.

$$C_k = \frac{S(k)}{1 - S(k)} I \tag{6.25}$$

따라서 국민소득을 정리하면 다음과 같다.

$$Y = C_w + C_k + I = \beta Y + \frac{S(k)}{1 - S(k)} I + I$$

$$\therefore\ Y = \frac{1}{(1-\beta)[1 - S(k)]} I \tag{6.26}$$

(6.26)식의 경제적 의미를 생각해 보자. β나 $S(k)$가 상승하면, 투자의 증가가 가져오는 국민소득의 증가가 더 커진다. $S(k)$의 상승은 자본가가

15) 곡물 모형에 관해서는 제7장의 각주8을 참조하라. 한편, (6.23)식은 신해석의 노동력 가치와도 같아진다. 즉, L/Y는 노동시간의 화폐표현(m)의 역수에 해당하며, 노동자의 저축성향이 0이라면 C_w는 임금총액과 일치하기 때문에, C_w/L는 단위 임금이다. 따라서 β는 단위 임금을 m으로 나눈 값이 되므로, 신해석의 노동력 가치 (4.3)과 같다. 또한 $\beta = C_w/Y$는 국민소득에서 임금소득이 차지하는 비중이므로 노동소득분배율을 나타낸다.

잉여가치 중에서 소비하는 몫이 늘어남을 의미한다. 한편 β의 상승은 〈그림 6.3〉에서 V의 증가를 의미한다. 따라서 노동자에게 더 많은 몫을 분배할수록, 같은 크기의 투자 증대는 더 많은 소득의 증대로 연결된다. 임금주도성장의 논리가 바로 여기에 있는 것이다. (6.26)식은 또한 계급 간의 소득분배를 명시적으로 도입하고 있다는 점에서 이 책에서 말하는 정치경제학의 정의에 부합한다. 케인즈의 경우, 승수는 한계소비성향에 의해 결정되는데, 그것은 이른바 3대 기본심리법칙으로 설정되는 것이었다. 그러므로 케인즈는 인간의 심리적 요인으로부터 출발하여 승수효과를 설명한다는 점에서 (6.26)식의 문제의식과는 차이가 있다.

6.4. 자본관계의 재생산과 국가

이제 다시 자본관계의 재생산이라는 문제로 돌아가 보자.

먼저 재생산표식은 경제적 재생산의 한 측면, 즉 생산된 상품의 원활한 유통이라는 측면만 다루고 있음에 주의하여야 한다. 이미 살펴본 바와 같이, 생산과정에서 원활하게 잉여가치를 추출할 수 있는가, 기술진보로 말미암아 발생하는 양적 및 질적 변화의 불확실성을 어떻게 해결하는가 등도 경제적 재생산에서 중요한 문제이다.

그러나 자본관계의 재생산은 생산양식의 차원을 넘어서서 상부구조에까지 이르는 넓은 의미에서의 사회적 재생산으로 이해되어야 한다. 상부구조를 구성하는 법률이나 제도, 이데올로기의 역할은 이미 제1절에서 노동력의 순환이 인적 자본의 순환으로 전환되는 과정의 사례를 통해 살펴보았다. 노동력의 재생산을 인적 자본 투자의 논리로 치환하는 순간, 자본주의 시장경제가 능력주의를 실현한다는 이데올로기적 기제는 완성된다. 능력주의에 대한 믿음은 자본주의 시장경제가 정상적으로 재생산되도록 해주는 중요한 역할을 담당한다. 설사 실증적으로는 능력주의가 어느 정도 달성되고 있다 하더라도, 사회구성원의 대다수가 그렇지 않다고 믿는다면 해당 사회의 재생산은 위기에 빠질 수 있다. 반대로 현실은 그렇지 않음에도 불구하고 이데올로기적 상징조작 등을 통해 사회구성원들이 능력주의가 제대로 작동한다고 믿는 경우와 비교해보면, 그 의미를 쉽게 파악할 수 있을 것이다.[16]

글로벌라이제이션이 양적으로나 질적으로 충분히 진행된 상황에서도 자본관계의 재생산에 있어서 국민국가(nation state)의 역할은 현실적으로 무시할 수 없다. 노동력 자체가 국경을 넘어 이동하기 가장 어려운 생산요소라는 사실만 생각해 보더라도 알기 쉬울 것이다. 마르크스와 엥겔스는 일찍이 『공산당선언』(1848년)에서 국가를 부르주아의 집행위원회에 지나지 않는다고 주장했다. 요컨대 자본주의 국가는 지배계급의 도구라는 인식이다. 이러한 측면을 자본주의 국가의 계급성이라 부를 수 있다. 우리가 일상에서 국가의 계급적 성격을 경험할 수 있는 계기는 적지 않다. 단순히 국가를 구성하는 관료나 정치 엘리트의 경제적 지위만 조사해보더라도 체계적으로 특정 계급 혹은 계층의 이해관계를 대변할 가능성이 크다는 것을 쉽게 확인할 수 있다. 예를 들어 "경제를 살리자" 같은 슬로건이 실질적으로는 자본의 이해관계를 옹호하게 되는 역할을 하는 경우를 흔히 볼 수 있는 것이다. 그럼에도 국가는 중립성을 표방하는데 그것은 일정 부분 진실이기도 하다. 국가는 게임의 규칙을 정하고 공정하게 집행하는 공공성을 갖출 것으로 표상

16) 피케티(2020: 20-21)는 모든 불평등 체제는 그것을 정당화하기 위한 이데올로기를 필요로 한다고 주장하면서, 생산력과 생산관계의 상태가 이데올로기적 상부구조를 거의 기계적으로 규정하는 마르크스주의적 교리와는 달리, 정치적-이데올로기적 영역에 진정 자율성이 존재한다는 것이 자신의 주장이라고 설명한다. 그렇지만 물질적 삶의 변화 없이 이데올로기가 하늘에서 떨어지듯 외생적으로 주어지는 것은 아니다. 현실적으로는 토대의 변화와 이데올로기의 변화가 서로 영향을 주고받으면서 형성되어 갈 것이다. 제1장의 〈그림 1.4〉와 그에 관한 설명을 참조하라.

된다. 원초적으로 모든 시민은 사유재산의 소유자이며 형식적으로 평등한 인격을 갖춘 존재로서 법률의 지배와 보호를 받는다.[17)]

결국 자본주의 국가는 계급성과 중립성을 동시에 지니는 존재라 할 수 있다. 자본주의의 특정 국면에서 계급성이 더 부각될 수도 있고, 반대로 중립성이 더 부각되기도 한다. 국가권력이 일상적으로 집행되는 과정은 매우 복잡한 정치 · 행정적 과정이기 때문에, 다양한 계급분파와 이익집단의 이해관계가 얽혀 있는 유기체와 같은 성격을 지닌다. 그러므로 국가의 계급적 성격이란 국가가 동질적인 하나의 실체로서 특정 계급의 이익을 옹호하거나 대변한다는 의미는 아니다. 노동력의 판매와 소비를 통해 잉여가치가 생산되는 관계 자체를 지속적으로 유지하도록 만든다는 점에서, 하나의 시스템 혹은 조직으로서의 자본주의를 전제로 한다는 데에 국가의 계급적 성격이 놓여 있는 것이다.

국가는 막스 베버(Max Weber)의 지적처럼 합법적 폭력으로서 경찰이나 검찰, 군대 등의 폭력적 국가장치를 지닌다. 그러나 국가는 동시에 알튀세르(Louis Althusser)가 말하는 이데올로기적 국가장치(ISA: ideological state apparatus)를 갖추고 있다. 개발독재 시기 한국에서 노동자계급은 "산업전사", "수출역군" 등으로 호명(interpellation)되면서 잉여가치 추출에 적합한 노동력으로 끊임없이 재생산되었다. 학교나 교회, 언론 등의 외견상 중립성을 갖춘 장소에서, 그리고 개인의 사적 영역에서 이데올로기적 국가장치는 작동한다. 이른바 말 잘 듣는(compliant) 노동력의 재생산은 대중교육의 중요한 역할이기도 하다. 고등교육에서조차도 자본의 논리에 맞는 연구주제의 선택과 교육과정의 편성, 체제비판적인 교육과 연구의 배제 등이 중립성이라는 외관을 띠고 이루어진다. 제1장 제3절에서 설명한 바 있는 노동력이 허구적 상품이라는 폴라니의 주장은 이데올로기적 국가장치의 작동과정과도 밀접한 관련이 있다. 노동력의 순환이 이른바 인적 자본의 순환으로 전환되는 〈그림 6.2〉

---

17) 물론 이러한 형식적 평등이 반드시 실질적 평등을 보장하는 것은 아니다.

는 허구적 상품을 상품으로 받아들이도록 만들기 위한 과정의 정점을 묘사하고 있는 것이다. 물론 자본주의 국가가 계급성을 띤다는 이유만으로 그것을 부정하거나 자본주의 국가의 여러 형태들 사이의 미묘한 차이를 무시해서는 안 된다. 언론과 사상의 자유를 충분히 보장하는 국가와 억압하는 국가 간에는 분명히 질적 차이가 있다. 사회안전망을 갖추기 위해 노력하는 국가와 모든 경제적 성패를 개인의 책임으로 귀착시키는 국가 간에도 분명한 질적 차이가 있다. 미디어가 거대 자본에 장악된 국가와 최소한의 민주적 의사결정구조를 갖추고 운영되는 국가 간에도 분명히 질적 차이가 존재한다. 그러나 이 모든 질적 차이는 그저 주어지는 것은 아니다. 더욱이 그것이 한번 완성되고 나면 되돌아가지 않는 불가역적인 과정도 아니다. 권력에 대한 시민사회의 끊임없는 견제와 발언을 통해서만 얻어질 수 있는 것이다. 아울러 경제적 재생산과 사회적 재생산은 별개의 독립된 사안이 아니라는 점에도 유의해야 할 것이다. 예를 들어 소득이나 자산 격차의 확대로 말미암은 경제적 민주주의의 붕괴는 정치적 민주주의를 위협하는 요인이 된다.

7

이윤율과 공황

마르크스는 자본의 유기적 구성을 고도화하는 기술진보의 결과 이윤율이 저하하는 경향이 있음을 주장하였다. 즉, 기술진보의 특성만으로 이윤율 저하가 불가피함을 보이고자 한 것이다. 그러나 마르크스의 이러한 직관은 오키시오 정리를 통해 수정될 수밖에 없다. 계급력 관계의 변화를 고려하지 않은 채 기술변화의 특성만으로는 이윤율 저하를 논증할 수 없게 되었기 때문이다. 그럼에도 마르크스의 직관은 이윤율의 변동요인을 기술진보의 특성과 계급요인으로 분해함으로써 자본주의 경제의 변화를 파악하는 분석틀을 제공한다는 점에서 여전히 유용하다. 이윤율의 구성요인들의 변화를 분석함으로써 자본주의 경제에서 주기적으로 발생하는 공황에 관해 설명할 수 있다.

주요 개념: 이윤율 저하 경향의 법칙. 오키시오 정리. 자본생산성. 노동소득분배율. 경기변동. 공황.

이윤율은 자본주의 경제의 상태를 나타내는 가장 중요한 지표이다. 특히 마르크스 경제학에서는 경제 전체의 일반적 이윤율(the general rate of profit)[1)]의 움직임에 주목한다. 이윤율은 단지 생산함수의 기술적 특성에 의해서만 결정되는 것은 아니며, 자본과 노동 사이의 계급대립을 반영한다. 자본주의의 주기적 공황은 이윤율의 저하에 의해 촉발되기도 하지만 이윤율을 다소 폭력적인 방식으로 회복하는 메커니즘이기도 하다. 이 장에서는 마르크스의 이윤율 저하 경향의 법칙, 그리고 주기적 공황이론에 관해 살펴볼 것이다.

7.1. 이윤율 저하 경향의 법칙

고전학파 정치경제학의 시대인 19세기에는 이윤율이 저하한다는 것은 일반적으로 받아들여지는 상식이었다. 마르크스 자신도 이윤율 저하 그 자체보다는 이윤율이 왜 더 빠른 속도로 하락하지 않는지를 설명하는 것이 더 중요하다고 말했을 정도였다. 이윤율이 하락하는 원인으로 널리 지적된 것은 수확체감의 법칙에 따른 농업부문의 생산성 저하였다. 혹은 임금이나 원료가격의 상승도 중요한 원인으로 지적되었다. 그런데 마르크스의 차별성은 이윤율 하락의 궁극적 원인을 기술진보에서 찾았다는 데에 있다. 자본주의 경제의 가장 뛰어난 점이라 할 수 있는 끊임없는 기술진보가 오히려 이

---

1) 일반적 이윤율은, 제4장의 전형문제에서 살펴본 바와 같이, 평균이윤율이 모든 산업에 공통적으로 적용되어 생산가격이 성립할 때의 이윤율을 가리키는 개념으로 이해하면 좋을 것이다. 다만 현실적으로는 산업별 이윤율의 평균값인 평균이윤율과 구별하기 쉽지 않다.

윤율의 하락을 가져온다는 것을 설명하려 한 것이다. 『자본론』 제3권의 중요한 주제 중의 하나인 이윤율 저하 경향의 법칙이 바로 그것이다.

7.1.1. 마르크스의 직관

이제 마르크스가 어떻게 그러한 결론에 이르게 되었는지를 살펴보자. 이윤율(r)의 정의식에서 분자와 분모를 동시에 가변자본(노동력)의 가치(V)로 나누어 주면 다음과 같다.[2)]

$$r = \frac{S}{C+V} = \frac{\frac{S}{V}}{1+\frac{C}{V}} \qquad (7.1)$$

제5장에서 설명한 것처럼, 자본주의적 기술진보의 경향은 자본의 유기적 구성(C/V)의 고도화에 있다. 따라서 자본축적의 진전에 따라 (7.1)식의 분모는 커질 것이다. 그러므로 분자의 잉여가치율(S/V)이 이를 상쇄할 만큼 빠른 속도로 상승하지 않는 한 이윤율은 저하할 것이다. 이것이 마르크스의 직관이다. 그런데 이러한 직관은 엄밀하게 말하면, 동어반복에 지나지 않는다. (7.1)식에서 분자가 일정하거나 빠른 속도로 증가하지 않는다면, 분모의 증가는 분수 전체의 크기를 감소시킨다는 주장이기 때문이다. 실제로 마르크스는 이윤율의 저하 경향에 대한 상쇄 요인으로 불변자본 요소들을 생산하는 부문에서의 노동생산성 향상, 외국무역을 통한 저렴한 원료 조달 등

---

2) 여기에서 이윤율은 가치 단위로 정의되고 있다. 가치가 생산가격으로 전형되는 과정에 관한 마르크스의 설명이 논리적으로 완전무결하다면 가치로 나타낸 이윤율과 가격으로 나타낸 이윤율은 같다. 제4장의 〈그림 4.2〉를 참조하라. 그러나 전형논쟁의 경과를 감안하면, 이윤율을 이렇게 나타낼 수는 없다. 다만 흔히 경제학에서 가정하는 1부문 모형을 전제한다면 문제가 없다. 경제 내에 생산부문이 하나뿐이라면, 애초에 가치의 생산가격으로의 전형이 필요 없고 차원만 적절하게 변환해주면 가치=가격이 되기 때문이다.

의 다양한 요인을 지적하고 있다. 예를 들어 불변자본의 요소인 생산재 생산부문에서 기술진보가 빠른 속도로 일어나면, 자본의 유기적 구성의 고도화에도 불구하고 가치구성은 그만큼 상승하지 않거나 극단적으로는 하락할 수도 있다. 그렇다면, 애초에 이윤율 저하 경향의 법칙의 가장 중요한 전제가 성립하지 않게 된다. 자본집약도가 상승하더라도 불변자본의 가치는 그에 비례하여 상승하지 않을 것이기 때문이다. 정보통신산업처럼 급속도로 기술진보가 일어나는 경우를 생각해 보면 알기 쉬울 것이다. 따라서 이윤율 저하 경향의 법칙이라는 명칭에서 "법칙"은 일반적으로 이해하는 것과는 의미가 분명히 다르다. 물론 마르크스는 이윤율 저하가 당연한 것으로 받아들여지던 당대의 정치경제학의 분위기, 그리고 어느 정도는 이윤율 저하에 의한 자본주의 생산양식의 위기를 논증하려는 필요 등으로 말미암아 이윤율 저하가 궁극적으로 관철되는 법칙으로 이해하려 했던 듯도 하다. 그러나 당초 이 법칙의 논리구조 자체로부터도 이윤율의 저하는 일방적으로 관철되는 경향이라기보다는 경기순환 과정에 내재하는 것으로 이해해야 할 것이다. 즉 반작용요인들의 힘이 충분히 강하지 못한 상황에서는 실제로 이윤율이 저하하지만, 그렇지 않은 경우에는 반드시 이윤율이 저하하는 것은 아니다. 더구나 이윤율이 저하하더라도 투하자본의 규모가 충분히 크다면 이윤량은 증가할 수 있는데, 이 경우 자본은 별다른 무리 없이 축적을 진행할 수 있는 것도 사실이다.

그럼에도 불구하고 이윤율 저하 경향의 법칙은 매우 야심차면서도 흥미로운 내적 논리구조를 갖추고 있음을 확인할 수 있다. (7.1)식이 주장하는 바가, 자본주의적 기술진보의 특성을 잉여가치율 상승으로 상쇄하지 못하면 이윤율이 하락한다는 것임을 상기하자. 잉여가치율의 상승은 결국 제3장 제3절에서 설명한 절대적/상대적 잉여가치의 생산을 통해 가능하다. 그런데 절대적 잉여가치의 생산에는 물리적 한계가 있기 마련이고, 상대적 잉여가치 생산은 궁극적으로는 기술혁신에 의해 가능한 것이다. 즉, (7.1)식에서 이윤율 저하를 막는 것은 잉여가치율 상승이나, 그 가장 유력한 방법 자체가 기술혁신이다. 요컨대 기술혁신으로 인해 생겨나는 문제(이윤율 저하)를 해결하는 방법(잉여가치율 상승)이 다시 기술혁신으로 귀착되는 것이다. 그러므로 마르크스의 논리는 자본주의의 일반적 속성, 그것도 가장 장점으로 평가되는 속성 그 자체가 이윤율의 저하를 가져온다는 것을 보이려는 셈이다. 즉, 수확체감이나 원료가격의 상승과 같은 외생적 요인이 아니라 기술변화의 내생적 과정을 통해 이윤율이 하락한다는 것이다. 바로 이 때문에 마르크스는 이윤율 저하 경향의 법칙이 자본주의 생산양식의 본질로부터 생겨나는 것이라 주장하였다.

문제 7.1. 다음 중 이윤율 저하 경향의 상쇄 요인이라 보기 어려운 것은?

① 생산과정의 자동화 ② 외국무역

③ 비정규직 노동의 확대 ④ 노동강도의 강화

7.1.2. 최대이윤율 하락의 법칙

이윤율 저하 경향의 법칙이 장기적으로 관철되는 법칙임을 보이는 하나의 방법으로 개발된 것이 이른바 최대이윤율 하락의 법칙이다. 최대이윤율은 노동자에게 임금을 하나도 지불하지 않고 모든 가치생산물을 자본가가 다 가져가는 경우의 이윤율로 정의할 수 있다. 즉, $V=0$일 때의 이윤율을 최대이윤율(r_{MAX})이라 하면, 다음과 같은 관계가 성립한다. 제3장의 〈그림 3.1〉에서 모든 순생산물이 잉여생산물이 되는 경우인 것이다.

$$r_{MAX} = \frac{S}{C+V} = \frac{V+S}{C} = \frac{L}{C} = \frac{1}{C/L} \tag{7.2}$$

(7.2)식이 성립하는 것은 $V=0$이기 때문이다. 한편 분모의 L은 생산에 투입되는 직접노동량, 즉 산 노동의 양을 가리킨다. 그러므로 (7.2)식은 죽은 노동의 산 노동에 대한 비율(C/L)[3]의 역수를 나타낸다. 만약 자본축적이 진전됨에 따라 이 비율이 상승한다면, 최대이윤율은 반드시 하락한다. 이를 〈그림 7.1〉과 같이 나타낼 수 있다. 최대이윤율(r_{MAX})이 하락하는 한, 실제 이윤율(r)은 등락을 거듭하면서도 전체적인 추세로 보면 하락할 수밖에 없는 것이다.

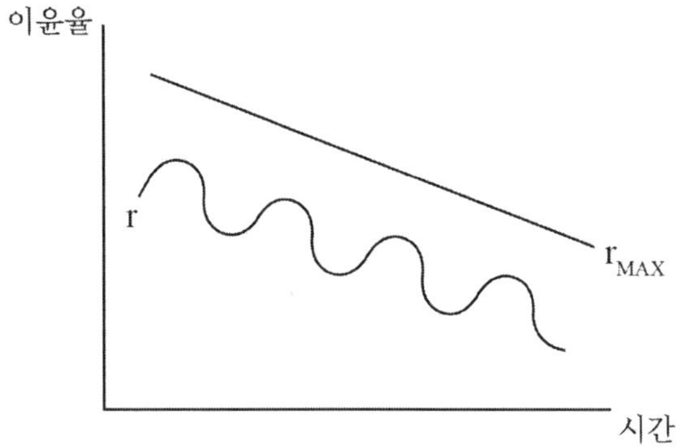

〈그림 7.1〉 최대이윤율 하락의 법칙

최대이윤율 하락의 법칙은 밑바탕에 생산의 유기적 구성이 증가한다는 전제를 깔고 있다. 그런데 이 전제는 동시에 장기적으로는 상대적 과잉인구가 만들어질 수밖에 없다는 결론과 동전의 양면 같은 관계를 이루고 있다(置塩외. 2005: 178 및 248-249). C/V의 상승에 비해 C/L의 상승을 가정하면, 잉여가치율의 크기와 무관하게 투입되는 노동량 자체가 상대적으로 감소한다는 것을 보일 수 있다는 이점이 있다. 더구나 아래의 보론 7.1에서 보듯이, 최대이윤율 하락의 법칙은 n부문 모형에서 일반적으로도 증명될 수 있다.

---

3) 이는 제5장 제1절에서 설명한 바 있는 생산의 유기적 구성이라는 개념이다.

그러나 이윤율 저하 경향의 법칙을 최대이윤율 하락으로 받아들이는 경우에도 여전히 한계는 존재한다. 생산의 유기적 구성을 증가시키지 않는 기술진보가 논리적으로 불가능한 것은 아니기 때문이다(문제 7.3 참조).

■ **보론 7.1.** n부문 모형에서의 최대이윤율 하락의 법칙 증명

$\boldsymbol{p} = (1+r)(\boldsymbol{pA} + w\boldsymbol{l})$로부터 $w = 0$일 때 $\boldsymbol{p} = (1+r_{MAX})\boldsymbol{pA}$이므로, $\frac{1}{1+r_{MAX}}\boldsymbol{p} = \boldsymbol{pA}$가 된다. 여기에서 $\boldsymbol{p}$를 $\boldsymbol{A}$의 특성벡터로 보면 $\frac{1}{1+r_{MAX}}$는 투입계수행렬 $\boldsymbol{A}$의 특성근이 된다. 페론-프로베니우스 정리에 따르면, 최대특성근은 분해불가능[4)]한 비음행렬 $\boldsymbol{A}$의 단조증가함수이다. 예를 들어 다른 모든 산업에서는 기술이 불변이고 오직 산업 i에서만 생산의 유기적 구성이 커졌다고 가정해 보자. 그 경우에도 투입계수 $a_{ji}(j = 1, \cdots, n)$ 중의 적어도 하나는 값이 커져야 한다.[5)] 따라서 오키시오가 말하는 생산의 유기적 구성의 증가는 $\boldsymbol{A}$의 적어도 하나의 원소가 커짐을 의미한다. 즉, 새로운 기술 하에서의 투입계수행렬을 $\overline{A}$라 하면, $\overline{A} \geq \boldsymbol{A}$가 되는 것이다. 따라서, 이 경우 최대특성근인 $\frac{1}{1+r_{MAX}}$은 증가한다. 이는 그 분모에 있는 r_{MAX}가 하락함을 의미한다. ■

---

4) 어떤 행렬 $\boldsymbol{A}$가 행과 열을 적절하게 치환함으로써 $\begin{pmatrix} \boldsymbol{A}_{11} & \boldsymbol{A}_{12} \\ 0 & \boldsymbol{A}_{22} \end{pmatrix}$와 같이 변형될 때, 그것을 분해가능(decomposable)하다고 한다. 단, $\boldsymbol{A}_{ij}$는 $\boldsymbol{A}$를 분할하여 만든 정방행렬(square matrix)이다. 분해불가능(indecomposable) 행렬은 분해가능하지 않은 행렬이다. 분해불가능 행렬의 경제적 의미는 모든 산업의 생산물이 적어도 간접적으로는 모든 산업의 생산물의 생산에 필요한 투입이라는 것을 의미한다. 즉, 임의의 산업i에서 출발하여 자신을 포함하는 다른 모든 산업j로 가는 투입산출경로가 존재해야 한다. $a_{ij} > 0$이라면 i에서 j로 가는 직접적 경로가 있다는 뜻이다. 그러나 $a_{ij} = 0$이어서 산업 i에서 산업j로 직접 가는 경로가 없다 하더라도, 만약 $a_{ik}a_{kj} > 0$이라면 i에서 k를 거쳐 j로 가는 간접적인 경로가 존재한다. 예를 들어 석탄이 자동차 생산에 직접 투입되지는 않더라도 자동차의 투입물인 철강 생산에 투입된다면, 석탄에서 철강을 거쳐 자동차로 가는 간접적 투입경로가 존재하는 것이다. 제3장의 각주 10과 11을 참조하라.

5) 엄밀하게 말하자면, $\boldsymbol{A}$가 불변인 상태에서 $\boldsymbol{l}$의 원소 중 적어도 하나가 줄어드는 경우에도 생산의 유기적 구성은 증가한다. 즉, 새로운 기술 하에서의 노동투입계수벡터를 $\boldsymbol{l}^*$라 하면, $\boldsymbol{l}^* \leq \boldsymbol{l}$일 수도 있는 것이다. 그러나 마르크스가 전형적이라 생각했던 기술진보, 즉 제5장에서 설명한 마르크스 편향적 기술진보는 $\boldsymbol{A}$의 원소 중에서 적어도 하나가 증가하는 것이었다.

■ **사례 7.1**

2부문으로 이루어진 경제에서 투입계수행렬 $A = \begin{pmatrix} 0.2 & 0.1 \\ 0.2 & 0.1 \end{pmatrix}$이라 하자.

여기에서 상품1과 상품2는 각각 자신 및 다른 상품의 생산에 필요한 투입물이므로 A 는 분해불가능행렬이다. 즉 임의의 산업 $i(i=1,2)$에서 항상 산업 $j(j=1,2)$로 가는 직접적 경로가 존재한다. 이제 A 의 특성방정식은 다음과 같다.

$$|A-\lambda I| = \begin{vmatrix} 0.2-\lambda & 0.1 \\ 0.2 & 0.1-\lambda \end{vmatrix} = (0.2-\lambda)(0.1-\lambda)-0.1\times 0.2 = \lambda^2-0.3\lambda$$
$$=\lambda(\lambda-0.3)=0$$

따라서 특성근은 0과 0.3이다. 즉, 최대 특성근은 0.3이고 $\lambda_{MAX} = \frac{1}{1+r}$로부터 이윤율은 약 2.33임을 알 수 있다. 이는 현재의 투입산출구조하에서는 최대이윤율이 약 233퍼센트임을 의미한다.

이제 산업1에서만 생산의 유기적 구성이 증가하여 투입계수행렬이 $A = \begin{pmatrix} 0.3 & 0.1 \\ 0.2 & 0.1 \end{pmatrix}$로 되었다고 하자. 따라서 특성방정식은 다음과 같다.

$$|A-\lambda I| = \begin{vmatrix} 0.3-\lambda & 0.1 \\ 0.2 & 0.1-\lambda \end{vmatrix} = (0.3-\lambda)(0.1-\lambda)-0.2\times 0.1 =$$
$$\lambda^2-0.4\lambda+0.01=0$$

근의 공식을 이용하면, $\lambda = \frac{0.4\pm\sqrt{0.4^2-4\times 1\times 0.01}}{2} = \frac{0.4\pm\sqrt{0.12}}{2} \approx \frac{0.4\pm 0.3464}{2}$이므로 최대특성근은 약 0.3732이다. 이로부터 이윤율은 $\frac{1}{0.3732}-1 \simeq 1.68$이다. 즉, 최대이윤율은 약 168퍼센트로 하락하였다.■

문제 7.2. 최대이윤율 하락의 법칙에 대한 설명이다. 잘못된 것을 골라라.

① 임금이 0일 때 성립하는 법칙이다

② 생산의 유기적 구성이 상승하기 때문에 성립한다

③ 최대이윤율은 V/C로 나타낼 수 있다(단, C: 불변자본. V: 가변자본)

④ 최대이윤율이 하락하더라도 실제 이윤율은 상승할 수 있다

문제 7.3. 다음 문장을 이윤율 저하 경향의 법칙과 관련하여 해석해 보라. 단, L은 고용된 노동의 총량, C는 불변자본을 나타낸다.

> L/C을 감소시키지 않으면서도 노동생산성을 향상시키는 기술이 존재할 가능성이 전혀 없다고 볼 근거는 없다. (Okishio. 1977: 97)

7.1.3. 오키시오 정리와 계급투쟁 중립성

마르크스의 직관은 자본주의 생산양식이 지닌 특성으로부터 기술진보가 이윤율에 미치는 영향을 도출한 것이었다. 반면 개별 자본가가 어떤 의도에서 그와 같은 기술을 도입하는가, 이른바 미시적 기초(micro-foundation)의 문제는 설명하지 않았다. 사실 자본가의 기술도입 동기라는 관점에서 생각하면, 즉각적으로 떠오르는 의문은 자본가들은 왜 이윤율이 저하하는 결과를 보면서도 특정 형태의 기술을 채택하는가라는 것이다. 그런데 이러한 의문에 대해서는 경쟁자보다 먼저 신기술을 도입하는 자본가는 초과이윤을 얻는다는 점에서 그 미시적 동기를 어느 정도 설명할 수 있다. 제3장 제3절에서 설명한 바 있는 특별잉여가치 추구 메커니즘은 이러한 미시적 동기를 잘 설명해 준다.[6] 기술도입을 둘러싼 자본간 경쟁과정은 일종의 죄수의 딜레마

---

6) 마르크스의 특별잉여가치 개념은 슘페터(Joseph A. Schumpeter, 1883-1950)에 의해 혁신(innovation)에 성공한 기업가가 일시적 독점이윤을 얻는다는 이론으로 계승되었다.

게임(prisoner's dilemma game)의 구조를 지니고 있는 셈이다.

그런데 이보다 더 본격적으로 검토되어야 할 질문은 개별 자본가가 신기술을 도입하는 조건은 무엇인가라는 것이다. 오키시오는 이 질문에 대답하는 가정을 세운 다음 이윤율 저하 경향의 법칙이 성립하지 않는다는 것을 수학적 정리의 형태로 도출하였다. 이를 오키시오 정리(Okishio theorem)라고 한다. 먼저 오키시오 정리를 명제의 형태로 서술하면 다음과 같다.

> 자본가가 현행 가격에서 비용절감적 기술만 도입한다면, 실질임금이 일정하게 유지되는 한, 새로운 기술도입 이후의 균형이윤율은 상승한다.

오키시오가 주목하는 개별 자본가의 미시적 동기는 새로운 기술을 도입함으로써 비용이 절감되어야 한다는 것이다. 즉, 현행 가격수준에서 신기술 도입에 드는 비용은 기존의 구기술을 그대로 유지할 때의 비용보다 작아야 한다. 그렇지 않다면 굳이 새로운 기술을 적용할 유인이 없기 때문이다. 그와 같은 조건을 충족하는 기술을 비용절감적(cost-reducing) 기술이라 부른다.[7)]따라서 오키시오 정리의 전제는 정상적인 자본주의 경제라면 이의를 제기할 수 없는 가정이다. 그런데 이러한 기술도입의 결과, 경제 전체의 균형이윤율은 하락하는 것이 아니라 오히려 상승한다는 것이다. 물론 이러한 결과는 또 하나의 전제, 즉 기술도입 이전이나 이후에 실질임금에는 변화가 없다는 가정하에서 도출된다. 이제 폴리(Foley, 1986: 137-138)에 따라 단순한 1부문 모형을 이용하여 오키시오 정리의 핵심을 살펴보도록 하자.[8)]

---

7) 기술도입으로 말미암아 상품의 생산에 필요한 투하노동의 총량이 감소할 때, 이를 진보적(progressive) 기술변화라고 부른다. 제2장에서 들었던 비유를 생각해 보면, 사회 전체적으로 동일한 규모의 상품 더미를 만드는데 필요한 노동의 총량이 감소하는 것이 진정한 기술진보라 생각할 수 있을 것이다. 기존의 기술을 나타내는 투입계수를 $\boldsymbol{A}, \boldsymbol{l}$ 이라 하고 그것이 기술변화 이후에는 $\boldsymbol{A}^*, \boldsymbol{l}^*$ 가 된다고 하자. 진보적 기술변화는 $\boldsymbol{vA}^* + \boldsymbol{l}^* \leq \boldsymbol{vA} + \boldsymbol{l}$ 임을 의미한다. 이것은 후술할 비용절감 조건 (7.10)과는 별개의 조건이다. 따라서 일반적으로는 비용절감적 기술변화가 진보적 기술변화를 보장해주지 못한다. 이로부터 자본주의적 이윤추구의 논리와 노동절약의 논리는 서로 다른 것임을 알 수 있다.

8) 곡물(corn)을 투입하여 곡물을 생산하는 1부문 모형은 이미 리카도 이래로 복잡한 사정을 단순

현재의 기술하에서는 노동 n단위와 곡물 a단위를 이용하여 한 단위의 곡물을 생산한다고 가정하자. 물론 순생산가능조건이 충족되어야 하므로 a〈1이다. 이때 곡물의 단위 당 가치 및 가격은 다음 식으로부터 결정된다. 여기에서 노동 한 단위는 화폐 한 단위에 대응된다고 가정한다. 즉 노동시간의 화폐표현은 1이라 가정하는 것이다.

$$n + ap = p \qquad \therefore\ p = \frac{n}{1-a} \tag{7.3}$$

1부문 모형에서는 가치와 가격이 비례하므로 $\frac{n}{1-a}$은 곡물 한 단위의 가격이면서 동시에 가치임에 유의하자. 또한 명목임금을 w라 할 때, 실질임금(b)은 다음과 같다. 요컨대 이 모형에서는 a단위의 곡물을 원료로 투입하여 한 단위의 곡물을 생산한 다음, 그 중에서 b단위의 곡물을 노동자에게 임금으로 지불하는 셈이다.

$$b = \frac{w}{p} = \frac{w}{\frac{n}{1-a}} = \frac{w(1-a)}{n} \tag{7.4}$$

그러므로 곡물 한 단위당 이윤은 $p-(pa+wn)$이고, 이윤율(r)은 다음과 같이 계산된다.

하게 나타나기 위하여 이용되어왔다. 곡물 모형은 투입과 산출이 동질적인 재화이기 때문에 순생산물이나 잉여생산물을 명쾌하게 보일 수 있다는 장점이 있기 때문이다. 마르크스 경제학의 맥락에서는 가치의 생산가격으로의 전형문제를 생각할 필요가 없다는 추가적인 장점도 있다. 재화가 하나뿐이라면 자본의 이동을 통한 산업 간 이윤율 균등화를 고려할 필요가 없어지기 때문이다. 즉, 1부문 모형에서는 가치와 가격은 서로 비례한다. 물론 곡물 모형은 극히 제한적인 상황에서 논의의 본질을 파악하기 위한 목적에서만 사용되어야 할 것이다.

$$r=\frac{p-(pa+wn)}{p(a+bn)}=\frac{p-(pa+pbn)}{p(a+bn)}=\frac{1}{a+bn}-1 \tag{7.5}$$

이제 새로운 기술이 도입되어 n^*단위의 노동과 a^*단위의 곡물을 이용하여 한 단위의 곡물을 생산한다고 가정하자. 그렇다면 이 기술이 도입되기 위한 비용절감 조건은 다음과 같다.

$$pa^*+wn^*<pa+wn \tag{7.6}$$

(7.6)식은 현행 가격 및 임금수준에서 신기술이 구기술보다 비용이 적게 든다는 것을 의미한다. 그런데 (7.3)식과 (7.4)식을 이용하여 $p=\frac{n}{1-a}$, $w=\frac{n}{1-a}b$를 (7.6)에 대입하면 다음과 같이 된다.

$$a^*+bn^*<a+bn \tag*{(7.6)*}$$

새로운 기술이 일반화되고 나면, 새로 성립하는 가치 및 가격은 $p^*=\frac{n^*}{1-a^*}$이고, 새로운 임금수준은 $w^*=p^*b$가 된다. 구기술 하의 균형과 새로운 기술 하의 균형에서 모두 실질임금은 b로 일정한데, 이는 바로 오키시오 정리의 전제조건을 충족하기 위해서이다.

이제 새로운 균형에서 곡물 한 단위당 이윤은 $p^*-(p^*a^*+w^*n^*)=p^*(1-a^*-bn^*)$가 되므로, 새로운 이윤율($r^*$)는 다음과 같이 계산된다.

$$r^*=\frac{1}{a^*+bn^*}-1 \tag{7.7}$$

그런데 비용절감 조건 (7.6)*를 이용하면, 다음과 같은 관계가 성립함을 확인할 수 있다.

$$r^* = \frac{1}{a^* + bn^*} - 1 > \frac{1}{a + bn} - 1 = r \qquad \therefore\ r^* > r \tag{7.8}$$

즉, 새로운 균형에서의 이윤율은 기술도입 이전의 이윤율보다 커지는 것이다.

이상의 결과를 일반적인 n부문 모형에서 증명하면 다음의 보론과 같다.

■ **보론 7.2.** 오키시오 정리의 일반적 증명

현행 기술 하에서의 균형은 다음과 같다. 여기에서 $\boldsymbol{b}$는 임금재 묶음(실질임금)이고 오키시오 정리 증명과정에서는 불변이어야 한다.

$$\boldsymbol{p} = (1+r)\boldsymbol{p}(\boldsymbol{A} + \boldsymbol{bl}) \tag{7.9}$$

신기술 $(\boldsymbol{A}^*, \boldsymbol{l}^*)$가 만족해야할 비용절감 조건은 다음과 같다.

$$\boldsymbol{p} \geq (1+r)\boldsymbol{p}(\boldsymbol{A}^* + \boldsymbol{bl}^*) = \boldsymbol{p}[(1+r)(\boldsymbol{A}^* + \boldsymbol{bl}^*)] = \boldsymbol{pM} \tag{7.10}$$

신기술 하에서의 비용은 $\boldsymbol{p}(\boldsymbol{A}^* + \boldsymbol{bl}^*)$인데 이는 구기술하에서의 비용 $\boldsymbol{p}(\boldsymbol{A} + \boldsymbol{bl})$보다 작아야 하기 때문이다. 벡터의 대소관계를 비교할 때 부등호 $\geq$는 우변의 벡터의 적어도 하나의 원소는 좌변의 벡터에서 그에 대응하는 원소에 비해 작다는 뜻임에 유의하자.

(7.10)식으로부터 행렬 $\boldsymbol{M} \equiv (1+r)(\boldsymbol{A}^* + \boldsymbol{bl}^*)$의 최대특성근 $\lambda(\boldsymbol{M})$은 1보다 작음을 알 수 있다. $\boldsymbol{p} \geq \boldsymbol{pM}$이므로 $\boldsymbol{p}$를 $\boldsymbol{M}$의 특성벡터라 하면, $\lambda \boldsymbol{p} = \boldsymbol{pM}$인 특성근 λ는 1보다 작아야 하기 때문이다.

한편, 새로운 균형 (p^*, r^*)는 다음과 같다.

$$p^* = (1+r^*)p^*(A^*+bl^*) = p^*[(1+r^*)(A^*+bl^*)] = p^* M^* \tag{7.11}$$

(7.11)식으로부터 행렬 $M^* \equiv (1+r^*)(A^*+bl^*)$의 최대특성근 $\lambda(M^*)$는 1임을 알 수 있다. $1 \times p^* = p^* M^*$이므로 p^*가 M^*의 특성벡터일 때 특성근은 1이기 때문이다.

$$\therefore \lambda(M^*) > \lambda(M) \tag{7.12}$$

그런데, 페론-프로베니우스 정리에 따라[9] (7.12)식은 $M^* > M$을 의미하며 $M^* = \frac{1+r^*}{1+r} M$이므로, 결국 $r^* > r$이어야 한다. ■

오키시오 정리와 관련하여 다음과 같은 세 가지 사항에 유의해야 한다.

첫째, 오키시오 정리는 기술진보를 먼저 도입한 개별 자본이 더 높은 이윤율을 얻는다는 자명한 주장을 하는 것이 아니라는 점이다. 특별잉여가치를 획득하는 자본은 그렇지 못한 자본에 비해 당연히 높은 이윤율을 얻는다. 위의 증명과정에서 보는 것처럼, 식 (7.11)은 기술도입 이후에 새로운 생산가격이 성립하는 상태를 의미한다. 요컨대 비용을 절감하는 기술진보 도입의 결과 부문 간 자본이동까지 감안하여 최종적으로 이윤율 균등화가 이루어지는 균형가격이 성립하였을 때, 그 균형이윤율이 기술도입 이전의 균형이윤율에 비해 높다는 것을 증명하고 있다.

둘째, 오키시오 정리가 기술진보로 인한 이윤율의 저하 가능성 그 자체를 부정하는 것은 아니라는 점이다. 오키시오 정리를 하나의 명제로 보고 그

---

9) 제2장의 각주 10을 참조하라.

대우를 생각해보면, "비용절감 조건 하에서 이윤율이 저하한다면 그것은 실질임금이 상승하기 때문이다."라고 쓸 수 있다.[10] 즉 오키시오 정리는 실질임금이라는 분배조건의 변화와 무관하게 기술진보의 특성만으로 이윤율 저하 경향을 도출하는 것은 불가능하다는 사실을 논증하고 있는 셈이다. 제5장 제1절에서 오키시오가 자본의 유기적 구성 대신에 생산의 유기적 구성이라는 개념을 도입한 까닭은 기술변화의 효과를 계급 간 역관계 변화의 효과로부터 분리하기 위함임을 설명한 바 있다. 그러한 의도는 이윤율 저하 경향의 법칙에 대한 마르크스의 직관이 수정되어야 한다는 오키시오 정리의 맥락과 일치한다. 그렇게 함으로써 비로소 잉여가치율의 변화와는 독립적으로 기술진보의 특성에만 의해 이윤율이 하락하는지를 확인할 수 있기 때문이다.

마지막으로 오키시오 정리의 비용절감 조건은 기술진보의 특성, 구체적으로 유기적 구성이 어떻게 변하는지에 관해서는 아무런 가정도 하고 있지 않다는 점에도 주목할 필요가 있다. 〈그림 7.2〉는 다양한 기술진보의 유형을 벤 다이어그램을 이용하여 나타낸 것이다. 영역 A와 B는 유기적 구성을 고도화하는 기술진보를, 영역 B와 C는 비용절감적 기술을 의미한다. 따라서 영역 B는 유기적 구성을 고도화하면서 동시에 비용절감 조건을 충족하는 기술이다. 오키시오 정리는 B뿐만 아니라 C에 속하는 기술진보도 도입될 수 있음을 주장하는 셈이므로, 반드시 자본의 유기적 구성을 고도화하는 기술이 아니더라도 자본주의 경제에서 도입될 수 있음을 의미한다. 또한 A에 속하는 기술진보는 유기적 구성은 고도화함에도 비용절감적 기술이 아니므로 아예 도입되지 않는다.

---

10) 명제 p와 q에 대해 p→q가 참이면, 그 대우 ~q→~p도 참이다. 따라서 오키시오 정리가 참이라면, 본문의 명제 또한 참이다.

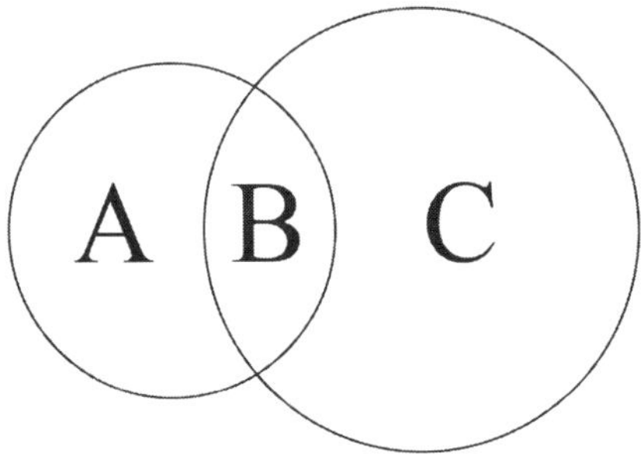

〈그림 7.2〉 기술진보의 유형

오키시오 정리는 선형대수학의 페론-프로베니우스 정리를 경제학적으로 응용한 것이기 때문에, 그 자체로는 부정될 수 없다. 따라서 정리의 가정에 대해 검토할 필요가 있는데, 이를 통해 던컨 폴리와 데이비드 라이브만(David Laibman)은 이윤율 저하 경향을 기술진보의 특성으로부터 도출하고자 시도하였다. 이를 폴리-라이브만 정리(Foley-Laibman Theorem)라 부르기로 하자. 이 정리에 따르면, 이윤율이 도입되어 새로운 균형으로 옮아가는 과정에서 일정하게 유지되어야 하는 것은 실질임금이 아니라 노동소득분배율이다. 오키시오처럼 실질임금이 일정하다고 가정하는 것은 신기술 도입으로 인한 이익을 전부 자본가가 가져가는 것으로 가정하는 셈이기 때문이라는 것이다. 여기에서는 앞에서 소개한 Foley(1986)의 1부문 모형을 이용하여 폴리-라이브만 정리의 핵심을 살펴보도록 하자. 예의 곡물 모형에서 기술도입 이전의 노동소득분배율을 계산해 보면 다음과 같다. 즉, 부가가치는 $p-pa$이고 노동자가 받는 임금총액은 $wn=pbn$이므로,

$$\frac{pbn}{p-pa}=\frac{bn}{1-a} \tag{7.13}$$

이제 새로운 기술이 도입되고 나면, 이 비율은 (7.13)식에서 기술적 투입

계수들을 a^*와 n^*로 바꾼 값, 즉 $\frac{bn^*}{1-a^*}$가 될 것이다. 폴리-라이브만 정리는 계급투쟁 중립성(class-struggle neutrality) 가정, 즉 기술도입과정에서 계급 간의 역관계가 변화하지 않는다는 가정하에서는 노동소득분배율이 일정하게 유지되어야 한다고 주장한다. 이 곡물 모형에서 노동소득분배율이 일정하도록 실질임금(b)의 크기가 신축적으로 변한다고 가정해 보자. 이 경우에 (7.3)식을 이용하면, 노동소득분배율은 다음과 같다.

$$\frac{wn}{p-pa}=\frac{wn}{n}=w \tag{7.14}$$

즉, 이 곡물 모형에서는 화폐임금률(w)이 바로 노동소득분배율이 되는 것이다.[11] 이제 w가 일정하게 유지된다는 가정하에서 기술도입 이전의 이윤율(r)과 기술도입 이후의 이윤율(r^*)을 계산하면 각각 다음과 같다.

$$r=\frac{p-(pa+wn)}{pa+wn}=\frac{1}{a+\dfrac{w}{p}n}-1=\frac{1}{a+\dfrac{n}{\dfrac{n}{1-a}}w}-1=\frac{1}{a+(1-a)w}-1 \tag{7.15}$$

$$r^*=\frac{p^*-(p^*a^*+wn^*)}{p^*a^*+wn^*}=\frac{1}{a^*+(1-a^*)w}-1 \tag{7.16}$$

(7.15)와 (7.16)을 비교해보면, $a^*>a$일 때 $r^*<r$임을 알 수 있다.[12]

---

11) 제4장 제1절에서 이미 신해석이 정의하는 노동력 가치는 노동소득분배율과 같아짐을 살펴본 바 있다. 따라서 신해석의 입장에서는 w가 노동력 가치라고 할 수 있다. (4.3)식에서 노동력 가치 $(w^*)=w/m$인데, 여기에서는 노동시간의 화폐표현이 1이라 가정하였기 때문에 $w^*=w$가 되는 것이다.

12) (7.15)식에서 $\frac{\partial r}{\partial a}=\frac{w-1}{[a+(1-a)w]^2}$이며, $w<1$이므로 이 값은 마이너스임을 확인할 수 있다.

$a^* > a$와 $n^* \leqq n$을 동시에 충족하는 기술진보는 자본의 유기적 구성을 고도화하므로 다름 아닌 마르크스적 기술진보이다. 그러므로 이 결과는 노동소득분배율이 일정하게 유지된다는 가정하에서는 마르크스적 기술진보의 결과 이윤율이 하락함을 의미한다.

폴리-라이브만 정리를 보론 5.1에서 설명한 바 있는 임금과 이윤의 관계로 나타내면 〈그림 7.3〉과 같다(Foley & Michl, 1999: 119). 마르크스 편향적 기술진보의 결과, 최대이윤율은 ρ에서 $\hat{\rho}$으로 감소하고 최대임금율은 x에서 $\hat{x}$로 증가한다. 만약 폴리-라이브만의 가정처럼 노동소득분배율이 일정하게 유지된다면, 임금은 노동생산성에 비례하여 증가할 것이다. 그림에서 기술진보로 인한 노동생산성 증가율은 $\frac{x\hat{x}}{0x}$이다. 따라서 임금은 $\frac{x\hat{x}}{0x} = \frac{w_0 w_1}{0w_0}$을 충족하도록 w_0에서 w_1으로 상승하며, 이에 대응하는 이윤율은 r_0에서 r_1으로 하락하게 된다.

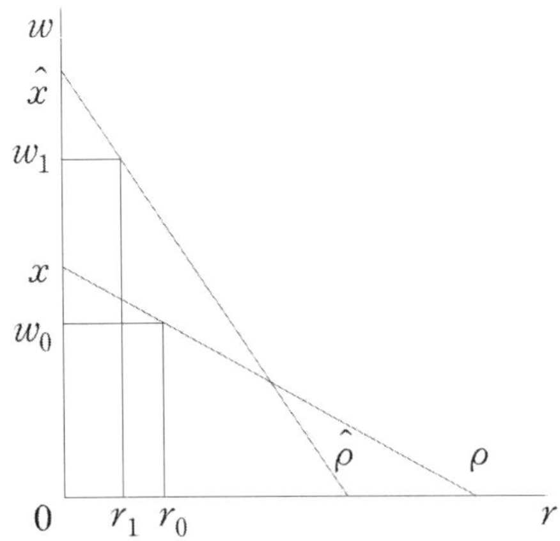

〈그림 7.3〉 폴리-라이브만 정리

즉 a가 증가하면 r은 감소한다.

물론 이러한 결과가 오키시오 정리를 부정하는 것은 아님에 주의하여야 한다. 엄밀하게 말하면, 폴리-라이브만 정리는 〈그림 7.2〉에서 영역B에 속하는 기술진보만을 다루고 있는 셈이기 때문이다. 더구나 당초 기술변화과정에서 실질임금이 일정하다는 오키시오의 가정을 수정하였음을 기억하자. 사실 기술변화의 질적 측면을 고려하면, 신기술 도입으로 잉여가치율이 상승하는 경우도 얼마든지 생각해 볼 수 있다.[13] 따라서 오키시오 정리의 가정에 비해 폴리-라이브만의 가정이 반드시 현실을 제대로 반영한 것이라고 볼 수도 없다. 다만 우리는 이러한 결과로부터 마르크스의 직관은 폴리-라이브만 정리의 상황에 가까운 것이었으리라 짐작해 볼 수는 있다. 이제 마르크스의 이윤율 저하 경향의 법칙과 오키시오 정리, 그리고 폴리-라이브만 정리의 기술진보와 이윤율의 관계에 대한 견해를 요약하면 〈표 7.1〉과 같다.

〈표 7.1〉 기술진보와 이윤율의 관계

	기술진보의 특성	일정하게 유지되는 변수	이윤율
마르크스	유기적 구성↑	잉여가치율	↓
오키시오 정리	비용↓	실질임금	↑
폴리-라이브만 정리	유기적 구성↑ 비용↓	노동소득분배율	↓

문제 7.4. 다음 주장에 대해 논평하라.

> 폴리-라이브만 정리는 노동자계급이 케인즈적인 화폐환상(money illusion)에 빠져 있음을 전제로 한다.

13) 예를 들어 자동화 같은 신기술의 도입 자체가 노동자계급의 힘이 약하다는 것을 전제한다(홍기현. 1994: 289). 게다가 제5장 제2절에서 살펴본 바와 같이, 막상 노동절약적 신기술이 도입되고 나면, 노동자들의 힘이 더 약화될 수도 있다.

문제 7.5. 〈그림 7.3〉의 그래프를 활용하여 해로드 중립적 기술진보가 이윤율에 미치는 영향을 확인해 보라. 단, 임금은 노동생산성 증가율에 비례하여 상승한다고 가정한다.

■ **보론 7.3.** 자본의 회전을 고려한 이윤율

제5장에서 지적한 바와 같이, 생산에 묶여 있는 자본과 소비되는 자본을 구분하면 이윤율의 정의식 (7.1)은 좀 더 복잡해진다. (7.1)은 불변자본의 모든 구성요소가 유동자본임을 가정하고 있다. 만약 고정자본이 존재하여 여러 차례의 생산기간에 걸쳐 존속하면서 그 가치의 일부분씩을 생산물에 이전한다면, 이윤율은 다음과 같이 정의되어야 한다. 여기에서 K는 고용되어 있는 불변자본의 총가치이고 C는 한 번의 회전기간에 소비되어 생산물에 그 가치를 이전하는 유동불변자본의 가치를 가리킨다. 즉, $K-C$는 고정불변자본의 가치가 된다.

$$r=\frac{S}{K+V}=\frac{S}{C+V}\times\frac{C+V}{K+V}=\frac{S}{C+V}\times\frac{\frac{C}{K}+\frac{V}{K}}{1+\frac{V}{K}} \qquad (7.1)^*$$

(7.1)*식에서 보듯이, 이윤율은 투하된 총자본 $K+V$에 관해 계산되어야 하며, 이는 C/K의 영향을 받는다. 즉, 불변자본 중에서 고정자본의 비중이 작을수록, 따라서 C/K가 클수록 이윤율은 커진다. 일반적으로 이윤율은 연간 단위로 계산한다. 따라서 연간 이윤율을 계산할 때는 불변자본 요소의 회전기간이 1년을 넘는가의 여부가 중요한 기준이 될 것이다.

문제 7.6. 어느 기업은 연초에 K만큼의 불변자본과 V만큼의 가변자본을 생산에 투자하였다고 한다. K 중에서 K_f만큼은 내구연한이 5년인 기계로 이루어져 있고, 나머지는 회전기간이 3개월인 중간재로 이루어져 있다. 이 기업이 일 년 동안 P의 이윤을 얻었다고 할 때, 연간이윤율을 기호로 나타내 보라.

■ **보론 7.4.** 역사적 비용과 현재적 비용

이른바 도덕적 감가로 말미암아 불변자본 요소의 구입 시점에서의 가격과 현재의 가격은 달라질 수 있다. 구입가격으로 계산한 비용을 역사적 비용(historical cost), 현재의 가격으로 평가한 비용을 현재적 비용(current cost)이라 한다. 어느 비용으로 계산하는가에 따라 이윤율도 각각 역사적 이윤율과 현재적 이윤율로 달라질 것이다. 만약 $t-1$기에 자본을 투하하여 t기에 이윤을 얻는다면, 역사적 이윤율은 $r_t = \dfrac{S_t}{C_{t-1} + V_{t-1}}$ 이다. 불변자본 요소의 감가로 인해 $C_{t-1} > C_t$라면, 역사적 이윤율은 현재적 이윤율 $r_t = \dfrac{S_t}{C_t + V_t}$ 보다 작아진다.

역사적 이윤율은 예를 들어 급격한 경기침체기에 자본을 잠식하는 요인으로 작용한다. 반면 현재적 이윤율은 제4장에서 살펴본 산업 간 자본이동과정에서 진입과 탈퇴의 기준으로 사용된다. 새로운 산업으로 진입할지 말지를 결정할 때는 진입 이후에 얻을 수 있는 이윤율이 판단기준이 될 것이기 때문이다. 이윤율 저하 경향의 법칙을 지속적인 기술혁신으로 말미암아 빠른 속도도 도덕적 감가가 일어남으로써 역사적 이윤율이 하락하는 것으로 해석하는 주장도 있다(클라이먼. 2013). 이 견해에 따르면, 현재적 이윤율은 상승하거나 불변임에도 역사적 이윤율은 하락하는 것이 얼마든지 가능할 뿐만 아니라, 경제위기 국면에서는 일반적인 현상이다. 다만 오키시오 정리는 균형가격을 전제한 모형에 기초하고 있기 때문에, 시점 간에 정의되는 역사적 이윤율의 하락과는 무관한 것임에 주의하여야 한다. ■

7.2. 분석도구로서의 이윤율

마르크스의 이윤율 저하 경향의 법칙은 실제 이윤율의 궁극적인 저하를 증명하는 것으로 간주하지 않는다면, 오히려 이윤율의 동태를 분석하는 유용한 도구로서 발전될 수 있다. 먼저 실제 자본주의 경제에서 자본가들은 이윤율을 가치 단위가 아니라 가격 단위로 고려한다는 점을 감안하여 이윤율의 정의식을 다음과 같이 정리할 수 있다. 여기에서 K, Y, P, W는 각각 경제 전체의 자본스톡, 부가가치, 이윤총액, 임금총액을 나타낸다.

$$r = \frac{P}{K} = \frac{P}{Y} \times \frac{Y}{K} = (1 - \frac{W}{Y}) \times \frac{Y}{K} \tag{7.17}$$

(7.17)의 마지막 등호는 노동소득분배율과 자본소득분배율의 합계가 정의상 1이기 때문에 성립한다. 즉, (7.17)식은 이윤율의 결정요인을 노동소득분배율(W/Y)과 자본생산성(Y/K)이라는 두 가지 요인으로 분해하고 있다. 이를 마르크스의 (7.1)식과 대조하면 (1-노동소득분배율), 즉 자본소득분배율은 잉여가치율, 그리고 자본생산성은 자본의 유기적 구성(C/V)의 역수에 대응하는 것임을 알 수 있다. 즉, 자본소득분배율과 자본생산성은 (7.1)식에서 가치 단위로 표현된 변수들의 대리변수(proxy)인 셈이다. 전자가 자본과 노동 간의 계급력 관계를 나타내는 지표라면, 후자는 기술의 특성을 나타내는 지표라 할 수 있다. 따라서 마르크스의 분석틀은 이윤율의 변화를 계급투쟁과 기술의 특성이라는 두 측면으로 분해하여 파악하려는 것이다. 제5장 제1절에서 설명했던 바와 같이, 마르크스 편향적 기술진보는 자본사용적-노동절약적이면서 자본생산성은 하락하는 기술진보이다.

만약 생산설비가 불완전 가동되고 있다면, (7.17)식은 다음과 같이 바뀌

쓸 수 있다.

$$r = \frac{P}{Y} \times \frac{Y}{Y_f} \times \frac{Y_f}{K} \tag{7.18}$$

여기에서 Y_f는 생산설비의 완전가동하에서 달성 가능한 국민소득을 나타낸다. 따라서 Y/Y_f는 경제 전체의 설비가동률이며 1보다 작거나 같다. 즉, 이윤율의 변동을 자본소득분배율, 설비가동률 및 완전가동 하에서의 소득의 자본에 대한 비율이라는 세 가지 구성요소로 분해할 수도 있는 것이다. 즉, 자본소득분배율이 증가하거나 설비가동률이 상승할 때, 혹은 기술계수(K/Y_f)가 하락하면, 이윤율은 상승한다. 주기적인 경기변동과정에서 설비가동률은 등락을 거듭한다. 불황 말기에는 이 비율이 상승하면서 호황으로의 반전 계기를 형성한다. 만성적 초과설비가 존재하는 케인즈적 상황에서는 정부의 유효수요창출정책을 통해 설비가동률을 1에 가까운 상태로 접근시킬 수 있을 것이다. 제6장에서 설명한 임금/이윤주도성장도 이 식을 통해 설명할 수 있다. 만약 노동소득분배율의 상승(즉, P/Y의 하락)이 설비가동률의 급속한 증가를 수반한다면 이윤율은 상승할 것이다. 이것이 바로 임금주도성장국면이다.

마르크스 편향적 기술진보가 일정한 노동소득분배율과 결합되면 이윤율은 하락하게 된다. 이를 앞 절의 폴리-라이브만 정리와 관련하여 간단한 숫자 예로 살펴보자. 〈표 7.2〉는 Laibman(1997)이 제시한 1부문 모형의 숫자 예를 빌려 온 것이다. 구기술 하에서의 임금총액(300)이 기술도입 이후에도 그대로 유지되는 것이 오키시오 정리의 상황이다. 반면 폴리-라이브만 정리의 상황에서는 기술도입 이후에도 자본소득분배율(0.25)이 그대로 유지된다. 또한 이때 도입되는 신기술은 전형적인 마르크스 편향적 기술진보를 가정하였기 때문에, 자본스톡(K)이 800에서 920으로 증가하도록 설정되어 있다. 기술도입의 결과 자본생산성(Y/K)은 하락하였음을 알 수 있다. 그런데 오키시오적 상황에서는 자본생산성의 하락(0.5→0.4870)을 자본소득분배율 증대(0.25→0.3304)로 상쇄함으로써 이윤율은 상승한다. 반면 폴리-라이브만적 상황에서는 자본소득분배율(따라서 노동소득분배율)이 일정하게 유지됨으로써 이윤율이 하락하는 것이다. 노동소득배율이 어떻게 변할 것인지는 선험적으로 확정할 수 없고 경험적으로 확인해야 할 문제이다. 실제로 칼도어(Nicholas Kaldor, 1908-1986)는 1950년대 후반에 발표한 논문에서 경제성장 과정의 정형화된 사실(stylized facts) 중의 하나로 자본과 노동 사이의 분배비율이 안정적이라는 것을 든 바 있다(Kaldor, 1957). 그러나 1970년대 이후 선진국들에서는 공통적으로 노동소득분배율의 하락이 관찰되기 때문에, 칼도어의 명제는 그가 관찰한 시기에만 국한된 사실로 보인다.[14]

〈표 7.2〉 기술도입의 효과: 오키시오 vs 폴리-라이브만

	K	W	P	Y=W+P	Y/K	P/Y	P/K
구 기술	800	300	100	400	0.5	0.25	0.1250
오키시오	920	300	148	448	0.4870	0.3304	0.1609
폴리 -라이브만	920	336	112	448	0.4870	0.25	0.1217

이와 같이 이윤율 저하 경향의 법칙을 해석하면, 비단 이윤율이 실제로 저하하지 않는 축적국면에서도 이윤율 변동의 구성요소들 사이의 동학을 분석할 수 있다. (7.17)식과 같이 이윤율의 변동요인을 분해하는 것은 마르크스 경제학은 물론 포스트 케인즈주의 경제학, 나아가 피케티까지도 받아들이고 있는 분석틀이다. 즉, 제1장에서 제시한 바 있는 "노동생산성-계급

---

[14] 칼도어가 제시한 여섯 가지 정형화된 사실 중에는 자본-산출 비율이 안정적이라는 것도 포함되어 있다. 이를 노동소득분배율이 일정하다는 사실과 결합하면, (7.17)식으로부터 이윤율이 일정하다는 결론이 도출된다. (7.17)식에서 W/Y와 Y/K가 일정하면 r도 일정한 값을 갖기 때문이다.

간 소득분배-이윤율의 기술적 및 사회적 연관에 초점을 맞추는 경제학적인 흐름"이라는 정치경제학의 정의에 부합하는 것이다. 피케티는 『21세기 자본』에서 이른바 자본주의의 제1의 기본법칙이라는 항등식을 제시하고 있는데,[15] 그것을 여기에서의 기호로 나타내면 $P/Y = r(K/Y)$이다. 즉, (7.17)식을 자본소득분배율에 관한 식으로 변형한 것에 지나지 않는다. 신자유주의 시기에 선진국들에서 이윤율은 일정하게 유지되면서 노동소득분배율은 급격하게 하락하였다는 그의 분석결과는 마르크스 경제학적으로 해석하자면, C/V의 상승을 S/V가 정확하게 상쇄하였음을 의미한다. 요컨대 일정한 이윤율은 기술혁신과 노동자계급역량 약화의 결합을 의미하는 것이다.

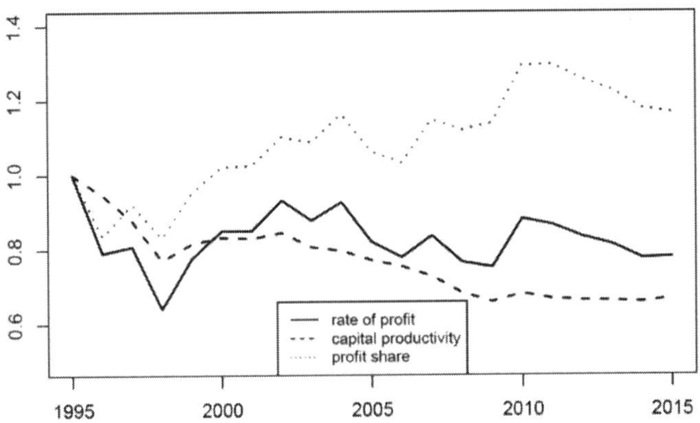

〈그림 7.4〉 한국경제의 이윤율, 자본생산성, 이윤몫 (전산업. 1995년=1)

---

15) 피케티(2014: 69)는 $\alpha = r \times \beta$라는 항등식을 자본주의의 제1의 기본법칙이라 이름 붙였다. 여기에서 α는 자본소득분배율, r은 자본수익률, β는 자본/소득 비율이다. 똑같은 항등식이지만 본문의 (7.17)식과는 달리 자본소득분배율에 관한 식으로 풀어 쓰고 있다는 점에 유의하자. 그것은 피케티가 소득분배에 주목하기 때문이다. 피케티는 어느 시대이건 경험적으로 볼 때 4-5퍼센트 수준에서 자본수익률이 일정하게 유지된다고 주장한다. 그렇다면, β의 상승은 α의 상승을 가져온다. 반면, (7.17)식은 이윤율의 결정요인에 주목한다. 그러므로 만약 피케티의 주장처럼 r이 일정하게 유지되었다면, 그것은 자본소득분배율과 자본생산성, 마르크스의 개념으로는 잉여가치율과 자본의 유기적 구성의 상호관계에 따른 결과로 해석된다. 이와 같이 동일한 항등식도 어떤 변수에 초점을 맞추는가에 따라 현실에 대한 서로 다른 해석을 낳을 수 있는 것이다.

〈그림 7.4〉는 1995년에서 2015년에 걸쳐 한국의 전산업에서 이윤율, 자본생산성 및 이윤몫(자본소득분배율)의 추이를 나타낸 것이다(Rieu & Park, 2020: 287). 시계열적 추세를 파악하기 위하여 각 변수의 초기 값, 즉 1995년도의 수치를 1이라 놓고 상대적 크기를 표시하였다. 그림에 따르면, 한국경제에서는 IMF 위기 직후의 조정과정을 제외하면 자본생산성은 지속적으로 하락하다가 2010년경부터는 정체하고 있으며, 이윤몫은 적어도 2010년경까지는 빠르게 상승하였다. 그 결과 이윤율은 위기 시기인 1997-8년의 급락과 위기 직후의 V자형 반등 이후에는 대체로 정체하는 모습을 보이고 있다. 즉, 2000년대의 상황은 자본생산성의 하락을 자본소득분배율의 상승을 통해 상쇄함으로써 이윤율을 유지하는 국면으로 해석할 수 있는 것이다. 이른바 IMF 위기 시기인 1997-8년경부터 2000년대 초반, 그리고 글로벌 금융위기 직후인 2008년경의 두 차례에 걸쳐 자본소득분배율이 급격하게 상승한 것은 노동자계급의 교섭력이 약화하면서 잉여가치율이 상승한 결과로 해석할 수 있을 것이다.

문제 7.7. [山崎, 2019: 105-114] 불완전가동 하에서의 이윤율의 정의식 (7.18)을 $r=\dfrac{\alpha u}{\sigma}$로 나타내자. 단, α는 자본소득분배율, u는 설비가동률, σ는 자본계수이다.

(1) 자본소득분배율이 증가할 때 이윤율은 어떻게 변화하는지 계산해 보라.

(2) 자본스톡의 증가율($\Delta K/K$)은 $\eta_u u+\eta_\alpha \alpha+\eta_0$이라는 선형함수로 나타낼 수 있다고 하자. 단, $\eta_u, \eta_\alpha, \eta_0$는 모두 플러스의 값을 갖는다. 이때 장기균제상태에서 자본소득분배율이 변화할 때 설비가동률은 어떻게 변화 할 것인지 도출해 보라.

(3) (1)과 (2)의 결과를 이용하여, 장기균제상태에서 $\eta_\alpha=0$인 경우에

자본소득분배율의 변화가 이윤율에 미치는 영향을 계산해보라. 그리고 그 결과의 경제적 의미를 해석해 보라.

문제 7.8. [泉외. 2019: 145-146] 다음과 같은 2부문 경제를 가정하자(문제 4.9). 즉, 밀 56kg과 철 1kg, 그리고 노동 10시간이 투입되어 밀 100kg이 생산되며, 밀 8kg과 철 3kg 및 노동 30시간이 투입되어 철 10kg이 생산된다, 또한 노동시간당 실질임금은 밀 0.4kg과 철 0.1kg 이다.

(1) 이제 밀 부문에 새로운 기술이 등장하여, 밀 100kg을 생산하는데 밀 36kg과 철 4kg, 그리고 10시간의 노동이 필요하다고 가정하자. 만약 상대가격 p_1/p_2=0.1이라면, 이 신기술을 채용하는 자본의 이윤율은 얼마인지 계산해 보라.

(2) 상대가격이 p_1/p_2=0.2라면, 기존의 기술과 신기술 하에서의 이윤율은 각각 얼마인지 계산해 보라.

(3) (1)과 (2)의 해답을 비교함으로써 얻을 수 있는 경제적 함의는 무엇인지 생각해 보자.

7.3. 경기변동과 공황

마르크스의 이윤율 저하 경향의 법칙에는 자본주의의 생성 · 발전 · 소멸의 전 과정을 뒷받침하는 장기적 논리로서의 측면과 호황과 불황, 그리고 공황을 반복하는 순환적 변동과정을 설명하는 단기적 논리로서의 측면이 공존하고 있었다. 최대이윤율 하락의 법칙 등을 통해 이윤율의 궁극적인 저하가 불가피하다는 것을 보이거나 자본주의 경제가 장기적으로는 경제적 요인으로 말미암아 붕괴할 수밖에 없다는 논의가 끊임없이 제출되었던 것은 전자의 논리와 관련이 있다. 정치경제학은 자본주의의 역사적 성격에 초점을 맞춘다는 점에서, 이러한 논리가 어쩌면 더 자연스러운 것일지도 모른다. 스미스나 리카도 이래의 고전학파 경제학이 지니고 있던 정체상태(stationary state), 즉 장기적으로 자본축적과 경제성장이 멎는 상태라는 개념은 분명히 마르크스의 이윤율 저하 경향의 법칙에도 영향을 미치고 있다.[16] 그렇지만 1.2.2의 역사유물론에서 설명한 바와 같이, 인간의 사회적 실천을 강조하는 철학적 입장에서 보더라도 기술변화와 이윤율 저하에 따라 자동적으로 경제시스템이 붕괴하거나 다른 시스템으로 바뀌어 간다고 설명하는 것은 적절하지 않을 것이다. 만약 경제시스템이 내적 논리에 따라 자동적으로 붕괴하거나 교체되는 것이라면, 역설적으로 인간이 할 수 있는 일은 아무것도 없기 때문이다. 또한 주기적 공황은 자본주의의 재생산위기를 폭력적이고 급격한 방식으로 해소하는 역할을 수행해왔던 것도 사실이다. 물론 이러한 위기의 해소과정은 기존의 모순을 완전히 없애는 것이 아니라 새로운 방식으로 변화시킴으로써 자본주의 그 자체를 질적으로 변화시키기도 한다. 포드주의나 신자유주의 등과 같이 자본주의의 새로운 국면 혹은 단계가 등장하는 계기가 되기도 하는 것이다.

자본주의의 국면에 따라 공황이 발생하는 형태나 패턴도 달라진다. 1870년대에 자본주의의 독점화가 진행되면서 중화학공업이나 철도부설 등 회임기간(gestation period)[17]이 긴 고정자본에 대한 막대한 투자가 이루어졌다.

---

16) 고전학파뿐만 아니라 자본주의 생산양식의 역사적 성격을 강조하지 않는 케인즈나 왈라스조차도 장기 비전으로는 일종의 자본수익률 저하를 주장한 바 있다. 물론 각자 그렇게 주장한 이론적 이유는 서로 다르다. 마르크스는 자본 간 경쟁을 통해 끊임없는 기술혁신이 일어나고 그 과정에서 이윤율이 하락한다는 것, 말하자면 이윤율 저하의 원인을 자본축적이라는 내재적 요인에서 찾았다는 점에서 다른 논의들과 구별된다. 이는 자본주의가 스스로 작동하면서 모순이 점차로 심화되지만 그렇다고 해서 그 자리에서 멈출 수는 없는 상황이라는 이미지를 제시하고 있다. 자세한 내용으로는 류동민 · 주상영(2015)의 제2장을 참조하라.

17) 기업이 설비투자를 한 시점에서부터 그 설비가 사용되어 산출이 발생하기까지 걸리는 시간을 회임기간이라고 한다.

이로 말미암아 그 이전까지 전형적으로 나타났던 10년 주기의 공황 대신 불황국면이 장기간 지속되는 양상을 띠는 것으로 바뀐다. 1873-1896년의 장기불황, 그리고 1930년대 세계대공황은 그와 같은 변화의 연장선상에 놓여 있다. 또한 1970년대 이후 선진 자본주의 국가에서 장기적인 불황이 인플레이션과 함께 결합된 스태그플레이션(stagflation)의 형태로 나타난다거나 최근 금융세계화의 진전에 따라 금융위기가 빈발한다거나 하는 것도 공황의 새로운 양상이다. 마르크스 경제학에서 이윤율의 동태에 관심을 갖는 까닭은 자본주의 경제의 성장과 변동을 나타내는 가장 중요한 지표가 바로 이윤율이기 때문이다. 그러므로 이윤율 저하 경향의 법칙이 실제로 이윤율이 저하한다는 사실을 논증하지 못하는 것이라 하더라도 그 구성요인들 사이의 동학을 분석하는 것은 여전히 마르크스 경제학의 핵심이라 할 수 있다.

성장과 경기변동은 자본주의 경제의 고유한 특징이다. 자본주의 이전의 사회에서는 성장을 말하는 것이 무의미할 정도로 오랜 세월 동안 경제 규모가 정체되어 있었다. 19세기 전반 영국에서 처음으로 산업혁명이 완수되고 나면서부터 경기변동도 생겨나기 시작했다. 〈그림 7.5〉에서 보는 것처럼, 성장과 경기변동은 서로 밀접하게 얽혀 있다. 즉, 추세로는 성장을 기록하면서도, 주기적으로 호황과 불황을 반복하는 경기변동의 패턴을 보여 왔던 것이다. 각각의 경기순환에서 상방운동이 하방운동으로 전환하는 지점을 정점(peak)이라 하고, 반대로 하방운동이 상방운동으로 전환하는 지점을 저점(trough)이라 부른다. 그림에서 정점으로 향하는 화살표는 경기 확장국면을 나타내고, 저점으로 향하는 화살표는 경기후퇴국면을 나타낸다. 하나의 정점 혹은 저점에서 다음 정점 혹은 저점까지의 기간을 주기(cycle)라고 하며, 정점과 저점 간의 수직 거리를 진폭(amplitude)이라고 한다.

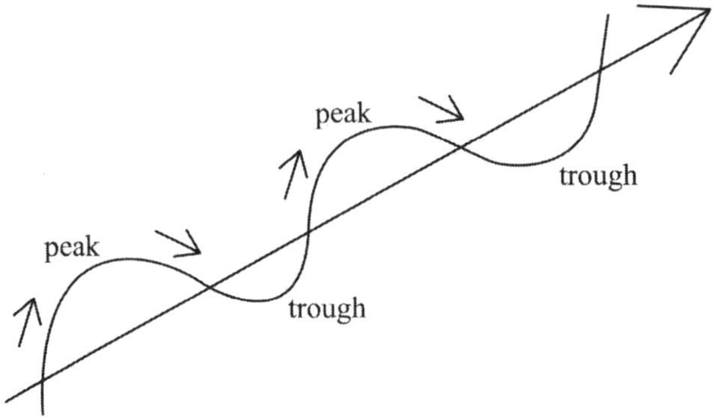

〈그림 7.5〉 성장과 경기변동

〈그림 7.5〉에 대응되는 한국경제의 경기순환을 통계청 자료에 의거하여 확인해 보면 1972년 3월의 제1순환 저점으로부터 출발하여 2010년대에 들어 제11순환을 기록하고 있다. 즉, 순환의 진폭은 〈그림 7.5〉처럼 균등하지는 않지만, 대체로 5년 미만의 주기로 순환이 반복됨을 알 수 있다. 〈그림 7.6〉은 그중에서 1990년대 이후의 순환을 예시한 것이다. 그림에서 음영으로 표시된 부분은 경기 수축기를 나타낸다. 그중에는 1997-8년의 IMF 위기처럼 진폭이 매우 큰 저점을 찾아볼 수 있는데, 이러한 국면이 바로 공황(crisis)이다.

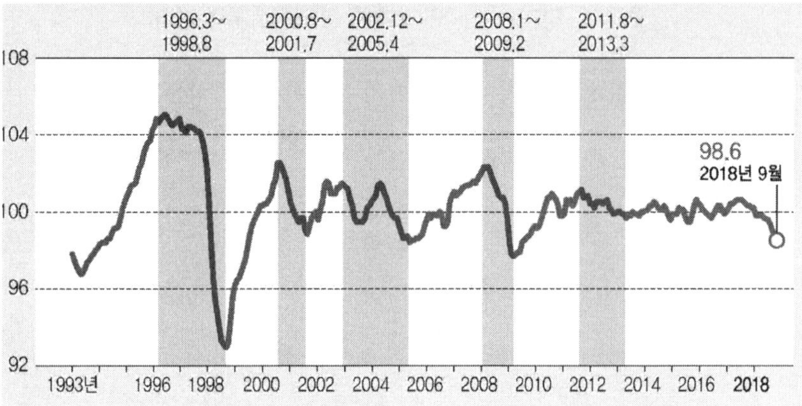

〈그림 7.6〉 한국의 경기순환 (동행지수 순환변동치)

출처: 《한겨레》 인터넷판 2018년 11월 12일자.

경기순환의 국면을 판단하는 데에는 다양한 경제지표가 종합적으로 이용된다. 산업생산액이나 제조업 가동률, 도소매판매액, 비농가취업자수 등은 경기동행지수, 즉 경기변동과 같이 움직이는 변수로 포함되며, 구인구직 비율이나 건설수주액, 그리고 특히 주가지수 등은 경기변동보다 앞서 움직이는 경기선행지수를 구성하는 주요 변수들이다. 〈표 7.3〉은 경기순환의 각 국면에서 주요 경제지표들이 어떻게 변화하는지를 대략적으로 정리한 것이다. 물론 IMF위기처럼 공황이 발생하면 경제활동을 영위하는 주체들은 누구나 쉽게 인지할 수 있겠지만, 일반적으로 경기순환을 정확하게 예측하는 것은 매우 어려운 일이다.

〈표 7.3〉 경기순환 국면에 따른 경제지표들의 변화

	실질GDP	물가지수	주가지수	이자율	이윤율	실업률
공황	마이너스 성장	급락	급락	최고, 이후 하락	급락	상승
불황	마이너스 성장	하락	최저, 이후 반등	최저	하락	상승 심화
경기 회복	중위의 성장	안정	등귀	중위	안정	최고, 이후 하락
호황	고성장	등귀	최고	등귀	최고	최저

출처: 김성구(2021: 354)

자본주의적 공황은 예컨대 기후변화나 팬데믹(pandemic) 같은 외생적 충격에 의해서도 발생할 수 있다. 그러나 기본적으로는 자본주의 생산양식의 내적 모순으로부터 공황이 발생한다. 한 가지 유념할 것은 공황은 대량의 실업과 기업도산 등의 충격을 가져오지만, 그 결과 자본주의 경제는 구조조정을 거치면서 활력을 다시 회복한다는 것이다. 즉, 공황은 그 자체로 자본주의의 붕괴를 가져오는 것이 아니라, 매우 폭력적인 형태로 일종의 균형을 회복하는 기능을 갖추고 있는 것이다.

공황의 가장 추상적인 가능성은 물물교환경제와는 달리 화폐경제에서는 언제든지 C-M, 즉 판매와 M-C', 즉 구매가 분리될 수 있다는 데에서 찾을 수 있다. 이는 화폐가 단순한 유통의 매개수단이 아니라 그 자체가 지불수단이자 가치저장수단으로서 기능한다는 점 때문에 생겨나는 것이다. 물론 이것만으로는 공황의 가능성이나 개연성을 말할 수 있을 뿐이며, 실제로 공황이 발생하는 과정을 설명하지는 못한다. 아래에서는 공황의 원인에 관한 학설을 살펴본 다음, 각 순환에서 상방운동 및 하방운동의 계기로 어떤 것들이 작용하는지 살펴보고자 한다.

문제 7.9. 〈그림 7.6〉에 나타난 경기수축기에 〈표 7.3〉에 소개된 경제지표 들은 어떤 추이를 보였는지 한국은행 경제통계시스템 등을 이용하여 조사해 보자.

7.3.1. 공황의 원인

공황의 원인에 관해서는 크게 세 가지 학설을 들 수 있다. 물론 같은 학설 안에서도 구체적인 메커니즘은 다른 경우가 많고, 이 세 가지 원인은 실제 공황국면에서는 복합적으로 작용하여 순차적으로 혹은 동시다발적으로 나타나는 것이 보통이다.

먼저 유효수요의 부족으로 말미암은 과소소비(underconsumption)에서 원인을 찾는 흐름이 있다. 20세기 초반 이미 산업혁명을 완수한 선진 자본주의국가들은 국내시장이 포화상태에 이르면서 수요부족의 문제를 타개하기 위해 식민지 개척에 나섰고 이것이 결국 제국주의 전쟁으로까지 이어지기도 했다. 레닌의 『제국주의론』(*Imperialism, the Highest Stage of Capitalism*, 1916)은 이 시기의 자본주의를 하나의 새로운 단계로 규정했던 기념비적 저작이다. 과소소비이론 자체는 고전학파 정치경제학자인 맬더스로부터 20세기의 경제학자 존 메이너드 케인즈에 이르기까지 다양한 학파의 학자들이 주장했던 이론이기도 하다. 이미 제6장의 임금/이윤주도성장에서 간략하게 살펴본 것처럼, 경기의 어느 국면에서 노동소득분배율이 하락하면서 거시경제 전체의 수요가 부족하게 될 수 있고, 이는 경기침체로 이어지며 때로는 공황으로 연결된다. 과소소비이론에서 기억해둘 만한 마르크스 경제학자는 미국의 폴 스위지(Paul Sweezy)와 폴 배런(Paul Baran)이다. 이들은 1966년에 출간한 공동저작인 『독점자본』(*Monopoly Capital*)에서 독점단계에 이른 자본주의가 생산력의 발전에 따른 경제잉여를 처분할 수 있는 출구를 찾지 못해 위기에 처하고, 이를 타개하기 위해 군수산업이나 정부지출에 점점 더 의존하게 됨을 주장하였다. 이들의 주장은 유효수요부족을 정부의 적절한 경제개입을 통해 해소할 수 있다는 케인즈 경제이론의 거울 이미지(mirror image)인 셈이다.

다음으로는 자본주의적 생산의 무정부성으로 말미암아 생산부문간 불비례가 심화되어 공황으로 이어진다는 학설이 있다. 이미 제6장의 재생산표식에서 살펴본 것처럼, 경제가 안정적으로 성장하기 위해서는 생산부문 간에 복잡한 비례관계가 성립해야 한다. 이것이 충족된다는 보장이 없기 때문에, 불균형이 누적되다가 어떤 충격이 가해지면 경제가 급격하게 공황으로 빠져든다는 것이다. 이러한 불비례이론은 20세기에 존재했던 현실 사회주의국가들에서 중앙집권적 계획경제를 통해 사전 조정을 하면 공황으로부터 자유로울 수 있다는 생각의 근거가 되기도 하였다.

마지막으로 과잉축적(over-accumulation)에 의해 이윤율이 저하함으로써 공황이 발생한다는 이론이 있다. 자본축적이 유기적 구성을 고도화하는 기술혁신을 수반하는 경우, 그것을 상쇄할 만큼의 잉여가치율 증가가 이루어지지 못하면 궁극적으로 이윤율은 저하하게 될 것이다. 즉, 이윤율 저하 경향의 법칙이 현실에서 관철됨으로써 공황으로 이어질 수 있는 것이다. 물론 공황국면에서 나타나는 대표적인 현상이 이윤율 저하이기 때문에, 이윤율 저하가 공황의 직접적 원인이라기보다는 오히려 결과인 경우가 존재한다. 한편, 똑같이 이윤율의 저하를 말하지만, 그 원인을 기술진보의 특성이 아니라 노동자의 교섭력 증대로 말미암아 임금이 상승하면서 이윤몫이 줄어드는 데서 찾는 이론도 있다. 주로 1970년대 선진국의 장기불황을 설명하면서 제시되었던 이 이론은 이윤압박(profit squeeze)설이라 불린다.

7.3.2. 상방운동과 하방운동의 계기

공황은 경기변동 과정에서 경제를 불안정하게 만드는 여러 가지 요인들이 결합하여 발생한다. 먼저 경기가 지속적으로 확장국면을 유지하지 못하고 하방운동으로 전환하는 요인들을 살펴보자.

첫째, 자본축적의 진전에 따라 노동력에 대한 수요는 지속적으로 증대하며, 그 결과 산업예비군의 규모가 줄어들면서 임금상승을 유발하게 된다. 노동력 공급의 총계는 부족하지 않더라도 특정 산업, 특정 숙련의 노동력은 공급부족에 직면할 수도 있다. 일본의 우노학파[18]는 노동력 자체가 상품이 되기 어려운 특성을 가진 것이라는 점에서 경기변동의 주요인을 찾고 있다. 노동력 자체가 인간이 갖춘 일할 수 있는 능력이기 때문에, 경기상황에 신축적으로 대응하여 공급되기 어렵다는 근본적 한계를 안고 있는 것이다. 이른바 노동시장 유연화를 통해 노동력을 다른 상품과 마찬가지로 언제든지 쉽게 쓰고 버릴 수 있도록 만들기 위한 자본의 노력이 끊임없이 행해지는 것도 바로 이 때문이다. 더구나 호황기에는 기업의 기술혁신속도가 상대적으로 느려질 가능성이 크기 때문에, 노동력수요는 자본축적 규모에 비례하여 증가하게 된다. 경기변동과 기술혁신의 관계에 대해서는 확정적으로 말하기는 어렵다. 막대한 비용이 드는 연구개발투자는 장기적 관점에서 이루질 수밖에 없기 때문에 오히려 경기상황이 좋을 때 비로소 가능한 측면도 있다. 그러나 수익성이 충분히 확보되는 호황기에는 자본의 유기적 구성을 고도화하는 기술도입이 지체될 가능성이 있다. 노동시장의 수급상황도 노동자에게 유리해지기 때문에, 노동절약적 기술의 도입에 대한 저항도 커질 것이다. 우노학파는 호황기에는 자본의 유기적 구성이 일정한 상태에서 자본의 양적 확대만 일어나므로 상대적 과잉인구의 규모가 줄고, 따라서 이윤압박이 생겨난다고 주장한다. 이때 핵심적인 것은 노동력이 자본의 생산물이 아니기 때문에 자본이 생산 확대를 통해 노동력 공급을 증가시킬 수 없

---

18) 우노 코조(宇野弘蔵, 1897-1977)의 이론에 기초하여 도쿄대학 경제학부를 중심으로 형성된 학파이다. 우노학파는 자본주의의 경제법칙을 분석하는 과학으로서의 원리론과 사회주의로의 이행을 전망하는 이데올로기를 엄밀하게 구분하고자 하였다. 우노학파가 강조하는 것이 자본주의 하에서의 노동력 상품화의 모순이다.

다는 점이다(伊藤, 2018: 85-86). 즉, 산업예비군의 고갈은 임금상승을 통해 자본의 수익성을 저하시키는 것이다. 우노학파의 이론대로 되지 않는다 하더라도, 필요한 노동력의 원활한 조정이 이루어지지 못하면 산업 간 불비례가 발생할 수도 있고, 임금상승으로 말미암아 이윤압박이 발생하여 이윤율이 저하하기도 한다.

둘째, 투자의 변동이 심하다는 것은 전통적으로 경기변동을 가져오는 가장 큰 요인으로 지적되어 왔다. 제6장 재생산표식에서 지적한 것처럼, 고정자본의 주기적 갱신은 경제 전체의 균형조건을 충족하면서 이루어져야 한다. 더구나 기업 간 경쟁이 심화하고 기술진보의 속도가 빠를수록 고정자본의 도덕적 감가로 말미암아 갱신주기도 짧아지면서 특정 시점에 집중될 가능성이 커진다. 새로운 기술을 도입함으로써 기존의 고정자본이 물리적 내구기간보다 빠른 속도로 폐기되기도 한다. 이러한 상황에서는 역사적 비용으로 측정하는 경우에 비해 대체비용(replacement cost), 즉 현재적 비용으로 측정할 때의 예상이윤율은 더욱 커지므로 기업의 투자가 더욱 확장되면서 집중될 가능성도 있다. 부문 간 불비례가 심화될 가능성은 더욱 커지는 것이다. 한편, 호황이 지속되면서 기업의 투자, 즉 자본축적은 가속적으로 증가한다. 투자의 결과로 생산된 상품에 대한 수요가 충분히 존재하지 않는 경우, 과잉생산 혹은 과소소비가 일어난다. 예를 들어 국민경제 안에서 커다란 비중을 차지하는 소비재 산업이 유효수요 부족에 직면하면 재고가 누적되면서 해당 산업은 투자를 줄이게 될 것이다. 그 결과 해당 산업에 투입물을 공급하는 다른 산업들, 즉 후방연관효과[19]를 맺고 있는 산업들도 수요부족에 직면하게 된다. 이와 같은 파급효과가 커지면서 과잉생산공황으로

19) 후방연관효과(backward linkage effect)란 어떤 산업이 발전함으로써 그 산업에 중간재를 공급하는 다른 산업들도 발전하는 효과를 가리킨다. 대표적으로 자동차 산업의 발전은 자동차에 들어가는 부품과 관련된 산업들의 발전을 가져온다. 투입계수 a_{ij}가 큰 값을 가지면 산업j의 발전은 산업i의 발전에 영향을 미치는 것이다. 반대로 전방연관효과(forward linkage effect)는 어떤 산업의 발전이 그 산업의 생산물을 투입으로 사용하는 다른 산업들의 발전을 가져오는 효과를 가리킨다. 즉 산업i의 발전이 산업j의 발전을 가져오는 것이다.

이어질 수도 있다. 살아남기 위한 기업들의 경쟁이 치열해지면서 대규모의 노동력 해고나 노동절약적 기술도입이 이루어질 가능성이 크다. 불황국면에서는 노동자계급의 교섭력도 약화되므로 이러한 조치에 대한 저항도 약화될 것이다.

해로드 등의 케인즈주의자가 강조한 바 있는 투자의 이중성이라는 관점에서도 경기변동을 설명할 수 있다. 즉, 투자의 증가는 승수효과를 통해 국민소득의 증대를 가져오는 한편으로 자본축적을 통해 생산능력을 증대시키는 효과를 갖는다. (7.17)식으로 나타내면, 자본축적의 결과 Y/K가 하락하게 되고 그 결과 이윤율이 하락하기 때문에 투자를 감소시키는 효과가 있는 것이다. 이와 같은 투자의 이중성 간의 모순적 동학이 경기변동을 초래하는 것이다(鍋島, 2020: 227).

셋째, 화폐신용적 요인은 실물경제의 상황을 반영하면서 때로는 그것을 증폭시키는 역할도 수행한다. 앞에서 지적한 이윤압박이나 고정자본의 대규모 갱신, 그리고 과잉생산 및 과소소비 등의 상황에서 금융기관을 통한 자금조달이 순조롭게 이루어지지 못하면 경기는 하방운동으로 더욱 빨리 전환할 것이다. 호황 말기의 이자율 상승은 충분한 신용확대를 가져오지 못함으로써 실물부문의 충격을 악화시킬 것이다.

이상과 같은 하방운동으로의 전환이 급격하고 심각하게 일어나는 경우, 경제는 공황을 맞이할 수 있다. 이윤율의 하락이 심해져서 자본의 절대적 과잉생산[20]이라 불리는 상황까지 진전되고, 대량의 상품재고의 누적 및 가격하락, 노동력 해고로 인한 실업, 기업도산 등이 발생한다. 예를 들어 1930년대 세계대공황처럼 생산능력과 노동력 모두 과잉상태에 빠지는 상황이다. 금융기관은 기업에 대한 대출을 가능한 한 빨리 회수하려 하고, 그 과정에서 이자율이 대폭 상승하고 기업의 입장에서는 신용에의 접근가능성이 거의 차단되기에 이른다. 이러한 신용경색(credit crunch)은 기업의 연쇄도산을

20) 자본축적의 증대가 오히려 이윤량을 감소시키는 상황을 가리킨다.

유발하고, 심각한 경우 은행파산 등의 금융공황으로까지 발전한다.

다음으로 경기가 상방운동으로 전환하는 요인들에 관해 살펴보자.

공황국면에서는 한계기업의 도산과 대량실업의 존재로 말미암아 자본축적의 조건이 회복되기 시작한다. 노동력 부족의 문제도 완화되기 시작하며 노동자계급의 교섭력이 극도로 약화되므로 자본의 입장에서는 잉여가치 생산의 조건도 호전된다. 자본은 노동절약적 기술도입도 커다란 저항 없이 수행할 수 있다. 한계기업의 도산과 고정자본 갱신의 완수 등을 통해 자본생산성 회복을 위한 조건도 마련된다. 투자수요의 감소로 말미암아 이자율도 하락한다. 자본생산성 향상과 잉여가치율 증대 등을 통해 자본의 수익성이 회복됨에 따라 신용경색도 점차로 해소되기에 이른다.

이상의 설명과정에서 알 수 있듯이, 경기변동의 각 국면에서 계급력의 변화는 매우 중요한 역할을 수행한다. 경기변동은 계급력의 변화를 유발하기도 하지만 반대로 계급력의 변화가 경기변동을 촉발하기도 하는 것이다. 6.3.2에서 설명한 바 있는 「완전고용의 정치적 측면」이라는 논문에서 칼레츠키는 정치적 경기변동이론을 제시하였다. 설사 정부의 총수요관리정책에 의해 완전고용창출이 가능하다 하더라도, 노동자를 길들일 필요성 때문에 자본가들은 정치적 압력을 가하게 되고, 그 결과 확장정책과 긴축정책은 주기적으로 반복되면서 이것이 주기적 경기변동을 가져온다는 것이다. 칼레츠키의 이론은 경기변동이 단지 기술적 문제가 아니라 계급투쟁의 문제이기도 하다는 것을 설득력 있게 묘사하고 있다.

7.3.3. 화폐신용의 역할: 금융화와 공황

호황기의 자본가가 낙관적인 경기 예상에 기초하여 외부금융의 위험을 과소평가함으로써 부채비율을 늘리면서 과잉축적을 하는 상황을 생각해보자. 그 과정에서 금융구조가 취약성을 띠게 될 것이다. 연이은 호황이 투기

붐을 초래한다면 통화당국은 인플레이션 억제정책을 사용할 수 있고 그 결과 이자율은 상승한다. 혹은 과잉축적의 결과로 과잉생산된 상품이 적절한 시장을 찾지 못함으로써 수익성의 저하가 초래될 수도 있다. 이와 같은 상황에서 이자율의 상승은 기업의 자금 사정을 악화시킨다. 호황기에 단기성 자금을 차입하여 설비확충 등의 장기투자를 조달하였다면, 악화된 자금 사정은 기업의 도산으로까지 이어질 수 있다. 이미 6.2.3에서 설명한 바 있는 고정자본의 갱신과 신용제도의 역할 사이의 복합적 관련이 드러나게 되는 것이다.

이른바 신자유주의적 금융세계화가 진전되면서 최근에 일어나는 공황은 금융위기의 성격을 띠는 경우가 많아졌다. 조절학파의 개념을 원용하자면, 금융주도 축적체제(finance-led regime of accumulation)의 성립으로 말미암아 글로벌한 규모에서의 자본시장의 역할이 중요해지면서 금융부문이 실물부문으로부터 독립성을 추구하는 경향이 강화된다. 비금융기업조차도 금융투자를 통한 이익을 추구하며 기업의 지배구조도 다양한 이해관계자들(stakeholders)보다는 주주의 이익을 가장 중요하게 고려하는 방향으로 변화한다. 실물투자가 정체되는 대신 비정규직 증가 및 인원 감축 등 고용조정을 통해 이른바 기업가치를 극대화하려는 움직임이 일상화하는 것이다. 개인의 경우에도 금융투기를 통해 자산증식을 도모하려는 노력이 일반화된다.

투기활동으로 말미암은 누적적 가격상승, 금융시장의 불안정성 등은 금융공황을 촉발하는 요인들이다. 과잉생산이나 이윤율 저하로 실물부문에 위기가 먼저 발생하고 그 과정에서 신용경색이 일어나면서 금융위기로 연결되는 전형적 패턴 대신에 금융부문의 위기가 먼저 발생하고 그 파급효과로 실물부문에 공황이 발생하는 패턴이 생겨난다. 실물부문의 투자와 금융의 상호작용이 경기변동을 초래한다는 점, 자본주의 경제의 본질적인 금융적 속성 때문에 경기변동이 생겨난다는 점을 강조한 이론이 민스키(Hyman P. Minsky, 1919-1996)의 금융불안정성 가설(financial instability hypothesis)이다. 이 가설은 빈발하는 금융위기, 특히 2007년 미국의 서브프라임 모기지 위기(subprime mortgage crisis)에 대한 설명력을 발휘하여 주목받은 이론이다. 그 바탕에는 금융의 증권화(securitization)라 불리는 현상이 가로놓여 있다. 서브프라임 모기지는 원래 신용등급이 매우 낮아 정상적인 이자율로는 대출이 불가능한 사람들에게 적용되는 주택담보대출이다. 당연히 이러한 계층은 채무불이행 위험이 높기 때문에 은행은 대출을 꺼릴 수밖에 없다. 그러나 이들에 대한 대출을 하나로 묶어 증권으로 만들어 즉각 판매함으로써 위험분산과 높은 수익률을 얻는 것이 가능해졌다. 더구나 미국의 주택가격은 유례없는 상승추세를 나타내고 있었다. 그 결과 증권꾸러미 속에 들어 있는 위험이 어떤 것인지 구체적으로 알려져 있지도 않은 상태에서 증권이 거래되기 시작했다. 투기국면에서 경제주체들은 무리 행동(herd behavior)처럼 비합리적 행동을 통해 투기금융 혹은 폰지금융 방식으로 자금을 조달하여 투자 붐에 동참한다.[21] 아울러 금융기관의 신용공급도 과도하게 확대된다. 다행히 자산 가격 상승 등으로 투자수익이 양호하면 원리금 상환은 순조롭게 이루어져 투자 붐이 지속된다. 그러나 자산 가격 하락, 금리상승 등으로 투자수익이 저조하면 원리금 상환이 어려워져 부도가 발생하고 투자 붐은 붕괴된다. 이 경우 폰지금융을 많이 이용한 투자자와 금융회사가 함께 부실화하면서 금융불안 또는 금융위기가 발생하게 된다. 흔히 민스키 모멘트(Minsky moment)라 불리는 시점에서 경제주체들은 유동성 확보를 위해 절망적인 자산매각에 나서고 그 때문에 자산가격은 폭락의 악순환을 맞이하게 된다. 이른바 부채디플레이션(debt inflation)이 진행되는 것이다. 거대 투자은행이었던 리만 브러더스(Lehman Brothers)의 파산까지 가져왔던 서브프라임 모기지 위기는 바로 민

---

21) 자금조달에 따른 현금수익이 ① 원금과 이자를 합한 현금지불의무를 능가하는 경우, ② 이자는 갚을 수 있지만 원금은 갚을 수 없는 경우, ③ 이자조차 갚을 수 없는 경우를 각각 헤지(hedge)금융, 투기금융, 폰지금융이라고 한다. 폰지금융은 1920년대 미국에서 국제우편쿠폰을 이용하여 막대한 수익을 올릴 수 있다고 선전하였던 금융사기의 원조 찰스 폰지(Charles Ponzi)의 이름을 딴 것이다. 폰지금융은 새로 유입되는 자금으로 기존의 투자자들에게 수익을 보장해 주는 방식으로 유지되는 일종의 다단계 사기라 할 수 있다.

스키 모멘트의 전형이었다.

금융의 증권화는 무엇보다도 하나로 통합된 거대 규모의 글로벌 금융시장과 밀접한 관련을 갖는다. 서브프라임 모기지 위기가 단지 미국의 주택가격 폭락만으로 끝나지 않고 전 세계에 영향을 미친 것도 바로 그 때문이다. 심지어 모기지 대출에 기초한 증권발행이 허용되지 않는 독일에서도 은행들은 미국의 주택저당증권(MBS: Mortgage Backed Securities)을 매입하였다가 막대한 손실을 입은 끝에 정부의 구제금융을 받아야 했다(라부아, 2016: 223-224). 소규모 개방경제라면 이러한 영향은 훨씬 더 클 것이고 글로벌 금융시장구조 하에서는 언제든지 가능한 일이라 할 수 있다.

경기변동의 상방 및 하방운동을 설명하는 계기로서도 금융자산시장의 동향이 매우 중요한 역할을 수행할 수 있다(江原, 2018: 156-157). 금융투자의 수익률이 높을 것으로 예상될 때, 기업은 이윤율의 움직임과는 독립적으로 축적률을 낮출 수 있다. 신자유주의적 금융화로 말미암아 비금융기업의 금융투자가 증가한 현실은 이러한 현상을 강화한다. 케임브리지 방정식 (6.14)의 논리로 설명하자면, 이윤율(r_i)과 무관하게 축적률(α_i)이 먼저 하락함으로써 성장률(g_i)의 하락, 노동수요 감소에 따른 임금율의 하락 등이 발생할 수 있는 것이다. 이것은 바로 축적률이 독립변수이고 임금률은 종속변수라는 마르크스의 명제가 들어맞는 상황이다.[22)]

한편 불평등의 심화가 공황, 특히 금융위기의 원인이 되기도 한다(류동민·주상영, 2015: 274). 소득분배가 불평등해질수록 전체 소비수요는 정체되어 유효수요 부족(과소소비)을 초래할 수 있다. 저축성향이 높은 부유층일수록 금융자산의 보유가 늘어나고 그에 따라 위험자산의 비중도 증가한다. 반면 저소득층의 부채가 증가하면서 채무불이행의 위험도 커진다. 이러한 제반 조건

22) 인건비의 상승으로 말미암아 수익성이 저하하고 투자 여력이 없어진다는 주장은 임금인상에 반대하는 자본 측의 논리로서 흔히 제기되곤 한다. 만약 그 논리가 맞는 것이라면, 독립변수는 임금률이고 종속변수는 축적률이 된다. 임금률과 축적률 간에 밀접한 관련이 있음은 쉽게 알 수 있지만, 이렇듯 인과관계를 어떻게 이해하는가에 따라 서로 다른 계급적 함의에 이르게 되는 것이다.

이 결합하여 금융위기로 이어질 수 있는 것이다.

글로벌라이제이션과 금융화의 결합으로 말미암아 노동자의 계급력이 약화되고 그에 따라 노동소득분배율이 저하하는 현상은 신자유주의 시기 선진국에서 공통적으로 관찰된다. 보론 6.3에서 지적한 것처럼, 원래 임금/이윤주도성장에는 규범적 의미, 즉 어느 한쪽이 다른 쪽에 비해 더 바람직하다는 의미는 존재하지 않는다. 그럼에도 포스트 케인즈주의자들이 소득 격차를 시정하고 안정적 경제성장을 실현하기 위한 전략으로서 임금주도성장을 규범적으로 지지하는 것은 이러한 상황과 관련이 있다(鍋島, 2020: 208).

7.4. 부문 간 불균등발전

지금까지는 일반적 이윤율에 초점을 맞추어 논의를 진행하였다. 그러나 경기변동과정에서 경제 내의 다양한 산업(혹은 부문) 간의 불균등한 발전에 주목할 필요가 있다. 예를 들어 경제 전체의 평균이윤율이 저하하는 상황에서도 어떤 산업이나 기업은 오히려 이윤율이 늘어날 수도 있고, 반대로 호황이 지속되는 상황에서 도산하는 기업도 있을 수 있다. 제4장에서 다룬 바 있는 가치생산성과 노동시간의 화폐표현 개념을 도입함으로써 이와 같은 부문 간의 불균등발전을 분석해 보도록 하자.

먼저 노동시간의 화폐표현을 산업별로 정의하자. 즉, 어떤 산업i에서 노동시간의 화폐표현 m_i는 다음과 같다.

$$m_i = \frac{\text{산업}i\text{의 부가가치}}{\text{산업}i\text{의 총노동시간}} \tag{7.19}$$

(7.19)식은 해당 산업에서 한 시간의 직접노동이 얼마만큼의 화폐액에 대응되는가를 나타내는 개념이다. 본질적으로는 이 크기는 해당 산업의 가치생산성에 의존할 것이다. 즉, 경제 내의 다른 산업들에 비해 이 산업의 노동강도가 세거나 노동의 숙련도가 높아서 복잡노동이라면, 물리적으로 동일한 시간당 생산하는 가치량 자체가 많아질 것이기 때문이다.

그런데 해당 산업에서 자본이 시장을 독과점적으로 지배할 수 있다면 설사 가치생산성이 낮다 하더라도 높은 시장가격을 설정할 수 있다. 혹은 해당 산업의 노동자계급이 교섭력이 약하다면 임금을 낮추는 것도 가능할 것이다. 한국의 재벌계 기업에서 흔히 관찰되는 것처럼, 협력업체에 대해 강한 교섭력을 발휘함으로써 투입물 가격을 낮게 설정하는 것도 가능하다. 이상과 같은 방법들의 공통점은 다른 조건이 일정하다면 (7.19)식의 분자를 크게 만든다는 것이다. 그러므로 m_i는 산업i의 가치생산성 뿐만 아니라 소비자, 노동자 및 협력업체 등의 다양한 이해관계자들에 대한 자본의 교섭력에 의해서도 영향을 받는다.

〈표 7.4〉는 가치생산성과 노동시간의 화폐표현을 기준으로 산업의 유형을 분류해 본 것이다. 여기에서 π는 가치의 역수로 정의되는 가치생산성의 대리변수이며, $\dot{}$는 해당 변수의 시간변화율을 나타낸다.[23]

〈표 7.4〉 산업의 유형: 가치생산성과 노동시간의 화폐표현

	$\dot{m}_i > \dot{m}$	$\dot{m}_i < \dot{m}$
$\dot{\pi}_i > \dot{\pi}$	유형 I	유형 II
$\dot{\pi}_i < \dot{\pi}$	유형 III	유형 IV

유형 I은 가치생산성의 증가율도 노동시간의 화폐표현의 증가율도 경제

23) 어떤 변수 x의 시간변화율은 $\dot{x} = \frac{dx/dt}{x}$ 이다. 단 t는 시간을 나타낸다.

전체의 평균보다 높은 산업을 나타낸다. 반대로 유형 IV는 두 변수의 증가율이 모두 평균보다 낮은 산업이다. 유형II는 가치생산성의 증가율은 평균보다 높지만 노동시간의 화폐표현의 증가율은 평균보다 낮은 산업이다. 유형 III에 속하는 산업은 반대로 가치생산성의 증가율은 낮지만, 그것을 노동시간의 화폐표현의 증가율로 상쇄할 가능성도 있는 산업이다. 예를 들어 어떤 산업이 강력한 진입장벽에 의해 보호받고 있다면, 유형 I이나 유형 III에 속하게 될 것이다.

제6장의 6.3.2에서 소개한 바 있는 칼레츠키의 마크업 가격설정이론은 노동가치론을 전제하고 있지는 않다. 그렇지만 가치생산성과 노동시간의 화폐표현에 관한 이론으로 통합하여 설명할 수 있을 것이다. 특히 마크업 가결설정은 인플레이션을 초래하는 중요한 요인으로 지적된다. 강력한 노동조합이 존재하면 임금인상요구가 관철될 것이고, 자본은 임금인상분만큼 가격을 상승시킴으로써 그 부담을 소비자에게 전가하려 할 것이다. 이러한 움직임은 자칫 임금인상과 가격상승의 나선형적 순환으로 이어질 가능성이 있고, 실제로 1970년대 이후의 스태그플레이션의 원인을 이렇게 설명하는 이론도 있다. 그렇지만 인플레이션의 효과 또한 부문 간, 그리고 계급 간에 불균등하게 작용한다는 점을 잊지 말아야 한다. 일반적으로 적자 주체인 기업은 흑자 주체인 가계에 비해 인플레이션으로 이득을 얻을 가능성이 크다. 마크업 설정 능력 또한 자본 간에 격차가 존재한다. 노동자계급 내부에서도 인플레이션에 따라 임금인상을 요구하고 관철할 수 있는 조직된 분파와 그렇지 못한 분파 간에 격차가 존재한다. 이와 같이 부문 간 불균등발전을 가져오는 다양한 요인들이 존재하며, 경기변동과정에서 그 불균등성은 더욱 심화될 수 있는 것이다.

한편 제4장 제2절에서는 분석의 편의를 위해 잉여가치율 균등화 조건을 받아들인 바 있다. 그런데 현실에서는 다양한 요인들로 말미암아 노동 유형별로 잉여가치율에 체계적인 격차가 존재한다. 잉여가치율이 같아지려면 무엇보다도 노동이동이 자유로워야 하는데 자본주의 경제에서 법적 및 형식적으로는 당연히 노동이동의 자유가 주어지지만 실질적인 자유까지 확보된다는 보장은 없기 때문이다. 예를 들어 잉여가치율이 상대적으로 낮아서 노동자 입장에서 일자리를 얻고 싶은 산업은 이미 노동력 수요에 비해 공급이 충분히 증가하여 현실적으로 취업이 곤란할 수 있다. 반대로 일자리를 얻기가 상대적으로 쉬운 산업은 잉여가치율이 평균보다 높을 가능성도 있다. 그 결과 전자의 산업에서는 항상적인 초과공급, 후자의 산업에서는 항상적인 초과수요가 존재하며, 교과서적인 전개와는 달리 이러한 불균형이 상당 기간 지속될 수도 있는 것이다. 경기변동에 따라 산업 간의 불균등발전이 심화함에 따라 잉여가치율의 격차는 오히려 확대될 수도 있다. 학력이나 성별, 인종 등에 따라 노동시장이 분단되는 경우라면 이러한 잉여가치율 격차가 장기적으로 지속될 가능성이 커진다. 더욱이 노동자들이 직접 몸으로 겪는 것은 자신이 받는 임금과 노동과정에서의 노동강도를 비롯한 노동조건인데, 양자를 비교함으로써 정치경제학적으로 정의되는 잉여가치율을 정확하게 인지한다는 보장도 없다.

이상과 같은 점을 감안하면, 어느 시점에서 경제 내의 산업 간에 잉여가치율은 일종의 장기균형인 균등화 상태가 아니라 다양한 격차를 나타낸다고 보는 것이 더 현실적이다. 그렇다면 산업별 잉여가치율의 수준은 어떻게 파악할 수 있을까? 산업별로 임금과 이윤의 분배비율, 즉 노동소득분배율에 관한 데이터가 주어지면, 그것으로부터 출발하여 거꾸로 산업별 잉여가치율을 계산할 수 있다. 이렇게 가격 단위로 나타낸 변수에서 출발하여 그에 대응하는 가치 단위의 변수를 찾아내는 방법을 역전형(inverse transformation)이라 부른다.[24] 이제 역전형을 통해 산업별 잉여가치율을 추계하는 방법에 관해 알아보자.

---

[24] 제4장에서 다룬 가치의 생산가격으로의 전형(transformation)을 논리적으로 뒤집은 것이라 이해하면 좋을 것이다.

먼저 산업i의 가치생산물($V_i + S_i$) 중에서 가변자본 혹은 노동력 가치(V_i)가 차지하는 비중은 가치 단위로 나타낸 노동소득분배율(LS_i^v)이라 할 수 있다. 즉,

$$LS_i^v = \frac{V_i}{V_i + S_i} = \frac{1}{1 + \frac{S_i}{V_i}} = \frac{1}{1 + e_i} \tag{7.20}$$

한편, 제4장에서 살펴본 신해석의 잉여가치율 정의식 (4.6)을 산업별로 적용하여 산업i의 잉여가치율을 계산하면 다음과 같다. 이때 w_i는 산업i의 임금이다.

$$e_i = \frac{m}{w_i} - 1 \tag{7.21}$$

(7.20)식과 (7.21)식으로부터 다음을 얻는다.

$$LS_i^v = \frac{w_i}{m} \tag{7.22}$$

그런데 산업i의 노동소득분배율(LS_i)은 이 산업의 부가가치 중에서 임금지불액이 차지하는 비중이므로 다음과 같이 나타낼 수 있다. 즉, (7.19)식의 역수에 w_i를 곱해준 값이다.[25)]

---

25) 산업i의 노동시간을 L_i, 부가가치를 VA_i라 나타내면, (7.19)식은 $m_i = \frac{VA_i}{L_i}$이다. 따라서 그 역수에 w_i를 곱한 값은 $\frac{w_i L_i}{VA_i}$가 되어 산업i의 노동소득분배율과 같아진다.

$$LS_i = \frac{w_i}{m_i} \tag{7.23}$$

이제 (7.20)-(7.23)식을 활용하면 산업i의 잉여가치율과 노동소득분배율의 관계는 다음과 같다.

$$e_i = \frac{1}{LS_i^v} - 1 = \frac{m}{m_i LS_i} - 1 \tag{7.24}$$

즉, 산업별 잉여가치율과 노동소득분배율의 관계는 경제 전체의 노동시간의 화폐표현(m)과 산업i의 노동시간의 화폐표현(m_i)의 상대적 크기에 의해 영향을 받게 된다. 이를 좀 더 알기 쉽게 잉여가치율에 대응하는 가격단위의 변수를 e_i^p라 놓고 정리해 보자. e_i^p는 이윤과 임금의 비율을 나타내므로, 자본소득분배율의 노동소득분배율에 대한 비율로 바꿔쓸 수도 있다. 예를 들어 어떤 산업에서 자본소득분배율이 0.4, 노동소득분배율이 0.6이라면, e_i^p는 0.4/0.6, 즉 약 66.7%라 할 수 있는 것이다.

$$e_i^p = \frac{1 - LS_i}{LS_i} = \frac{1}{LS_i} - 1 \tag{7.25}$$

(7.24)식과 (7.25)식을 비교하면, 정확하게 $m = m_i$인 경우에만 $e_i = e_i^p$가 성립함을 확인할 수 있다. 만약 $m < m_i$라면, 즉 산업i의 노동시간의 화폐표현이 사회적 평균보다 높다면, $e_i < e_i^p$가 된다. 이는 해당 산업의 잉여가치율은 그에 대응하는 가격 단위로 나타낸 비율보다 작다는 것을 의미한다. 요컨대 산업i의 자본은 잉여가치율에 비해 더 많은 율로 이윤을 얻게 되는 셈인데, 그 까닭은 해당 산업의 노동시간의 화폐표현이 높기 때문이

다. 반대로 $m > m_i$라면 $e_i > e_i^p$가 되므로, 해당 산업은 잉여가치율에 비해 더 낮은 율로 이윤을 가져가는 셈이다. 설사 산업 간에 노동소득분배율이 같다고 하더라도 가치 단위로 측정한 잉여가치율은 서로 다를 수 있는 것이다. 이상의 분석을 〈표 7.4〉의 내용과 결합해 보면, 산업별로 노동시간의 화폐표현의 불균등한 전개에 따라 경제 전체의 불균등발전이 심화하는 양상을 파악할 수 있다.

문제 7.10. 어떤 경제에서 산업별로 노동소득분배율이 모두 같다고 하자.

(1) 이때 산업 간에 잉여가치율 균등화가 이루어지기 위한 조건은 무엇인가?

(2) (1)의 조건이 성립할 때, 각 산업의 이윤/임금 비율과 잉여가치율은 어떤 관계에 있는가?

8

잉여가치의 분배

잉여가치는 자본가계급과 노동자계급 사이의 대립의 결과물이다. 이 잉여가치는 자본가 계급 내부의 분파들, 그리고 지주계급과의 관계를 통해 이자나 지대와 같은 파생적인 형태들로 분배된다. 상품의 판매를 통한 가치실현에 특화하는 상업자본이 등장함으로써 생산가격은 다시 한 번 수정을 겪는다. 이자는 산업자본가와 화폐자본가 사이의 힘 관계에 의해 결정된다. 마지막으로 지대는 재생산불가능한 자원의 소유자와 자본가 사이에서 성립한다.

주요 개념: 수정된 생산가격. 이자. 기업가이득. 차액지대. 절대지대. 독점지대.

자본주의 생산양식을 구성하는 기본적인 계급관계는 자본가와 노동자 사이의 관계이다. 따라서 자본주의의 본원적 소득분배는 노동력 가치와 잉여가치 사이의 분배라 할 수 있다. 그 밖의 소득분배는 결국 생산된 잉여가치로부터 파생되는 것이다. 이 장에서는 그와 같이 잉여가치로부터 파생되는 분배 몫인 상업이윤, 이자, 그리고 지대에 관해 차례대로 살펴볼 것이다. 상업이윤과 이자는 자본가계급 내부의 분파들 사이의 관계로부터 결정되는 것이고, 지대는 자본가계급과 지주계급 사이의 관계에 의거하는 것이다.

8.1. 상업이윤

제3장 제4절에서 설명한 바와 같이, 이미 생산된 상품을 판매하기만 하는 노동은 대표적인 비생산적 노동이다. 그런데 상품의 유통을 전담하는 상업자본도 존재한다. 비생산적 노동은 정의상 가치와 잉여가치를 생산하지 못하는 노동이므로, 상업자본이 얻는 이윤은 그 내부에서 생산된 것일 수 없다. 즉, 산업자본이 생산한 잉여가치의 일부를 분배받는 것으로 간주되어야 한다. 더구나 상업 내에 고용된 노동자들도 각자의 노동력 가치에 해당하는 임금을 받는데, 그 임금 또한 산업자본이 생산한 잉여가치로부터 파생된 것이다. 그렇다면 산업자본은 왜 상업자본에게 기껏 생산한 잉여가치의 일부를 분배해줄 것인가? 자본순환의 일반적 형식이자 산업자본의 순환형식인 M — C {MP, LP} … P … C' — M'을 생각해보자. 출발점의 화폐 M으

로부터 생산과정과 유통과정을 거쳐 최종적으로 M'이 회수되기까지의 시간, 즉 자본의 회전기간이 12개월이라 하자. 마지막 단계인 C' — M', 즉 생산된 상품을 시장에서 판매하는 과정이 평균 3개월 정도 걸린다면, 산업자본의 입장에서는 C'의 상태에서 판매를 전담하는 상업자본에게 상품을 양도함으로써 회전기간을 1/4 단축할 수 있다. 만약 한 번의 회전으로 얻는 이윤율이 12%라면, 9개월 만에 상품을 양도하는 대가로 3%에 해당하는 이윤을 상업자본에게 지불하더라도, 9개월 동안 9%의 이윤율을 얻게 되므로 연간이윤율(annual rate of profit)은 그대로 12%를 유지할 수 있다. 바로 상업자본은 이 3%에 해당하는 잉여가치를 분배받아 자신이 고용한 노동자에 대한 임금을 지불하고 투하자본에 대한 이윤을 확보하는 것이다. 그런데 상업자본 또한 자본인 이상, 산업자본이 얻는 만큼의 평균이윤율을 얻어야 한다. 그렇지 못하다면 굳이 상업 활동에 종사할 이유가 없기 때문이다. 결국 산업자본과 상업자본 간에도 이윤율 균등화의 논리가 작용한다. 그러므로 제4장에서 설명했던 생산가격은 상업자본의 존재를 고려함으로써 수정되어야 한다.[1] 이를 수정된 생산가격(modified price of production)이라 한다.

이제 산업자본은 자신이 생산한 상품을 그 생산가격보다 낮은 수준으로 상업자본에게 양도하고, 상업자본은 그 상품을 소비자에게 생산가격대로 판매함으로써 차익을 상업이윤으로 실현한다. 상업자본 또한 상업 활동을 위해 매장을 설치하는 등 생산수단을 투하해야 하며 노동력도 고용할 것이다. 상업자본이 독립하여 존재할 것인지, 그 경우에도 상업자본의 규모가 어느 정도 될 것인지는 상업자본이 투하하는 생산수단과 고용하는 노동력의 규모, 그리고 상업 활동을 위해 필요한 현금흐름 등의 구체적인 크기에 의해 결정될 것이다. 상업자본의 규모, 좀 더 일반적으로 비생산적 활동의 크기는 그것이 자본의 회전을 얼마나 단축할 수 있는가의 정도에 의존하며,

---

1) 이러한 논의는 상업자본뿐만 아니라 금융이나 보험 등, 비생산적 산업 일반에 그대로 적용된다. 물론 같은 산업 안에도 생산적 노동과 비생산적 노동이 공존할 수 있음을 다시 한번 강조해 둔다. 특히 감독노동의 경우는 모든 산업에 불가결한 요소일 것이다.

일정한 시점에서는 사회적 조건에 따라 일종의 최적 규모가 존재한다고 볼 수 있다. 산업자본이 상업이나 광고 등의 비생산적 활동을 별도로 독립된 자본에게 위임하거나, 경우에 따라서는 다시 산업자본 내부에서 담당하는 것, 또는 상업자본으로 출발한 자본이 산업자본의 역할도 겸하도록 변화하는 것 등은 이러한 관점에서 이해할 수 있다.

마르크스가 『자본론』 제3권에서 제시한 간단한 숫자 예로 설명해보자. 산업자본의 총생산물이 720 *C*+180 *V*+180 *S*=1,080이라 하자. 이때 이윤율은 180 *S*/(720 *C*+180 *V*)=20%이다. 그런데 100의 자본을 투하하는 상업자본이 독립적으로 존재한다면, 상업자본도 산업자본과 동일한 수준의 이윤율을 얻어야 한다. 그런데 상업자본은 잉여가치를 만들어내지 못하기 때문에, 180 *S*의 잉여가치를 산업자본이 투하한 720 *C*+180 *V*와 상업자본이 투하한 100의 합계, 즉 1,000으로 나눈 값인 18%가 새로운 평균이윤율이 될 것이다. 그러므로 산업자본은 900×(1+0.18)=1,062의 가격으로 생산물을 상업자본에게 양도하며, 상업자본은 그 생산물을 소비자에게 1,080의 가격으로 판매함으로써, 각각 18%의 평균이윤을 얻는다. 이때 1,062가 바로 수정된 생산가격인 것이다.

그런데 이상의 논의는 제4장에서 설명한 가치의 생산가격으로의 전형과 관련된 논점을 내포하고 있다. 따라서 여기에서는 전형문제의 난점으로부터 벗어나기 위해 산업자본의 이윤극대화라는 미시적 동기에 초점을 맞추어 설명해 보도록 한다. 즉, 산업자본이 생산한 상품의 판매까지 직접 담당할 때와 그렇지 않고 독립된 상업자본에게 맡길 때의 거래비용(transaction cost)을 비교하여, 만약 후자의 거래비용이 더 작다면 상업자본이 자립화한다고 보는 것이다. 즉, 산업자본의 미시적 동기라는 관점에서 생산가격이 수정되는 과정을 설명할 수 있다.[2)]

먼저 산업자본의 회전기간 t는 생산기간 t_p와 유통기간 t_c로 이루어진다

---

2) 이하의 논의는 八木(2006: 163-164)의 분석틀을 가져온 것이다.

고 하자. 즉, $t \equiv t_p + t_c$이다. 이 산업자본이 직접 판매까지 담당할 때 최종적으로 상품의 생산가격은 p이고 그때 이윤율은 r이며, 투하자본 당 c의 비율로 유통비용이 발생한다고 하자. 이제 상업자본이 유통기간을 떠맡는 대가로 산업자본은 ρ의 비율로 가격을 할인하여 준다고 하자. 즉, 산업자본은 상업자본에게 $(1-\rho)p$의 가격을 받고 상품을 넘겨주는 것이다. 산업자본은 다음과 같은 관계가 충족될 때, 상품의 판매를 상업자본에게 위임할 것이다.

$$\frac{t}{t_p}[(1-\rho)p - \frac{p}{1+r}] \geqq \frac{t}{t_p+t_c}\frac{p}{1+r}(r-c) = \frac{p}{1+r}(r-c) \qquad (8.1)$$

(8.1)식의 우변은 회전기간 전체에 걸쳐 산업자본이 얻는 이윤의 크기를 나타낸다. $p/(1+r)$는 투하자본의 크기를 가격 단위로 나타낸 것이고 여기에 $r-c$를 곱하면, 유통비용을 제외한 이윤이 된다. 등호가 성립하는 것은 $t = t_p + t_c$이기 때문이다. 반면 좌변은 상업자본에게 상품을 인도하는 가격인 $(1-\rho)p$에서 투하자본의 가격 $p/(1+r)$를 뺀 이윤의 크기를 총회전수 t/t_p로 곱해준 값이다. 우변에 비해 유통기간이 사라졌으므로 회전수가 늘어났음에 유의하자. 즉, $t/t_p > t/(t_p+t_c) = 1$이다. 이제 (8.1)식을 ρ에 관해 정리하면 다음과 같다. 단, $k \equiv \frac{t_c}{t} = \frac{t-t_p}{t} = 1 - \frac{t_p}{t}$이다.

$$\rho \leqq \frac{c+kr-ck}{(1+r)} \qquad (8.2)$$

(8.2)식의 우변은 산업자본이 할인해줄 수 있는 비율의 상한을 나타낸다. 유통비용이 클수록, 즉 c의 값이 클수록 ρ는 커질 것이다. 또한 k의 값, 즉 유통기간이 회전기간에서 차지하는 비중이 커질수록 ρ는 커질 것이다.[3)]

이와 같이 노동가치나 생산가격 개념을 이용하지 않더라도 상업자본이 독립하게 되는 근거를 확인할 수는 있다. 상업자본은 $(1-\rho)p$의 가격으로 인도받은 상품을 $cp/(1+r)$ 만큼의 유통비용을 들여 p의 가격으로 판매하기 때문에, 유통기간 t_c 동안 $[\rho - c/(1+r)]p$의 이윤을 얻는다.[4] 물론 원래의 회전기간 t 동안 얻는 이윤의 총량은 여기에다 t/t_c를 곱한 값이 될 것이다. 이제 이윤율 균등화의 논리는 이 이윤 총량을 상업자본의 투하자본 규모로 나눈 값과 t 동안 산업자본이 얻은 이윤의 양, 즉 (8.1)식의 좌변을 산업자본의 투하자본 규모로 나눈 값이 같을 것을 요구한다. 이때의 이윤율을 k, ρ 및 c에 관해 풀어낼 수는 있다. 그렇지만 이를 이윤율을 결정하는 함수로 이해할 수는 없다. 노동가치론의 관점에서는 상업자본이 얻는 이윤의 양은 궁극적으로는 산업자본의 순환에서 생산된 잉여가치의 양에 의해 그 크기가 제한되기 때문이다. 따라서 (8.2)식은 유통의 사회적 조건에 따라 k와 c가 결정되면 산업자본의 잉여가치량의 범위 안에서 ρ가 결정되는 것으로 이해해야 할 것이다.

한편, 개별 상업자본의 입장에서는 경쟁자인 다른 상업자본에 비해 유통기간을 단축하거나 유통비용을 절약하고자 노력할 것이고, 그에 성공하면 초과이윤을 얻는다. 그러나 모든 상업자본이 동시에 유통기간 단축이나 유통비용 절감에 성공하면 초과이윤은 소멸하고 ρ의 값은 작아질 것이다. 또한 상업자본은 상업노동자를 고용하는데, 제3장 제4절에서 설명한 바와 같이 비생산적 노동자인 상업노동자들도 착취당한다. 만약 개별 상업자본 내부에서 상업노동자에 대한 착취가 강화되면, 상업자본가는 초과이윤을 획득하게 된다. 비생산적 부문인 상업에서 지불되는 임금은 그 원천이 산업자본의 순환에서 만들어진 잉여가치에 있기 때문에 상업자본가가 가져가는

---

3) 정의상 $k<1$ 및 $r>c$ 이기 때문에, (8.2)식의 분자에서 c와 k의 증가는 전체 분수의 크기를 증가시킨다.

4) $p-(1-\rho)p-\frac{cp}{1+r}=\rho p-\frac{cp}{1+r}=[\rho-\frac{c}{1+r}]p$이기 때문이다.

잉여가치의 양이 늘어나는 것이다. 물론 상업노동에 대한 착취의 강화가 일반화되면, 산업자본이 상업자본에 나눠주어야 하는 잉여가치의 양이 줄어들 수도 있다.[5] 요컨대 상업노동자에 대한 착취의 강화가 간접적으로 산업자본의 축적조건을 호전시키는 역할을 하는 셈이다. 그 경우 산업자본에 고용된 노동자의 조건은 상대적으로 좋아질 가능성도 있다. 호전된 축적조건으로 말미암아 자본이 잉여가치의 일부를 노동자에게 더 나누어줄 수도 있기 때문이다. 즉, 상업노동을 비롯한 비생산적 노동에 대한 착취강화는 생산적 노동자의 착취를 완화시킬 수도 있는 것이다. 이로부터 노동자계급 내부의 분할통치(divide and rule)를 위한 논리적 근거가 생겨나는 셈이다.

〈그림 8.1〉은 이상에서 설명한 과정을 묘사한 것이다. 그림의 가장 왼쪽으로부터 시작하자. 산업자본의 순환에서 생산된 잉여가치는 이윤의 크기를 규정한다. 상업자본은 이 이윤 중의 일부를 분배받아, 그 중의 일부를 자신이 고용한 상업노동자에게 임금으로 지불한다. 자본순환의 기술적 · 사회적 조건에 따라 유통비와 유통기간이 결정되고, 상업자본 내부의 계급력 관계에 따라 상업노동자의 착취율이 결정된다. 이러한 요인들을 반영하여 최종적으로 산업자본의 상업자본에 대한 가격할인의 비율이 결정되고, 이는 그림의 가장 오른쪽에서 수정된 생산가격의 성립으로 귀결되는 것이다. 이러한 논리구조는 비단 상업자본뿐만 아니라 이윤율극대화에 도움이 되는 모든 비생산적 부문이 자립화하는 경우로까지 확장하여 적용될 수 있다.

---

5) 여기에서도 여러 상업자본들 사이에 일종의 죄수의 딜레마가 존재한다. 즉, 경쟁자들보다 먼저 유통비용의 절약에 성공한 상업자본은 초과이윤을 얻지만, 모든 자본들이 똑같이 그렇게 행동하면 상업자본 전체가 분배받는 잉여가치의 양은 줄어든다.

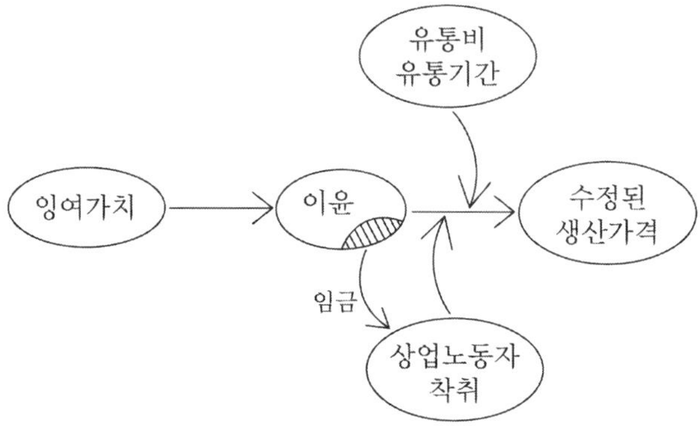

〈그림 8.1〉 생산가격 수정의 논리구조

이상의 설명에서는 상업자본이 산업자본에 종속되어 있는 것 같은 인상을 받는다. 그러나 현실에서는 대규모 상업자본이 산업자본을 겸하거나 지배하는 경우도 얼마든지 있을 수 있다. 글로벌한 유통체계를 갖춘 상업자본이 제3세계 등의 중소 산업자본을 선대제(putting-out system)[6]에 가까운 방식으로 통제하여 만든 생산물을 자신의 매장에서 판매하는 것은 흔히 볼 수 있는 현상이다. 개발 연대 한국의 재벌 그룹처럼 자회사인 종합상사에 수출업무를 전담시킴으로써 일종의 내부거래를 겸하는 경우도 있을 수 있다. 요컨대 〈그림 8.1〉에서 묘사하는 과정은 현실에서는 훨씬 더 복잡한 형태로 존재할 수 있는 것이다.

[6] 선대제는 원래 자본주의 태동기에 상업자본이 생산에 필요한 원재료를 수공업자에게 선대해주고 그 생산물을 시장에서 팔아 이윤을 얻는 형태를 가리킨다.

문제 8.1. 다음 중 상업자본을 고려하여 수정된 생산가격에 관한 설명으로 잘못된 것은?

① 상업자본은 자본의 회전률을 높임으로써 연간 이윤율을 향상시킨다
② 상업자본이 얻는 이윤은 산업자본이 얻은 잉여가치로부터 나눠 받은 것이다
③ 상업자본은 산업자본이 생산한 상품을 그 생산가격보다 작은 가격으로 구매한다
④ 상업자본과 산업자본 사이에는 이윤율 균등화의 논리가 작동하지 않는다

문제 8.2. [Fine & Saad-Filho. 2016: 122] 상업자본이 유통과정에 필요한 생산수단 및 노동자의 고용을 위해 K_m 만큼의 자본을 투자한다고 하자. 또한 상인자본으로서의 기능을 수행하기 위하여 B만큼의 현금을 투자해야 한다고 하자. 산업자본의 투하자본이 $C+V$이고 평균이윤율은 r이라 할 때, 수정된 생산가격과 이윤율은 얼마인지 계산해보라.

8.2. 이자

8.2.1. 이윤의 이자와 기업가이득으로의 분할

이자는 자금의 공급자와 수요자 사이에서 결정되는 가격인 이자율에 기초하여 지불된다. 물론 소비자신용을 통해 노동자가 주택구입이나 가계유지 등에 필요한 자금을 빌리기도 한다. 그렇지만 자본주의 경제에서 양적 및 질적 측면에서 압도적인 중요성을 갖는 자금수요자는 기업이다. 기업은

채권을 발행함으로써 금융시장에서 직접 자금을 조달할 수도 있고, 은행 등의 금융기관을 통하는 간접적인 방식으로 자금을 조달하기도 한다. 기업이 이자를 부담할 수 있는 이유는 빌린 자금을 자본의 순환과정에 합체시킴으로써 이윤을 얻기 때문이다. 그러므로 정상적인 상황에서 이자율의 상한은 이윤율이라고 할 수 있다.[7]

이자율은 다른 가격과는 달리 생산의 기술적 및 사회적 조건에 따라 결정되는 가치적 기초를 갖지 않는다. 개별 이자율의 평균값이 사회 전체의 평균이윤율과 특정한 양적 관계에 놓인다던가 하는 일은 없다는 뜻이다. 이자율은 오직 유휴자금을 공급하는 이들과 그것을 수요하는 이들 사이의 세력관계에 의해 결정되는 것이기 때문이다. 이자율은 기본적으로 화폐자본가와 기능자본가 사이의 문제, 즉 자본가계급 내부의 서로 다른 분파의 세력관계의 문제이다. 기능자본가(functional capitalist)는 실제로 자본의 순환과정에 참여하고 있는 자본가이며, 화폐자본가(money capitalist)는 자본순환에는 참여하지 않고 자금만을 빌려주는 자본가이다.[8] 기능자본가가 획득한 이윤 중에서 화폐자본가에게 지불한 이자를 빼고 남는 것은 기업가 이득(entrepreneurial profit)이라고 한다. 즉, 다음과 같은 관계가 성립한다.

$$\text{이윤} = \text{이자} + \text{기업가이득} \tag{8.3}$$

투하자본에 대한 기업가이득의 비율을 기업가 이득률이라 정의할 때, 기업이 자기자본만으로 투자하는 경우라면 (8.3)식으로부터 그것은 이윤율보

---

7) 물론 비정상적 상황, 예를 들어 파산 위기에 처한 기업이라면 예상수익률이나 사회 전체의 평균이윤율보다 훨씬 더 높은 이자율로라도 자금을 빌려 파산을 모면하려 할 것이다. 가까운 사례로 1997-8년 한국의 금융위기 상황에서는 직접금융으로도 간접금융으로도 기업이 돈을 빌리기가 매우 어려웠고 그 결과 이자율은 폭등하였다.

8) 전자를 기업가(entrepreneur), 후자를 자본가로 부르는 용법도 있다. 케인즈가 대표적이다. 이러한 용어법에서 기업가는 경영자정신, 위험감수 등의 긍정적 태도를 갖춘 인물로 이해된다. 슘페터가 혁신의 담당자로 설정한 것도 바로 이 기업가이다. 케인즈가 경영자의 노동을 중시한 것도 이러한 맥락에서이다. 제4장의 보론 4.1을 참조하라.

다 작다. 그렇지만 기업은 차입을 통해 투자하는 것이 일반적이므로 그 경우에는 기업가 이득률이 이윤율보다 커질 수 있다. 즉, 차입자금에 대한 이자율이 그것의 투자를 통해 얻는 이윤율보다 작은 한, 기업은 레버리지(leverage) 효과를 통해 자기자본의 이익률을 높일 수 있다.[9)]

한편, 이윤이 이자와 기업가이득이라는 두 가지 범주로 분해됨으로써 두 가지 중요한 이데올로기적 효과가 생겨난다.

먼저 기능자본가가 얻는 기업가이득은 노동력의 착취가 아니라 기능자본가 자신의 노력에 대한 정당한 대가라는 생각이다. 주류경제학에서 이윤을 자본가 자신의 노동, 혹은 경영이라는 생산요소에 대한 보수로 간주하는 것은 바로 이러한 생각에 기초하고 있다. 장기경쟁균형에서 이윤이 0이라는 명제는 기업가이득을 기회비용으로 처리하기 때문인 것이다. 기능자본가가 수행하는 노동 중에는 노동과정을 감독하고 통제하는 것도 포함되며 흔히 경영활동이라 불리는 행위들도 포함된다. 마르크스조차도 감독노동에 필수적인 측면이 있음을 인정한 것이 사실이다.[10)] 자본가는 착취당하지 않으므로 당연히 잉여가치는 생산하지 않는다. 그렇지만 감독노동의 일부분이 필수적인 것이라면, 그만큼은 가치를 생산한다는 의미에서 생산적 노동일 수 있다. 그렇지만 기업가이득 중에서 얼마만큼이 생산적 노동에 기초

---

9) 자기자본을 S, 차입자본을 D라 하면, 총투하자본 $K=S+D$이다. 이윤을 Π, 이자지급액을 I, 이윤율과 이자율을 각각 r과 i라 하면, 기업가 이득(E)의 자기자본에 대한 비율은 다음과 같다. 따라서 $r>i$인 한, 이 비율은 이윤율보다 크다.

$$\frac{E}{S}=\frac{\Pi-I}{S}=\frac{rK-iD}{S}=\frac{r(S+D)-iD}{S}=r+\frac{(r-i)D}{S}$$

10) 대표적으로 다음과 같은 서술이 있다.

"…많은 임금노동자의 협업에 따라 자본의 지휘는 노동과정 그 자체의 수행을 위한 필요조건으로, 생산의 현실적 조건으로 발전해 간다. 생산 장소에서 자본가의 지휘는 이제 전쟁터에서 장군의 지휘와 마찬가지로 필수적인 것으로 된다."(마르크스, 2015,I(상): 430).

이와 비슷한 내용으로 3.2.3의 마르크스 인용문들도 참조하라. 그런데 논리적인 무리를 범하지 않으면서 이를 해석하는 방법은 생산의 조직 및 계획과 관련하여 기술적으로 필요한 감독노동은 생산적이고, 권위주의적 위계 하에서의 감독노동은 자본주의 사회에 특유한 것이므로 비생산적이라 간주하는 것이다. 물론 이 양자는 이론적으로만 구분될 수 있을 뿐 실증적으로 분리하여 관측하기는 쉽지 않다(Mohun, 2018: 26).

한 것인지 가려내기는 쉽지 않다. 특히 기능자본가에 해당하는 최고경영진의 보수가 천문학적으로 치솟은 현대 자본주의에서는 순전히 형식적 개념인 노동소득과 자본소득의 구분만으로도 설명하기 어려운 경우가 많다.

다음으로 화폐는 자본순환에서의 잉여가치 생산과 독립적으로 시간이 지나기만 하면 스스로 증식되는 것 같은 생각으로 연결된다. 이자 낳는 자본의 순환형식 M — M'(=M+⊿M)은 그것을 잘 보여준다. 마르크스의 지적처럼, 이는 자본의 물신성이 완성되는 형태라고 할 수 있다. 자본이 잉여가치를 생산하였기 때문에 이자 지불이 가능해지는 것이 아니라, 화폐는 시간의 흐름에 따라 스스로 가치를 증식하는 능력을 갖추고 있는 것처럼 받아들여지기 때문이다. 즉, 이자 낳는 자본의 순환은 실제로는 M — [M — C — M'(=M+⊿M)] — M'이다. 괄호로 묶인 순환, 즉 화폐자본가로부터 돈을 빌린 자본의 순환 M — C — M'이 없으면, 이자를 낳는 것은 불가능한 것이다. 이제 화폐는 자본으로서 하나의 상품이 되며, 이자율이 일종의 기회비용으로서 화폐의 가격처럼 받아들여지게 된다. 이러한 현상은 시간의 흐름, 즉 오지 않은 미래 그 자체가 자동적으로 이윤을 낳는 능력을 가진 것으로 간주된다는 의미에서 "시간의 물신성"(熊野, 2018: 211)이라 부를 수도 있을 것이다. 기업가이득과 이자가 단지 양적으로 구별될 뿐만 아니라 질적으로 서로 다른 범주로 분리됨으로써 이자에 대해서만 불로소득이라는 공격이 가해지는 정치적 효과가 발생하는 것도 바로 자본의 물신성 때문이다(하인리히, 2016: 230). 이러한 생각을 가장 분명하게 보여주는 것이 케인즈가 『고용, 이자, 화폐의 일반이론』에서 주장한 금리생활자(the rentier)의 안락사라는 명제이다. 케인즈는 자본축적이 진전됨에 따라 자본의 희소성은 소멸되어 오직 자금을 빌려주었다는 이유만으로 수입을 얻는 금리생활자는 사라질 것이라고 예측했다. 이는 기능자본가인 경영자의 소득은 정당한 대가라는 생각에 기초하고 있다. 한편 칼레츠키는 1943년에 발표한 「완전고용의 정치적 측면」이라는 논문에서 대기업과 금리생활자의 블록(bloc)이 형성되어 정부가 긴축정책을 시행하도록 정치적 압력을 가할 것이라 주장하였다. 그런데 긴축정책은 이자율 상승을 가져올 것이므로 금리생활자는 쉽게 안락사하지 않을 것이다. 요컨대 칼레츠키의 주장은 기능자본가와 화폐자본가가 서로 대립하다가도 같은 자본가계급이라는 관점에서 얼마든지 동맹을 맺음으로써 기득권을 지킬 수 있음을 지적하는 것이다. 이 경우 기능자본가는 더욱 용이한 노동통제를 통해 잉여가치 생산의 조건을 개선할 수 있고 화폐자본가는 높은 이자수입을 얻을 수 있다는 점에서, 서로의 이해관계가 맞아떨어진다. 실제로 한국경제의 성장 과정에서 이른바 재벌 그룹들은 부동산 매입, 심지어는 미술품 수집을 통해 막대한 부를 축적해 왔다. 생산적 활동에 기여하는 기능자본가로서의 역할 못지않게 넓은 의미에서의 금리생활자 역할을 겸했던 것이다. 산업자본과 금융자본의 경계가 모호해짐으로써 자연인으로서는 동일인인 경우가 많은 것이다. 피케티(2014)가 주거용 부동산까지 포함하는 모든 형태의 부를 자본으로 간주하는 데에는 나름의 현실적인 근거가 존재하는 셈이다.

자본의 물신성으로 말미암아 일정한 수익의 흐름을 발생시키는 모든 권리는 자본인 것으로 간주되기에 이른다. 매 기간마다 R의 수익을 가져다주는 자산의 가격은 다음과 같이 현재가치(present value)를 계산하는 방식으로 결정된다. 여기에서 p_t는 현재(t기)의 자산가격, p_{t+n}은 지금으로부터 n기간 뒤의 자산의 매각가격, R은 매 기간 동일할 것으로 가정되는 수익, 그리고 i는 역시 매 기간 동일할 것으로 가정되는 예상이자율이다. 두 번째 등호는 n이 무한히 커진다고 가정하였기 때문에 성립한다.

$$p_t = \lim_{n\to\infty}[\frac{R}{1+i} + \frac{R}{(1+i)^2} + \dots + \frac{R+p_{t+n}}{(1+i)^n}] = \frac{\frac{R}{1+i}}{1-\frac{1}{1+i}} = \frac{R}{i} \tag{8.4}$$

(8.4)식은 해당 자산의 이른바 펀더멘털(fundamental) 가격을 나타낸다. 버블(bubble)은 자산의 시장가격이 펀더멘털 가격을 상회하는 부분으로 정의된다(宇仁외, 2004: 284). (8.4)식은 흔히 자본환원(capitalization)이라고 불리는데, 바로 가공자본(fiktives Kapital; fictitious capital)이 형성되는 원리를 보여준다. 미래의 수익에 대한 투기적 기대가 형성되면서 실제 자본의 순환과는 무관하게 자산의 시장가격은 얼마든지 등락할 수 있는 것이다. 예상수익 R이 잉여가치의 생산이라는 실체적 근거를 갖지 않는 경우 자산가격의 폭락은 금융위기로 연결될 수 있다. 사실 노동가치론의 관점에서는 가공자본의 형성 그 자체가 물신적 성격을 지닌 것이기 때문에, 버블과 펀더멘탈 가격의 구분은 부차적인 문제에 지나지 않는다. 가공자본은 허구의 자본, 가짜 자본이라는 의미를 지니는 용어이다. 예를 들어 주식이나 채권 등은 일정한 지불에 대한 권리만을 담고 있으며, 그 시장가격은 이 권리를 위해 지불되었던 가치액과는 관련이 없다(하인리히, 2016: 237). 이러한 권리들의 이른바 "내재가치"는 그 수익률(혹은 예상수익률)과 시장이자율 간의 관계에 의해 결정된다. 시장참가자들의 예상이 불안정하게 변동함에 따라 이 내재가치는 급격하게 등락함으로써 금융공황으로 연결될 수도 있다. 특히 금융시장의 세계적 통합 등과 맞물려 급속하게 진행되어온 다양한 파생상품(derivatives)의 등장은 가공자본 창출의 규모를 크게 늘렸으며, 그에 따라 금융시장의 불안정성 또한 유례없는 수준으로 심화하였다.

한편, 유통만 전담하는 상업자본이 생겨나는 것처럼, 회계나 화폐와 관련된 위험관리, 소비자신용 등을 담당하는 자본이 독립하여 존재하게 된다. 이를 화폐취급자본(money dealing capital)이라고 한다. 화폐취급자본은 산업자본이 생산한 잉여가치의 일부를 분배받기 때문에, 이윤율 균등화의 논리가 작동한다(Fine & Saad-Filho, 2016: 129). 즉, 상업자본의 경우처럼 생산가격의 수정이 발생하는 것이다. 이는 제3장 제4절에서 설명한 비생산적 노동으로서 간접적으로 잉여가치 생산 혹은 이윤율 증가에 기여한다. 물론 현대 자본주의 경제에서 이자 낳는 자본은 은행 등의 금융자본으로서 존재하는데, 현실의 금융자본은 이자 낳는 자본과 화폐취급자본을 혼합한 성격을 지닌 경우가 많다.

신용제도의 발전은 자본주의적 축적을 원활하게 하는 동시에 불안정하게 만드는 요인으로 작용한다. 제6장에서 설명한 고정자본의 갱신과 관련하여 신용의 발전은 주입과 누출을 일치하도록 만들어주는 메커니즘으로 작동한다. 미래의 고정자본 갱신을 위해 축적된 준비금은 신용제도를 통해 현재 고정자본을 갱신해야 하는 자본에 대출된다. 간단한 형태의 재생산표식 분석만 보더라도 확대재생산이 진행됨에 따라 이와 같은 신용에 대한 수요가 점점 더 큰 규모로 창출될 것임을 알 수 있다. 제4장 생산가격의 형성에서 설명한 이윤율 균등화 과정 또한 신용의 발전을 통해 촉진될 수 있다. 만약 자본이동이 실제로 투자된 생산수단의 물리적 이동을 의미하는 것이라면 자본이동의 속도는 훨씬 더 느릴 것이다. 그러나 대출이나 주식 발행 등의 신용제도를 통해 자본이동은 빠른 속도로 이루어질 수 있다. 최근에는 노동자계급이 미래의 노동력 가치 중의 일부를 현재 소득으로 끌어오는 노동력의 금융화(伊藤, 2009: 32-33)도 진행된다. 노동자는 자신의 미래 소득을 담보로 대출을 받고 그에 대한 이자를 지급해야 하는데, 그가 노동자계급 안에서도 어떤 위계에 놓여 있는가에 따라 신용에 대한 접근가능성이나 이자부담의 격차가 발생한다. 소비자신용은 이미 포드주의 축적체제에서도 내구소비재에 대한 수요를 창출하는 방식으로서 중요한 역할을 수행한 바 있다. 그러나 고용불안정으로 특징지어지는 신자유주의 국면에서 노동력의 금융화는 노동자 계급에 대한 수탈을 강화하는 역할을 하게 된다. 중립성을 표방하는 국가의 금융정책이 계급별로 상이한 영향을 미침으로써 적어도 결과적으로는 계급적 성격을 띠게 되는 것도 바로 이 지점이다. 예를 들어 긴축정책을 통한 이자율 상승은 금융자산을 많이 가진 계층에게는 유리하게 작용하지만, 노동력의 금융화에 의거하는 노동자계급, 특히 저숙련 및 불안정고용계층에게는 치명적인 영향을 미칠 것이다.

문제 8.3. 매년 2,000만 원의 임대수입이 영원히 보장되는 건물이 있다고 하자. 연간 이자율이 5퍼센트일 때, 이 건물로부터 창출되는 가공자본의 크기는 얼마인가?

문제 8.4. 시간선호율의 차이로 이윤 발생을 설명하는 이론(제3장)과 자본의 물신성 개념 사이의 관계를 설명하라.

8.2.2. 화폐공급의 내생성

마르크스는 이자율의 결정을 기본적으로 자본가계급 내부 분파들 사이의 문제로 파악하였으며 개인의 화폐보유 동기에 대한 정교한 설명을 시도하지는 않았다. 따라서 이분법적으로 파악하자면, 케인즈의 유동성선호이론보다는 고전학파의 대부자금설에 가까운 측면이 있다. 그러나 고전학파와 구별되는 매우 중요한 특징은 화폐공급이 내생적이라는 인식이다. 마르크스에게 있어 상품의 가격은 생산과정에서의 노동의 지출로부터 독립적으로 결정되지 않는다. 고전학파의 화폐수량설은 다음과 같은 잘 알려진 교환방정식에서 출발한다. 여기에서 M, V, P, Y는 각각 통화량, 화폐의 유통속도, 물가수준 그리고 실질국민소득을 나타낸다.

$$MV = PY \tag{8.5}$$

(8.5)식은 항등식이므로 인과관계를 파악하려면 방정식의 우변과 좌변 중에 어느 것이 독립변수인가를 생각해야 한다. 화폐수량설의 원형인 고전

학파의 이론에서는 통화량의 변화가 그에 비례하여 물가수준을 변화시키는 것으로 이해한다. 현대적 버전인 통화주의(Monetarism)에서는 통화량과 명목국민소득(PY) 사이에 안정적인 관계가 있다고 본다. 고전학파에 비해서는 적어도 단기에 통화량의 변화가 실질국민소득에도 영향을 미칠 수 있다고 보는 것이다. 그러나 장기적으로는 통화량의 변화는 물가수준의 변화만을 가져오므로 결국 고전학파와 동일한 결론에 이르게 된다. 그러므로 화폐수량설은 (8.5)식에서 인과관계가 좌변에서 우변으로 향하는 것으로 본다. 반면 마르크스의 경우 상품의 가치가 먼저 결정되고 그에 따라 가격이 규제되므로 인과관계는 우변에서 좌변으로 향한다. 즉, 명목국민소득으로부터 화폐량으로 가는 인과관계가 존재하며, 신용화폐경제에서는 화폐공급이 화폐수요에 대해 수동적으로 조절된다는 포스트 케인즈주의의 내생적 화폐공급이론(鍋島, 2020: 118)과 동일한 방향의 인과관계를 설정하는 것이다. 명목국민소득이 증가하면 민간의 화폐수요가 증가하고 시중은행은 이에 맞추어 대출을 늘릴 것이다. 그 결과 예금통화가 증가하게 되는데, 중앙은행은 최후의 대부자(lender of last resort)로서의 역할 때문에 충분한 준비금을 공급할 수밖에 없는 것이다. 즉, 내생적 화폐공급 하에서는 중앙은행이 기준금리를 결정하면, 그것을 중심으로 은행대출이 이루어짐으로써 화폐수요에 맞게 화폐가 공급된다. 따라서 주어진 이자율 수준에서 화폐공급은 무한탄력적이 된다. 즉, 가로축에 통화량, 세로축에 이자율을 나타낸 그래프에서 화폐공급은 수평선 모양이 되는 것이다. 물론 이러한 수평주의자들(horizantalists)의 주장은 현실을 지나치게 단순화한 측면이 있는 것도 사실이다.[11]

---

[11] 포스트 케인즈주의의 내생적 화폐이론에 관해서는 박만섭(2020)을 참조하라.

8.3. 지대

노동가치론은 재생산가능한 상품의 가치를 설명하는 이론이다. 만약 재생산불가능한 상품이 있다면, 그 가격은 노동가치론과는 다른 원리에 기초해서 설명되어야 한다. 리카도는 『정치경제학과 과세의 원리』(*On the Principles of Political Economy and Taxation*)의 앞부분에서 토지 등과 같이 재생산불가능한 상품은 오직 희소성에 의해서만 가격이 결정된다고 주장한 바 있다. 이러한 상품의 가격을 설명하는 이론으로서 제시된 것이 지대론이다. 노동가치는 해당 상품의 생산에 사회적으로 필요한 평균노동량으로 정의되므로 평균원리에 기초하고 있다. 반면 리카도의 지대는 한계원리에 기초하고 있다. 경제학설사의 시각에서 보면, 리카도나 마르크스의 시대에 지배적이었던 평균원리가 신고전학파 경제학의 시대로 넘어가면서 밀려나고 그 대신 한계원리가 상품의 가격, 나아가 인간 행동 전반을 결정하는 원리로 등장하였다고 할 수 있다.

8.3.1. 차액지대

〈표 8.1〉과 같이 다른 모든 조건은 동일하고 오직 토지의 비옥도[12)]에만 차이가 나는 농업생산의 예를 생각해보자. 즉, 동일한 면적의 토지에 동일한 양의 생산요소를 투입함에도 곡물의 수확량은 최열등지인 토지C에서는

12) 이를 흔히 토지생산성이라고도 한다. 자본생산성이라는 개념과는 달리, 토지생산성은 마르크스에게도 성립할 수 있는 개념이다. 생산성은 사용가치와 관련된 개념인 바, 마르크스는 "노동은 모든 부의 원천이 아니다. 자연도 노동과 마찬가지 정도로 사용가치…의 원천이며, 노동 자체는 하나의 자연력인 인간의 노동력의 발현일 뿐이다"(마르크스 · 엥겔스. 1997: 370)라고 주장함으로써 자연이 사용가치의 원천임을 분명히 하였기 때문이다. 참고로 마르크스는 노동력도 인간의 자연(nature)이며, 노동과정을 통해 노동대상인 좁은 의미의 자연은 물론 인간 자신의 자연도 변화한다는 생각을 갖고 있었다.

360kg이지만, 그보다 비옥한 토지B와 토지A에서는 각각 480kg, 600kg이다. 농업자본가가 노동력의 고용과 생산수단의 구입에 150만 원을 투자했다고 가정하자. 만약 경제 전체의 평균이윤율이 20%라면, 생산된 곡물을 150×(1+0.2)=180만 원에 판매할 수 있어야 한다. 토지는 인간이 재생산할 수 없는 생산요소이기 때문에, 사회 전체의 곡물수요를 충족하기 위해서는 비옥도가 떨어지는 열등지까지 경작해야 한다. 따라서 곡물의 가격은 최열등지의 생산조건에 따라 180만 원/360kg=0.5만 원/kg으로 결정될 것이다. 그 결과 토지B와 토지A에서 경작한 자본가는 각각 240만 원과 300만 원의 수입을 올리게 되어 60만 원과 120만 원의 초과이윤을 얻는다. 그런데 이 차이는 오직 토지의 비옥도 때문에 발생한 것이므로, 해당 토지의 소유자인 지주는 초과이윤 전액을 지대(rent)로 납부할 것을 요구한다. 자본가가 지대를 납부하지 않는다면 지주는 토지의 임대차계약을 갱신해주지 않을 것이다. 이렇게 발생하는 지대를 차액지대(differential rent)라고 한다. 즉, 차액지대는 이른바 토지생산성의 차이에 따라 발생하는 것이다. 이때 기준이 되는 것은 최열등지, 즉 한계지(marginal land)의 토지생산성이므로, 평균원리가 아닌 한계원리가 지대를 설명하고 있는 것이다.

〈표 8.1〉 차액지대의 발생

	곡물수확량	곡물의 단위가격	총수입	초과이윤	차액지대
토지A	600kg	0.5만 원/kg	300만 원	120만 원	120만 원
토지B	480kg	0.5만 원/kg	240만 원	60만 원	60만 원
토지C (최열등지)	360kg	0.5만 원/kg	180만 원	0	0

인구증가 등으로 말미암아 사회 전체의 곡물에 대한 수요가 증가하면, 지

금은 경작하지 않는 더 척박한 토지, 예를 들어 동일 면적에서 240kg의 곡물 밖에 수확할 수 없는 토지D도 추가로 경작되어야 한다. 이 경우 토지D에서 경영하는 농업자본가에게 평균이윤율을 보장하려면, 곡물가격은 180만 원/240kg=0.75만 원/kg으로 인상되어야 한다. 그 결과 원래는 차액지대가 발생하지 않았던 토지C에서 생산된 곡물의 총가격은 360×0.75=270만 원으로 증가하여 이제는 90만 원의 지대가 발생하게 된다. 당연히 더 비옥한 토지B와 토지A에서도 지대는 증가한다. 토지B의 수입은 0.75×480=360만 원이 되므로 지대는 180만 원으로 증가한다. 마찬가지로 토지A의 수입은 0.75×600=450만 원이 되므로 지대는 270만 원이다. 즉 사회 전체적으로 곡물에 대한 수요가 증가할수록 지대의 총량은 증가하게 되는 것이다.

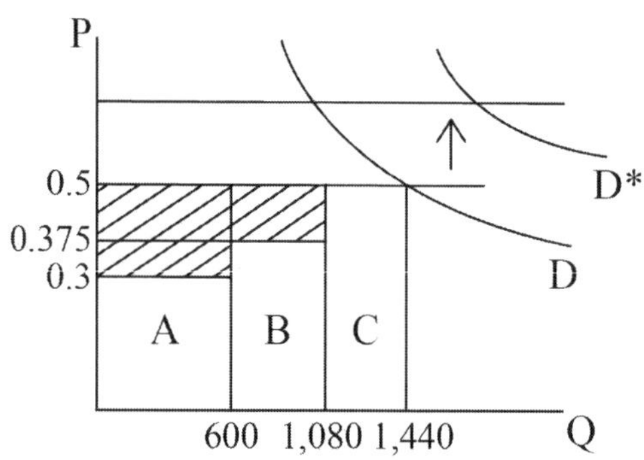

〈그림 8.2〉 차액지대의 형성

이를 그림으로 나타내 보자. 〈그림 8.2〉에서 세로축은 곡물의 kg당 가격을 나타낸 것이다. 비옥도가 가장 뛰어난 토지A로부터 토지B를 거쳐 최열등지인 토지C에 이르기까지 각 토지에서의 누적수확량을 가로축의 좌표로 나타내었다. 사회 전체의 곡물에 대한 수요곡선이 D로 주어져 최열등지까지 경작해야 충족될 수 있는 규모라면, 곡물가격은 kg당 0.5만 원으로 결정된다. 그런데 토지A와 토지B에서는 곡물가격이 각각 0.3만 원 및 0.375만 원으로 결정되어도 평균이윤율 20%를 얻을 수 있다.13) 따라서 그림의 빗금친 면적이 각 토지에서 발생하는 차액지대의 크기가 된다. 만약 곡물수요가 증가하여 수요곡선이 D에서 D*로 이동함으로써 곡물가격이 화살표를 따라 인상되면, 최열등지였던 토지C에서도 차액지대가 발생하며 사회 전체의 지대 총액도 증가하게 된다.

지금까지 설명한 것과는 약간 다른 형태로 차액지대가 발생하기도 한다. 즉, 비옥도가 높은 토지로부터 낮은 토지로 순차적으로 경작을 확대하는 것이 아니라, 기존 경작지에 생산요소의 투입량을 늘림으로써 수확량을 늘려가는 경우를 생각할 수 있다. 수확체감의 법칙이 작용한다면, 생산요소 투입을 늘릴 때 수확량의 증가분은 점점 줄어들 것이다. 따라서 이 경우에도 한계적인 투자의 수확량을 기준으로 차액지대가 형성된다. 이를 앞에서 설명한 차액지대의 제1형태와 대비하는 의미에서 차액지대의 제2형태라고 한다.

〈표 8.2〉 차액지대의 제2형태

	최초 투자의 곡물수확량	추가 투자의 곡물수확량	차액지대의 제2형태	차액지대의 제1형태
토지A	600kg	450kg	45만 원	120만 원
토지B	480kg	360kg	0	60만 원
토지C	360kg	270kg	0	0

〈표 8.1〉의 예를 연장한 〈표 8.2〉를 통해 차액지대의 제2형태를 설명해 보자. 각 토지에서 최초 투자와 동일하게 150만 원의 추가 투자를 하더라도 수확체감 때문에 수확량은 25%씩 감소한다고 가정한다. 예를 들어 최우등지인 토지A에서는 추가 투자의 결과 수확량은 450kg이다. 곡물 가격이 그

13) 토지B의 수확량은 480kg인데 그 판매수입이 180만 원이 되어야 하므로 kg 당 가격은 0.375만 원이다. 마찬가지로 토지A에서는 180만 원/600kg=0.3만 원/kg이다.

대로 0.5만 원/kg이라고 하자. 그 경우 최열등지인 토지C에서는 추가 투자로 인한 수확량이 270kg뿐이므로 판매수입은 135만 원이 되어 투자금액에도 못 미치게 된다. 따라서 이 추가 투자는 이루어지지 않는다. 토지B의 경우 추가되는 수확량이 360kg이므로 정확하게 20%의 평균이윤율을 얻는다. 이때 토지A의 추가 투자는 수확량을 450kg 증가시키므로, 토지B의 추가 수확량과의 차이인 90kg에 해당하는 45만 원의 지대가 발생한다. 이 경우 토지B의 추가 투자에 대해서는 지대가 발생하지 않음에 유의하자. 이것이 바로 차액지대의 제2형태인 것이다. 즉, 토지A의 경우, 차액지대의 제1형태로 120만 원, 제2형태로 45만 원, 합계 165만 원의 지대가 발생한다.

차액지대는 굳이 농업생산이 아니더라도 인간이 재생산 불가능한 요인으로 말미암아 차이가 발생하는 영역에 적용될 수 있다. 대표적인 예로 도시지대를 들 수 있을 것이다. 도시지대의 경우, 토지의 비옥도 대신에 해당 토지와 관련된 사회간접자본, 예컨대 교통접근성 등의 요인이 차이를 발생시키는 요인이 된다. 도시지대의 경우, 엄밀하게는 경작지와는 달리 애초에 사회간접자본의 투자를 위한 공간계획, 그리고 그 실천과정에서 누군가가 인위적으로 초과이익을 창출하여 획득했을 가능성이 있다. 그러나 그와 같은 공간계획이나 실천이 마무리된 시점에서 여러 가지 재생산 불가능한 편익의 차이가 발생하는 경우, 그러한 차이는 지대로 지주에게 귀속될 것이다. 한편, 한국 사회에서 상가임대차와 관련하여 오랫동안 사회문제가 되어 왔던 권리금은 지대의 변형된 형태라 할 수 있다. 임차인의 입장에서는 지주가 언제든지 임대차계약을 종료할 수 있기 때문에 장기적인 시설개량 등에는 유인이 없다. 그 결과 이른바 영업이 잘되는 매장인 경우, 그것을 일종의 자본환원을 통해 임차인끼리 거래하도록 만들어진 것이 권리금이다.

문제 8.5. 〈표 8.1〉의 예에서 토지D가 새로 경작되었을 때 사회 전체의 차액지대의 총액은 얼마가 될지 계산해 보자.

문제 8.6. 어떤 경제에 다음과 같은 세 가지 등급의 토지가 존재한다. 비옥도를 제외한 다른 모든 요인은 같으며, 각 토지에 대한 자본투자액은 10만 원이라 하자. 경제 전체의 평균이윤율이 25%라면, 어떤 일이 생길지 예측해보라. 단, 토지A보다 더 열등한 토지는 존재하지 않는다고 가정한다.

	곡물수확량	곡물의 총가격
토지A(최열등지)	360kg	12만 원
토지B	480kg	16만 원
토지C	600kg	20만 원

8.3.2. 절대지대와 독점지대

한계지에서는 차액지대가 발생하지 않는다. 그러나 토지가 사유재산인 한, 지주는 공짜로 토지를 빌려주지는 않을 것이다. 예를 들어 〈표 8.1〉에서 최열등지인 토지C의 지주가 20만 원의 지대를 받지 않으면 농업자본가에게 토지를 임대해주지 않겠다고 주장할 수 있다. 이러한 요구가 받아들여진다면, 토지C에서도 지대가 발생하게 되고 그에 따라 토지B와 토지A에서도 지대가 20만 원씩 증가할 것이다. 이를 절대지대(absolute rent)라고 한다.

그런데 이 절대지대의 원천이 어디에 있는가라는 문제를 생각해보자. 마르크스가 『자본론』 제3권에서 채택한 설명방식은 다음과 같다. 농업은 공업에 비해 생산력의 발전 속도가 느린 데다 토지라는 재생산불가능한 자원이 필수적인 생산요소이기 때문에 다른 산업으로부터의 자본이동에 제한이 존재한다. 생산력의 발전 속도가 느리다는 것은 마르크스적 기술진보인 자본의 유기적 구성의 고도화가 지체된다는 뜻이므로, 농업부문의 유기적 구성은 사회 전체의 평균보다 낮아진다. 가치의 생산가격으로의 전형에 관한 설명을 상기해 보면, 이는 농업부문에서는 생산물의 생산가격이 그 가치보다도 작다는 뜻이다.[14] 따라서 농산물의 시장가격이 그 가치 수준에서 결정되면, 농업부문의 이윤율은 사회 전체의 평균이윤율보다 높아지고 바로 그 차액이 절대지대의 원천이 된다. 이와 같은 설명방식에서는 절대지대의 원천은 결국 농업부문 내부에서 생산된 잉여가치가 된다.

한편, 마르크스에게는 독점지대(monopoly rent)라는 개념도 존재한다. 독점지대는 재생산 불가능한 자원을 그 소유자가 배타적으로 통제할 수 있을 때 발생한다. 현대 자본주의에서는 지적 재산권이나 특허 등의 법률적 · 제도적 장치에 의해 경쟁으로부터 보호받는 상황이 대표적일 것이다. 이 경우 가격은 오직 희소성에 의해서만 결정되므로 노동가치론의 평균원리는 적용할 수 없게 된다. 그러므로 마르크스가 설명했던 절대지대의 경우와는 달리, 해당 산업의 자본의 유기적 구성의 크기에 대한 특별한 가정이 필요 없게 된다. 일종의 독점가격이 형성되면서 그것이 자본으로서는 통제할 수 없는 모종의 특질에 기초하고 있는 한, 생산가격보다 높은 시장가격을 설정할 수 있는 힘이 주어지는 것이다.[15] 최근 들어 그 중요성이 더욱 커진 것은 디지털 정보재(digital information goods)이다. 정보기술의 발전에 따라 디지털화한 상품이 많아지면서 신고전학파적인 한계원리만으로 가격을 설명할 수 없는 경우가 점점 더 많아진다. 막대한 초기비용이 들지만 일단 개발되고 나면 거의 0에 가까운 한계비용으로 생산할 수 있는 소프트웨어가 대표적이다. 이 경우 시장가격의 상당 부분은 지적 재산권을 통한 독점지대의 성격을 갖게 될 것이다. 따라서 이 경우에는 지대의 원천은 해당 산업 안에서 생산된 잉여가치가 아니라, 다른 산업으로부터 잉여가치가 이전된 것으로 볼

---

14) 여러 차례 강조한 바와 같이, 이렇게 말할 수 있기 위해서는 가치와 가격 사이의 적절한 차원변환을 거쳐야 한다.

15) 이는 노동시간의 화폐표현이 산업별로 달라진다는 뜻이기도 하다. 어떤 산업은 가치생산성이 낮음에도 불구하고 강력한 진입장벽의 존재로 말미암아 동일한 노동시간을 들이더라도 더 많은 화폐액을 얻을 수 있는 것이다.

수 있다. 사실 독점지대와 절대지대의 차이는 오직 농업부문의 자본의 유기적 구성이 사회 전체의 평균보다 작다는 것뿐이므로, 양자 사이에 커다란 질적 차이가 존재하는 것인지는 다소 의문의 여지가 있다.[16)]

독점지대와 관련하여 독점이윤이라는 범주에 관해서도 생각해 보아야 할 것이다. 제4장에서는 자본이동의 결과 가치가 평균이윤율을 기준으로 삼는 생산가격으로 전형된다고 설명한 바 있다. 그렇지만 진입장벽이나 지적 재산권, 기타 법적 · 제도적 요인으로 말미암아 타 부문과의 경쟁으로부터 강력한 보호를 받는 독(과)점적 부문의 자본은 생산가격의 형성에 참여하지 않은 채 평균보다 높은 이윤율을 얻을 수 있다(제4장의 문제 4.6 참조). 이때 성립하는 가격이 독점가격이며, 독점가격 하에서의 평균보다 높은 이윤을 독점이윤이라고 한다. 현실적으로는 같은 산업이나 부문 내부에서도 독점적 자본과 중소규모의 자본 사이에 구조적인 이윤율 격차가 존재할 수 있다. 이러한 경우, 자본이동의 기준으로 삼는 이윤율 자체가 자본의 규모에 따라 이분화할 수도 있을 것이다(森田, 2019: 359). 즉, 중소자본은 처음부터 독점적 자본에 비해 낮은 이윤율에 만족할 준비가 되어 있다는 뜻이다. 현실의 자본시장은 결코 완전하거나 효율적으로 작동하지 않기 때문에, 자본의 규모나 신용에 대한 접근가능성(credit availability)의 구조적 격차가 존재하는 것이 일반적이다. 따라서 설사 예상이윤율이 매우 높은 사업계획이라 하더라도 열등한 자본은 애초에 접근할 수 없게 되는 것이다.

원래 리카도의 지대론은 지주와 농업자본가, 그리고 농업노동자라는 세 계급이 존재하는 고전적 자본주의 사회를 모델로 한 것이었다. 현대 자본주의 사회에서는 지주의 계급으로서의 의미가 많이 달라졌음은 물론이다. 토

---

16) Shapiro & Varian(1998)은 한계비용이 0에 가까운 정보재의 경우, 기업이 독점적 시장지배력을 바탕으로 가격차별을 함으로써 오히려 소비자의 후생수준은 증가한다는 논리를 제시한다. 예를 들어 같은 소프트웨어라도 학생용 버전은 기업용 버전에 비해 낮은 가격이 책정된다면, 그렇지 않은 경우에는 소비할 수 없었을 학생들이 싼 가격에 소비할 수 있게 된다는 것이다. 이러한 주장은, 그에 동의하는가의 여부와 무관하게, 경제학적 내러티브가 궁극적으로는 가치판단이나 세계관의 영향을 받는다는 것을 보여주는 좋은 예라 할 수 있다.

지라는 생산요소 자체가 일정한 지대수입의 흐름을 보장한다는 의미에서 가공자본화하고 지주 또한 자본의 소유자인 것처럼 받아들여지게 된다. 현실적으로 도시지대의 경우, 자본가와 지주가 인격적으로 구분되지 않는 경우도 많다. 자본가와 지주를 대립시키고 일종의 금리생활자로서의 지주의 비생산적 성격을 비판하는 것도 실상은 현실의 모순 관계를 은폐하는 역할을 하는 담론일 수도 있음에 주의해야 할 것이다.

문제 8.7. 어떤 경제가 다음과 같은 세 개의 부문으로 이루어져 있다고 하자. (단, 단위는 십억 원이다). 만약 III부문이 농업이라면, 절대지대의 크기는 얼마인가?

부문	불변자본	가변자본	잉여가치
I	80	20	20
II	70	30	30
III	60	40	40

문제 8.8. [大西. 2020: 260-261] 상품1이 생산재이고 상품2는 소비재인 2부문 모형에 대해 생산가격 결정식 (4.8)을 적용하면 다음과 같다. 단, R은 실질임금이다.

$$p_1 = (1+r)(a_{11}p_1 + p_2Rl_1),\ p_2 = (1+r)(a_{12}p_1 + p_2Rl_2)$$

(1) 소비재 산업에서 지대가 존재한다고 하자. 소비재 가격으로 측정한 실질지대를 Ω라 할 때, 생산가격 결정식은 어떻게 바뀌는가?

(2) 새로운 생산가격 결정식에서 상대가격(p_1/p_2)을 구한 다음, 자본가계급과 지주계급의 이해관계가 대립함을 확인해 보라.

(3) (2)를 이용하여, 지주계급의 이익과 노동자계급의 이익은 서로 어떤 관계인지 설명하라.

8.3.3. 네트워크와 지대

이른바 메트칼페의 법칙(Metcalfe' s law)에 따르면, 통신망의 효과는 그에 연결된 사용자수의 제곱에 비례한다. 이 법칙은 여러 개의 노드(nod)를 갖는 네트워크 일반에 대해 적용할 수 있다. 〈그림 8.3〉에서처럼, 노드가 둘 뿐인 경우에 연결(connection)은 하나뿐이지만, 노드가 다섯으로 늘어나면 연결의 수는 열 개로 늘어난다. 즉, 노드가 n개일 때 가능한 연결의 수는 $nC_2 = \frac{n(n-1)}{2}$이 되는 것이다. 즉 n^2이 포함되어 있기 때문에 n이 커질수록 연결의 수는 급속하게 증가한다.

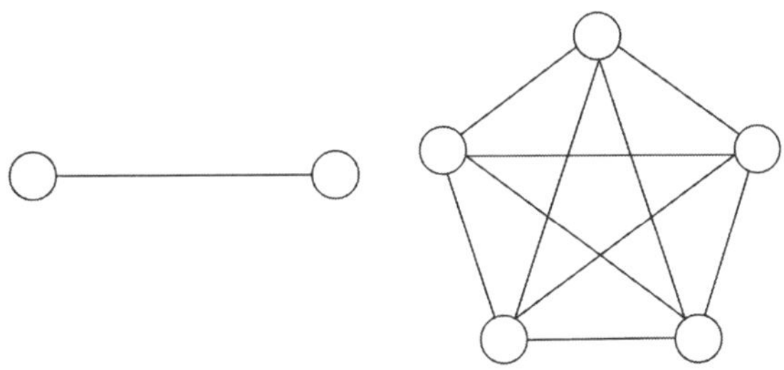

〈그림 8.3〉 네트워크와 연결

메트칼페의 법칙은 지대의 형성에도 시사를 준다. 특히 도시지대의 경우, 잠재적 고객인 유동인구가 많을수록 이른바 "목이 좋은" 공간이 되면서 그로 말미암아 지대가 발생한다. 메트칼페의 법칙에서 말하는 통신망의 효과(혹은 가치)는 정치경제학적 개념으로는 사용가치에 해당된다. 그런데 노동력 상품의 경우, 그 사용가치는 고용주인 자본가에게 잉여가치를 생산해줄 수 있는 능력이다. 따라서 다수의 노동력을 결합하여 하나의 네트워크로 운용하는 자본가는 점점 더 많은 잉여가치를 생산할 수 있게 되는 것이다. 이를 제3장에서 설명한 바 있는 "사회적 생산력의 자본의 생산력으로의 전환"이라는 명제와 연결 지어 생각하면, 잉여가치의 생산 및 착취는 노동력의 네트워크가 커지면서 체증하는 율로 생산되는 가치가 해당 네트워크의 소유자인 자본가에게 귀속되는 문제로 간주할 수 있다.

현대자본주의에서는 이러한 네트워크 안에 좁은 의미의 노동자뿐만 아니라 이른바 플랫폼 노동자들은 물론 소비자들까지도 편입되는 현상이 일어난다. 형식적으로는 노동자가 아니라 독립적인 사업자인 플랫폼노동자들은 플랫폼의 소유자인 자본가에게 사실상 노동통제를 당하는 것은 물론이거니와, 서로 경쟁하는 관계에 놓인 노동자들의 네트워크가 커질수록 그보다 더 큰 비율로 많은 가치를 생산하게 된다. 자본은 정보통신망 등을 활용하여 이른바 부가가치가 낮은 직무는 소비자에게 전가하기도 한다. 인터넷 쇼핑몰에서의 주문 등을 위한 정보입력처럼 단순한 일은 소비자가 직접 처리하도록 만듦으로써 해당 직무를 맡던 노동력의 고용을 절감할 수도 있는 것이다. 흔히 생산-소비자(prosumer)라 불리는 현상의 배후에는 이와 같은 가치생산 네트워크의 재편성이 놓여 있다. 이렇게 생각하면 잉여가치의 생산과 네트워크로부터 발생하는 지대 사이에 질적 차이가 모호해지는 현상이 발생한다. 인지자본주의론을 주장하는 일군의 학자들은 이러한 맥락에서 이른바 인지자본주의(cognitive capitalism) 단계에서는 모든 이윤이 지대로 바뀐다고 주장한다. 노동에 있어서도 인지적 기능의 중요성이 커지고 물질적 고정자본의 중요성이 줄어들며, 소비자조차도 자본의 네트워크 안에 포섭되어 무상노동을 수행하게 된다는 점 등이 그 주요한 근거로 지적된다.[17] 그러나 여전히 네트워크의 소유자가 자본의 논리에 따라 움직일 뿐만 아니라 사회적 생산력을 자본의 생산력으로 전환하는데 성공하고 있다는 점에서 잉여가치의 착취가 자본주의적 이윤의 원천이라는 명제는 현실에서 관철되고 있다.

---

17) 인지자본주의론에 대한 소개와 비판으로는 Ahn & Rieu (2010)을 참조하라.

8.4. 삼위일체의 공식

잉여가치는 자본가계급과 노동자계급 사이의 대립의 결과물인 반면, 상업이윤, 이자 및 지대는 자본가계급 내부의 분파들, 그리고 자본가계급과 지주계급 간의 대립의 산물이다. 그러므로 상업이윤, 이자 및 지대는 전체 경제에서 생산된 잉여가치의 지배계급 내부에서의 분배 문제와 관련된다. 만약 신고전학파의 효용극대화 원리에 따른다면 지대도 결국 지주계급의 이익극대화의 결과일 따름이며, 노동과 자본, 그리고 토지는 모두 같은 수준에 놓이는 생산요소에 지나지 않는다(마추카토, 2020: 138). 이로부터 자본에는 이자, 노동에는 임금, 토지에는 지대라는 기계적인 대응관계가 성립한다. 마르크스는 신고전학파가 등장하기도 전에 이미 이러한 일대일 대응으로 자본주의의 소득분배를 설명하려는 시도를 기독교의 교리에 빗대어 삼위일체의 공식(마르크스, 2015, III(하): 1033)이라 비판한 바 있다. 제3장의 문제 3.2에서 살펴본 클라크의 명제는 마르크스 경제학의 관점에서 보면 전형적인 삼위일체 공식이라 할 수 있다. 노동생산성과 계급 간 소득분배, 그리고 이윤율의 기술적 및 사회적 연관에 주목하는 정치경제학의 관점은 여기에서 결정적으로 신고전학파적 주류경제이론과 대립하게 되는 것이다. 삼위일체의 공식은 마르크스가 자본주의 비판의 중요한 실마리로 삼았던 물신성이 최고로 발전한 형태라 할 수 있다.

9

대안적 경제체제

20세기 현실 사회주의의 경험은 사회주의라는 전통적 대안이 실제로 구현되기 어렵다는 점을 보여주었다. 그럼에도 자본주의 생산양식의 모순이 심화·발전됨에 따라 새로운 대안적 경제체제에 대한 모색이 필요해진다. 생산력 발전에 따른 생산관계의 변화라는 역사유물론의 분석틀을 이용하여 자본주의의 모순을 지양하는 장기적 상상력을 찾아 나가야 하는 것이다. 이를 경제민주주의라는 개념으로 구체화할 수 있을 것이다. 경제민주화의 세 가지 차원에 관해 살펴보고, 능력주의의 극복 및 지속가능한 경제라는 새로운 상상력의 지점을 확인해 본다.

주요 개념: 자본주의 생산양식의 모순. 사회주의. 경제민주주의. 지속가능한 경제.

지금까지 자본주의 경제의 구조에 관한 마르크스 경제학적 분석의 기초를 설명하였다. 모든 사회과학은 사회현상에 관한 하나의 내러티브를 제공한다. 이 내러티브 안에는 주어진 분석대상의 구조와 운동에 관한 해석뿐만 아니라, 그 해석으로부터 생겨나는 변화에 대한 대안이 포함된다. 20세기 내내 마르크스 경제학의 대안에 관한 내러티브는 실제로 존재했던 사회주의 국가들의 모습에 묶여 있었다. 사회주의에 대한 비판도, 반대로 긍정적 상상도 그 모습으로부터 벗어나지 못했던 것이다. 현실 사회주의 국가의 붕괴가 한때 "역사의 종언"(프랜시스 후쿠야마)이라 불릴 정도로 자본주의 시장경제의 즉자적이고 불가역적인 승리를 의미하는 것처럼 받아들여진 적도 있다. 그러나 글로벌 자본주의의 여러 가지 경제적 모순이 드러나고 있는 현재의 시점에서 자본주의 경제의 최종적 승리를 얘기하기는 쉽지 않다. 마르크스 경제학은 자본주의 체제와 그 체제의 지배적 담론에 대한 끊임없는 의문제기와 비판으로 이루어진다. 전통적으로 마르크스주의 정치경제학에서는 자본주의 생산양식 안에서의 약간의 개선에 관해서는 진지하게 고민하지 않는 분위기가 강했다. 그러나 20세기 사회주의 실험의 실패라는 경험 앞에서, 자본주의 체제의 문제점을 단 한 번의 정치적 혁명으로 극복할 수 있다는 환상은 사라졌다. 모든 사회가 결국 그 구성원들의 의도와 행위 및 갈등의 결과로 변해간다는 것을 인식한다면, 자본주의 경제의 문제점에 관해 인식하고 그것을 조금이라도 더 나은 방향으로 바꾸기 위해 노력하는 것은 매우 중요하다. 이 장에서는 지금까지의 자본주의 경제 분석에 기초하여 대안적 경제체제와 관련된 여러 가지 논점에 관해 살펴보기로 한다.

9.1. 자본주의의 모순과 사회주의

9.1.1. 자본주의 생산양식의 모순

제1장에서 살펴본 역사유물론의 논리에 따라 추상적으로 말하자면, 자본주의 생산양식이 발전함에 따라 생산력과 생산관계 사이의 모순이 심화된다. 적어도 지금까지 인류가 경험했던 경제체제 중에서 자본주의가 생산력 발전이라는 측면에서 가장 성공한 체제라는 것은 분명하다. 그렇다면 생산관계는 그와 같은 생산력 발전에 맞추어 어떻게 변화하고 있는가 또한 변화하는 생산관계는 생산력에 어떻게 반작용하는가가 바로 생산력과 생산관계 사이의 모순의 구체적 내용을 이룰 것이다.

엥겔스는 자본주의 체제의 근본적인 문제를 "점점 증대되는 생산의 사회적 성격과 소유의 사적 성격 사이의 모순"(Engels, 1877)이라 규정한 바 있다. 이러한 모순의 비근한 예로 주식회사의 경영방식을 들 수 있을 것이다. 사실 마르크스는 『자본론』 제3권에서 주식회사가 "자본주의 생산양식 그것 안에서 자본주의적 생산양식을 철폐하는 것이며 따라서 자기를 철폐하는 모순"이며 "명백히 새로운 생산형태로 가는 단순한 이행단계를 대표"한다며 일견 긍정적으로 평가한 바 있다(마르크스, 2015, III(상): 563). 그러나 다른 한편으로는 신용제도에 기초하여 소수의 자본가가 타인의 노동에 대한 지배력을 확대할 수 있으며, 그 결과 주식회사는 "사회적 부로서의 부의 성격과 사적 부로서의 부의 성격 사이의 대립을 극복하기는커녕 이 대립을 새로운 형태로 전개"시킨다고 비판하였다(같은 책: 568). 사실 1인 1표라는 정치적 민주주의의 원칙과 가장 극적인 형태로 충돌하는 것은 1주 1표라는 주주총회의 원칙이다. 요컨대 1원 1표라는 이 원칙은 시장경제의 기본원리이며, 이는 시장 메커니즘이라는 것 자체가 애초부터 민주주의의 원칙과 모순될 가능

성을 내포하고 있음을 알려 준다.[1)]

한편 생산의 사회적 성격이 점점 증대된다는 것은 두 가지 각도에서 해석해 볼 수 있을 것이다. 먼저, 생산 활동이 자급자족경제에서처럼 "자신을 위한 노동"이 아니라 "타인을 위한 노동"이라는 성격이 강화된다는 것이다. 다음으로 생산 활동의 결과가 영향을 미치는 범위가 공간적으로나 시간적으로 확장된다는 것이다. 국민경제는 물론 글로벌한 범위에서 막대한 양적·질적 비중을 차지하는 대기업이 소수 자본가 및 그 대리인의 의사결정에 따라 움직임으로써 미치는 영향력은 공간적 확장의 예라 할 수 있다. 한편 지구온난화 등의 환경문제는 그 시간적 확장의 대표적인 예일 것이다. 현재 세대의 생산에 관한 의사결정이 미래 세대의 삶의 물질적 조건을 결정짓는다는 의미에서, 그것은 생산의 사회화가 가져오는 문제로 볼 수 있다. 이와 같이 생산의 사회적 성격이 강화되고 있음에도 불구하고, 여전히 생산물의 생산, 잉여생산물의 처분 등에 관한 주요한 의사결정은 사적으로 이루어진다는 것이 자본주의의 근본모순이다.

엥겔스의 명제를 좀 더 구체화하는 수준에서 자본주의 생산양식의 문제점들을 지적해보면 다음과 같다.

먼저 생산력의 비약적 발전은 필연적으로 생산되는 상품들의 가치실현이라는 문제를 야기한다. 흔히 마르크스 경제학을 자본주의 사회에서의 소득불평등의 심화, 그리고 그 과정에서 노동자계급의 궁핍화를 주장하는 이론으로 이해하곤 한다. 그렇지만 생산력의 끊임없는 발전은 절대적인 의미에서의 빈곤을 완전히 없애지는 못하더라도 상당한 정도로 개선한다. 제3장에서 살펴본 바와 같이, 이론적으로도 잉여가치율의 증대가 반드시 노동자계급의 실질임금 하락으로 연결되는 것은 아니다. 그러나 사유재산제도

1) 상품구매자를 선거에 출마한 정치인이라 하고, 구매자가 지불할 용의가 있는 화폐 금액을 득표수라 하자. 선거에서 한 표라도 더 얻는 정치인이 당선되듯이, 지불하려는 돈이 1원이라도 더 많은 구매자가 해당 상품을 획득하게 된다. 그러므로 시장은 1원 1표의 원리에 입각한 투표에 비유할 수 있는 것이다.

와 불평등한 소득분배 하에서는 상품의 가치실현을 위한 시장이 부족하다는 문제에 항상 부딪히게 마련이다. 경제적 요인만으로 설명할 수 있는 것은 아니지만, 전쟁과 군수산업의 발전 등은 시장문제 해결에 기여한다는 측면을 갖고 있는 것도 분명한 사실이다.

다음으로 주기적 공황을 들 수 있다. 공황은 누적된 생산과 소비의 모순을 폭력적으로 해결하는 효과도 갖는다. 그러나 그 과정에서 노동자계급의 광범위한 실업과 불안정한 고용, 따라서 구매력 부족에 의한 물질적 삶의 위협이 초래된다. 최근에는 이른바 4차 산업혁명과 인공지능경제의 도래로 인한 노동의 미래에 관하여 암울한 전망이 제기되고 있다. 마르크스 경제학에서는 이미 1970-80년대에 완전자동화를 둘러싼 논쟁이 있었다. 에르네스트 만델(Ernest Mandel)은 과학기술이 극단적으로 발전한 완전자동화 사회에서는 착취의 대상인 노동력이 사라져 버리므로 자본주의는 존속할 수 없게 된다고 주장한 바 있다(Mandel, 1975). 노동가치론에 따르면 가치를 생산하는 것은 인간의 노동이고 자본주의 사회의 이윤은 자본가가 노동자로부터 착취하는 잉여노동(잉여가치)에 기인하는 것이다. 그러므로 정의상 인간의 노동이 0이 되는 극단적인 상황에서는 자본주의적 이윤도 0이 된다. 사실 이러한 주장은 자본주의 시스템이 구체적으로 어떤 경로를 거쳐, 어떤 모습으로 붕괴(혹은 교체)될 것인지를 설명하지 않는 추상적인 사고실험에 가까운 것이다. 그런데 인공지능 경제의 대두와 더불어 그것은 훨씬 더 가까운 장래에 실현될 듯한 현실성을 부여받고 있다(메이슨, 2017). 굳이 노동가치론을 받아들이지 않더라도 생산요소로서의 지위를 상실한 노동력은 수입을 얻을 방법이 없고 그 결과 사회 전체의 수요부족으로 말미암아 생산된 상품이 판매될 수 없는 상황은 자본축적을 저해하게 될 것이라는 주장도 강력하게 제기된다. 완전자동화는 경제위기의 전통적 요인 중의 하나인 유효수요부족(과소소비)으로도 연결될 필연성을 지니고 있는 것이다.

마지막으로 자본주의 발전에 따라 자본으로서 기능할 수 있는 최소필요자금량이 증가한다는 것에 주목하여야 한다(置塩외. 2005: 214). 독점적 대기업만이 투자할 수 있는 사업영역이 확대됨에 따라 독점적 구조가 형성되고 유지될 수 있는 물질적 조건이 형성된다. 개인의 자금만으로는 사업이 어려워지므로 경우에 따라서는 공적 자금이 투입될 가능성도 커지며, 이익의 사유화와 손실의 사회화가 발생할 위험도 커진다. 무리한 사업 확장 등으로 파산위기에 몰린 대기업이 정치적 고려에 의해 막대한 공적 자금의 투입을 통해 회생하는 이른바 대마불사(too big to fail)의 사례는 선진 자본주의 국가에서도 심심찮게 찾아볼 수 있다. 아울러 소득불평등의 누적에 따른 자산격차의 확대는 결국 자본, 즉 생산수단에 접근할 수 있는 경제주체의 능력을 점점 더 제한하게 된다. 자산불평등은 피케티가 말하는 자본주의의 중심모순, 즉 자본수익률이 경제성장률보다 크다($r > g$)는 사실로부터 심화된다. 제6장에서 살펴본 확대재생산표식의 논리로 설명하자면, 자본가의 저축성향이 1일 때에만 $r = g$가 성립한다. 자본가의 저축성향은 결국 착취한 잉여가치를 어떻게 처분할 것인가와 관련된 문제이다. 착취가 잉여생산물의 소유는 물론 그 처분 및 사용 권한과 관련된 문제라고 생각하면, 결국 우리가 주목해야 할 것은 자본주의적 생산과정 안에서의 민주주의라는 문제로 귀착된다. 실제로 자본주의 경제 내에서도 민간자본이 소유하고 있지 않은 공기업의 경우에조차 기업 내 민주주의의 문제가 빈발하는 것을 생각해보면, 이는 단지 사유재산의 문제를 넘어서 조직 안에서의 합리적이고 민주적인 의사결정까지도 포함하는 문제임을 알 수 있다.

9.1.2. 마르크스의 사회주의관

『자본론』은 자본주의 생산양식의 구조와 운동법칙을 찾아내려는 의도로 집필된 것이다. 따라서 일반적인 추측과는 달리 자본주의를 대체할 새로운 사회의 운영원리에 관한 언급은 거의 존재하지 않는다. 심지어 긍정적인 의미에서 사회주의라는 단어가 사용된 적도 없을 정도이다. 예를 들어 『자본론』 제1권의 디지털 판본 기준으로 "Sozialismus"(사회주의)라는 단어를 검색하면 겨우 두 번의 용례가 있을 뿐인데 모두 기존의 사회주의자들을 지칭하는 의미로만 사용되었다. 미래 사회는 "자유로운 개인들의 공동체"(ein Verein freier Menschen; a community of free individuals)처럼 무정부주의나 협동조합마저 연상시키는 표현이 사용되고 있을 따름이다. 물론 마르크스는 여러 가지 정치적 문건이나 저작에서는 단편적이기는 하지만 사회주의나 공산주의에 관해 설명하고 있다.[2] 1875년의 「고타강령비판」(*Kritik des Gothaer Programms*)에서는 공산주의를 두 가지 단계로 구분하면서, 낮은 단계에서는 "능력에 따라 노동하고 노동에 따라 분배"하며 높은 단계에서는 "능력에 따라 노동하고 필요에 따라 분배"할 것이라 주장하였다. "필요"의 의미를 육체적 생존에 필요한 최저한의 소비라 이해한다면, 이미 21세기 자본주의는 인류 전체의 필요를 충족하고도 남을 정도의 생산력에 도달하였다. 그러나 이 "필요"에는 마르크스가 노동력 상품의 가치 규정에 관해 지적하였던 도덕적 요인이 작용할 것이다. 그러므로 예를 들어 현재 선진 자본주의 국가의 높은 소비수준을 기준으로 삼게 되면, "필요"를 충족하기에는 아직 생산력 수준이 미흡하다고 평가할 수도 있다. 물론 인간이 자기존엄을 유지하면서 잠재적 역량을 개발하기에 필요한 수준, 대표적으로 교육이나 의료서비스의 최소 수준에 초점을 맞춘다면, "필요"가 결코 무한한 욕망의 충족을 의미하지는 않을 것이다. 결국 "필요에 따른 분배"라는 추상적인 내용을 구체화하는 것은 매우 어려운 사회적 합의를 요구하는 것이며, 그 과정에서 기득권자들의 정치적 저항 또한 만만치 않을 것이다. 한편 마르크스는 젊은 시절인 1848년에 엥겔스와 함께 집필한 『공산당선언』에서는 구체적인 정책요구까지 제시하고 있지만, 아동노동 폐지나 고율의 누진세, 무상 대중교육의 실시처럼 오

[2] 흔히 사회주의는 공산주의 이전의 과도기, 즉 자본주의에서 공산주의로의 이행기라는 의미로 사용된다. 그런데 이는 레닌에게서 유래한 용어법이며, 마르크스 자신에게서는 찾아볼 수 없다(정성진, 2020: 119).

늘날의 선진 자본주의 경제에서는 이미 실행되고 있는 정책들도 포함되어 있다.[3]

이처럼 마르크스가 자본주의 이후의 사회에 대한 구체적인 청사진을 남기지 않았다는 것이 1917년 러시아혁명 이후 실제로 사회주의를 건설하려는 과정에서 많은 시행착오의 원인이 된 측면도 있다. 흔히 중앙집권적 계획경제가 사회주의의 본령이라 이해되곤 한다. 그런데 이것도 재생산표식 분석에서 자본주의적 생산의 무정부성으로 말미암아 균형조건의 달성이 어렵다는 명제로부터 즉자적으로 도출된 것으로 볼 수 있다. 정교한 사전 계획 하에서는 I부문, 즉 생산재부문을 우선적으로 발전시킴으로써 경제 전체의 성장을 이끌 수 있을 것이라 생각된 것도 마찬가지다.[4]

그러나 사회주의를 선험적으로 디자인된 사회로 보아 그것을 실현시키기만 하면 된다는 생각 자체가 무리일 것이다. 사실 이미 젊은 시절인 1845-6년에 엥겔스와 함께 집필한 『독일이데올로기』(*Die Deutsche Ideologie*)에서 마르크스는 공산주의를 "조성되어야 할 하나의 상태, 현실이 이에 의거하여 배열되는 하나의 이상"이 아니라, "현재의 상태를 지양해 나가는 현실적 운동"이라고 주장한 바 있다. 사회주의가 애초에 자본주의 내부의 모순으로부터 예견되는 체제이며 그 실현 및 진행 방향은 행위자의 주체적 역량에 의해 사후적으로 결정되는 것이라는 관점에서 보면, 달성해야 할 목표로서 정교하게 구성되는 경제체제를 선험적으로 예측하는 것은 가능하지 않다. 현실 사회주의는 노동자계급의 생산과정 및 생산물에 대한 통제권 상실, 국가권력의 특정 계급 혹은 계층의 지배도구화라는 자본주의의 내적 모순을 극복하지 못하였으며, 그 결과 작업장에서의 저항 및 정치적 대립을 촉발하

---

3) 총10개조의 정책 중에서 좀 더 급진적인 것으로는 토지소유의 몰수, 상속권 폐지, 국영 공장의 확대, 공동계획에 따른 토지 개간과 개량, 모든 사람에게 동등한 노동 강제 등이다(마르크스 · 엥겔스. 2002[1848]: 43).

4) 실제로 이러한 정책은 소련은 물론 제2차 세계대전 이후 일본의 경제성장 과정에서도 중요한 산업정책으로 채택된 바 있다. 심지어는 1970년대 초반 박정희 정권의 중화학공업화 정책의 이론적 기원을 이에서 찾는 학자들도 있다.

고 사회 전반의 민주주의적 요구의 제기로 이어졌던 것이다. 자본주의적 착취의 철폐는 노동과 자본 관계를 단순히 전도 내지 역전시키는 것만으로는 가능하지 않으며, 그 극복의 과정 또한 한 번에 이루어지는 것이 아니라 끊임없는 민주주의의 강화 속에서 동태적으로 이루어지는 것이다

9.1.3. 사회주의의 이론적 가능성

이미 제2장에서 살펴본 분석틀을 이용하면, 경제 전체적으로 필요한 순생산물의 벡터를 y라 할 때 다음과 같은 식을 이용함으로써 총생산물 벡터 x를 목표치로 구할 수 있다.

$$x = (I - A)^{-1} y \tag{9.1}$$

뿐만 아니라 가치결정식 (2.9)를 활용하여 각 재화의 목표생산량을 만드는데 필요한 직간접노동량을 구함으로써 사회 전체의 노동배분도 결정할 수 있다. 즉, 다음의 관계가 성립한다.

$$lx = l(I - A)^{-1} y = vy \tag{9.2}$$

그러므로 (9.1)식과 (9.2)식을 통해 적어도 이론적으로는 경제 전체의 재화 생산과 소비, 노동의 사회적 배분을 결정할 수 있다. (9.2)식의 벡터 v가 반드시 가치를 의미하는 것은 아님에 주의해야 한다. 가치의 실체인 추상노동은 자본주의 생산양식에서만 성립하는 개념이기 때문이다. 만약 (9.2)식이 자본주의가 아닌 대안적인 사회를 전제로 하는 것이라면, 추상노동이라는 개념 자체가 성립하지 않게 된다. 그 경우 v는 해당 사회가 상품을 생산하기 위해 필요한 직간접노동시간이라는 순수 물리량으로서의 의미만 갖

게 될 것이다. 물론 이렇게 노동의 배분을 결정한다고 해서 그것이 자본주의적 착취를 제거할 수 있는 것인지는 이론적으로도 보장되지 않는다. 투하노동량에 비례한 교환이 착취의 부재를 의미하는 것은 아니기 때문이다.

한편 이와 같은 노동시간 계산은 어디까지나 기술적 가능성일 뿐, 실제로 이에 입각하여 전체 경제를 계획할 때 해결해야 할 논점은 한 두 가지가 아니다. 예를 들어 화폐를 계산단위로 이용할 것인지 아닌지, 시장메커니즘을 완전히 배제할 것인지 아닌지, 만약 시장을 허용한다면 어디까지 활용할 것인지, 노동의 질적 차이는 어떻게 처리할 것인지 등에 따라 다양한 견해가 있을 수 있다. 아울러 계획 이전과 이후에 경제주체들의 유인이 변화할 때 이를 적절하게 반영할 수 있는가라는 문제도 제기된다. 하나의 예로 (9.2)식의 직간접노동시간 계산은 노동투입벡터 l의 각 원소, 즉 다양한 노동의 숙련도 및 복잡도의 차이를 고려하지 않기 때문에, 단순노동에 비해 복잡노동이 과소평가되는 문제를 안고 있다. 제4장 제2절에서 소개한 바 있는 이토(伊藤, 2018)의 견해, 즉 복잡도에 무관하게 모든 노동력은 단위시간당 동일한 가치를 창출한다는 주장은 사실 대안적 사회에서 규범적으로 활용될 것을 염두에 두는 것이다. 선진 자본주의 국가들 간에도 사회적・제도적 환경에 따라 예컨대 의사 등의 전문직이나 육체노동에 대한 경제적 보상에 차이가 생겨나는 현실을 감안한다면, 이러한 원칙이 새로운 사회의 구성원리가 되지 못하리라는 법은 없을 것이다. 다만 기득권자들의 저항을 어떻게 헤쳐나갈 것인지, 새로운 원칙에 대한 사회적 합의를 어떻게 민주적인 방식으로 도출할 것인지 등의 어려운 문제가 남는다. 선입견과는 달리 소련에서 투입산출분석이 계획에 제대로 적용되지 못한 까닭이 정보기술의 미비 때문이라기보다는 주로 정치적 이유, 즉 결정권을 지닌 관료들의 이해관계 때문이라는 지적(정성진, 2020: 152-153)은 참여를 보장하는 민주적 계획의 필요성을 보여주는 것이지만 역설적으로 그 실현가능성이 낮음을 반증하는 것일수도 있다. 어쨌거나 소련으로 대표되는 국가주의적 사회주의로부터 계획(planning)

이라는 요소를 살리되 참여(participation)라는 민주적 원칙을 견지하려는 참여계획경제론은 여러 마르크스 경제학자들에 의해 다듬어지고 있다.[5] 사실 이와 같은 사전적 계획을 통해 자본주의적 생산의 무정부성을 극복할 수 있다는 발상은 제6장의 (6.11)식, 즉 확대재생산의 균형조건으로부터도 도출될 수 있다. 확대재생산이 항상적인 불균형의 발생과 누적이라는 위협에 처하게 되는 근본적인 이유는 생산과 수요의 사전적 조정 없이 각각의 개별자본이 이윤극대화를 추구하는 데에 있다. 그러므로 만약 충분한 정보를 가진 주체가 생산수단을 공유하면서 적절한 균형조건을 찾아내는 계획을 수립하고 그에 따라 생산하고 소비한다면 적어도 이론적으로는 지속적인 확대재생산의 균형을 달성할 수 있을 것이기 때문이다.

한편, 이러한 계획경제가 반드시 시장의 철폐를 의미하는 것이 아니라 오히려 시장에서의 자원배분에 기초한 것일 수도 있다는 명제가 이미 1920-30년대의 사회주의 계산논쟁에서 제시된 바 있다. 즉, 신고전학파의 경쟁시장에서 파레토 최적(Pareto optimality) 조건을 충족하는 자원배분[6]이 가능하다는 명제는 일종의 계획경제에도 동형적으로 적용할 수 있다. 계획당국이 국민경제에 관한 최적화 문제를 작성한 다음 이를 풀어서 구한 라그랑지(Lagrange) 승수를 가격으로 공표하고, 모든 경제주체들이 이 가격하에서 효용극대화 및 이윤극대화를 추구하도록 하면 되는 것이다. 이때 핵심적인 것은 모든 경제주체들이 이른바 가격수용자(price taker)로 행동한다는 것, 그리고 가격이 한계비용과 같다는 것이다(정기준. 1986: 496). 이것이 이른바 랑게-러너 정리(Lange-Lerner theorem)이다. 이와 같은 일종의 사회적 계획자(social planner) 모형은 사실 신고전학파 일반균형이론의 창시자인 왈라스가 자신의 저서인 『순수정치경제학』(*Éléments d' économie politique pure*)에서 이미 제시한 바

---

5) 참여계획경제론의 다양한 버전에 관해서는 정성진(2020)의 제6장을 참조하라.

6) 이는 모든 소비자에 대해 재화 간 한계대체율이 같다, 모든 재화에 대해 생산의 한계대체율이 같다, 소비의 한계대체율과 생산의 한계전환율이 같다는 등의 세 가지 조건으로 요약된다(정기준. 1986: 494).

있다. 즉, 경매인(auctioneer)은 일정한 가격을 제시하여 수요자와 공급자로부터 각각의 수요량과 공급량을 적어내도록 한 다음, 수요량이 공급량보다 많으면 가격을 올리고 반대의 경우에는 가격을 내려 다시 제시한다. 이렇게 모색과정(tâtonnment), 즉 시행착오를 거쳐 최종적으로 균형가격에 도달하면 그때에서야 비로소 실제로 거래를 진행함으로써 경제 전체의 일반균형에 다다를 수 있다는 것이다. 사실 이러한 사회주의 모형은 신고전학파 미시경제학이 가정하는 완전경쟁 상태에서의 일반균형모형의 거울 이미지라고 할 수 있다.[7] 그러나 시장이 완전히 자동적으로 작동하는 메커니즘이 아닌 것과 마찬가지로 계획 또한 경제주체들의 행위로부터 완전히 독립되어 오로지 기술적인 계산을 통해서만 작동할 수 있는 것은 아니다.

그렇다면 이러한 이론적 가능성에 기초한 사회주의는 현실에서 왜 제대로 작동하지 못하였을까? 현실 사회주의의 실패를 몇 줄로 간단하게 정리하는 것은 불가능하다. 그러나 이론적 측면에서 주요한 원인을 지적해보면 다음과 같다.

첫째, 계획경제 시스템이 지닌 고유의 비효율성 문제가 있다. 수만 가지가 넘는 재화나 서비스의 생산과 배분을 정확하게 사전적으로 계획하기 위해서는 엄청난 양의 정보가 필요하기 때문에 기술적으로 쉽지 않은 문제였다. 소련에서 선형계획법이나 컴퓨터 등의 분야가 발전한 것은 이와 같은 계획경제 시스템의 작동을 위한 노력과도 관련이 있다. 물론 소련이 존재하던 시대에 비해 정보처리능력은 엄청나게 발전하였기 때문에, 오늘날에는 기술적 문제들이 상당 정도 해결되었을 수도 있다. 참여계획경제를 주장하는 학자들이 논리적 근거로 삼는 것 중의 하나도 이러한 기술발전이다. 그러나 계획과 실행 사이의 커뮤니케이션 과정에서 필연적으로 발생할 정보의 왜곡이나 오해 등은 단지 기술발전만으로 해결할 수는 없을 것이다.

---

7) 실제로 20세기에 왈라스를 계승하는 서방 세계의 신고전학파 이론경제학자들은 동유럽 사회주의 국가 내부의 경제학자들과도 이론적 공감대를 형성하였다(보크만, 2015).

둘째, 자본가계급을 철폐하고 주요 생산수단을 전인민적 소유로 바꾼다고 선언하였음에도 실질적으로는 국가기구 또는 당을 장악하고 있는 관료들이 생산수단의 사용 및 잉여생산물의 처분 등에 관한 권력을 장악하는 상황으로 귀결되었다. 냉전 체제하에서 사회주의 체제의 존립을 유지해야 한다는 현실과 명분은 민주주의 원칙을 침해하는 형태로 나타났다. 생산 현장에서도 혁명 초기에 강조되었던 노동자 관리(worker' s control)의 원칙, 즉 공장위원회를 통해 노동자들이 직접 경영에 참가한다는 원칙은 내전 등을 거치면서 무력화하고, 자본가 대신에 당-국가가 임명한 관료가 생산 현장을 통제하는 시스템이 자리 잡았다(장석준. 2013:77-78).

가장 추상적인 수준에서 평가하자면, 이러한 문제들의 근원에는 사회주의적 주체 형성의 실패라는 문제가 가로놓여 있다. 생산관계가 자본주의로부터 사회주의로 변화함에 따라 개인들도 자신의 이익보다는 집단의 발전을 우선시하는 사회주의적 인간형으로 변모할 것이라는 믿음이 현실에서 구현되기에는 몇십 년의 시간은 너무 짧은 것이었거나, 아니면 너무 낙관적인 기대에 기초한 것이었다. 시장원리가 부분적으로 도입되더라도 전인민적 소유나 계획요소 등의 사회주의적 원칙이 충실하게 지켜진다면 별다른 문제가 없으리라는 것은 이미 레닌의 신경제정책[8]에서부터의 믿음이었다. 그러나 일단 도입된 시장요소는 무서운 힘으로 확대재생산되면서 경제시스템 전체를 자본주의화하는 방향으로 밀고 나갔다.

---

[8] 소련의 경제정책이 항상 하나의 방향으로만 이루어진 것은 아니다. 혁명 직후의 이른바 반혁명 내전 시기에는 농업부문으로부터의 가혹한 식량 징발, 전면적 국유화 등을 특징으로 하는 전시공산주의(war communism) 정책이 수행되었다. 이로 말미암아 기근 등의 부작용이 드러나자 1921년경부터는 신경제정책(NEP; New Economic Policy)이 실행되었다, 신경제정책 하에서는 상품화폐 관계가 회복되었으며, 일정 범위 내에서의 잉여생산물의 사적 처분도 가능해졌다, 그뿐만 아니라 소규모 공업의 국유화 해제, 대공업의 독립채산제 허용 및 이른바 네프맨(NEPman)을 통한 사적 상업의 부활이 이루어졌다. 그러나 레닌 사후 집권한 스탈린(J. Stalin, 1878-1953)은 일국사회주의(socialism in one country) 노선을 주창하면서 중화학공업 중심의 급진적 공업화정책을 추진하였다.

9.1.4. 생산력주의 vs. 탈성장

제1장의 〈그림 1.3〉에서 설명한 마르크스 역사이론의 기본구조를 상기해 보자. 여러 가지 제한과 반작용이 있음에도 불구하고, 역사발전의 기본적인 동력은 생산력의 지속적인 발전에 놓여 있다. 기존의 생산양식이 새로운 생산양식으로 교체되는 근본적인 계기 또한 더 이상 생산력의 발전을 보장하지 못하는 낡은 생산관계에서 찾아진다. 생산력과 생산관계의 모순을 이러한 방식으로 이해하면, 자본주의를 대체하는 새로운 생산양식에서는 새로운 생산관계가 성립할 것이고 그 영향 하에서 생산력은 더욱 발전할 것이라는 결론이 논리적으로 도출될 수 있다. "능력에 따라 노동하고 필요에 따라 분배"한다는 마르크스의 슬로건은 글자 그대로 해석하면 사회적 생산력의 수준이 매우 높을 때에야 비로소 가능한 것이다. 실제로 생산력주의(또는 생산력 지상주의)라고도 부를 수 있는 이러한 결론은 20세기의 현실 사회주의 국가에서 하나의 교리처럼 받아들여졌고 사회주의와 자본주의 사이의 치열한 체제경쟁의 이론적 근거가 되기도 하였다.

그런데 이러한 이해방식에는 여러 가지 문제점이 내포되어 있다.

먼저 자본주의 생산양식은 주기적인 공황이나 소득분배 악화 등의 다양한 문제를 드러내면서도 적어도 기술혁신의 속도, 즉 생산력 발전에 있어서는 꾸준한 성과를 내고 있다는 역사적 사실을 지적할 수 있다. 이러한 현실은 과연 낡은 생산관계가 새로운 생산력의 발전에 질곡으로 작용한다는 기계적인 역사유물론의 명제와 어떻게 조화될 수 있을 것인가?

다음으로 이론적인 측면에서 생산력의 발전을 통한 경제성장이 영구히 지속될 수 있을 것인가라는 문제를 생각해보아야 할 것이다. 자본주의 경제의 장기적 비전으로서 정체상태를 주장했던 고전학파 경제학자는 물론 케인즈나 왈라스 등의 공통적인 결론은 경제성장이 어느 단계를 지나고 나면 더 이상 빠른 속도로 유지될 수 없다는 것이었다. 사실 마르크스의 이윤율 저하 경향의 법칙도 그와 같은 비전을 공유하고 있는 셈이다. 다만 마르크스는 자본주의 이후의 사회에서는 이러한 우울한 비전이 극복될 수 있는 것으로 보았을 따름이다.

그러므로 자본주의의 대안적 체제는 과연 생산력주의적 논리로 설명될 수 있을 것인가, 아니면 탈성장을 통한 새로운 체제를 상상해야 할 것인가가 중요한 논점으로 등장한다. 즉자적으로는 "제로성장사회" 혹은 "자본축적이 제로인 사회"를 자본주의 이후의 사회로 정의하는 견해도 있을 수 있다(大西, 2020: 184). 그러나 일단 탈성장이라는 비전을 받아들인다면, 단지 축적의 애로를 겪고 있는 자본주의 사회와는 달리 자본주의의 대안적 사회가 어떤 요소들을 갖추어야 하는가를 설명해야 할 것이다. 이로부터 경제민주주의와 지속가능한 경제 등의 논점이 도출된다.

9.2. 포스트 자본주의적 상상력

포스트 자본주의(post-capitalism)라는 용어는 자본주의 이후의 새로운 사회라는 의미에서 사용된다. 포스트(post)라는 접두어는 그 뒤에 나오는 개념에 대해 시간적으로 뒤를 가리킬 뿐만 아니라 질적으로도 구별된다는 의미를 갖고 있다. 특히 20세기 현실 사회주의의 실패로 말미암아 사회주의라는 용어 자체가 다양한 정치적 오해와 혼란을 불러일으킨다는 점을 감안할 때, 자본주의 이후의 질적으로 새로운 사회를 가리키지만 그 구체적 내용은 정형화하지 않는다는 의미에서 포스트 자본주의는 적절한 용어라 생각된다. 포스트 자본주의적 상상력에서 중요한 것은 전통적인 사회주의적 가치인 평등뿐만 아니라 지속가능성의 문제일 것이다.

9.2.1. 경제민주주의: 세 가지 차원

자본주의 생산양식의 모순과 20세기 현실 사회주의의 실패가 양립하는 상황에서 대안적 체제를 상상하는 한 가지 유력한 방법은 경제의 민주화, 혹은 경제민주주의의 실현을 목표로 삼는 것이다. 물론 경제민주주의는 전부 아니면 전무(all or nothing)의 개념은 아니다. 똑같은 자본주의 국가라 하더라도 집권세력의 성격에 따라 대중의 역량에 미치는 영향이 다른 것처럼, 다양한 스펙트럼에 걸쳐 있는 경제민주주의의 수준을 생각할 수 있을 것이다. 더구나 경제민주주의는 국민총생산 같은 하나의 지표로 측정될 수 있는 양적 개념이 아니라 여러 차원에 걸쳐 정의되는 질적 개념이다. 그것은 자본주의를 대체하는 새로운 사회일 수도 있고 적어도 잠정적으로는 자본주의 안에서 질적 특성이 약간이나마 변화한 사회일 수도 있을 것이다.

경제민주주의에 관한 최초의 체계적 문헌은 1928년 독일노동조합총동맹에서 출간한 『경제민주주의: 그 본질, 방법 및 목적』(*Wirtschaftsdemokratie: Ihr Wesen, Weg, und Ziel*)일 것이다.[9] 이 보고서는 사회주의로의 이행을 전제로 하고 있다는 점, 이른바 조직된 자본주의론을 기초로 하고 있다는 점 등의 한계를 지니고 있으나, 경제민주주의의 다양한 차원에 관해 통찰력 있는 견해를 제공하고 있다. 특히 경제민주주의 못지않게 경제의 민주화(Die Demokratisierung der Wirtschaft; democratization of the economy)라는 동태적 의미를 강조한 점이 돋보인다. 요컨대 경제민주주의를 완성된 형태로서가 아니라 그것을 향해 끊임없이 노력해야 한다는 점, 불가역적 과정이 아니기 때문에 경우에 따라서는 언제든지 후퇴할 수 있다는 점에 주목할 수 있는 것이다.

---

9) 이 보고서의 성격과 구체적 내용에 관한 분석으로는 류동민 · 이명헌(2017)을 참조하라. 후술하는 조직된 자본주의론은 독일의 마르크스주의자인 루돌프 힐퍼딩(Rudolf Hilferding, 1877-1941)의 지론이다. 그에 따르면 자본주의는 경쟁단계로부터 생산의 사회화가 충분히 진행되어 새로운 단계, 즉 조직된 자본주의(organisierter Kapitalismus; organized capitalism) 단계에 접어들었기 때문에, 자본주의 안에서도 개량주의적 실천이 가능하다는 주장, 혹은 국가권력만 장악하면 곧바로 사회주의로 이행할 수 있다는 함의를 지닌다.

경제민주주의 혹은 경제의 민주화를 위한 세 가지 차원, 또는 구성요소는 다음과 같이 정리할 수 있다.

첫째, 작업장 민주주의 혹은 기업 내 민주주의이다.

자본주의적 착취의 핵심은 노동자가 마땅히 가져가야 할 과실을 자본가가 수탈한다는 측면에만 있는 것은 아니다. 사회적 생산력이 자본의 생산력으로 전환된다는 명제는 잉여생산물의 생산, 분배 및 처분의 과정이 민주적 견제와 균형 속에서 이루어져야 함을 의미한다. 실제 자본주의적 기업 내부에서 이루어지는 착취는 특정인 혹은 특정 그룹의 강제력에 의존할 뿐만 아니라 하나의 시스템이 자기완결적으로 작동하면서 발생한다. 정교하게 설정된 예산과 인사에 관한 다양한 명시적·암묵적 규칙과 관행의 총체가 자본주의적 착취를 일종의 눈에 보이지 않는 "주체 없는 과정"으로 만들고 있는 것이다. 인류학자 그레이버는 특히 사무직 노동의 상당 부분이 무의미한 업무(bullshit jobs)로 이루어져 있음을 신랄하게 비판한 바 있다(Graeber, 2018). 그런데 이러한 무의미한 행정절차와 파편화한 단순반복적 업무가 시스템 전체에 권력을 부여하는 효과를 낳는다는 것, 그리고 바로 그 권력이 자본주의적 착취 메커니즘으로 작동한다는 사실에도 주목하여야 할 것이다.

둘째, 비시장적 관계를 통한 시장관계의 견제와 보완이다.

소비·생산협동조합 등의 사회적 경제는 물론 공기업의 민주적 운영원칙은 기업 내 민주주의를 유도할 뿐만 아니라, 시장관계가 가져오는 다양한 차원의 문제들을 견제하고 보완하는 역할을 수행할 수 있다. 예를 들어 기본소득(basic income)[10]은 반드시 진보적 의제라고만은 할 수 없지만, 노동과 보상, 즉 소득 사이의 연결고리를 끊는다는 점에서, 자본주의 체제 극복을 위한 대안적 조치 중의 하나로 평가될 수도 있을 것이다. 모든 시민에게 최소한의 생존권을 보장해준다는 점에서 경제의 민주화를 위한 조치이기도

---

10) 기본소득은 "자격심사 없이, 모든 사람에게, 개인 단위로, 노동요구 없이 무조건 전달되는 정기적인 현금지급"으로 정의된다. 즉, 개별성, 보편성, 무조건성, 정기성, 현금 지급이 기본소득의 5대 원칙이다(강남훈, 2019).

한 것이다. 기본소득을 보장한다고 해서 잉여가치의 착취가 사라지는 것은 아니다. 그러나 노동자가 자본에게 노동력 상품을 판매하지 않으면 먹고살 수 없는 구조로부터 최소한의 비상구를 열어 준다는 의미는 충분히 검토할 만한 것이다. 가라타니는 자본의 잉여가치 실현에 노동자가 저항할 수 있는 지점으로 '노동력의 판매' 및 '생산물의 구매'라는 두 가지를 지적하면서, 두 국면에서 자본에 저항할 수 있는 물질적 기초로 생산 및 소비협동조합을 제안한다(가라타니, 2005). 협동조합이 자본주의 생산양식을 전면적으로 대체하는 새로운 생산양식이 될 수 있으리라 낙관하기는 쉽지 않다. 그러나 자본의 순환에서 M-C(LP)와 C'-M'이라는 두 국면이 적어도 이론적으로는 노동자가 주도권을 발휘할 가능성이 존재하는 국면, 따라서 자본의 입장에서는 뛰어넘어야 하는 한계라는 것만은 분명하다.[11]

셋째, 국가의 경제정책기구를 민주화하는 것이다.

제6장 제4절에서 이미 지적한 바와 같이, 자본주의적 국가는 계급적 성격을 지니는 동시에 일정 정도 공공성을 표방하고 유지할 수밖에 없다. 자본주의 생산양식을 유지한다는 체제 보수적 의미에서 계급적 성격을 완전히 벗겨내기란 불가능하다. 그렇지만 시민의 실질적인 정치참여와 끊임없는 견제를 통해 국가기구의 경제정책이 공공성을 띨 수 있도록 견인하는 과정이 필요하다. 이를 위해서는 시민의 정치적 의사가 충분히 반영될 수 있는 정치체제구축, 그를 위한 선거제도 등의 개혁도 필요하며, 무엇보다 재산과 정치적 결정권의 비례관계를 끊어내기 위한 노력이 필요하다. 주기적인 공황조차도 계급력의 변화에 의해 영향을 받으며 동시에 계급력의 변화를 야기한다. 그러므로 국가의 경제정책이 민주적으로 운용될 때, 비로소

11) 제3장의 각주 26에서 지적한 바와 같이, 노동자로서의 정체성과 소비자로서의 정체성은 자주 충돌한다. 비정규직 노동자들의 파업으로 겪는 일상적 불편 때문에 적대적 태도를 보이는 이들이 노동자, 심지어는 비정규직 노동자라는 현실은 이를 분명하게 보여준다. 그러므로 현실의 C'-M' 국면에서 노동자의 주도성이 유지된다는 보장은 전혀 없다. 그것은 끊임없는 정치적 실천의 결과로서만 비로소 가능하다. 소비자운동이 노동자운동과 연결될 수 있는 지점도 바로 여기라 할 수 있다.

이러한 계급력 변화에 미치는 영향을 최소화할 수 있는 것이다.

9.2.2. 능력주의를 넘어서

분명한 것은 20세기 사회주의 실험의 실패로 말미암아 사회주의적 상상력 자체가 소멸된 것은 아니라는 점이다. 여기에서는 비슷한 지적 맥락에 놓여 있으면서도 약간 다른 전망을 갖는 두 가지 논의를 소개하고자 한다.

먼저 피케티는 2019년에 출간된 『자본과 이데올로기』(*Capital et idéologie*)에서 "21세기를 위한 참여사회주의"(Participatory Socialism for the 21st century)를 주장하고 있다(피케티, 2020). 그 내용은 교육제도의 공정성 확보에서부터 정치자금제도의 개혁에 이르는 사회 전반에 걸친 프로그램으로 이루어져 있다. 그중에서 경제정책에 관한 내용을 요약해 보자.

먼저 피케티는 독일의 공동관리제도에 주목하면서 모든 나라의 민간기업 이사회에서 노동자들이 갖는 의결권을 50%로 적용할 것을 주장한다.[12] 즉, 기업 내 의사결정 권력 및 투표권 할당 등의 진정한 권력분점을 중요한 구성요소로 제시하였는데, 이는 앞에서 지적한 경제민주주의의 첫 번째 차원인 작업장 민주주의의 맥락에 놓여 있는 것이다. 피케티는 아울러 더욱 근본적으로는 출자한 자본과 의결권의 비례성 자체를 제한할 것을 주장한다. 물론 주주들의 저항으로 말미암아 이 원칙을 현실에서 구현하기는 쉽지 않을 것이다. 그러나 특수한 공익적 성격을 갖는 기업(예를 들어 언론)부터라도 부분적으로 실시할 수 있다. 이러한 제안은 궁극적으로는 엥겔스가 지적하였던 생산의 사회적 성격과 소유의 사적 성격 사이의 모순을 겨냥하고 있는 셈이다.

다음으로 피케티는 사유재산을 항구적(permanent)인 것에서 일시적(temporary)인 것으로 바꿀 것을 주장한다. 즉, 강력한 누진세를 통해 조달한 재원으로

12) 노동자가 개인적 및 집단적으로 주식을 보유할 가능성까지 감안하면, 의결권 50%의 의무적 적용은 실제로는 노동자그룹이 과반수를 차지할 수 있음을 의미한다.

모든 시민에게 보편적 재산(universal capital endowment)을 지급하자는 것이다. 누진세는 정통적인 상속세뿐만 아니라 순자산에 대한 보유세가 가장 중요하다. 왜냐하면 보유세가 누진적으로 부과될 때, 자산의 소유자들은 그것을 오히려 생산적인 용도로 유통시키고자 할 것이기 때문이다.[13] 한편 보편적 재산은 25세가량의 청년을 대상으로 전 국민 평균 자산의 60% 수준으로 지급함으로써 인생의 출발점에서의 자산 격차를 줄여주는 역할을 한다. 사유재산을 폐지하는 것은 아니지만 상당한 제한을 가함으로써 일종의 비시장적 관계를 도입한다는 점, 그리고 이러한 정책은 국가기구의 민주화를 통해서만 비로소 가능하다는 점에서, 앞서 지적한 경제민주화의 두 번째 및 세 번째 차원과 관련 있다.

피케티의 참여사회주의는 전통적인 국유화나 계획경제적 요소는 포함하고 있지 않지만, 현재 수준에서 생각할 수 있는 경제민주주의적 조치들의 최고 수준을 제시한다. 더구나 이러한 조치가 어느 한 나라에서만 실행되어서는 조세회피나 자본이동 등의 문제 때문에 성공을 거두기가 어렵다는 점에서, 단지 국민경제의 차원을 넘어 글로벌 경제를 민주주의적으로 개편할 것까지 주장하고 있다.

---

13) 물론 이때의 "생산적"이라는 것은 가치, 따라서 잉여가치를 생산한다는 의미에서의 용어는 아니다. 그렇지만 주류경제학자인 스티글리츠조차 현대 자본주의는 부의 창출보다 부의 추출, "즉 한 사람이 다른 사람을 착취하는 방식으로 부를 가져오는 행위"(스티글리츠. 2021: 12)에 더 몰두한다고 비판하면서 "진보적 자본주의"를 주장하고 있다. 즉, 마르크스 경제학적 의미에서의 생산적/비생산적 노동의 구분과는 다른 맥락이지만, 지대와 금융화로 상징되는 "비생산적" 부의 흐름이 자본주의 자체의 진보적 성격을 저해한다는 생각은 이미 많은 경제학자들이 공유하고 있는 셈이다. 한편 코로나 바이러스 사태를 거치면서 택배 노동자 등 이른바 필수적 노동(essential labor)의 중요성이 새삼 부각된 바 있다. 대면 교류가 어려워진 시대에도 누군가는 위험을 뚫고 열악한 노동조건 하에서 사람과 사람 사이를 이어주지 않으면 안 된다는 사실이 분명해진 것이다. 자본주의 생산양식 안에서도 적어도 필수적 노동에 대한 최소한의 물적 · 정신적 안전을 보장해 주어야 한다는 인식이 사회적 합의를 통해 형성되는 것 또한 후술하는 지속가능한 경제를 위한 필요조건이라 할 수 있다.

문제 9.1. 한국경제에서 피케티가 주장하는 보편적 재산을 실행하기 위해서는 매년 얼마의 예산이 필요할지 계산해 보자. 또한 이러한 제도가 갖는 경제적 효과와 그것이 지속가능하기 위한 조건에 관해 생각해 보자.

한편, 마르크스 경제학자인 뒤메닐과 레비는 오히려 피케티에 비해 좀 더 유보적인 전망을 제시하였다(Duménil & Lévy, 2018). 제3장에서 이미 지적한 바와 같이, 이들은 전통적인 자본가계급과 노동자계급 이외에 관리자계급이 등장하였다는 점에 주목한다. 관리자는 이윤극대화 노동을 수행하는 대가로 자본으로부터 막대한 보수를 얻는다. 피케티가 『21세기 자본』에서 말하는 슈퍼매니저(super manager)가 이에 속한다. 비단 마르크스 경제학자가 아니더라도, 그리고 굳이 새로운 계급으로 설정하지는 않더라도, 소득분배를 연구하는 많은 경제학자들은 이러한 계층의 부상이 신자유주의 시기 분배악화의 중요한 원인이자 결과임을 인정하고 있다. 이미 20세기 초반 시작된 소유와 경영의 분리로부터 준비된 이러한 변화는 자본주의 경제에서 관리자계급의 정치적 · 경제적 역할을 강화하였다. 특히 관리자계급이 노동자-자본가라는 기본 계급들과 어떤 관계를 맺는가가 20세기 중후반 자본주의의 변화를 설명한다. 제2차 세계대전 이후 포드주의 축적체제 시기는 관리자 상층과 민중이 결합한 좌파 버전의 관리자본주의였던 반면, 신자유주의 시기는 관리자 상층과 자본가가 결합한 우파 버전의 관리자본주의였다는 것이다.[14] 뒤메닐과 레비에 따르면, 20세기 소련 등의 현실사회주의는 사회주의가 아니라 국가기구와 당의 엘리트가 지배하는 관리자본주의의 한

---

14) 19세기 후반에 미국 등에서 등장한 이른바 법인자본주의(corporate capitalism) 하에서 적어도 정서적으로는 생산라인의 노동자들과 더 많은 공통점을 발견하던 경영진이 1970년대 이후에는 금융투자자 및 투기자(즉 금융자본분파)와 융합하게 되었다는 것(Graeber, 2018: 190)은 여러 학자들에 의해 널리 지적되고 있다.

가지 유형에 지나지 않는다.

뒤메닐과 레비는 소유와 경영의 분리, 정부의 경제적 역할 증대를 계기로 하는 관리자본주의(managerial capitalism)를 하나의 새로운 생산양식으로까지 격상시킨다(Duménil & Lévy, 2018:53). 이들은 자본주의적 근대성(capitalist modernity)과 경영자적 근대성(managerial modernity)을 대비시킨다. 자본주의적 근대성은 시민혁명 이후 성립한 부르주아적 근대성을 가리키는 반면, 경영자적 근대성의 핵심은 능력주의적 가치에 있다.[15]

그러나 경영자적 근대성은 그 자체 내적 모순을 지니고 있다. 사회 전반의 조직에 있어서 소수 엘리트의 수중에 이니셔티브와 권력, 소득이 집중될 수 있다는 것이다. 실제로 피케티가 슈퍼매니저의 극단적 능력주의(hyper-meritocracy)에 대해 비판하면서, 누진적 소득세 및 자산세를 통해 부와 소득의 양극화를 완화할 것을 주장한 것이 바로 이러한 능력주의 혹은 경영자 생산양식의 모순을 가리키는 셈이다. 이러한 모순이 어떻게 발전될지, 그리고 그에 따라 경영자 생산양식은 어떤 새로운 생산양식으로 바뀌어 갈 것인지는 선험적으로 확정할 수 없다. 사회구성원들이 소수의 수중에 이니셔티브가 집중되는 것의 문제점을 깨닫고 그 교정을 요구하는 사회운동에 적극적으로 참여할 것인가, 아니면 지배이데올로기에 순응할 것인가, 즉 계급 동학이 어떻게 변화하는가에 따라, 경제민주주의를 확장하는 방향으로 갈 수도 있고 반대로 후퇴로 이끌 수도 있을 것이다. 역사유물론을 목적론이나 선험적 법칙으로서가 아니라 계급투쟁의 전개에 따라 열려 있는 과정으로 이해해야 한다는 제1장에서의 지적은 여기에서도 적용된다. 그리고 그 과정에서 사회주의적 상상력은 여전히 중요한 역할을 수행할 수 있을 것이다.

---

15) 이러한 설명은 제3장 제2절에서 설명한 바 있는 감독노동의 일부 생산적 성격과 관련이 있다.

9.2.3. 지속가능한 경제를 위하여

생산력주의를 극복한 이른바 "탈성장 코뮤니즘"(斎藤, 2020) 이론에서는 경제의 지속가능성이라는 21세기적 가치를 중시한다. 자본주의가 기후위기 등으로 말미암아 지속불가능한 경제성장을 추구하는 시스템이라면, 그 대안적 체제는 탈성장을 받아들이면서 지속가능성(sustainability)을 추구해야 한다는 것이다. 앞의 제1절에서 지적한 것처럼, 지구온난화 등의 문제도 생산의 사회화가 가져오는 모순의 하나로 해석할 수 있다. 자본주의적 이윤추구를 위한 생산력의 발전이 노동력뿐만 아니라 자연에 대한 착취를 가속화함으로써 궁극적으로는 생산력 발전의 기반을 스스로 허물어버린다는 인식은 이미 중요한 현안으로 받아들여지고 있다.[16] 자본주의적 시장의 논리에 의해 파악되는 생산력과 진정한 사회적 부를 창출하는 생산력 사이의 괴리도 커지기 때문에, 경제성장률로 표현되는 자본주의적 생산력의 발전만으로 문제가 해결되는 것은 아니다. 사유재산의 신성불가침에 기초하는 시장원리를 통해 측정되는 부는 때때로 인류에게 정말로 의미가 있는 부를 평가하지 못하거나 심지어는 부정하기도 한다. 가사노동이나 돌봄노동에 대한 평가에서부터 환경파괴 문제에 이르기까지 우리 주변에서 찾아볼 수 있는 예는 매우 많다. 이를 시장주의적 방법을 통해 해결하려는 것은 그 과정에서 불평등을 심화하고 사회 전체를 지속불가능하도록 만든다. 더구나 지속가능성 안에는 환경이나 기후 문제뿐만 아니라 사회적 평등의 문제, 나아가 경제민주주의의 문제도 포함된다는 것을 유념해야 한다. 경제적 및 정치적 기회의 불평등이 극에 달한 사회는 지속되기 어렵다. 경제민주주의가 심하

---

16) 봉준호 감독의 영화 ≪설국열차≫(2013년)는 맬더스주의적 대안과 마르크스주의적 대안이 맞서는 세계를 묘사하고 있다. 기후위기를 주어진 것으로 받아들인 상태에서 피지배자들의 희생에 기초하더라도 보수적 안정을 추구할 것인가, 아니면 계급투쟁을 통해 새로운 가능성을 열어나갈 것인가가 영화 전체의 대결 구도를 형성한다. 이미 재난상태인 기차 밖으로 어린이들이 뛰쳐나가는 결말은 불확실한 미래를 상징할 따름이다. 비유하자면 기차 안에 머물면서도 앞칸과 뒤칸 사이의 극단적 불평등을 해소하고, 기차에 탄 사람들 사이의 민주적 커뮤니케이션을 확보해 나가자는 것이 경제민주주의의 핵심적인 아이디어라 할 수 있다.

게 훼손당하는 사회에서는 정치적 민주주의도 기대하기 어렵다. 가장 기본적인 인간의 역량(capability)을 구성하는 요소들, 교육이나 의료, 보육 및 요양 서비스, 교통, 그리고 정보에 대한 접근성 등은 탈상품화를 통해 민주적으로 관리되어야 한다.[17] 그러므로 이 장에서 다룬 여러 가지 논점들은 결국 자본주의의 대안적 체제를 구상하고 준비한다는 맥락에서 하나로 합쳐지는 것이다.

〈그림 9.1〉은 지속가능성과 평등이라는 두 가지 지향점을 축으로 삼아 이상의 논의를 나타낸 것이다. 가로축은 평등, 세로축은 지속가능성을 의미한다. 즉, 가로축에서 오른쪽으로 갈수록 평등의 정도가 증가하며, 왼쪽으로 갈수록 불평등해진다. 반면 세로축에서는 위쪽으로 갈수록 지속가능성의 정도가 증가하며, 아래쪽으로 갈수록 지속불가능함을 의미한다. 자본주의의 신자유주의 국면은 제3사분면에 위치하고 있다. 20세기 사회주의의 실험은 평등의 가치를 추구한 것이었으나(제4사분면), 정치・경제적 비민주성 및 생산력 지상주의 등으로 말미암아 지속될 수 없었다. 더구나 현실 사회주의의 몰락 과정에서 해당 사회는 제4사분면으로부터 제3사분면으로 이행하면서 더욱 급진적으로 신자유주의에 흡수되는 결과를 낳았다. 새로운 미래 사회의 지향은 제1사분면으로의 이동을 통해, 지속가능한 평등의 가치를 모색하는 것이어야 한다. 경제민주주의라는 개념은 바로 여기에 위치하고 있다.

---

17) 탈상품화가 반드시 무상으로 제공될 것임을 의미하지는 않는다. 상품과 비상품 사이의 회색지대가 비유하자면 스펙트럼처럼 존재하기 때문이다.

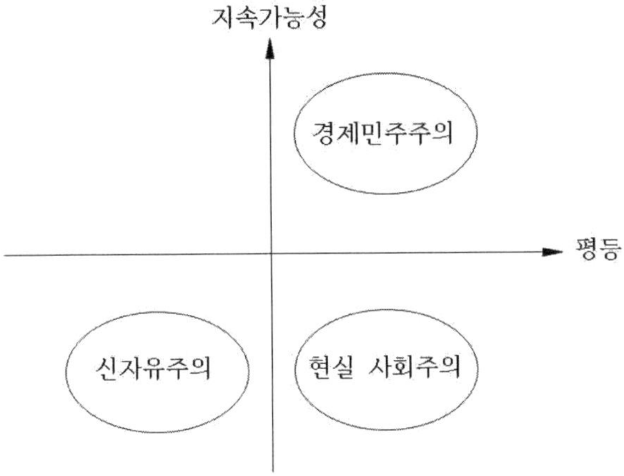

〈그림 9.1〉 대안적 경제체제

참고문헌

가라타니, 고진. 2005. 송태욱 옮김. 『트랜스크리틱』. 한길사.

강남훈. 2019. 『기본소득의 경제학』. 박종철출판사.

김성구. 2021. 『자본 제1권 길라잡이』. 나름북스.

나원준. 2018. 『소득주도성장의 경제학』. 해남.

라부아, 마크. 2016. 김정훈 옮김. 『포스트 케인스학파 경제학 입문』. 후마니타스.

류동민. 2013. 「정치경제학의 최근 동향」. 서울대학교 경제연구소 편. 『경제논집』 52(2).

류동민. 2016a. 「『자본론』 번역의 내면풍경」, 『마르크스주의연구』 제13권 1호.

류동민. 2016b. 『수리 마르크스 경제학』. 충남대학교 출판문화원.

류동민. 2018. 『시간은 어떻게 돈이 되었는가』. 휴머니스트.

류동민 · 이명헌. 2017. 「경제민주주의: 기원과 역사적 맥락」. 고려대학교 민족문화연구소 편. 『민족문화연구』75호.

류동민 · 주상영. 2015. 『우울한 경제학의 귀환』. 한길사.

마르크스. 카를. 2015. 김수행 옮김. 『자본론』 2015년 개역판. 비봉출판사.

마르크스, 카를 · 프리드리히 엥겔스. 1997. 『칼맑스 프리드리히 엥겔스 저작선집』 제4권. 박종철출판사.

마르크스, 칼 · 프리드리히 엥겔스. 2002[1848]. 이진우 옮김. 『공산당선언』. 책세상.

메이슨, 폴. 2017. 안진이 옮김. 『포스트자본주의 새로운 시작』. 더퀘스트.

마추카토, 마리아나. 2020. 안진환 옮김. 『가치의 모든 것』. 민음사.

모리시마, 미치오. 2010[1973]. 류동민 역. 『맑스의 경제학』. 나남출판.

무스토, 마르셀로. 2018. 강성훈 · 문혜림 옮김. 『마르크스의 마지막 투쟁』. 산지니.

박만섭 엮음. 2012. 『경제학 더 넓은 지평을 향하여』개정판. 이슈투데이.

박만섭. 2020. 『포스트케인지언 내생화폐이론』. 아카넷.

백욱인. 2018. 『번안사회』. 휴머니스트.

보크만, 조하나. 2015. 홍기빈 옮김. 『신자유주의의 좌파적 기원』. 글항아리.

부르디외, 피에르. 2020. 김현경 옮김. 『언어와 상징권력』. 나남.

브와예. R. 1991. 정신동 옮김. 『조절이론: 위기에 도전하는 경제학』. 학민사.

비데, 자크. 2020. 배세진 옮김. 『마르크스의 생명정치학』. 오월의봄.

스티글리츠, 조지프. 2021. 박세연 옮김. 『불만시대의 자본주의』. 열린책들.

알튀세르, 루이. 2020. 안준범 옮김. 『비철학자들을 위한 철학입문』. 현실문화.

에이든, 에레즈 · 장바티스트 미셸. 2015. 김재중 옮김. 『빅데이터 인문학: 진격의 서막』. 사계절.
장석준. 2013. 『사회주의』. 책세상.
정기준. 1986. 『미시경제이론』. 경문사.
정성진. 2020. 『21세기 마르크스 경제학』. 산지니.
칼레츠키, 미할. 2010[1971]. 조복현 옮김. 『자본주의 경제 동학 에세이: 1933-1970』. 지식을만드는지식.
케인스, 존 메이너드. 2010[1936]. 『고용, 이자, 화폐의 일반이론』. 필맥.
클라이먼, 앤드루. 2013. 정성진 · 하태규 옮김. 『자본주의 생산의 실패』. 한울.
통, 로즈마리 포트넘 · 티나 페르난디스 보츠. 2019. 김동진 옮김. 『페미니즘, 교차하는 관점들』. 학이시습.
폴브레, 낸시. 2007. 윤자영 옮김. 『보이지 않는 가슴』. 또하나의문화.
피케티, 토마. 2014. 장경덕 외 옮김. 『21세기 자본』. 글항아리.
피케티, 토마. 2020. 안준범 옮김. 『자본과 이데올로기』. 문학동네.
하비, 데이비드. 2016. 강신준 옮김. 『데이비드 하비의 맑스 『자본』강의2』. 창비.
하인리히, 미하엘. 2016. 김강기명 옮김. 『새로운 자본 읽기』. 꾸리에.
홍기현. 1994. 「『자본론』은 자본주의를 잘 설명하는가?」. 서울대학교 경제연구소 편. 『경제논집』 33(3)
泉弘志. 2014. 『投下労働量計算と基本経済指標』. 大月書店.
泉正樹 · 江原慶 · 柴崎慎也 · 結城剛志. 2019. 『これからの経済原論』. ぱる出版.
伊藤誠. 2009. 『サブプライムから世界恐慌へ』. 青社士.
伊藤誠. 2018. 『入門資本主義』. 平凡社.
宇仁宏幸 · 坂口明義 · 遠山弘徳 · 鍋島直樹. 2004. 『入門社会経済学』. ナカニシャ出版.
江原慶. 2018. 『資本主義的市場と恐慌の理論』. 日本経済評論社.
大西広. 2020. 『マルクス経済学』 第3版. 慶應義塾大学出版会.
置塩信雄 · 鶴田満彦 · 米田康彦. 2005. 류종완 옮김. 『경제학』. 신아출판사.
熊野純彦. 2018. 『資本論の哲学』. 岩波書店.
斎藤幸平. 2020. 『人新世の「資本論」』. 集英社.
鍋島直樹. 2020. 『現代の政治経済学』. ナカニシャ出版.
二階堂副包. 1960. 『現代経済学の数学的方法』. 岩波書店.
松田和久. 1980. 『労働生産性の理論』. 千倉書房.
森田成也. 2019. 『新編マルクス経済学再入門』 下券. 社会評論社.

八木紀一郎. 2006.『社会経済学』. 名古屋大学出版会.

山崎好裕. 2019.『入門数理マルクス経済学』. ナカニシャ出版.

Aglietta, M. 1976. *Régulation et Crises du Capitalisme*, Calmann-Lévy.

Ahn, Hyeon-Hyo & Dong-Min Rieu. 2010. "The Case for and against the Theory of Cognitive Capitalism."『마르크스주의연구』10(4).

Basu, D. 2010. "Marx-biased Technical Change and the Neoclassical View of Income Distribution." *Metroeconomica*, 61(4).

Blecker, Robert A. & M. Setterfield. 2019. *Heterodox Macroeconomics*. Edward Elgar.

Bowles, S. & H. Gintis. 1981. "Structure and Practice in the Labor Theory of Value." *Review of Radical Political Economics*, 12(4).

Bowles, S. & H. Gintis. 1988. "Contested Exchange: Political Economy and Modern Economic Theory." *American Economic Review*, 78(2).

Braverman, H. 1974. *Labor and Monopoly Capital: The Degradation of Work in the Twentieth Century*. Monthly Review.

Bródy, A. 1970. *Proportions, Prices and Planning. A Mathematical Restatement of the Labor Theory of Value*. Budapest, Akadémiai Kiadó, Amsterdam, North-Holland Publishing Company.

Bryer, Rob. 2017. *Accounting for Value in Marx's Capital: the Invisible Hand*. Lexington Books.

Chiang, Alpha C. & Kevin Wainwright. 2010. 정기준 · 이성순 옮김.『경제 · 경영 수학 길잡이』4판. 지필미디어.

Duménil, G. & D. Lévy. 2018. *Managerial Capitalism: Management and the Coming New Mode of Production*. Pluto Press.

Engels, F. 1877. *Anti-Dühring: Herr Eugen Dühring's Revolution in Science*. www.marxists.org.

Fine, B. & Alfredo Saad-Filho. 2016. *Marx's Capital*. 6th Edition. Pluto Press.

Fleetwood. S. 2008. "Workers and Their Alter Egos as Consumers," *Capital and Class*, 32(1).

Foley, Duncan K. 1986. *Understanding Capital: Marx's Economic Theory*. Harvard University Press.

Foley, Duncan K. 2005. "Marx's Theory of Money in Historical Perspective." F. Moseley ed. *Marx's theory of Money*. Palgrave Macmillan.

Foley, Duncan K. & Thomas R. Michl. 1999. *Growth and Distribution*. Harvard University Press.

Graeber, D. 2018. *Bullshit Jobs: A Theory*. Simon & Schuster.

Kaldor, N. 1956. "Alternative Theories of Distribution." *The Review of Economic Studies*, 23(2).

Kaldor, N. 1957. "A Model of Economic Growth." *Economic Journal*, 67(268).

Laibman, D. 1997. *Capitalist Macrodynamics: A Systematic Introduction*. Palgrave Macmillan.

Lunghini, Giorgio. 1998. "Political Economy and Economics." Kurz, H. & N. Salvadori eds. *The Elgar Companion to Classical Economics*, Edward Elgar Publishing.

Mandel, E., 1975, *Late Capitalism*, New Left Books.

Marglin, S. 1974. "What Do Bosses Do?: The Origins and Functions of Hierachy in Capitalist Production, Part I." *Review of Radical Political Economics*, 6(2).

Marquetti, A. 2003. "Analyzing Historical and Regional Patterns of Technical Change from a Classical-Marxian Perspective." *Journal of Economic Behavior & Organization*, 52(2).

Mohun, S. 2018. 「労働価値説賛歌(A Celebration of the Labour Theory of Value)」, 『されどマルクス』(経済セミナー増刊), 日本評論社.

Okishio, N. 1977. "Notes on Technical Progress and Capitalist Society." *Cambridge Journal of Economics*, 1(1).

Pasinetti, L. 1962. "Rate of Profit and Income Distribution in Relation to the Rate of Economic Growth." *Review of Economic Studies*, 29(4).

Rieu, Dong-Min & Hyun Woong Park. 2020. "Unproductive Activities and the Rate of Surplus Value at the Industry Level in Korea, 1995-2015." *Journal of Contemporary Asia*, 50(2).

Roemer, John E. 1986. *Value, Exploitation and Class*. Harwood Academic Publishers.

Samuelson, Paul. 1971. "Understanding the Marxian Notion of Exploitation: A Summary of the So-Called Transformation Problem Between Marxian Values and Competitive Prices." *Journal of Economic Literature*, 9(2).

Sekine, T. 1982-3. "The Law of Market Value," *Science & Society*, 46(4).

Shapiro, Carl. & Joseph E. Stiglitz. 1984. "Equilibrium Unemployment as a Worker Discipline Device." *The American Economic Review,* 74(3).

Shapiro, Carl & H. Varian. 1998. *Information Rules: A Strategic Guide to the Network Economy.* Harvard University Press.

Sraffa, P. 1960. *Production of Commodities by Means of Commodities.* Cambridge University Press.

Steedman. Ian. 1977. *Marx after Sraffa.* NLB.

Trigg, Andrew B. 2006. *Marxian Reproduction Schema.* Routledge.

제1장

1.1. 계급별로 소비하는 재화가 달라지므로 예를 들어 특정 계급이 주로 소비하는 재화의 가격이 하락하더라도 해당 계급 외부에서는 소비가 증가하지 않을 것이다.

1.2. ④

1.3. 주어진 사회질서를 숙명으로 받아들인다는 점에서 "체념의 철학"은 종교의 물신성과 닮아 있다.

1.4. ④. 동일한 사회 안에도 여러 개의 생산관계가 병존할 수 있다. 예를 들어, 자본주의 사회에도 협동조합 같은 비자본주의적 생산관계나 전자본주의적인 지주-소작 관계가 존재할 수 있는 것이다.

1.5. ②. 구조조정은 사실상 해고를 의미한다. 사용자는 자본가라는 계급적 함의를 배제한 용어이다. 노동의 유연성 역시 일반적으로는 노동시장의 유연성을 가리키며, 실질적인 의미는 자유로운 해고이다.

제2장

2.1. 가치결정식은 $v_1 = 0.5v_1 + 10$ 및 $v_2 = 0.75v_1 + 30$이므로, v_1=20, v_2=45 이다.

2.2.

(1) 가치결정식은 다음과 같다.

$v_1 = a_{11}v_1 + a_{21}v_2 + l_1,\ v_2 = a_{12}v_1 + a_{22}v_2 + l_2.$

위의 두 식을 연립하여 풀면 된다.

$$v_1 = \frac{(1-a_{22})l_1 + a_{21}l_2}{(1-a_{11})(1-a_{22}) - a_{12}a_{21}},$$

$$v_2 = \frac{a_{12}l_1 + (1-a_{11})l_2}{(1-a_{11})(1-a_{22}) - a_{12}a_{21}}$$

(2) 상품1의 순산출량 = $x_1 - a_{11}x_1 - a_{12}x_2 = 1$, 상품2의 순산출량= $x_2 - a_{21}x_1 - a_{22}x_2 = 0$으로 놓고, 두 식을 연립하여 풀면 다음을 얻는다.

$$x_1 = \frac{1-a_{22}}{(1-a_{11})(1-a_{22}) - a_{12}a_{21}},$$

$$x_2 = \frac{a_{21}}{(1-a_{11})(1-a_{22}) - a_{12}a_{21}}.$$

따라서, 사회 전체적으로 상품1 한 단위를 순산출물로 생산하는 경우 필요한 노동량은 다음과 같이 (1)에서 구한 v_1과 같다.

$$l_1x_1 + l_2x_2 = \frac{(1-a_{22})l_1 + a_{21}l_2}{(1-a_{11})(1-a_{22}) - a_{12}a_{21}}$$

마찬가지 방식으로 상품1의 순산출량= $x_1 - a_{11}x_1 - a_{12}x_2 = 0$, 상품2의 순산출량= $x_2 - a_{21}x_1 - a_{22}x_2 = 1$이라 놓고. 사회 전체적으로 필요한 직접노동량을 구하면 (1)에서 구한 v_2와 같음을 확인할 수 있다.

(3) (2)의 경제적 의미는 사회 전체의 순생산물로 상품i 한 단위를 생산하는데 필요한 노동량이 해당 상품의 가치임을 의미한다.

2.3.

(1) 가치결정식은 $v_1 = a_{11}v_1 + l_1$, $v_2 = a_{22}v_2 + l_2$이므로, $v_1 = \frac{l_1}{1-a_{11}}$,

$v_2 = \frac{l_2}{1-a_{22}}$이다.

(2) 각 상품의 가치는 해당 상품의 생산조건에 의해서만 결정된다. 즉, 부문 간에 투입-산출연관이 존재하지 않는다.

2.4. ④

2.5. 추상노동은 인간의 형식적 평등이 보장되는 자본주의 생산양식에서 비로소 가능한 개념이다. 따라서 가치실체가 (추상)노동이라는 것은 자본주의 사회의 역사성을 전제하는 명제이다.

2.6.

(1) 가치결정식은 $10v_A = 5v_A + 6v_B + 1$, $10v_B = 4v_A + 7v_B + 1$이므로

연립하여 풀면, $v_A = -1$, $v_B = -1$이다. 이는 상품A와 B를 생산하는데 마이너스의 노동시간이 필요하다는 것이므로 경제적으로 무의미하다.

(2) 문제의 조건으로부터 투입계수행렬을 구하면 $A = \begin{pmatrix} 0.5 & 0.4 \\ 0.6 & 0.7 \end{pmatrix}$이다.

따라서, $|I - A| = \begin{vmatrix} 0.5 & -0.4 \\ -0.6 & 0.3 \end{vmatrix} = -0.09 < 0$이므로 호킨스-사이몬 조건을 충족하지 않는다.

2.7. 다음과 같다. (단, 소숫점 넷째 자리에서 반올림한 값임)

	농림수산품	광산품	음식료품
농림수산품	0.055	0.001	0.272
광산품	0.000	0.001	0.000
음식료품	0.144	0.002	0.183

2.8. ③ 2.9. ③

2.10. 화자들 간의 의사소통을 상품교환으로, 그리고 언어를 화폐에 비유한다면, 부르디외의 서술은 상품교환과정에서도 각 교환당사자의 권력이 작용할 수 있음을 시사한다.

제3장

3.1.

(1) 명목임금을 w라 놓으면 실질임금 $R = w/p_2$이다. 따라서 각 부문에서 이윤이 발생하기 위한 조건은 다음과 같다.

① $p_1 > 0.5p_1 + 10p_2R$, ② $p_2 > 0.75p_1 + 30p_2R$.

그러므로 상대가격은 ① $\frac{p_1}{p_2} > 20R$, ② $\frac{p_1}{p_2} < \frac{1-30R}{0.75}$를 모두 충족하여야 한다.

(2) ①과 ②를 연립하여 풀면, $R < \frac{1}{45}$을 얻는다.

3.2. 마르크스의 기본정리의 필요조건은 자본주의 경제에서 이윤이 플러스이면 잉여가치가 플러스라는 것이다. 이를 통해 클라크의 주장과는 달리, 자본이 얻는 이윤이 노동이 만들어낸 것임을 밝힐 수 있다.

3.3. ①

3.4. 본문을 참조(이윤이 0인 경우 등)

3.5. ①

3.6. ①. 생산재 부문의 노동생산성 향상은 생산재의 가치를 감소시킨다. 그런데 이 생산재가 임금재의 생산에 투입물로 이용된다면, 간접적으로 임금재가치도 하락시킨다. 따라서 노동력 가치도 하락하게 된다.

3.7. ③. 어학강좌 수강은 노동력의 재생산을 위한 활동이다. 따라서 그에 대한 보조금 지급은 가변자본으로 보아야 한다.

3.9. 노동력 상품은 유통과정에서는 등가교환되지만, 생산과정에서 실제로 사용되면서 부등가교환, 즉 착취가 발생한다.

3.10. L과 K의 값이 외생적으로 주어지면 기술(즉, 생산함수 f의 구체적인 형태)에 의해 Q가 결정되는 것이 아니라, L과 K의 값 그 자체가 생산과정에서 내생적으로 결정된다.

3.11. 우화에서 개미의 시간선호율은 베짱이의 시간선호율보다 낮다. 즉, 개미와 베짱이를 각각 본문의 흥부와 놀부에 대응시켜 해석해 보자.

3.12. ①

3.13. ③. 두 기업의 개별가치를 시장점유율을 가중치로 하여 평균값을 구하면 된다. 즉, $6\times\frac{2}{3}+9\times\frac{1}{3}=7$시간이다.

3.14. ②. 수익창출을 목적으로 하는 사설학원에 고용되어 있으므로 생산적 노동자이다.

제4장

4.1. 밀 1kg의 가치는 200시간, 베이글 한 상자의 가치는 100시간이므로, 밀 산업과 베이글 산업의 노동생산성은 각각 시간당 1/200kg, 시간당 1/100상자이다.

4.2. 화폐의 가치는 노동시간의 화폐표현(m)의 역수에 해당한다. 따라서 노동력 가치(w^*)=$\overline{m}w$, 잉여가치율(e)=$\frac{1-\overline{m}w}{\overline{m}w}=\frac{1}{\overline{m}w}-1$이다.

4.3. 모든 산업에서 동시에 노동강도가 두 배 강화되면, 새로운 노동강도가 사회적 표준이 된다. 즉, 사용가치량은 두 배로 증가하지만 가치량은 불변이다. 따라서 단위 당 가치는 1/2로 줄어든다.

4.4. 모든 유형의 노동에 대해 잉여가치율은 항상 같아진다.

4.5. 가치와 가격은 직접 양적으로 비교할 수는 없다. 그러나 일정 시점에서 노동시간과 화폐 간에는 일정한 양적 관계가 성립하므로, 매개변수를 이용하여 가치를 가격으로 또는 그 반대로 환산할 수 있다.

4.6.

(1) 평균이윤율=30%. 생산가격=130.

(2) I부문으로의 자본이동이 불가능하므로, 이윤율 균등화는 II부문과 III부문 사이에서만 이루어진다. 즉, 두 부문의 평균이윤율은 35%이므로, 장기균형가격은 135가 된다.

4.7.

(1) 가치결정식은 $v_1 = 0.5v_1 + 0.6$, $v_2 = 0.8v_1 + 0.7$이다. 따라서 v_1=1.2, v_2=1.66이므로, 상대가치(v_1/v_2)는 약 0.72이다.

이윤율이 20%로 주어져 있기 때문에 생산가격 결정식은 다음과 같다.

$p_1 = 1.2(0.5p_1 + 0.6w)$, $p_2 = 1.2(0.8p_1 + 0.7w)$

두 식을 연립하여 풀면, p_1=1.8w, p_2=2.568w이므로, 상대가격(p_1/p_2)는 약 0.70이다.

(2) $v_1/v_2 > p_1/p_2$이므로, B국은 투하노동량보다도 많은 가격을 받는다. 반면 A국은 투하노동량보다 적은 가격을 받는다. 따라서 부등가교환이 발생하며, A국에서 생산된 가치의 일부가 B국으로 유출되는 셈이다.

4.8.

(1) 가치결정식은 다음과 같다.

$v_1 = 0.5v_1 + 2$, $v_2 = 0.75v_1 + 4$ ∴ v_1=4, v_2=7.

한편, 임금후불을 가정할 때 생산가격 결정식은 다음과 같다.

① $p_1 = 0.5p_1(1+r) + 2w$, ② $p_2 = 0.75p_1(1+r) + 4w$

①식을 정리하면 $p_1 = \dfrac{4w}{1-r}$이고, 이를 ②식에 대입하여 정리하면 $p_2 = \dfrac{7w - rw}{1-r}$을 얻는다,

(2) $\dfrac{v_1}{v_2} = \dfrac{4}{7} = \dfrac{p_1}{p_2} = \dfrac{4}{7-r}$로부터, $r = 0$이면 상대가치와 상대생산가격이 같아짐을 알 수 있다. 즉, 이윤율이 0인 경우, 전형문제는 발생하지 않는다.

(3) ②식이 $1=0.75p_1(1+r)+4w$로 바뀌므로 $p_1=\dfrac{1-4w}{0.75(1+r)}$가 된다. 이를 (1)에서 구한 $p_1=\dfrac{4w}{1-r}$과 같다고 놓아 정리하면, $r=\dfrac{1-7w}{1-w}$ 이다. 따라서 $w=0$일 때의 $r_{MAX}=1$, $r=0$일 때의 $w_{MAX}=\dfrac{1}{7}$이다.

(4) ②식만 $p_2=0.75p_1(1+r)+2w$로 바꾼 다음, (3)의 풀이 과정을 반복하면 $r=\dfrac{1-5w}{1-w}$를 얻는다. 따라서 이윤율의 최댓값은 그대로 1이고, 임금률의 최댓값만 1/5로 증가한다. 가로축에 w, 세로축에 r을 표시하여 그래프로 나타내면, $\dfrac{\partial r}{\partial w}<0$, $\dfrac{\partial^2 r}{\partial w^2}<0$이므로 임금-이윤 곡선은 우하향하면서 원점에 대해 오목한 형태가 된다. (4)의 임금-이윤 곡선을 (3)과 비교하면 세로축 절편인 r_{MAX}는 그대로이면서 가로축 절편, 즉 w_{MAX}만 오른쪽으로 이동한다(아래 그림 참조). 즉, 소비재인 베이글 산업의 노동생산성 향상에 따라 똑같은 이윤율(r_0)에 대해 더 높은 임금률(w_0 대신 w_1), 혹은 똑같은 임금률(w_0)에 대해 더 높은 이윤율(r_0 대신 r_1)을 얻을 수 있음을 의미한다.

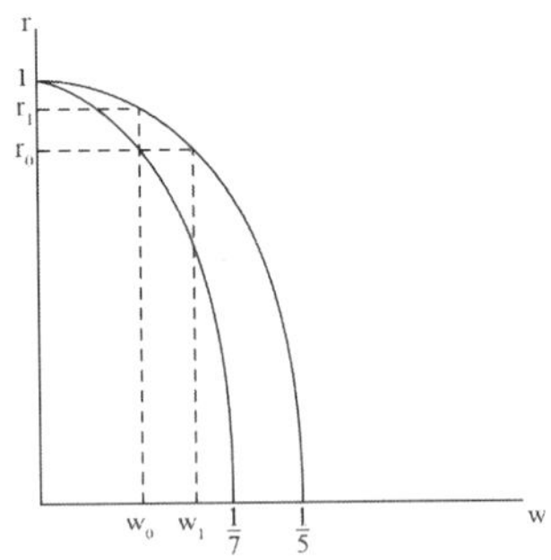

4.9.

(1) $p_1=(0.6p_1+0.02p_2)/\lambda$, $p_2=(2p_1+0.6p_2)/\lambda$

(2) 먼저 자명해(trivial solution)는 $p_1=p_2=0$이나 경제적으로 무의미하다.

그런데, 이 연립방정식은 미지수가 셋이고 식은 두 개뿐이므로 생산가격의 상대적 크기만 알 수 있다. 즉, 위의 두 식을 λ에 관한 p_1/p_2의 식으로 바꾼 다음 연립하여 풀면 된다. 따라서 λ=0.4, 0.8을 얻는다. 그런데 λ=0.4일 때는 p_1/p_2=-0.1이므로 경제적으로 무의미하다.

(3) λ=0.8일 때 p_1/p_2=0.1. 또한 r=0.25이다.

4.10.

(1) $\boldsymbol{v} = \boldsymbol{vA} + \boldsymbol{l} = \boldsymbol{vA} + w\boldsymbol{l} + (1-w)\boldsymbol{l} = \boldsymbol{vA} + w\boldsymbol{l} + \boldsymbol{s}$ (단, $\boldsymbol{s}$는 잉여가치 벡터이다.)

(2) $\boldsymbol{v} = w\boldsymbol{l}(I-\boldsymbol{A})^{-1} + \boldsymbol{s}(I-\boldsymbol{A})^{-1} = w\boldsymbol{l}^* + \boldsymbol{s}^*$

(3) $\boldsymbol{vx} = w\boldsymbol{l}^*\boldsymbol{x} + \boldsymbol{s}^*\boldsymbol{x}$

(4) $\boldsymbol{p} = (1+r)(\boldsymbol{pA} + w\boldsymbol{l}) = \boldsymbol{pA} + w\boldsymbol{l} + \boldsymbol{\pi}$이다(단, $\boldsymbol{\pi}$는 이윤벡터이다.)

따라서 총가격은 $\boldsymbol{px} = w\boldsymbol{l}^*\boldsymbol{x} + \boldsymbol{\pi}^*\boldsymbol{x}$가 된다. 이를 (3)의 해답과 비교하면, $\boldsymbol{s}^*\boldsymbol{x} = \boldsymbol{\pi}^*\boldsymbol{x}$를 가정할 때 $\boldsymbol{vx} = \boldsymbol{px}$가 성립함을 알 수 있다.

제5장

5.1. ④

5.2. ③

5.3. ②. 자본의 유기적 구성은 노동투입에 대한 추가적인 정보가 있어야 할 수 있다. cf. 분해가능한 시스템은 투입계수행렬이 분해가능행렬(decomposable matrix)일 때를 가리킨다(제7장의 각주4를 참조). 분해가능행렬은 행렬의 행과 열의 위치를 적절히 바꿈으로써 $\begin{bmatrix} A_{11} & A_{12} \\ 0 & A_{22} \end{bmatrix}$의 꼴로 만들 수 있는 행렬이다. 이 경우 그룹2에 속하는 산업들의 산출은 그룹1에 속하는 산업들의 생산에 전혀 투입되지 않는다. 문제에서는 투입계수행렬의 모든 원소가 플러스 값을 가지므로 두 산업은 분해불가능하다.

5.4. ①

5.5. 경제 전체의 고용량을 L, 불변자본을 C라 하면, 생산의 유기적 구성(ξ)은 C/L이다. 자본축적에 따른 불변자본의 증가분을 ΔC, 잉여가치를 S라 하면, $\Delta C < S < L$이다. 따라서 $\dfrac{\Delta C}{C} < \dfrac{S}{C} < \dfrac{L}{C} = \dfrac{1}{\xi}$이다. 한편, $\xi = \dfrac{C}{L}$로

부터, $\frac{\Delta L}{L}=\frac{\Delta C}{C}-\frac{\Delta\xi}{\xi}<\frac{1}{\xi}-\frac{\Delta\xi}{\xi}$이다. 이제 ξ가 지속적으로 커지면 $\frac{1}{\xi}$은 0으로 수렴하며 $\frac{\Delta\xi}{\xi}>0$이므로, $\frac{\Delta L}{L}$은 마이너스일 수밖에 없다.

5.6. $\frac{K-K_f+V}{K+V}$

5.7. (5.1)식으로부터 분자의 C/V가 증가하였으나 분모의 S/V, 즉 잉여가치율이 더 크게 증가한 경우, 생산의 유기적 구성은 하락한다. 예를 들어 자동생산라인이 도입되면서 오히려 노동강도가 강화됨으로써 잉여가치율이 크게 상승하는 경우가 이에 해당한다.

5.8. $\varepsilon_A=\varepsilon_B=1$, 시장가치는 약0.098이다. 이 경우에는 〈그림 5.2〉에서 t_0와 t_1 사이의 시간 동안 각 기술의 점유율이 그대로 유지된다는 것, 즉 수평선 모양임을 의미한다. 따라서 시장가치는 시점 t_0에서의 점유율을 가중치로 계산하여도 무방한 것이다.

5.9. ②

제6장

6.1. ④

6.2. 생산시차는 상품의 생산에 걸리는 시간, 즉 C {MP, LP} … P … C'와 관련된다. 실현시차는 상품의 판매, 즉 C' − M'(= M+ΔM) 단계에 걸리는 시간이며, 금융시차는 자본순환의 종점인 M'에서 다음 순환의 시점인 M까지 걸리는 시간이다.

6.3. ②

6.4. ③ I부문의 축적률이 50%이고 기술은 불변이므로, I부문의 잉여가치 1,210 중에서 484는 추가적인 불변자본, 121은 추가적인 가변자본의 고용에 사용될 것이다. 따라서, I부문의 대체투자 + I부문의 신규투자 + II부문의 대체투자 = 4,840+484+1,760 = 7,084이고, 이것이 생산재의 공급 7,260과 같아야 하므로 II부문의 추가적 불변자본 투자는 176이어야 한다. II부문 역시 기술이 불변이므로 추가적 가변자본 투자는 88이다. 따라서 II부문은 총264를 투자해야 하므로, 축적률은 264/880=30%가 된다.

6.5. ② 성장률은 케임브리지 방정식으로부터도 구할 수 있다. 즉, I부문의 경우 축

적률 50%에 이윤율 20%를 곱하면 성장률은 10%이다. II부문의 경우에도 축적률 30%에 이윤율 33.3%를 곱하면 성장률은 10%가 된다.

6.6. ③ II부문의 축적률이 100%이므로 추가적인 불변자본 투자는 880*2/3, 추가적인 가변자본 투자는 880*1/3이다. 이때 생산재 부문과 소비재 부문의 수요공급 균형식을 세워 보면, 생산재에 대한 초과수요, 소비재의 초과공급이 발생함을 확인할 수 있다.

6.8. 문제의 조건으로부터 $C_k = B_0 + \lambda P$이다. 이를 (6.21)식에 대입하면, $P = I + C_k = I + B_0 + \lambda P$이다. 즉, $P = \dfrac{I + B_0}{1 - \lambda}$ 이다. 그러므로 이윤의 크기는 자본가가 결정하는 지출(I와 C_k), 그리고 자본가의 한계소비성향(λ)에 의해서만 결정되며, 이들 변수의 값이 클수록 이윤은 커짐을 알 수 있다.

6.9.

(1) 생산재인 밀 산업의 수요=공급 조건은 ① $0.5Q_1 + 0.75Q_2 + I = Q_1$, 소비재인 베이글 산업의 수요=공급조건은 ② $C = Q_2$이다.

(2) 자본가는 초기자본스톡 10으로부터 이윤 2를 얻어, 그 중에서 절반을 투자하므로 $I = 1$이 된다. 또한 초기자본스톡은 두 부문에서 사용되는 생산재를 정확하게 충당하여야 하므로 ③ $K_0 = 10 = 0.5Q_1 + 0.75Q_2$가 성립해야 한다. ③을 ①에 대입하면, $Q_1 = 11$, $Q_2 = 6$이다.

(3) 제1기에 필요한 총노동량은 $2Q_1 + 4Q_2 = 46$(시간)이다. 이 경제가 10%의 균제성장을 달성하기 위해서는 다음 기에는 $46(1 + 0.1) = 50.6$시간의 노동이 공급되어야 할 것이다.

제7장

7.1. ① 7.2. ③

7.3. L/C이 증가하거나 불변이라면 최대이윤율 하락의 법칙은 성립하지 않으며, 실제로 그와 같은 기술이 존재할 수도 있다.

7.4. 폴리-라이브만 정리에서 화폐(명목)임금은 노동소득분배율과 같다. 따라서 노동자들이 임금교섭과정에서 노동소득분배율을 일정하게 유지한다는 뜻이므로, 명목임금에만 집착하여 결과적으로 실질임금의 하락을 받아들이는 케인즈적 화폐환상과는 다르다.

7.5. 아래의 그림에서 보듯이 해로드 중립적 기술진보는 자본생산성은 불변인 채로 노동생산성만 증가시킨다. $\frac{x\hat{x}}{0x}=\frac{w_0w_1}{0w_0}$을 만족하도록 임금이 w_1으로 상승할 때, 도형의 성질에 따라 이윤율(r_0)은 불변이다. 즉, $\triangle 0x\rho$에서 $0w_0 : 0x = r_0\rho : 0\rho$ 이므로 ① $\frac{0w_0}{0x}=\frac{r_0\rho}{0\rho}$이다. 그리고 $\triangle 0\hat{x}\rho$ 에서 $0w_1 : 0\hat{x}= r_0\rho : 0\rho$ 이므로 ② $\frac{0w_1}{0\hat{x}}=\frac{r_0\rho}{0\rho}$이다. ①의 우변과 ②의 우변은 서로 같기 때문에 좌변끼리도 같다. 즉, $\frac{0w_0}{0x}=\frac{0w_1}{0\hat{x}}$ 이므로 $\frac{0w_1}{0w_0}=\frac{0\hat{x}}{0x}$이다. 그런데 $\frac{x\hat{x}}{0x}=\frac{0\hat{x}}{0x}-1$이고 $\frac{w_0w_1}{0w_0}=\frac{0w_1}{0w_0}-1$이므로, 결국 $\frac{x\hat{x}}{0x}=\frac{w_0w_1}{0w_0}$이 되는 것이다.

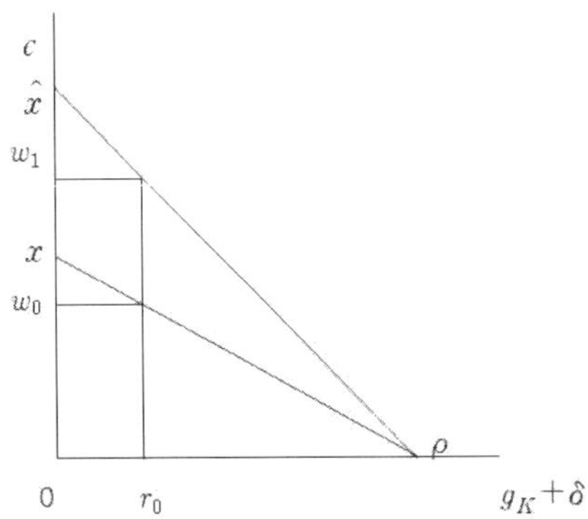

7.6. $r=\frac{P}{K_f+4(K-K_f)+V}$

Cf. 유동불변자본은 $K-K_f$인데 회전기간이 3개월이므로 일 년에 네 번 회전한다. 따라서 이윤율의 분모에 계산할 때 4를 곱해 주어야 한다.

7.7.

(1) $r=\alpha u/\sigma$에서 $\partial r/\partial \alpha$를 계산하면 된다. 즉, 다음과 같다.

$$\frac{\partial r}{\partial \alpha} = \frac{1}{\sigma}(u + \frac{\partial u}{\partial \alpha}\alpha) = \frac{u}{\sigma}(1 + \frac{\partial u}{\partial \alpha}\frac{\alpha}{u}) \quad ①$$

여기에서 괄호 안의 두 번째 항은 설비가동률의 자본소득분배율에 대한 탄력성을 나타낸다. 즉, 그 값이 -1보다 작으면 $\frac{\partial r}{\partial \alpha} < 0$, -1보다 크면 $\frac{\partial r}{\partial \alpha} > 0$이 된다.

(2) 장기균제상태에서 성장률(g)은 자본스톡의 증가율과 같다. 따라서 다음이 성립한다. 단, s는 저축률이다.

$$g = sr = \frac{s\alpha u}{\sigma} = \eta_u u + \eta_\alpha \alpha + \eta_0 \quad ②$$

이제 위 식의 양변을 자본소득분배율(α)에 관해 미분하면 다음과 같다.

$$\frac{s}{\sigma}(u + \frac{\partial u}{\partial \alpha}\alpha) = \frac{\partial u}{\partial \alpha}\eta_u + \eta_\alpha \text{ 즉, } \frac{\partial u}{\partial \alpha} = -\frac{su - \eta_\alpha \sigma}{s\alpha - \eta_u \sigma} \quad ③$$

(3) ③식을 ①식에 대입하고, $\eta_\alpha = 0$을 가정하면 다음을 얻는다.

$$\frac{\partial r}{\partial \alpha} = \frac{u}{\sigma}(1 - \frac{\alpha}{u}\frac{su - \eta_\alpha \sigma}{s\alpha - \eta_u \sigma}) = \frac{u}{\sigma}(1 - \frac{\alpha}{u}\frac{su}{s\alpha - \eta_u \sigma}) = \frac{-\eta_u u}{s\alpha - \eta_u \sigma}$$

④

②식을 각각 u와 α에 관해 정리하면 $u = \frac{\sigma(\eta_\alpha \alpha + \eta_0)}{s\alpha - \eta_u \sigma}$, $\alpha = \frac{\sigma(\eta_u u + \eta_0)}{s\alpha - \eta_\alpha \sigma}$이다. 그런데, 설비가동률과 자본계수는 정의상 마이너스일 수가 없기 때문에 $s\alpha - \eta_u \sigma$와 $s\alpha - \eta_a \sigma$는 플러스임을 확인할 수 있다. 따라서 ④식의 전체 분수의 값은 마이너스가 된다. 즉, 자본소득분배율이 증가하면 이윤율이 감소하는 것이다. 이는 ②식에서 $\eta_\alpha = 0$이므로 자본소득분배율 증가가 자본스톡을 증가시키지 않는 한편, ③식에서 자본소득분배율 증가는 설비가동률을 하락시킴으로써, 전체적으로 자본스톡의 증가율이 마이너스가 되기 때문에 성장률도 마이너스가 되기 때문이다. 역으로 노동소득분배율의 증가, 즉 α의 감소는 이윤율을 상승시킴으로써 경제성장률을 증가시킨다. 바로 임금주도성장의 상황인 것이다.

7.8.

(1) 밀의 가격을 p_1, 철의 가격을 p_2라 하면, 신기술 하에서의 가격결정식은 $(36p_1+4p_2+10w)(1+r)=100p_1$이다. 그런데 $w=0.4p_1+0.1p_2$을 대입하면, 이 식은 $(40p_1+5p_2)(1+r)=100p_1$이 된다. 여기에 p_1/p_2=0.1을 대입하면 $1+r$=10/9이다. 즉, r=1/9로 약 11.1%이다. 즉, 기존의 기술로 생산하는 경우(25%)에 비해 이윤율이 낮다. 따라서 신기술은 채택되지 않을 것이다.

(2) p_1/p_2=0.2를 위의 식에 대입하여 정리하면, r=7/13로 약53.8%이다. 반면, 기존 기술하에서 밀의 가격결정식 $(56p_1+p_2+10w)(1+r)=100p_1$에 대입하여 정리하면 r=3/7으로 약42.9%이다. 따라서 신기술은 채택될 것이다.

(3) 생산가격이 어떻게 결정되는가에 따라 신기술의 채택 여부가 달라진다.

7.10.

(1) (7.24)식에서 $LS_i=LS_j$라 놓으면, $m_i=m_j$일 때 $e_i=e_j$임을 알 수 있다. 그런데 모든 산업에 대해 이 관계가 성립하면, 결국 m_i는 m과 같아질 수밖에 없다. 따라서 산업별 노동시간의 화폐표현이 경제 전체의 노동시간의 화폐표현과 같을 때이다.

(2) $m_i=m$일 때 (7.24)식과 (7.25)식으로부터 $e_i=e_i^p$가 된다. 즉, 각 산업의 이윤/임금 비율은 잉여가치율과 같다.

제8장

8.1. ④

8.2. 총가치와 총판매가격은 같아야 하므로 $C+V+S=(C+V)(1+r)+Br+K_m(1+r)$이어야 한다, 따라서 이를 정리하면, $r=\dfrac{S-K_m}{C+V+B+K_m}$을 얻는다.

8.3. (8.4)식을 이용하여 계산하면 4억 원이다.

8.4. 이윤발생의 근거를 인간의 심리적 성향의 차이로 환원하는 것 자체가 자본을 인간이 통제불가능한 외적 실체로 간주하는 효과를 갖는다.

8.5. 토지D가 경작되는 경우 〈표 8.1〉에 대응되는 표는 다음과 같다. 따라서 사회 전체의 차액지대는 540만 원이다.

	곡물수확량	곡물의 단위가격	총수입	초과이윤	차액지대
토지A	600kg	0.75만 원/kg	450만 원	270만 원	270만 원
토지B	480kg	0.75만 원/kg	360만 원	180만 원	180만 원
토지C	360kg	0.75만 원/kg	270만 원	90만 원	90만 원
토지D (최열등지)	240kg	0.75만 원/kg	180만 원	0	0

8.6. 최열등지에서도 평균이윤이 확보되려면 총수입이 12.5만 원이 되어야 한다. 그러나 토지A에서는 이 조건을 충족할 수 없기 때문에 경작되지 않는다. 따라서 토지B까지만 경작될 것이다.

8.7. 농업부문은 토지의 존재로 말미암아 자본이동의 대상이 되지 않기 때문에 가격=가치가 되어 140이 된다. 비농업부문인 I부문과 II부문 사이의 평균이윤율은 25%이다. 따라서 140−125=15(억원)이 절대지대의 크기이다.

8.8.

(1) $p_1 = (1+r)(a_{11}p_1 + p_2Rl_1)$, $p_2 = (1+r)(a_{12}p_1 + p_2Rl_2) + p_2\Omega$

(2) 위의 두식을 각각 상대가격(p_1/p_2)에 관해 정리하여 서로 같다고 놓으면 다음과 같은 관계를 얻는다.

$$\frac{Rl_1}{\frac{1}{1+r} - a_{11}} = \frac{\frac{1-\Omega}{1+r} - Rl_2}{a_{12}}$$

좌변의 분모는 플러스 값을 가진다. 따라서 다른 모든 조건이 일정할 때, Ω의 증가는 r의 하락을 가져오므로 자본가계급과 지주계급의 이해관계는 상충된다.

(3) (2)의 식을 실질임금(R)에 관해 정리하면 다음과 같다.

$$R[a_{12}l_1 + (\frac{1}{1+r} - a_{11})l_2] = (\frac{1}{1+r} - a_{11})(\frac{1-\Omega}{1+r})$$

다른 모든 조건이 일정할 때, Ω의 상승은 R의 하락을 가져온다. 즉, 지주계급의 이익과 노동자계급의 이익은 상충된다.

찾아보기

ㄱ

ㄴ

ㄷ

ㅁ

ㅂ